# 국제무역결제의 이해

김 종 석

탑북스

무역은 그 특성상 무역거래에 임하는 당사자가 신의성실의 원칙에 입각하여 응분의 주의를 기우려도 그 같은 결과로 야기되는 신용위험(credit risks)으로부터 완전히 자유로울 수는 없다. 그래서 약정물품의 제공과 그 대금영수에 대한 이행의 동시성 효과를 증대시켜서 양 당사자에게 신용위험에 대한 상대적 만족도를 높여주는 결제방식이 바로 신용장제도이다.

이 시대를 살아가고 있는 사람이라면 누구나 무역의 중요성을 잘 알고 있을 것이다. 오늘날 무역을 논하지 않고 한국경제를 논할 수 없듯이 신용장을 논하지 않고는 무역을 논할 수 없을 만큼 무역에서 신용장의 역할은 실로 중요하다. 특히 무역의존도가 높은 우리나라는 수출증대를 통하여 무역수지 흑자를 실현하는 것이 작금의 경제위기를 극복할 수 있는 최우선적 과제라고 필자는 믿고 있다. 그래서 무역학에 입문하고자 하는 사람, 특히 대학에서 신용장을 공부하는 무역학도들로 하여금 신용장을 보다 쉽게 이해할 수 있도록 하고자 한 학기 강의용으로 본서를 집필하게 되었다.

본서는 신용장거래 전반에 관한 이론과 실무를 주된 내용으로 삼고 있다. 즉 본서는 신용장거래단계별로 총 3개부와 부록으로 구성되어 있다.

무역대금 어떻게 결제되는가?라는 주제하의 제1부는 모두 3개 장으로 구성되어 있는데, 제1장에서는 국제무역과 신용위험을, 제2장에서는 무역대금의 결제수단을, 제3장에서는 무역대금 결제방식의 종류와 그 특징을 다루고 있다.

제2부의 무역신용장 총론은 모두 5개 장으로 구성되어 있는데, 제4장에서는 무역위험과 신용장을, 제5장에서는 신용장의 개론을, 제6장에서는 신용장의 법률문제를, 제7장에서는 은행의 서류심사와 ISBP를, 제8장에서는 신용장의 확인 · 조건변경 및 취소와 양도를 다루고 있다.

제3부 무역신용장의 실무는 모두 2개 장으로 구성되어 있는데, 제9장에서는 우편신용장의 표준양식과 기재내용을, 제10장에서는 SWIFT신용장의 표준양식 및 기재내용을 다루고 있다.

그리고 부록에서는 학습 시 수시로 참고할 수 있도록 화환신용장통일규칙(UCP600)을 수록하였다.

2018년 2월

저자 씀

# 차 례

## 제1부 무역대금 어떻게 결제되는가?

### 제1장 국제무역과 신용위험



### 제2장 무역대금의 결제수단



### 제3장 무역대금결제방식의 종류와 그 특징

## 제2부 무역신용장 총론

### 제4장 무역위험과 신용장

### 제5장 신용장의 개론

## 제7장 은행의 서류심사와 ISBP



## 제8장 신용장의 확인·조건변경 및 취소·양도

## 제3부 무역신용장의 실무

## 제9장 우편신용장의 표준양식과 내용



## 제10장 SWIFT 신용장의 표준양식과 내용

## 부 록

제 1 부

# 무역대금 어떻게 결제되는가?

## 제 1 장

# 국제무역과 신용위험

## Ⅰ. 무역거래와 신용위험

무역거래에는 국내의 상거래와 근본적으로 다른 특성이 있다. 예컨대 국내 점두매매와 백화점매매의 경우에는 현물을 취하면서 대금을 즉시 지급하기 때문에 물품과 대금을 주고받는데 시차가 발생할 수 있는 여지가 없다. 그러므로 이때 물품을 인도하고 대금을 못 받을 위험이나 대금을 지급하고 물품을 못 받을 위험의 여지도 없다.

그런데 통상적인 무역거래의 경우에는 당사자가 지리적으로 멀리 떨어진 서로 다른 국가에 소재하고 있기 때문에 물품이 선적된 후 장기간의 국제운송과정을 거쳐서 목적항에 도착하게 되고 그곳에서 수입자에게 현물이 직접 인도된다. 따라서 물품이 선적된 때로부터 인도될 때까지에는 상당한 기간이 소요된다. 그 기간이 만약 1개월이라면 물품과 그 대금을 주고받는 데는 1개월의 시차가 발생하게 된다. 그 이유는 대금지급조건이 선적 시 지급조건인 경우 수입자는 대금을 미리 지급하고 1개월 후에 물품을 인수하게 되며, 반대로 인도 시 지급조건인 경우 수출업자는 물품을 미리 선적하고 1개월 후에 대금을 지급받게 되는 결과가 되기 때문이다.

수출업자와 수입업자가 계약물품과 그 대금을 주고받는데 소요되는 시차의 폭을 급부와 반대급부에 대한 이행의 동시성 효과라고 부르기로 하자. 그러면 물품과 그 대금을 주고받는데 소요되는 시차가 적으면 적을수록 이행의 동시성 효과는 커지고, 반대로 시차가 커지면 커질수록 이행의 동시성 효과는 적어

진다. 그러므로 급부와 반대급부에 대한 이행의 동시성 효과가 높다는 말은 그러한 시차가 적다는 말이며, 반대로 이행의 동시성 효과가 적다는 말은 그러한 시차가 크다는 의미이다. 그러므로 무역위험은 급부와 반대급부가 이행되는데 소요되는 시차의 크기에 정비례한다. 따라서 계약물품과 무역대금을 주고받는데 많은 시간이 소요되면 될수록 그에 비례하여 무역위험도 커지게 된다.

이 같은 시차로 인해 야기될 수 있는 여러 가지 위험을 넓은 의미에서 무역위험(risks for international trade)이라고 한다. 무역위험의 범주 속에는 신용위험(credit risks),[1] 환위험(exchange risks),[2] 불가항력의 위험(force majeure risks)[3]과 이들을 제외한 기타 위험(any other risks)[4]이 있다.

이들 위험 중 특히 신용위험(credit risks)이란 상대방의 고의 또는 과실로 인하여 야기될 수 있는 위험을 말한다. 여기에서 말하는 고의란 의도적 행위를 말하며, 과실이란 부주의 또는 업무능력의 부족에서 기인되는 결과를 말한다. 따라서 신용위험은 거래상대방의 상도덕성이나 신용상태에 대한 진단 및 예측의 잘못 또는 그 변화로 야기된다.

이 같은 신용위험의 대표적인 사례로는 수출상의 대금영수불능위험과 수입상의 약정물품인수불능위험을 들 수 있다. 왜냐하면 수출상이 수출대금을 제때에 영수하고 수입상이 계약물품을 제때에 인수했다면 실질적인 무역거래의 목적은 실현된 셈이기 때문이다. 그러므로 수출・입상의 입장에서 볼 때 이들 두 가지 위험이 곧 신용위험의 대표적인 사례임과 동시에 무역위험 중에서도 가장 무거운 위험에 해당된다.

---

1) 협의적 의미에서 무역위험이라고 할 때는 이 신용위험만을 의미한다.
2) 이는 환율변동으로 인하여 야기되는 환차손 발생 등과 같은 위험을 말한다. 이 같은 환위험은 환 예약제도와 같은 것을 활용함으로써 상쇄시킬 수도 있다. 한편 다른 시각에서 볼 때 환율변동은 환차손 요인만을 발생시키는 것이 아니라 환차익 요인도 발생시킬 수 있는 여지가 있으므로 이를 잘 활용할 수만 있다면 긍정적인 측면도 없지 않다.
3) 이는 어느 한 국가의 무역정책 등의 변화로 야기되는 위험과 천재지변과 같은 불가항력 사태의 결과로 오는 위험을 말한다. 이들 위험은 이에 관한 계약상의 명시적 약정방법을 통하여 또는 보험에 부보함으로써 상당부분 커버할 수 있다.
4) 이는 언어, 법률, 상관습, 가치관 등의 차이에서 오는 위험과 무역환경변화에 따른 가격변동의 위험, 장기간 국제운송상의 위험 등을 말한다. 이들 위험은 신용장통일규칙(UCP)이나 인코텀즈(Incoterms) 등과 같은 무역관련 국제규칙이나 각국의 법규 및 상거래관행 등을 충분히 숙지・활용함과 동시에 물품의 특성을 고려한 적절한 포장과 그리고 장래의 무역여건을 예측할 수 있는 능력을 함양함으로써 어느 정도 해소할 수 있다.

그런데 이 같은 신용위험은 상호 거래타방의 상도덕성이나 신용상태에 대한 조사를 철저히 하고 그 변화여부를 수시로 점검·재평가해서 이에 적절히 대처함으로써 다소 줄일 수는 있다. 그러나 이 같은 신용위험은 주로 당사자타방의 의도적·악의적 행위로 발생되는 것[5]이기 때문에 당사자일방의 노력만으로는 이를 근원적으로 예방할 수 없다는 사실에 주목할 필요가 있다.

이처럼 신용위험을 근원적으로 예방하는 것이 불가능하다면 그럼에도 불구하고 이로 야기될 수 있는 경제적 손해의 여지를 감수하면서까지 상인은 무역거래를 계속해야 되는가? 한편 이러한 신용위험을 극복할 수 있는 방안은 과연 없는 것일까?

## Ⅱ. 차선책으로써 신용위험의 분산

앞에서 살펴본 바와 같이 이제 우리는 국내 점두매매나 백화점매매의 경우와는 달리 국제무역거래의 경우에는 계약물품과 그 대금을 주고받는 데 상당한 시차가 소요되고, 그 시차에 비례하여 신용위험이 증가되는데 그러한 위험에도 불구하고 범 세계간 무역은 필요한 것이라는 사실을 스스로 깨닫게 되었으리라고 믿는다.

제1차 세계대전이 발발하기 직전 한때 다발적으로 발생하는 이 같은 신용위험 때문에 교역당사자들은 무역거래를 기피하게 되었고, 그 결과 국제간의 교역이 상당히 위축되어 교역량이 감소한 때도 있었다. 그런데 두 차례의 세계대전은 결국 국제간의 교역량을 폭발적으로 증가시켰고, 그에 따라 세계각국은 국제무역의 중요성을 재인식하기에 이른다. 사실 정치적·군사적 등의 목적으로 악용될 여지만 없다면, "범세계적 자유무역은 개인적·국가적·세계적 부(welfare)을 증대시켜서 인간의 삶의 질을 향상시키게 된다"는 사실은 이미 여

5) 예컨대 수출상이 사기의 목적으로 위조 또는 불량품을 선적하거나 납기를 지연시키는 등, 또는 반대로 수입상이 정당한 이유 없이 수입대금의 지급을 지연 또는 거절하는 등의 경우.

러 무역학자들에 의하여 입증되어 있는 사실이기도 하다.

그런데 교역의 증대에도 불구하고 여전히 문제가 되는 것은 급부와 반대급부가 이행되는데 소요되는 시차의 크기에 정비례하여 발생될 개연성이 있는 신용위험이라는 문제였다. 그렇지만 지금까지도 이 같은 신용위험을 완전히 제거할 수 있는 방안은 발견되지 않고 있다.

인간의 경제행위는 기본적으로 절대적 만족을 추구하고자 하지만, 그것이 불가능한 경우에는 하나의 대안으로써 선과 형평의 원칙에 입각한 상대적 만족을 추구하게 되어 있다. 국제간에 이루어지는 상거래활동인 무역거래의 경우에도 이 같은 원리가 그대로 적용된다. 그래서 상인들은 차선책으로써 신용위험을 당사자에게 균등하게 분산시킬 수 있는 방안을 추구하게 된 것이다.

예컨대 신용위험이 자신에게 집중되어 있는 당사자는 무역거래를 기피할 것이고, 그렇지 않은 당사자는 오히려 무역거래에 적극적으로 임할 것이다. 신용위험의 분산방안은 어느 일방당사자에게 위험이 집중되는 일이 없도록 형평성의 원칙에 입각하여 위험을 균등하게 분산시켜 줌으로써 무역거래를 기피하는 당사자를 최소화해보자는 발상이다. 이처럼 당사자간에 형평성을 실현할 수 있는 최적의 방안중의 하나가 곧 위험의 분산이며, 위험의 분산은 곧 선과 형평의 원칙에 근거하여 이루어지게 된다. 그렇게 실현된 신용위험의 분산은 결국 물품과 그 대금을 주고받는데 소요되는 시차의 폭을 좁혀주는 역할을 하기 때문에 급부와 반대급부에 대한 이행의 동시성 효과를 높여주게 된다.

제 2 장

# 무역대금의 결제수단

## Ⅰ. 결제란 무슨 말인가?

모든 상행위가 다 그러하듯이 무역거래 역시 유상적이며 쌍무적인 거래(remunerative and bilateral transaction)이므로 당사자일방의 급부에 대한 타방의 반대급부를 발생시킨다. 따라서 당사자는 각기 그에 상응하는 권리와 의무를 서로 부담하게 된다.[1] 이를테면 무역계약조건에 따라 수출업자는 정해진 물품을 인도하고 그 대금을 청구할 수 있는 의무와 권리를, 수입업자는 동 물품을 인수하고 그 대금을 지급할 권리와 의무를 각기 지게 된다. 이처럼 무역거래는 당사자간에 채권채무를 발생시키게 되는데,[2] 이러한 채권채무관계를 다른 말로 국제대차관계라고도 한다.

이러한 국제대차관계는 일단 한번 발생한 이상 어떻게 해서든 당사자는 이를 소멸시켜야 한다. 예컨대 수출자가 제공한 약정물품을 수입자가 인수하고 그 대금을 지급함으로써 두 당사자간에 발생된 대차관계는 없어지게 된다. 이

1) 영국의 물품매매법(Sale of Goods Act, 1979, Ⅱ-2(1))에 의하면 "물품매매계약이란 매도인이 대금이라는 금전적 대가를 받고 매수인에게 물품의 소유권을 이전하거나 또는 이전하기로 약정하는 계약"이라고 규정하고 있으며, 또한 미국의 통일상법전(Uniform Commercial Code, § 2-106(1))에 따르면 "매매란 금전적 대가를 받고 매도인이 매수인에게 권리를 이전하는 것"이라고 규정하고 있다. 이들 어느 경우이든 당사자는 각기 그에 상응하는 권리와 의무를 부담하고 있음을 알 수 있다.

2) 관세법상으로 볼 때 기부나 증여와 같은 행위는 물품이 우리의 관세선을 넘어 외국으로 반출되더라도 대가의 수수를 전제로 한 상거래행위가 아니기 때문에 당사자간에 채권채무관계를 발생시키지 않는다. 그러므로 무역결제에서는 이 같은 행위를 무역행위로 간주하지 않는다. 다시 말해 무역결제에서는 대가의 수수를 전제로 하는 소위 유상성(remunerativeness)을 지닌 상행위만을 무역의 대상으로 삼는다.

와 같이 당사자간에 발생한 대차(credit and debit)를 소멸시키는 일종의 법률 행위가 곧 결제라는 말이다.

## Ⅱ. 무역대금결제방식의 결정권자와 결정시기 및 방법

### 1. 무역대금결제방식은 누가 결정하는가?

상거래행위는 사법(private law)상의 법률관계에 해당된다. 사법상의 법률 관계란 그것이 법률의 강행규정이나 공서(public order)에 반하지 않는 한 당사자가 자의적 의사에 따라 임의로 처분할 수 있는 사안을 말한다. 따라서 상거래계약관계에서는 당사자의 의사가 최대한 존중된다. 이 같은 취지의 내용을 당사자자치의 원칙(principle of parties autonomy)이라고 한다.

그런데 무역거래도 계약으로 성립되며, 계약의 주체는 당사자이다. 당사자 자치의 원칙에 따라 당사자가 무역계약조건을 결정하게 된다. 무역대금결제방식도 여러 가지 무역계약조건 중의 하나이므로 이의 결정권자는 바로 무역계약의 당사자인 수출업자와 수입자가 된다.

### 2. 무역대금결제방식은 언제 결정되는가?

하나의 무역거래가 성사되기 위해서는 일련의 단계를 거치게 된다. 그러한 단계를 무역계약의 성립절차라고 한다. 개개 거래의 특성에 따라 다소의 차이는 있을 수 있겠지만 일반적으로 무역계약이 성립되는 절차를 단계별로 요약하면 다음과 같다.

(1) 해외시장조사(overseas market research)
(2) 유망한 목적시장의 발견(finding prospective target market)
(3) 유망한 비즈니스 파트너의 발굴(selecting prospective business partner)

(4) 거래제의(business proposal; business circular)

(5) 신용조사(credit investigation)

(6) 비즈니스 상담(business inquiry and reply; business negotiation)

(7) 무역오퍼(trade offer)

(8) 카운터 오퍼(counter offer)

(9) 오퍼의 승낙(acceptance)

(10) 승낙으로 사실상 무역계약의 성립

이상에서 보는 바와 같이 무역계약은 상담(business negotiation)의 과정을 거쳐 승낙으로 성립된다. 무역계약이 성립되면 그와 동시에 주요 거래조건들[3]이 확정되므로 무역대금의 지급조건도 그때 결정되어 진다. 우리나라 민법도 이와 같은 취지의 규정[4]을 두고 있다. 따라서 상담에 임할 때 당사자는 누구든 지급방식별 특성을 사전에 충분히 이해하고 있어야만 신용위험이 자신에게 집중될 수 있는 불이익을 능동적으로 예방할 수 있을 것이다.

## 3. 무역대금결제방식은 어떻게 결정되는가?

모든 상거래는 상대방이 있는 거래이기 때문에 어느 누구 혼자만의 생각으로 거래가 이루어질 수 없다. 그래서 하나의 계약(contract)이 성립되기 위해서는 당사자간에 합의가 있어야 되고, 그 합의의 내용은 실현 가능한 것이어야 된다. 합의(agreement)란 일정한 대차(credit and debit)를 발생시킬 목적의 서로 대립되는 의사표시의 합치(meeting of mind)를 의미한다. 서로 대립되는 의사표시의 합치는 어느 일방의 청약(offer)에 대하여 타방이 승낙(acceptance)

---

3) 이를테면 ① 품질조건(quality terms), ② 수량조건(quantity terms), ③ 가격조건(price terms), ④ 선적조건(shipment terms), ⑤ 화물보험조건(cargo insurance terms), ⑥ 결제조건(payment terms), ⑦ 포장 및 화인조건(packing and marking terms), ⑧ 기타의 조건(other terms and conditions) 등. 특히 기타의 조건으로 중요한 것은 중재조항(arbitration clause), 불가항력조항(force majeure clause), 가격변동조항(escalation clause)이다.

4) 우리나라 민법 제563조(매매의 의의)의 규정에 따르면 "매매는 당사자일방의 재산권을 상대방에게 이전하기로 약정하고 상대방이 그 대금을 지급할 것을 약정함으로써 그 효력이 생긴다"는 것이다.

함으로써 성립된다. 이렇게 성립된 합의를 계약이라 부른다.

그러므로 합의 없는 계약은 무효이고, 합의가 있더라도 실현 불가능한 계약 역시 법률적 효력이 인정되지 않는다. 뿐만 아니라 합의는 상호 대등한 관계에서 이루어진 것이어야 된다. 당사자 중 어느 일방의 일방적인 의사나 강압으로는 결코 적법한 계약이 성립될 수 없다.

무역계약(trade contract)도 당연히 합의계약(consensual contract)으로서의 성격을 지니기 때문에 여러 가지의 지급방식 중 어떤 것을 선택할 것인가의 문제도 응당 당사자간의 합의에 의하여 결정된다. 즉 여타의 무역계약조건과 마찬가지로 상담(business negotiation)의 과정을 거쳐서 당사자 중 어느 일방이 거래의 특성에 맞는 지급방식을 제의하고 타방이 그 제의를 받아들임으로써 결정되게 된다.

## Ⅲ. 무역대금의 결제수단

당사자간에 발생된 대차관계를 소멸시키기 위하여 이용되는 매체를 통칭하여 결제 또는 지급수단이라고 한다. 여기서는 오늘날 어떤 매체들이 무역대금의 지급수단으로 이용되고 있는지에 관하여 살펴보기로 한다.

### 1. 현물(goods)

여러분들은 어린 시절 누구와 어떤 물건을 서로 맞바꿔 본적이 없는가? 그것이 바로 물물교환행위이며, 교환한 물건의 대가를 현물로 지급한 사례에 해당된다. 그런데 그것이 가능했던 이면적인 이유를 생각해본 적이 있는가?

태초에 인간은 오로지 자신의 일상생활에 필요한 물자만을 생산해서 소비하였을 것이고, 이 같은 자급자족의 시대에는 당연히 집단간 물자교환의 필요성을 크게 느끼지 못했을 것이다. 그러나 생산기술의 진보로 잉여생산물이 발생하게 되면서 사회집단간 또는 구성원간에 생산물의 교환이 이루어지게 된다.

이처럼 인류 최초의 무역거래형태는 물물교환방식으로 시작되었을 것이라는 사실은 쉽게 짐작되는 일이다.

그렇지만 오늘날 사실상 현물과 현물을 상호 교환한다는 것은 지극히 제한적이거나 불가능할 수밖에 없다. 왜냐하면 물물교환(barter)이란 수출입한 물품의 대가를 다른 물품으로 결제하는 것이기 때문에 이를 필요로 하는 당사자간에는 상호 이용가치(value in use)의 등가성이 인정되어야 할 뿐 아니라 수요자와 공급자의 다양한 욕구가 양적, 질적, 시간적으로 일치되어야 가능해지기 때문이다.

그러나 순수한 의미에서 물물교환의 경우처럼 대차(credit and debit)의 전액이 현물로 지급되는 것은 실무상 용이하지 않다고 하더라도, 그러나 그 일부는 현물로 나머지 차액은 현금으로 지급하는 것은 충분히 가능할 수 있으며, 그렇게 함으로써 당사자간이나 국가간 화폐의 이동이 최소화된다. 이러한 점 때문에 현대무역에서도 물물교환(barter), 구상무역(compensation trade),[5] 대응구매(counter purchase),[6] 제품환매(product buy-back)[7] 및 산업협력(industrial cooperation)[8]과 같이 동일한 거래당사자간에 수출과 수입을 연계한 소위 연계무역(link trade)의 형태에서 여전히 현물이 지급수단으로 많이 이용되기도 한다.

---

5) 이는 양국간 수출입의 쌍무적 균형을 유지하기 위하여 수출입물품의 대금을 그에 상응하는 수입 또는 수출로 상계하는 수출입을 말한다. 구상무역은 양국간 정화의 이동여부에 따라 유환구상무역과 무환구상무역으로 구분된다. 무환구상무역은 수출과 수입금액을 균형시키기 때문에 대차의 차액이 발생하지 않게 되고 그 결과 외화로 대금을 결제할 필요가 없는 물물교환과 같은 거래방식이다. 유환구상무역이란 외화로 수출입대금을 그때그때 직접 결제하되 단 종국적으로는 수출입금액을 균형시키는 무역거래방식으로써 소위 "선 수출 후 수입" 또는 "선 수입 후 수출"과 같은 거래의 경우가 이에 해당된다.

6) 이는 수출금액의 일정비율에 상응하는 물품을 대응 수입하는 무역거래형태로써 환거래가 발생하며 쌍방무역계약(two-way trade contract)으로 거래가 성립된다. 따라서 수출자가 수출에 대응하여 수출한 기술과 설비에서 생산되는 물품이나 아니면 다른 물품을 수입할 의무를 부담하는 조건의 거래방식을 말한다.

7) 이는 수출자가 자신이 수출한 기술이나 설비 또는 플랜트(plant)에서 직접 파생되거나 이를 이용하여 생산된 물품을 수출대금의 일부 또는 전부로 수입해오는 무역거래방식이다.

8) 이는 기술이나 플랜트 등의 수출에 대응하여 그 설비로 생산된 제품을 수입하는 제품환매에만 그치지 않고 특히 첨단기술 수출과 관련된 분야에 공동참여 또는 기술지도 등의 협력방식을 취하는 무역거래형태이다. 따라서 넓은 의미에서 볼 때 제품환매도 일종의 산업협력에 해당되는 무역거래방식이다.

〈표 2-1〉 연계무역의 종류 및 특징

| | 물물교환 | 구상무역 | 대응구매 | 제품환매 |
|---|---|---|---|---|
| 계약서 | 수출입 1개 | 수출입 1개 | 수출입 별도 | 수출입 별도 |
| 환거래 | 발생하지 않음 | 발생함 | 발생함 | 발생함 |
| 신용장 | - | 특수신용장[9] | 일반신용장 (2개) | - |
| 상계방법 | 현물 | 합의된 결제통화 | 합의된 결제통화 | 합의된 결제통화 |
| 대응수입 비율 | 100% | 합의 (20-100%) | 합의 (20-100%) | 합의 (100% 초과 가능) |
| 대응수입 기간 | 1년 이내 (일반적으로 동시) | 3년 | 5년 | 3-25년 |
| 수입의무 제3국 전가 | 불가 | 가능 | 가능 | 가능 |

## 2. 현금(cash)

고대무역의 주된 거래형태는 물물교환방식이였다. 교환수단이 마땅치 않으면 교환활동은 위축될 수밖에 없다. 그래서 호환성이 있고 공통가치를 지닌 일반적인 어떤 등가물품의 필요성이 인식되기에 이른다. 초기에는 곡물, 조개껍질, 가축, 소금, 모피, 무기, 노예 등이 교환수단으로 이용되었다. 그러다가 인간의 지혜가 차츰 발달하면서 호환성, 내구성, 운반 및 휴대성이 높은 금과 은 등의 귀금속으로 발전하면서 화폐가 출현하게 된다.

고대 희랍시대에는 주조화폐를 만들어 사용한 기록이 있으며, 마케토니아의 다우리스 왕조시대에는 화폐제도의 일종인 금과 은을 교환수단으로 하는 금은 복본위제도를 실시했던 것으로 알려지고 있다.

9) ① Back to Back L/C: 한 나라에서 일정액의 수입신용장을 발행할 때 상대방에서도 동액의 수입신용장을 발행하는 것을 유효조건으로 하는 신용장, ② Escrow L/C: 수입상(A)은 수입대금을 수출상(B)에게 지급하지 않고 Escrow account에 예치하였다가 수출상 B가 수입상 A로부터 수입하는 때에 이를 인출하여 결제자금으로 사용하는 조건의 신용장, ③ Tomas L/C: Back to Back L/C의 변형으로서 상대방 수출상이 반드시 수입하겠다는 보증서를 제출하면 수입대금을 결제하는 조건의 신용장.

좌우지간 이상과 같은 과정을 거치면서 오늘날의 화폐제도로 발전하게 된 것이다. 지구상에는 무수한 나라들이 있고 그들 나라들은 대부분 각기 독특한 화폐를 사용하고 있다. 그럼에도 불구하고 오늘날 국제간의 무역거래에서는 미국의 달러화(US$)가 결제통화[10]로 주로 이용되고 있는데, 그 주된 이유는 그것이 지니고 있는 국제적 유통성, 교환성 및 시간적·공간적 가치의 안정성이 상대적으로 높기 때문이다. 즉 어느 나라에서나 통용될 수 있고, 환시세의 변동이 심하지 않아서 현재가치와 미래가치간의 차이가 적은 통화이기 때문이다.

그런데 오늘날 국제무역은 동시다발적으로 발생할 뿐만 아니라 국제교역량이 증가함에 따른 거래금액도 일반인의 상상을 초월할 정도로 거액이다. 이 같은 수요에 충당하기 위하여 현금을 직접 수송해서 대금을 지급한다는 것은 분실이나 도난의 위험이 있을 뿐 아니라 비경제적인 일이다. 그래서 현금이 무역대금지급수단으로 직접 이용되는 경우는 소위 보부상무역에서나 가능한 일이고, 통상적인 무역거래의 경우에는 불가능하고도 불필요한 일이다.

## 3. 여행자 수표(travellers cheque)

여행자수표(T/C)는 은행이 여행자 앞으로 발행·판매하는 일종의 수표이며 유가증권이다. 현금휴대에는 불편이나 분실 또는 도난의 위험이 따르지만, 여행자수표는 서명 난에 여행자의 서명이 되어있는 경우 이를 분실해도 보험처리로 분실금액을 환불받을 수 있음은 물론 직접 현금으로 환전하는 것보다 다소나마 유리한 환율이 적용된다.

여행자수표는 현금과 수표의 장점을 모두 지닌 국제적으로 통용되는 지급수단이다. 그래서 여행지국의 은행이나 환전상(money changer)[11]에서 현지통

10) 과거에 우리나라는 외국환거래의 안전과 채권회수확보 및 적정한 외화관리 등의 목적에서 대금결제통화를 재경원이 지정하는 통화로만 하도록 외국환관리법으로 제한했었다. 그래서 지정영수통화와 지정지급통화 이외의 통화로 거래하는 경우에는 정상결제방법으로 인정되지 않았으므로 규제대상이었다. 그런데 1996년 이 제도가 폐지되었고, 그 결과 무역거래 당사자는 원칙적으로 결제통화를 자의적으로 결정할 수 있게 되었다.

11) 거주자나 비거주자에게 외화를 원화(圓貨)로 원화를 외화로 교환해주거나 또는 외국발행 여행자수표를 원화로 매입하는 업을 영위하는 자로써 한국은행총재의 신고(금융기관의 경우)나 인가를 득한 자.

화로 자유로이 교환할 수도 있으며, 호텔이나 식당 또는 백화점 등에서 현금처럼 사용할 수 있다. 그래서 요즘은 여행자수표가 여행자의 여행경비충당 목적으로만 이용되는 것이 아니라 소액거래 특히 보부상무역업자들의 무역대금결제수단으로도 이용되기도 한다.

## 4. 국제신용카드(international credit card)

최근 소규모무역업에 대한 일반인의 관심이 고조되고 있다. 보부상무역업이 그렇고, 우편이나 전화, 또는 인터넷 등을 이용한 통신주문이 그러하다. 보부상무역의 경우에도 동일당사자간에 반복적 거래로 신뢰가 쌓이고 거래규모가 커지면 전통적인 무역거래 시와 같이 다양한 결제방식이 이용될 수도 있지만, 초기단계에서는 소액거래이기 때문에 현금결제를 원칙으로 할 수밖에 없다. 그리고 우편이나 전화, 인터넷 등 통신매체를 이용한 거래의 경우에는 국내나 국제의 경우를 불문하고 신용카드가 주된 결제수단으로 널리 이용되고 있다.

이처럼 개인적 차원에서 이루어지는 소액소량의 거래 시에는 선불이든 현금불이든 크게 문제될 것이 없으므로 카드결제가 용이하고 편리할 수 있다. 그러나 거래규모가 커지게 되면 카드로 지급하는 데는 한계가 있을 뿐만 아니라 바이어의 입장에서도 선불결제는 신용위험이 자신에게 집중되기 때문에 이를 기피하게 될 것이다.

좌우지간 우편이나 전화, 인터넷 등을 이용한 개인적 차원에서 이루어지는 통신거래는 앞으로도 계속 증가할 것이고, 그에 비례하여 이들 거래의 결제수단으로 신용카드가 이용될 수 있는 여지 또한 증가될 것이다. 그렇지만 거래규모가 큰 전통적인 무역거래의 경우에까지 신용카드가 결제수단으로 확대・사용될 수 있는 가능성은 크지 않다.

## 5. 외국환(foreign exchange)

### 1) 외국환이란?

국제거래는 물품과 같은 유형재(goods)를 매매하는 무역거래(visible trade)

와, 운송 · 보험 · 금융 · 건설 · 기술과 같은 무형재(service)에 관련된 무역외 거래(invisible trade)와, 자본의 이동을 필요로 하는 자본거래(capital transaction)로 분류할 수 있다. 그런데 이들 국제거래는 필연적으로 국제대차를 발생시키고, 발생된 대차관계는 결제되어야 된다. 이 같은 국제대차를 결제하기 위한 수단으로 외국환이 이용되고 있다.

외국환이란 현금을 직접 수송하지 않고 신용수단을 이용해서 제3자인 은행을 통한 지급위탁의 방법으로 국제간의 대차를 결제하는 지급수단이다.

외국환거래는 ① 채권채무자간 현금의 직접수송이 이루어지지 않는다는 점, ② 반드시 은행이 개입하게 된다는 점, ③ 어음이나 수표와 같은 신용수단이 이용된다는 점, ④ 지급위탁의 방식을 취한다는 점 등의 특징을 갖고 있다.

### 2) 내국환과의 차이

① 거래당사자가 서로 다른 국가에 소재하고 있다는 점

② 환거래가 발생해서 지급되기까지 상당한 기간이 소요된다는 점

③ 거래당사국간에는 서로 다른 화폐를 사용하고 있다는 점

④ ③의 결과로 외환시세의 변화에 따른 환위험(exchange risk)이 수반된다는 점

⑤ 모든 국가는 외국환을 통제 · 관리하고 있으므로 이의 거래에는 일정한 제한이 있다는 점

### 3) 외국환의 결제방식

외국환을 이용하여 국제간 대차관계를 결제하는 방법에는 송금환과 추심환의 형태가 있다. 채무자가 자신의 채무를 이행하기 위하여 은행을 통해 지급자금을 채권자에게 보내주는 방법을 송금환이라 하고, 반대로 채권자가 은행을 통하여 채무자에게 채권금액을 청구하는 방법을 추심환이라고 한다. 송금환의 경우는 지급자금의 이동이 환의 이동과 같은 방향으로 움직인다는 의미에서 순환이라고도 하고, 추심환의 경우는 결제자금의 이동이 환의 이동방향과는 반대방향으로 움직인다는 의미에서 역환이라고도 한다.

이들 두 방식은 국제대차결제에 이용되지만, 그 중 송금환은 무역외거래의 대금결제에 주로 이용되고 추심환은 무역거래의 대금결제에 주로 이용된다. 송금환의 경우는 송금수표와 우편환 및 전신환이, 추심환의 경우는 환어음이 결제수단으로 주로 이용되고 있다.

### (1) 송금환방식의 거래과정

[그림 2-1] 송금수표 거래과정

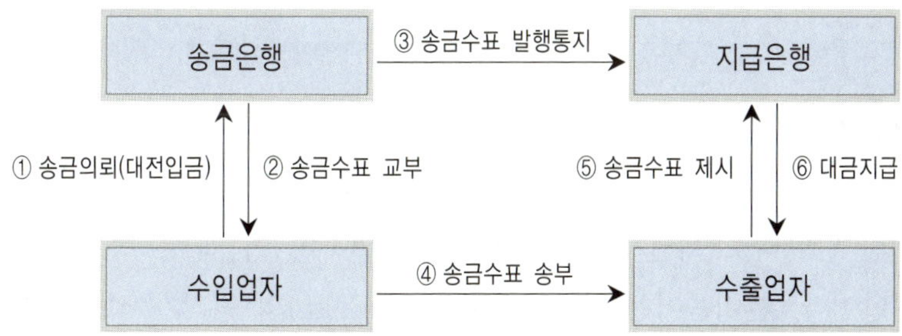


[그림 2-2] 우편 또는 전신환 거래과정

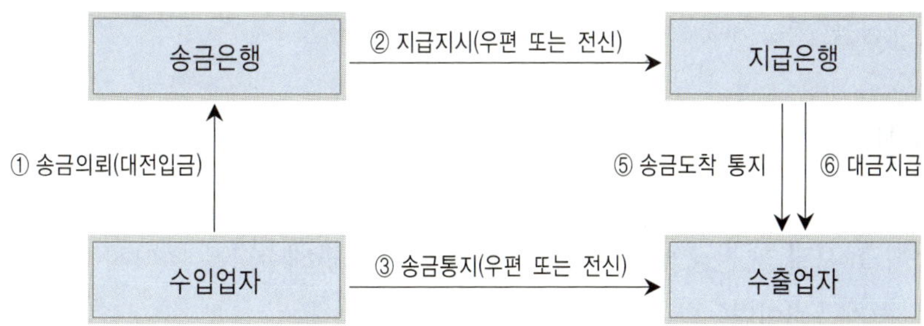

[그림 2-3] 추심환 거래과정

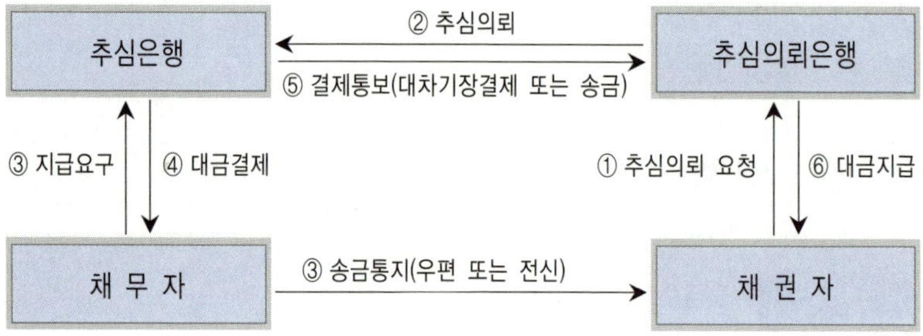


## 6. 환어음(bill of exchange)

어음이란 한마디로 채권채무를 소멸시키기 위하여 이용되는 격지자간의 대차결제수단이다. 환어음이란 이를테면 환(exchange)의 원리가 적용되는 어음이라는 말이다. 영어로는 "bill of exchange"라고 하는데, 이를 줄여서 "bill" 또는 "draft"라고도 한다. 오늘날 여러 가지의 무역대차결제수단 중에서도 환어음이 가장 대표적이며 실무에서 가장 많이 이용되고 있다. 대부분의 무역거래에서 수출업자는 계약에 따라 약정된 물품을 선적한 후 환어음을 발행해서 수출대금을 영수하게 된다.

### 1) 환어음의 정의

환어음이란 채권자가 채무자로 하여금 특정한 만기일에 특정된 장소에서 어음상에 표시된 채권금액을 제3자에게 무조건 지급해주도록 위탁하는 요식증권이며 유가증권이다.

채권자는 자신이 지정한 제3자나 또는 어음소지인(holder)에게 자신이 발행한 어음금액을 일정한 기일에 일정한 장소에서 무조건 지급해주도록 채무자에게 요구하는 환어음을 발행하고, 지시인(채권자가 지정한 제3자) 또는 어음소지인은 지급조건에 따라 동 환어음을 채무자에게 제시하면서 어음대금의 지급을 요구한다. 그러한 요구를 받은 채무자는 무조건 어음대금을 지급하게 된다. 그런데 이때 지급인(채무자)이 어떤 이유로 어음대금을 지급하지 못하게 되면 당해 어음은 부도처리된다.

### 2) 환어음과 약속어음의 차이

격지자간의 대차결제수단으로 이용되는 어음은 약속어음(promissory note)과 환어음(bill of exchange or draft)으로 구분할 수 있다.

이 두 어음은 상업서류(commercial document)가 아닌 금융서류(financial document)라는 점에서, 그리고 일정한 요건[12)]을 구비해야만 법률적 효력이 인정되는 요식증권(formal instrument)이라는 점에서, 또한 금융시장에서 매매의 대상이 될 수 있는 유통증권(negotiable instrument)이라는 점에서는 동일하다.

그런데 약속어음은 채무자가 채권자 앞으로 발행하는 지급약속증권임에 반하여 환어음은 채권자가 채무자 앞으로 발행하는 지급위탁증권이라는 점과, 약속어음은 단본어음(sole or sola note)으로 발행되는데 비하여 국제결제에 이용되는 환어음은 복본어음(set bill)으로 발행된다는 점에서 서로 다르다.

### 3) 환어음의 종류

#### (1) 내국환어음과 외국환어음

이는 환어음거래의 당사자가 어디에 있느냐에 따른 구분이다. 당사자가 동일 국내에 있는 경우의 환어음이 내국환어음(domestic bill of exchange)이고, 당사자가 2개국 이상에 걸쳐있는 경우의 환어음이 외국환어음(foreign bill of exchange)이다. 외국환어음은 환취결범위가 국제간이지만 내국환어음의 환취결범위는 1개국 내에 국한된다. 좌우지간 무역대차의 지급수단으로 이

---

12) 어음법 제1조에서는 필수기재사항은 한 가지라도 누락되면 법적효력이나 구속력을 갖지 못한다고 명시하고 있으며, 필수기재 사항은 ① 환어음임을 표시하는 문자, ② 일정금액을 지급할 뜻을 무조건 위탁, ③ 지급인의 명칭, ④ 만기의 표시(만기 표식이 없는 경우는 일람불어음으로 봄; 어음법 제2조 2항), ⑤ 지급지(지급지의 기재가 없는 때는 지급인의 명칭에 부기한 곳; 어음법 제2조 3항), ⑥ 지급을 받을 자 또는 지급받을 자를 지시할 자의 명칭, ⑦ 발행일과 발행지(발행지의 기재가 없는 때는 발행인의 명칭에 부기한 곳; 어음법 제2조 4항), ⑧ 발행인의 기명날인 또는 서명

용되는 환어음은 외국환어음이다.

### (2) 단본어음과 복본어음

이는 환어음의 발행통수를 기준으로 한 분류에 불과하다. 정본(original) 1통만으로 발행되는 어음을 단본어음(sole or sola bill)이라 하고, 동일한 내용의 정본과 사본(duplicate) 2통으로 발행되는 어음을 복본어음(set bill)이라 한다. 내국환어음은 단본으로 발행되지만, 무역대차의 지급수단으로 이용되는 외국환어음은 복본으로 발행된다. 복본환어음의 경우 어느 한 통이 미리 지급되면 나머지 한 통은 자동적으로 무효로 된다.

### (3) 수출환어음과 수입환어음

이는 환어음의 발생원인이 수출과 관련된 것이냐 아니면 수입과 관련된 것이냐에 따른 구분이다. 수출업자가 발행하는 모든 환어음을 수출환어음(export bill of exchange)이라 하고, 수입과 관련되어 있는 환어음을 수입환어음(import bill of exchange)이라고 한다. 동일한 환어음일지라도 수출업자의 입장에서 보면 수출환어음이고, 수입업자의 입장에서 보면 수입환어음이 된다. 수출업자도 수입업자도 아닌 제3자의 입장에서는 이를 통칭하여 수출입환어음이라고 할 수 있다. 따라서 이는 누구의 입장에서 보느냐는 차이가 있을 뿐 개념상의 차이는 없다. 단지 수출환어음은 당발환어음(outward bill)에, 수입환어음은 타발환어음(inward bill)에 속한다고 할 수 있다.

### (4) 일람출급환어음과 기한부환어음

이는 지급기한에 따른 구분이다. 환어음이 제시되면 이를 일람한 즉시 지급해야 되는 조건의 환어음을 일람불 또는 일람출급환어음(sight bill)[13)]이라 하고, 환어음이 제시되면 그 즉시 어음금액을 지급하는 것이 아니라 일람후 일정기간이 지나고 나서 만기일에 지급되는 조건의 환어음을 기한부환어음(time

---

13) 일람출급환어음의 경우에는 “At ××× sight of this First Bill of Exchange (Second of the same tenor and date being unpaid) pay to ABC Bank, Seoul, Korea.”와 같이 표기된다.

bill or usance bill)[14]이라고 한다. 일람출급환어음은 수출업자 측에 유리하고, 기한부환어음은 수입업자 측에 유리한 조건의 환어음이다.

### (5) 지급조건부환어음과 인수조건부환어음

환어음이 제시되었을 때 어음지급인이 즉시 지급하는 조건의 환어음이 지급조건부환어음(payment bill)이며, 어음지급인이 즉시 지급하지 않고 일단 미리 인수(acceptance)했다가 일정기일 후에 지급하는 조건의 환어음이 인수조건부 환어음(acceptance bill)이다. 따라서 일람출급환어음은 지급조건부환어음에 해당되고, 기한부환어음은 인수조건부환어음에 해당된다.

### (6) 화환어음과 무화환어음

이는 환어음에 상업서류인 운송서류의 첨부여부에 따른 구분이다. 환어음에 운송서류가 첨부되는 조건의 환어음이 화환어음(documentary bill)이고, 첨부되지 않는 조건의 환어음이 무화환어음(non-documentary bill)이다. 화환어음을 담보(조건부)환어음 또는 화물환어음, 무화환어음을 무담보(조건부)환어음(clean bill)이라고도 한다. 무역대금의 결제수단으로 주로 이용되는 환어음은 화환어음이다. 그런데 클레임대금이나 운임 및 보험료 등을 청구할 때는 첨부할 운송서류가 없기 때문에 이때에는 무화환어음이 이용된다. 따라서 무화환어음은 무역외 결제수단으로 주로 이용된다.

무역실무에서 환어음이라고 하면 이는 당연히 외국환어음이며 복본어음임과 동시에 수출 아니면 수입 환어음이며, 일람출급 아니면 기한부이고, 지급도 아니면 인수도이며, 화환 아니면 무화환어음을 지칭하게 된다. 즉 하나의 외국환어음이라도 그 말속에는 복본, 수출, 일람출급, 지급도, 화환어음이라는 의미가 함께 내포되어 있다는 말이다.

---

14) 기한부환어음의 경우에는 "At 60 days after sight of this First Bill of Exchange (Second of the same tenor and date being unpaid) pay to ABC Bank, Seoul, Korea."와 같이 표기된다.

### 4) 환어음의 특성 및 요건

(1) 채권자가 채무자 앞으로 작성하고 서명한다.

(2) 서면으로 작성되어야 된다.

(3) 지급위탁청구서의 역할을 한다.

(4) 일람출급 또는 기한부 형식을 취한다.

(5) 어음상의 문언은 무조건적이어야 된다.

### 5) 환어음거래의 당사자

약속어음과 달리 환어음은 채권자가 채무자 앞으로 발행한다. 무역계약에서 채권자는 수출업자이고 채무자는 수입업자가 된다. 신용장거래에서는 수출업자인 수익자(beneficiary)가 채권자이고, 채무자는 수입업자가 아니라 신용장을 발행한 발행은행(issuing bank)이다. 이처럼 환어음거래의 당사자란 환어음거래에 등장하여 일정한 채권과 채무를 부담하게 되는 자를 말한다. 이 같은 예비지식을 가지고 매 환어음거래 시 마다 등장하는 기본 당사자를 살펴보면 다음과 같다.

#### (1) 발행인(drawer)

환어음을 발행하고 거기에 서명하는 자를 환어음 발행인이라 한다. 환어음은 아무나 발행할 수 있는 것이 아니다. 채권자인 수출업자(exporter)가 환어음을 발행하고 거기에 서명(signature)한다. 무역계약상의 수출업자가 환어음거래에서는 발행인으로 불리어진다.

#### (2) 지급인(drawee)

환어음의 지급을 위탁받은 자를 환어음 지급인이라 한다. 다시 말해서 환어음이 제시되면 어음금액을 지급할 책임이 있는 채무자를 말한다. 따라서 무신용장조건부환어음인 경우에는 항상 수입업자(importer)가 지급인이 되지만, 신용장부 환어음인 경우에는 항상 신용장발행은행(issuing bank)이 지급인으로 된다.

(3) 수취인(payee)

환어음금액을 지급받게 될 일종의 채권자를 말한다. 채권자가 환어음을 발행한다는 점에서는 발행인이 수취인으로 되는 것이 원칙이다. 이때에는 환어음의 발행인과 수취인이 동일하다.

이처럼 환어음의 발행인과 수취인은 같을 수도 있지만 실무에서 그렇지 않은 경우가 더 많다. 왜냐하면 대부분의 환어음은 지급인이 최종적으로 지급하기 전에 매입되어 유통될 수 있기 때문이다.

앞에서 지적한 바와 같이 환어음은 그 성격상 유가증권임과 동시에 유통증권이므로 배서(endorsement)나 교부(delivery)에 의하여 제3자에게 양도될 수 있다. 환어음은 매입(negotiation)이라는 방법을 통하여 양도되므로 환어음을 매입한 제3자가 매입한 당해 환어음의 금액을 청구할 수 있는 채권자가 되는 셈이다. 실무에서 실제로 환어음을 발행한 발행인은 외국환은행에 이의 매입을 의뢰하고, 그 의뢰에 따라 매입한 은행을 매입은행(negotiating bank)이라 한다. 이때에는 매입은행이 지급인으로부터 환어음금액을 지급받을 수 있는 수취인이 된다.

매입된 환어음은 제3자에게 재매입(renegotiation)될 수도 있는데, 그렇게 하여 환어음을 점유하고 있는 자를 소지인(holder)이라고 하며, 문면상 완전하고 정규의 환어음을 소지하고 있는 선의의 소지인(bona-fide holder)은 약정된 지급만기일에 지급인(drawee)으로부터 지급받을 수 있다.

결국 환어음거래에서 수취인(payee)은 수출업자인 발행인(drawer)이 될 수도 있지만, 오히려 지정된 매입은행(negotiating bank)이나 환어음을 매입하여 이를 소지하고 있는 소지인(holder)이 수취인(payee)으로 되는 경우가 더 일반적이다.

### 6) 환어음의 준거법

무역거래에 이용되는 환어음은 국제간에 통용되는 외국환어음(foreign bill of exchange)이므로 어음의 발행지국과 지급지국이 서로 다르다. 그래서 환어음행위를 규율할 준거법(govern law)이 문제된다.

환어음에 관한 준거법은 행위지의 어음관련법이 우선 적용되고, 보완적으로 국제상업회의소(International Chamber of Commerce: ICC)가 제정한 "추심에 관한 통일규칙"[15]과 국제관례의 순으로 적용된다.

따라서 외국환어음행위의 효력은 우선적으로 행위지의 법률에 따르게 되므로 우리나라에서 발생된 어음행위는 우리나라의 어음법이, 외국에서 발생된 어음행위는 그 나라의 어음법이 적용되게 된다. 예컨대 만약 우리나라에서 발행된 환어음이 미국에서 배서(endorsement)된 후 영국에서 인수(acceptance)된 경우라면, 발행행위의 적법성여부는 우리나라 어음법에 따라, 배서행위의 적법성 여부는 미국의 어음법에 따라, 인수행위의 적법성여부는 영국의 어음법에 따라 결정된다. 따라서 우리나라에서 발행된 환어음이 우리나라 어음법에 따르면 무효인 경우에도 미국에서 합법적으로 배서되었고, 영국에서 적법하게 인수되었다면 당해 환어음의 배서와 인수행위는 유효한 것으로 간주된다.

### 7) 환어음의 표준양식

BILL OF EXCHANGE

NO______① ________ Date______② ____________

For______③ ____________________ Place______④____________

At______⑤________ sight of this First Bill of Exchange(Second of the same tenor and date being unpaid) pay to ________⑥______________

or order the sum of ________________⑦______________________

Value received and charge the same to account of ______________

______________________⑧______________________________

Drawn under ____________⑨______________________________

L/C No ________⑩__________ dated ________⑪__________

To __________⑫__________ ________⑬____________

____________________ ____________________

____________________ ____________________

① **환어음 번호**

특별한 의미는 없고 다만 업무상의 편의를 위한 후일의 참조용으로 발행인

---

15) The Uniform Rules for Collections, 1995 Revision, ICC Publication No. 522.

이 붙이는 어음의 고유번호이다.

② **환어음 발행일**

어음발행일은 어음과 함께 제시된 운송서류(선적서류)를 외국환은행이 매입한 날짜이며, 이는 반드시 신용장유효기일 및 서류제시유효기일 이내여야 된다.

③ **환어음 숫자금액**

환어음금액은 원칙적으로 상업송장금액(amount of commercial invoice)과 일치해야 된다. 그러나 신용장에서 상업송장금액보다 적은 금액으로 어음을 발행하도록 요구하고 있는 경우에는 동 요건을 충족시켜야 된다. 예컨대 신용장 상에 "~available by your draft at sight on us for 95% of invoice value."와 같은 문구가 명기되어 있는 때에는 환어음은 송장금액의 95%에 해당하는 금액으로 발행되어야 된다는 말이다. 한편 "for 100% of invoice value" 또는 "full invoice value" 등과 같은 문언이 명기되어 있는 경우에는 송장금액전액에 대해 어음을 발행해야 되므로 어음금액이 송장금액과 일치하게 된다. 또한 신용장상에 화물의 수량을 5%까지 초과해서 선적하였을 경우에는 송장금액은 신용장금액을 초과하지만 환어음은 신용장금액까지만 발행하여야 한다. 그러나 신용장상에 신용장의 금액이 "5% More or less in quantity and amount to be acceptable"이라고 명시되어 있을 경우에는 환어음의 금액이 신용장의 금액을 초과해서 발행할 수도 있다.

④ **환어음 발행지**

환어음의 효력은 행위지의 법률이 적용되므로 발행지를 반드시 표기하여야 된다. 발행지는 도시 명까지만 표기하면 되므로 예컨대 "Seoul Korea"와 같이 기재하면 된다. 단 실제로 존재하지 않는 도시 명이 기재되어 있는 환어음은 무효이다.

⑤ **지급조건(지급 만기일의 표시)**

어음상의 문언 중 "at ~ sight of" 의 "at" 다음에 기재되는 것이 바로 어음만기일(tenor)의 표시이다. 신용장조건에 따라 차이가 있지만 어음은 크게 일람출급어음(sight bill)과 기한부어음(usance or time bill)으로 구분할 수 있는데, 일람출급일 경우에는 "at ×× sight of"와 같이 표기되고, 기한부일 경우에는 "at 60 days after sight" 또는 "at 30 days after B/L date"와 같이 기재하면 된다. 또한 확정일출급의 경우에는 동란에 구체적으로 "at May 5"와 같이 지급일자를 기재하면 된다.[16)]

⑥ **환어음 수취인**

환어음의 금액을 지급받을 자로서 수령인이라고도 하는데 발행인이 될 수도 있고, 발행인이 지정하는 제3자가 될 수도 있다. 신용장거래에서 통상 환어음 수취인은 어음상의 문언 중 "~ pay to" 다음에 기재되는 데 신용장거래 시는 통상 매입은행이 여기에 기재된다.

⑦ **환어음 문자금액**

어음금액을 아라비아 숫자가 아닌 문자로 표시하는 곳으로 예를 들어 미화 12,345.70불일 경우 SAY US DOLLARS TWELVE THOUSAND THREE HUNDRED FORTY FIVE AND CENTS SEVENTY ONLY라고 기재한다(이때 SAY는 생략할 수 있으나 ONLY는 생략할 수 없음. SAY는일금, ONLY는 정의 뜻이며 인보이스 금액이 KRW 50,000 경우 "일금 오만원 정" 이렇게 쓰는 것이라고 보면 된다). 이는 앞에서 설명한 ③ 의 환어음 숫자금액 금액과 같이 병기(併記)하게 되는데, 이 양자간에 차이가 나면 문자로 표시된 금액을 어음금액으로 간주한다. 또한 표시되는 통화의 종류는 완전하게 기재되어야 한다. 막연히 Dollars($)나 pound(£)로 표시해서는 안 되며 반드시 US Dollars(US $), Sterling Pound (Stg £)와 같이 표기하여야 된다.

⑧ **금액청구지시문언**

지시문언이란 발행인이 지급인에게 지시하는 것으로서 그 지시내용은 당해 환어음이 지급인에 의하여 지급되면 그 자금은 "account of ~" 뒤에 기재되어 있는 자로부터 징구하라는 의미이다. 그리고 "account of ~" 뒤에는 신용장발행의뢰인(applicant)이 기재되는데 이를 "accountee(채무자)"라고 한다. 반대로 무신용장방식의 경우에는 어음지급인이 수입상이 되므로 이때에는 공란으로 비워두면 된다. 이는 법적인 필수문구는 아니나 오랜 상관습상 계속 사

---

16) 어음상의 D/A, D/P표시는 어음 자체의 효력에는 하등의 영향이 없으나 이를 기재함으로써 부속화물의 인도조건이 달라지므로 거래당사자에게는 매우 중요한 사항이다. 만약 D/A, D/P의 구분이 없으면 D/P로 간주되며, D/A의 경우 기한부 어음과 같이 어음상에 기재하면 되고, D/P인 경우 어음상에 D/P라는 문구를 기재하는데 통상 지급 만기일을 표시하는 란에 D/P라고 기재한다.

용되고 있다.

⑨ **신용장발행은행**

"Drawn under ~" 뒤에는 신용장 발행은행(issuing bank)을 기재한다. D/P 또는 D/A와 같이 무신용장방식의 경우에는 실제 환어음의 지급인인 바이어를 기재하거나 또는 계약서상의 지정은행을 기재하거나 아니면 공란으로 비워두면 된다.

⑩ **신용장 번호**

여기에는 신용장 번호를 기재한다. 그러나 무신용장방식인 D/A, D/P인 경우에는 계약서번호를 기재하면 된다. 그리고 두 개의 신용장을 근거로 하나의 환어음을 발행해도 좋다는 문구(combined shipment with other credits are acceptable)가 있고 그렇게 할 경우에는 "Drawn under L/C No. ~ for US$ ~."와 같이 표기하면 된다.

⑪ **신용장발행 일자**

어음발행의 근거가 되는 신용장상의 발행일자를 기재한다.

⑫ **지급인과 지급지**

지급인과 지급지를 기재하는 곳이다. 지급지는 신용장에 별도의 명시가 없는 한 도시명의 표시만으로도 충분하다. 만약 지급지가 기재되어 있지 않으면 지급인의 표시지로 보충하여 어음효력을 구제할 수는 있다. 무신용장방식에서 지급인(drawee)은 수입업자가 되지만, 신용장방식에서 지급인은 신용장발행은행이나 확인은행 또는 다른 제3의 지정은행이 될 수도 있다. 신용장에서 지급인을 지시하는 통상적인 문구는 "Documentary credit which is available by negotiation of your draft at sight drawn on ~"인데, 이 중에서 "on ~" 뒤에 기재되는 자가 바로 동 환어음의 지급인이 된다.[17)]

⑬ **발행인의 기명날인**

"To" 이하에는 환어음발행인이 반드시 기명날인(記名捺印)해야 된다. 어음을 발행하는 자는 신용장상의 수익자(beneficiary) 또는 신용장이 양도된 경우

---

17) 예컨대 "~on us"라고 되어 있으면 신용장 발행은행이, "on buyer" 또는 "~on accountee"인 경우에는 신용장 발행의뢰인이 지급인이 된다. 그러나 "~on" 뒤에 기재된 은행이 발행은행이 아닌 다른 은행일 경우에는 그 은행이 바로 "Drawee bank"가 된다.

에는 양수인(transferee)이 되며, 서명날인은 화환어음 약정 시 은행에 등록된 서명(authorized signature)과 일치하여야 된다.

⑭ **기타사항**

신용장이 어음상에 일정한 이자문언(interest clause)을 표기하도록 요구하는 경우가 있다. 이때에는 요구하는 문구전체를 어음 면에 기재해야 된다. 신용장에 따라 특히 인도나 파키스탄지역에서 발행되는 신용장에 많이 나타나는데 어음상에 일정한 이자 문언을 표기하도록 요구하는 경우가 있다. 이 경우에는 요구하는 문구 전부를 어음 표면상에 기재하여야 한다. 예를 들면 다음과 같은 문언이다. “Payable at the Collection Bank's selling rate for sight draft on New York with interest at~ % per annum from hereon to arrival of proceeds in New York”

### 8) 신용장부 환어음의 법리

#### (1) 환어음의 준거법

현재 어음법은 제네바통일법계[18]와 영미법계[19]로 양분되어 있는데, 이들 간에는 그 내용에 차이가 있으므로[20] 실제로 어떤 나라의 어음법이 준거법(govern

18) 세계 각국이 제각기 갖고 있는 어음 및 수표법의 차이는 국제거래에 있어서 어음 및 수표의 유통에 장애가 되므로 19세기 후반부터 어음 및 수표법의 통일화운동이 전개되었다. 유엔의 주도하에 환어음·약속어음·수표에 관한 법률을 통일하기 위한 국제회의가 스위스의 제네바에서 개최되었다. 그 결과 1930년 5월에는 환어음 및 약속어음에 관한 통일협약(Convention providing a Uniform Law for bills of Exchange and Promissory Notes)이, 1931년 2월에는 수표에 관한 통일협약(Convention providing a Uniform Law for Cheques)이 성립되었다. 이 협약을 통칭 어음·수표에 관한 제네바통일협약이라 한다.

19) 영국과 미국을 비롯한 영미법계의 국가들은 제네바통일협약을 따르지 않고 있다. 영국에서는 어음법이 오랫동안 관습법으로 발달해오다가 1882년 종래의 관습법, 특별법령 및 판례 등에 기초한 어음법이 제정된 후 영연방제국으로 확대사용되기에 이른다. 그 후 영국어음법은 1917년 지급거절통지기한법(Time of Noting Act), 1957년의 수표법(Cheques Act), 1971년의 은행 및 금융거래법(Banking and Financial Dealings Act), 1977년의 공정관리법(Administration of Justice Act)의 제·개정에 의하여 수정 및 보완되어 오늘에 이르고 있다.

20) 어음법은 환어음의 요건으로서 9가지(환어음 표시문구, 어음금액의 무조건지급위탁문언, 지급인, 만기, 지급지, 수취인, 발행일, 발행지, 발행인)를 규정하고(어음법 제1조) 이 중 어느 하나를 결한 환어음은 효력이 없음(어음법 제2조 제1항과 제2항 참조)에

law)이 되느냐는 중요한 의미가 있다. 원칙적으로 외국환어음의 어음행위는 행위지법에 의한다.[21] 따라서 외국환어음의 효력은 행위지의 법률에 따르게 되므로 우리나라에서 발행된 어음행위는 우리나라의 어음법이, 외국에서 발행된 어음행위는 그 나라의 어음법이 적용되게 된다. 예컨대 우리나라에서 발행된 환어음이 미국에서 인수된 후 영국에서 지급된 경우라면, 발행행위의 적법성여부는 우리나라 어음법에 따라, 인수행위의 적법성여부는 미국통일상법전에 따라, 지급행위의 적법성여부는 영국의 어음법에 따라 각각 결정된다. 따라서 우리나라에서 발행된 환어음이 우리나라의 어음법에 따르면 무효인 경우에도 미국에서 합법적으로 인수되고, 영국에서 적법하게 지급되었다면 당해 환어음의 인수와 지급행위는 유효한 것으로 간주된다는 의미이다.

### (2) 신용장부 화환어음의 법리

다양한 무역대금의 결제방식 중에서 오늘날 무역현장에서 가장 널리 이용되고 있는 것은 신용장부 화환어음에 의한 결제방식이다. 화환어음이라고 해서 환어음과 법률적 성질이 근본적으로 다른 것은 아니다. 그런 점에서 화환어음의 법률관계 역시 어음법의 일반원칙에 의하여 지배된다.

그런데 신용장부 화환어음의 거래에서 환어음은 신용장의 요건을 충족시키지 않으면 안 된다. 주지하는 바와 같이 신용장거래의 본질은 서류의 거래이고, 근거계약인 매매계약과는 독립적이다. 그래서 지급여부의 판단기준 또한 상품이 아니라 서류의 일치여하에 달려있다. 그러므로 신용장거래에 임하는 은행은 오직 서류만을 보고 지급여부를 판단한다. 신용장부 화환어음의 매입, 인수, 지급을 요청받은 은행[22]은 함께 제시된 서류의 일치성여부를 심사하게 된

---

비하여, 영미어음법에서는 환어음 표시문구, 지급지, 발행일, 발행지는 절대적인 어음요건이 아니므로 이러한 기재가 없다고 해서 어음이 무효로 되지 않는다(미국통일상법전 제3편 제104조; 영국환어음법 제3조 제4항 참조). 또한 우리나라는 어음법과 수표법을 분리하고 있음에 비해, 영미법은 수표를 환어음의 일종으로 보고 있기 때문에(미국통일상법전 제3편 제194조 제f항; 영국환어음법 제73조) 수표를 어음법에 포함하여 규정하고 있다.

21) 예컨대, 우리나라 국제사법 제34조 내지 제41조, 일본어음법 제89조 내지 제94조, 영국환어음법 제72조.

22) 발행은행 및/또는 확인은행(확인신용장인 경우), 또는 이들을 대리하여 행동하는 지정은행(이하 같음).

다. 그 결과 제시된 서류가 신용장의 제 조건을 충족시키면 서류를 수리하고 그렇지 않으면 이의 수리를 거절할 수 있다.

심지어 환어음 그 자체만을 놓고 보면 법적 하자가 없음에도 불구하고 어음의 외적요인에 의하여 환어음의 법률적 기능은 마비될 수 있다. 이를테면 함께 제시된 다른 운송서류가 신용장의 조건과 일치하지 않거나 모순되거나, 신용장의 유효기간 및 소정의 서류제시유효기일이 경과하거나 또는 기타의 신용장조건을 충족시키지 못하게 되면 그러한 이유만으로 환어음도 매입이나 인수 또는 지급이 거절될 수 있기 때문이다.

이처럼 신용장부 화환어음에 의한 결제방식에서는 계약독립성 및 서류거래의 원칙이라는 신용장거래의 특성에 의하여 환어음은 보이지 않고 오직 신용장의 조건과 신용장이 요구하는 서류만이 보일 뿐이다. 그러므로 환어음의 법리는 신용장의 법리 속에 함몰되어 종속적이 된다. 따라서 화환어음을 중심으로 하는 법률관계는 성립되지 않고, 오직 신용장의 법리가 그 중심축이 된다.

그 결과 신용장부 화환어음의 경우 운송서류의 수리여부가 결정될 때까지 환어음 역시 제시되어야 할 여러 서류 중 하나의 부대서류에 불과할 뿐, 증권으로서의 독립적인 환어음 고유의 법적 기능은 사실상 상실되거나 일시적으로 정지되게 된다. 환어음의 매입, 인수, 지급 역시 환어음을 포함한 운송서류가 신용장의 조건과 일치할 것을 전제로 하므로 은행의 서류심사결과 당해 서류가 정규인 것으로 판단되면 비로소 지급되거나 또는 인수되는데, 특히 인수된 기한부환어음은 그때부터 여타의 운송서류와 분리되므로 환어음 원래의 법적 기능은 다시 회복되어 단순한 어음법의 법리에 따라 유통될 수 있게 된다.

### (3) 신용장부 화환어음의 심사지침

IFSA(International Financial Services Association, Inc)[23]는 멕시코 은행연합회의 후원하에 1997년 신용장부서류심사를 위한 표준은행관행(Standard Banking Practice for Examination of Letter of Credit Documents:

---

23) 사단법인 국제금융서비스협회인 ISFA는 1924년에 설립된 미국 국제은행협의회(US Council on International Banking: USCIB)의 전신으로써 미국계 또는 미국에 소재한 은행을 포함한 금융기관과 무역회사 및 관련단체 등이 회원으로 가입되어 있는 비 영리단체이다.

SBPED)을 제정 · 공표하였다. 이는 신용장의 수익자나 발행의뢰인을 보호하기 위한 것이 아니라 단지 회원은행의 서류심사실무자를 위한 업무지침용이다.[24] 여기에는 환어음을 포함하여 모두 20개 종류의 서류와 관련하여 총 203개항[25]의 주요 심사지침이 제시되어 있는데, 그 중 본 논제와 관련된 환어음에 대해서는 11개 항에 걸쳐 은행의 환어음심사지침이 제시되어 있다.

IFSA's SBPED는 국제적인 규범이 아니라 특정 국가를 대상으로 하는 국지적인 것임에도 미국계 및 미국에 소재하고 있는 IFSA의 회원은행은 물론 멕시코와 아시아의 금융중심지인 싱가포르의 금융기관도 이를 준용하고 있으며, 특히 1997년 이래 이를 널리 준용해온 미국과 멕시코 양국의 신용장거래당사자간 분쟁건수가 감소하였다는 것이다. 이러한 사실에 착안하여 ICC 은행위원회는 국제표준은행관행을 명문화할 필요가 있음을 인지하고 2000년 5월 특별위원회를 구성해서 IFSA's SBPED를 모델로 하여 오늘의 ICC ISBP를 제정 · 채택하기에 이른다. 이처럼 IFSA's SBPED는 ICC로 하여금 ISBP의 명문화작업에 착수하도록 하는 직접적인 계기를 제공한 것이며, 동시에 그 내용은 ICC ISBP의 실질적인 모델이 되었다는 점에서 중요한 의미가 있다.

신용장거래의 당사자는 UCP의 각 조문에 반영되어 있는 ISBP를 준수하도록 되어 있기 때문에 ISBP 준거문언을 신용장에 별도로 삽입하는 것은 규제되어야 된다[26]는 것이 ICC의 공식적 입장이다. 그럼에도 불구하고 "This letter of credit is subject to the UCP and ISBP"와 같은 준거문언이 신용장에 약정되어 있는 경우, UCP와 ISBP간에 모순이 없을 때는 아무런 문제가 없지만, 그러나 특정의 서류점검사안에 관해 양자간에 모순이 있는 때에는 UCP에

---

24) Introduction of ISFA's SBPED, 1997.

25) Introduction, Letter of Credit(8개항), Amendment(s)(1개항), Draft(11개항), Commercial Invoice(17개항), Ocean/Marine/Port to Port Bill of Lading(22개항), Non-Negotiable Sea Waybill(21개항), Charter Party Bill of Lading15개항), Multimodal Transport Document(19개항), Air Transport Document(18개항), Road, Rail or Inland Waterway Transport Document(15개항), Forwarder's Cargo Receipt, Mates Receipt, Consolidator's Receipt(1개항), Post Receipt or Certificate of Posting(7개항), Courier, or Expedited Delivery Service Document(8개항), Insurance Document(14개항), Consular Invoice(4개항), Certificate of Origin(4개항), Packing List(3개항), Weight Certificate/List(5개항), Inspection Certificate (5개항), Certificate of Analysis(5개항).

26) Foreword and Introduction of ISBP.

의한 해석이 우선적으로 적용된다고 보아야 할 것이다. 환어음의 만기와 관련하여 ISBP는 이를 명시적으로 규정(B1~B19)하고 있음에 반하여 UCP는 침묵하고 있다. UCP에 관련규정이 없는 경우에는 ISBP의 규정이 적용되어야 함은 물론이다. 그런데 UCP와 마찬가지로 ISBP 또한 임의규정에 해당하므로, ISBP의 규정이 준거법인 특정 국내법의 강행규정과 충돌하는 경우에는 그 강행규정이 우선하게 된다. 따라서 ISBP와 다른 관행을 일부 국가가 법률로 강제할 수 있음은 물론이다.

### 9) 신용장부 환어음의 기재사항 심사사례

#### (1) 만기기간과 제시기한의 심사기준

어음만기란 어음금액이 지급될 날로서 어음상에 기재된 날 또는 그에 의거 결정되는 날을 말한다. 만기는 만기일(maturity date)이라고도 하며 거래상 지급기일이라고도 한다. 만기일은 어음법 제70조 제1항의 만기의 날과 같으나, 동법 제38조 제1항과 제44조 제3항의 지급을 할 날 또는 동법 제41조 제1항의 지급의 날과는 다르다. "지급의 날"이란 실제로 지급을 하는 날이고, 지급을 할 날이란 보통 만기일과 일치하나 만기일이 법정휴일인 때에는 이에 이은 제1의 거래일이 지급을 할 날이 되므로 이 경우에는 양자가 다르게 된다.

그리고 신용장부 화환어음거래에서 환어음은 신용장의 요구조건을 충족시켜야 된다. 따라서 환어음의 기한은 신용장의 조건과 일치하되, 환어음자체의 내용으로 만기일을 확정할 수 있어야 하고[27] 지급이 가능한 날이어야 한다.[28] 환어음에는 원칙적으로 만기일이 기재되어야 되지만, 만기일의 기재가 없는 때에는 일람출급의 어음으로 본다.[29]

또한 기간을 계산할 때 일반적으로 법정기간 또는 약정기간에는 초일은 산

---

27) ISBP 745 B2.

28) 이미 지나간 일자를 만기일로 한 어음은 당연히 무효이다(대법원 2000. 4. 25 선고, 98 다 5968판결). 그러나 세력에 없는 일자를 만기일로 한 어음은 무효로 할 것이 아니라 당해 월말을 만기일로 해석하여야 한다는 것이다(대법원 1981. 7. 28 선고, 80 다 1295 판결).

29) 어음법 제2조 제2항, 영국환어음법 제10조 제1항.

입하지 아니하며,[30] 기간말일의 종료로 기간이 만료한다.[31] 다만 기간의 말일이 법정휴일인 때에는 그 익일로 만료한다.[32] 기간을 주, 월 또는 년으로 정한 때에는 세력에 의하여 계산하되[33] 특히 발행일자후 또는 일람후 1월 또는 수월에 지급할 환어음은 지급할 달의 대응일을 만기로 하고, 대응일이 없는 때에는 그 달의 말일을 만기로 한다.[34] 또한 세력을 달리하는 양 지역간에 발행된 환어음이 발행일후정기출급인 때에는 발행일자를 지급지의 세력의 대응일로 환산하고 이에 의하여 만기를 정한다. 화환신용장거래에서 환어음의 만기일을 명확하게 하기 위하여 다음의 4가지 표기방식이 주로 이용되는데, 일람출급(at sight), 일람후정기출급(at a fixed period after sight), 발행일후정기출급(at a fixed period after date) 및 확정일출급(at a fixed date)이 그것이다. 이 같은 만기일의 표기방식은 우리나라(어음법 제33조 제1항)를 포함한 제네바통일법계에서는 물론 영미법계[35]에서도 모두 인정되고 있다. 다만 영미법은 이를 일람출급(payable at sight)과 기한부출급(payable at a future time)으로 구분하고, 전자의 만기를 가진 어음을 일람출급어음(sight bill or demand bill or presentation bill or draft without usance)이라 하고, 후자의 만기를 가진 어음을 기한부어음(time bill or usance bill or draft with usance)이라 하는데, 기한부어음의 만기는 일람후정기출급, 일부후정기출급, 확정일출급, 확정일후정기출급 등으로 세분된다. 그리고 어음금액을 분할하여 지급하는 분할출급의 환어음(bill of exchange payable by installments)은 우리나라에서는 무효이나(어음법 제33조 제2항) 영국어음법에서는 이를 인정하고 있다.[36]

만기일과 관련된 사례를 검토해 보면 UCP500에 근거하여 발행된 결제조건이 일람후 60일인 연지급신용장(a draft under a L/C is payable 60 days after sight)의 만기일 산정과 관련하여 매입은행과 발행은행간에 분쟁이 발생하였고, 거래내역은 매입은행의 매입일 8월 1일, 발행은행의 서류접수일 8월

---

30) 대한민국 민법(이하 민법으로 칭함) 제157조, 영국환어음법 제14조 제2항.
31) 민법 제159조, 어음법 제73조, 영국환어음법 제14조 제1항.
32) 민법 제161조, 어음법 제72조 제2항, 영국환어음법 제14조 제1항.
33) 민법 제160조 제1항 참조.
34) 어음법 제36조 제1항, 민법 제160조 제3항 참조.
35) 영국환어음법 제10조 및 제11조 ; 미국통일상법전 제3편 제108조 제a, b, c항.
36) 영국환어음법 제9조 제1항 제b호.

4일, 발행은행의 인수일 8월 10일 이었다. 매입은행은 발행은행에 서류가 접수된 날(8월 4일)이 어음만기의 기준일이라 주장하였고, 발행은행은 기준일은 서류의 접수일이 아니라 UCP500에 의거 주어진 시간(a reasonable time not to exceed seven working days) 이내에 서류를 검토한 후 인수하기로 결정한 날(8월 10일)이 기준일이라고 주장하는 사례에서 신용장상에 대금의 결제조건이 일람후 60일이라고 명시되었다면 만기일의 기준일은 발행은행의 선적서류 접수일이다.(A draft that is stated to be drawn at 60 days after sight is payable 60 days after the receipt of the documents by the drawee) 따라서 만기일은 선적서류를 접수한 다음날로부터 60일째 되는 날이다. 매입은행 주장이 옳다. 즉 어음만기의 기준일은 서류접수일인 8월 4일이다.[37)]

상기 유권해석은 일부 ICC 위원들 사이에서도 논란이 되고 있으므로 재심을 할 가능성이 높고, 필자의 입장에서도 발행은행의 주장(기준일은 인수일)이 타당한 것으로 사료된다. 그 근거로는 UCP에서 sight의 개념을 단순한 서류의 접수가 아닌 접수된 서류의 이상유무를 판단하는 심사(Checking)를 포함한 개념으로 사용하고 있으며, 이 용어(sight)가 연지급신용장의 경우엔 달리 사용된다는 언급이 없으므로 동일한 개념으로 사용되어야 하고, 또한 연지급신용장의 경우에는 sight를 서류의 접수로 해석한다면 단기연지급의 경우 일람불보다 먼저 결제를 하여야 한다는 모순이 발생한다. 예를 들면 상기 사례의 경우 연지급기간이 7days after sight이라면 결제일(만기일)이 8월 11일에 결제하여야 하지만, 일람불이라면 8월 16일까지만 결제하면 되므로 연지급이 일람불보다 먼저 결제하여야 한다는 모순이 있다.

부도처리 후 수리된 연지급 환어음의 만기일과 관련해서 30 days after sight인 연지급 환어음과 선적서류가 2월 1일에 접수되었으며, 발행은행은 2월 2일 서류를 심사하여 하자사항이 있어 부도통보를 하였고, 후에 발행의뢰인이 하자를 수용하여 2월 14일에 환어음을 수리하였다. 이 경우 만기일 산정의 기준일은 서류접수일(2월1일), 또는 서류심사일(2월2일) 중 어느 일자인가? 아니면 발행신청인의 동의에 따른 서류수리일(2월14일)인가?에 대해 본건의 경

37) ICC Opinion TA. 331 July 1999.

우 환어음의 지급인은 발행은행으로 보여 진다. 만일 서류에 하자가 있고 발행은행이 수익자에게 이를 통보하였다면 발행은행은 환어음을 인수할 의무가 없으며, 환어음 및 선적서류는 수익자의 처분하에 있으므로 xx days after sight라는 조건은 적용되지 않는다. 한편 하자서류에 대하여 발행신청인이 하자를 수용하고 발행은행이 이에 동의하는 경우에만 발행은행은 선적서류를 발행신청인 앞 인도하고 환어음을 인수하므로 수익자에 대하여 대금지급 의무가 발생하는 것이다. 그러므로 xx days after sight라는 조건은 이 시점부터 기산되는 것이다.[38]

신용장 거래에 있어서 환어음을 인수할 의무가 없다면, sight를 하자서류가 제시된 때라고 볼 수는 없는 것이다. 한편 환어음의 만기일이 xx days after sight이고 발행은행이 지급인이며 일치된 서류가 접수된 경우, 만기일 산정의 기준일은 발행은행에 서류가 접수된 날이다. 그러나 일부 국가에서는 서류 심사후 인수한 날을 만기일 산정의 기준일로 하고 있다.

30 days after B/L date 등과 같은 확정일 연지급의 경우에는 부도처리 후 인수가 되어도 기준일은 선적일로 확정되며, xx days after sight와 같은 일람불 연지급의 경우에도 해당은행의 관행이나 당사자간의 합의에 따라 접수일 또는 심사일을 기준으로 하는 경우가 있으므로 발행은행은 인수통보 시 기준일 또는 만기일을 명확하게 하여야 한다.

앞 사례(TA.331)에서 설명한 바와 같이 xx days after sight와 같은 경우 기준일은 인수일로 보는 것이 타당한 것으로 보여 진다.[39] 그래야만 상기의 사례와 같이 서류의 하자여부에 무관하게 기준일에 일관성이 있으며, sight의 개념도 일람불이나 연지급이나 해석상에 일관성이 있으며, 7일 이내의 단기 연지급이 일람불보다 먼저 결제를 하여야 하는 모순도 없어지는 것이다.

그리고 환어음이나 연지급의 만기 연장과 UCP와의 관계에서 가끔 발행은행이 신용장 거래의 모든 당사자들(지정은행, 확인은행, 발행은행, 인수은행, 수익자, 발행의뢰인)의 동의하에 환어음이나 연지급 확약의 만기를 연장하는 경우가 있다. 이렇게 만기가 연장된 경우 처음 환어음이 인수되거나 연지급 확약이 있었던

---

38) ICC Opinion TA. 448 April 2000.
39) ISBP 745 B4.

것처럼 모든 당사자들은 UCP600에서의 모든 권리와 보호를 원용할 수 있는가? 본질적으로는 확인은행으로부터 연장 요청이 있을 때, 또는 이러한 경우 확인은행 앞으로 환어음이 발행되고 이것이 인수되었을 때 인수 후 지급일 전에 확인은행 앞으로 만기 요청이 접수되었을 경우를 묻는 것이다. 환어음의 교체나 연지급 확약서의 재발행이 필요한지의 여부는 인수지 또는 연지급 확약지의 국내법에 따른다. 만약 모든 당사자가 만기연장에 합의하고 환어음이나 연지급 확약서의 대체가 불필요하다면 환어음은 새로 합의된 만기일에 따라 재인수되어야 하고(신용장이 인수의 방법으로 사용 가능한 경우), 연지급 확약 역시 그러한 만기일에 따라 새로이 또는 변경하여 기재되어야 한다.(신용장이 연지급의 방법으로 사용 가능한 경우) 이렇게 되면 UCP600 제2조에 나타난 'honour'의 정의에 따라 발행은행은 제7조에 의하여 지정은행이나 확인은행에 대금을 상환할 의무가 새로운 만기일까지 연장된다.[40)]

### (2) from과 after의 심사기준

선적기간이 아니라 환어음의 만기를 정하기 위하여 사용된 from 및 after라는 두 용어는 공히 언급된 일자를 제외한다. 언급된 일자를 포함한다는 취지의 문언이 신용장에 없는 한, from 및 after 뒤에 언급된 일자는 환어음의 만기를 정하는 기산일에 포함되지 않는다. 환어음의 만기를 정하기 위해 사용된 from 및 after란 두 용어는 서로 동일한 의미를 가진다는 말이다. 만기의 산정은 서류, 선적 또는 기타 언급된 특정한 날의 익일부터 기산한다. 따라서 10 days after March 1 또는 10 days from March 1에서 만기일은 공히 3월 11일이 된다.[41)]

예컨대, Payment to be made within 30 days from B/L date에서 B/L의 일부가 7월 1일인 경우, 만기의 기산일은 7월 2일이 되므로 만기일은 7월 31일이 된다. 어음기한이 30 days after July 1또는 30 days from July 1과 같이 표기된 경우, 이 양자는 기산일과 만기일이 동일하다는 말이다. 그러나 from은 지정된 당해 일자를 포함한다는 취지의 당사자 특약이 신용장에 명

---

40) ICC Opinion TA. 674 March 2009.
41) ISBP 745 B2.

기되어 있으면 의사자치의 원칙에 의거 당사자의사가 존중되므로 지정된 당해 일자는 기산일에 포함된다.

이처럼 어음기한을 산정할 때 초일을 산입하지 아니한다는 소위 초일 불산입의 원칙은 대다수의 어음법계에서 인정되고 있는 사실이다. 예컨대, 우리나라 어음법 제73조와 민법 제157조, 일본 어음법 제73조, BEA 제14조 제2항은 물론 기타 영미법계의 어음법에서도 초일 불산입의 원칙이 규정되어 있거나, 그러한 명시적 규정이 없는 경우에도 동 원칙이 어음거래에서 인정되고 있는 관행이다. UCP600이 이러한 사실을 수용한 셈이다. 따라서 선적기간을 계산할 때와는 달리 어음기한을 계산할 때에는 "from"도 after와 같이 우리말의 후(後)로 해석하고 그 익일부터 기산하여야 된다.[42] 이상의 해석지침은 환어음의 만기산정 시에만 적용된다.

### (3) 배서와 발행의뢰인이 지급인인 환어음의 심사기준

필요하다면 환어음은 배서되어야 하며, 환어음 수취인(payee)이 누구인지에 따라 배서의 주체가 달라진다. 또한 신용장에서 발행의뢰인을 지급인으로 한 환어음이 이용되도록 발행되어서는 안 된다. 다만, 신용장에 요구서류 중의 하나로 발행의뢰인을 지급인으로 한 환어음은 요구할 수 있다.[43] 발행의뢰인을 지급인으로 한 환어음이 이용되도록 발행되어서는 안 된다는 의미는, 신용장대금을 청구하는 환어음의 지급인이 발행의뢰인으로 되면 안 된다는 뜻이다.

수익자가 지급인을 발행은행으로 하여 발행한 환어음에 대하여 매입은행은 배서를 하여야 하는가? 하는 사안에서 환어음의 배서에 대하여는 UCP에서 규정할 내용이 아니므로 UCP에서 환어음의 배서에 대하여 언급하고 있지 않는 것이다. 환어음의 발행 및 처리는 환어음에 관한 법률의 적용을 받으며 환어음이 매입은행 지시식으로 발행되었는지 여부에 따라 다르다. 또한 매입은행의 환어음 배서는 매입은행이 환어음 발행자(수익자)에 대하여 소구권을 행사할 것인지 여부에 달려 있는 것이다.[44]

---

42) 이 두 단어는 우리말의 語義상 혼동의 여지가 있다. 그러므로 환어음의 기한을 표시할 때는 from 대신에 after를 사용하는 것이 그러한 혼동의 여지를 방지할 수 있다.

43) ISBP 745 B8.

44) ICC Opinion TA. 410 March 2000.

UCP600 제2조에서와 같이 신용장은 그 명칭이나 표현에 관계없이 일치하는 제시에 대하여 결제하겠다는 발행은행의 취소불능적 확약의 증서이다. 이 같은 약정서를 발행하는 은행이 발행은행이고 그 수혜자가 수익자이다. 수익자는 일치제시의무를 지지만 발행은행은 일치하는 제시에 대하여 결제하여야 한다. 그러므로 신용장거래에서 일치하는 제시의무를 지는 수익자가 채권자이며 발행은행이 채무자가 된다. 채권자인 수익자가 환어음을 발행하고 채무자인 발행은행이 환어음의 지급인이 되는 것이 원칙이다.

이와 관련하여 UCP500 제9조 제c항 iv호에는 신용장은 발행의뢰인을 지급인으로 하여 환어음이 발행되도록 발행되어서는 안 되며, 그럼에도 불구하고 발행의뢰인 앞으로 환어음이 발행되도록 신용장에서 요구하고 있는 경우 은행은 그러한 환어음을 추가서류로 간주한다고 규정되었었다. 그런데 이것이 UCP600 제6조 제c항에서 신용장은 발행의뢰인을 지급인으로 하여 발행된 환어음에 의하여 이용가능하게 발행되어서는 안 된다로 개정되었다. 신용장은 발행의뢰인을 지급인으로 하여 발행된 환어음에 의하여 이용가능하게 발행되어서는 안 된다(A credit must not be issued available by a draft drawn on the applicant)는 말은 환어음의 최종지급인을 발행의뢰인으로 하는 조건의 신용장은 발행될 수 없다는 말이다. 최종지급인이 발행은행이라는 사실에 배치되지 않는 이상 발행의뢰인 앞으로 발행된 환어음의 제시를 신용장에서 요구하는 것은 문제되지 않는다는 말이다. 다시 말해서 그러한 조건의 환어음을 상업서류의 하나로 요구하는 것은 허용되지만, 그러나 금융서류로써 그러한 조건의 환어음을 발행하도록 신용장에서 요구하는 것은 허용되지 않는다는 의미이다.

인도와 중동의 일부국가에서는 국내법상 발행의뢰인을 지급인으로 하여 발행된 환어음의 제시를 요구하는 경우가 있다. 그리고 ISBP745 B8에는 발행의뢰인을 지급인으로 하여 발행된 환어음에 의하여 신용장이 이용가능하게 발행되어서는 안 되지만, 제시서류의 하나로서 발행의뢰인을 지급인으로 하는 환어음을 발행하도록 요구하는 조건의 신용장은 발행될 수 있다는 취지가 명시되어 있다. 이는 신용장은 요구서류의 하나로서 발행의뢰인이 지급인으로 된 환어음을 요구할 수는 있지만, 신용장대금의 결제용인 금융서류로서 발행의뢰인이 지급인으로 된 환어음의 제시를 요구하여서는 안 된다는 것을 의미한다.

발행의뢰인은 신용장의 직접당사자도 아니며 발행은행에 신용장의 발행을 의뢰하는 자에 불과할 뿐이고, 신용장은 발행은행의 결제약정서라는 점에서도 신용장대금의 결제를 위하여 발행의뢰인을 지급인으로 하는 어음의 발행을 금지하는 것은 당연한 것이라 하겠다. 만약 국내법이나 상관행상 발행의뢰인을 지급인으로 하는 환어음이 필요한 경우에는 금융서류로서가 아니라 신용장상 요구서류의 하나로서 그러한 조건의 환어음을 제시하도록 요구할 수 있다.

### (4) 발행은행의 명의와 금액기재의 심사기준

신용장에는 신용장발행은행의 명의가 Bank I and C, City F, City F Branch로 기재되어 있었으나, 이에 의거 발행된 환어음에는 발행은행의 명의가 Bank I & C, Country C로 작성되었다. 이에 대해 ICC DOCDEX 결정[45]에 의하면 단어 and 와 & 간에는 의미상의 차이가 없고, 그리고 이는 신용장에 기재되어 있는 발행은행의 명의와 모순되는 점이 없으므로 하자가 아니라는 것이다.

한편 환어음상의 문자금액과 숫자금액이 서로 다른 것은 불일치인지의 여부가 문제된 사건이다. 본건에서 수익자가 발행・제시하고 신청인(Bank C)이 인수한 환어음에는 USD 447,160.59라는 숫자금액과 USD four hundred forty seventy thousand one hundred sixty 59/100의 문자금액이 기재되어 있었다. 즉 문제의 환어음의 금액이 USD four hundred forty seven thousand one hundred sixty 59/100 대신에 USD four hundred forty seventy thousand one hundred sixty 59/100으로 표기되어 있다. seven이 seventy로 잘못 기재된 것이다. 이에 대해 피신청인(Bank A)은 숫자금액과 문자금액이 다르다는 점을 지적하면서 불일치를 이유로 어음을 거절하였다.

환어음상에 문자금액과 숫자금액이 함께 표기된 경우, 문자금액은 숫자금액과 정확히 일치하여야 하므로[46] 어음에 표기된 숫자금액과 문자금액의 상이는 서류거절을 정당화하는 불일치사유에 해당한다. 그런데 본건[47]에서 피신청인

45) ICC DOCDEX Decision No. 215.
46) ISBP 745 B13.

이 지적한 불일치내용은 서류의 수리거절을 정당화할 수 없는 명백한 타자상의 잘못이라는 것이 ICC DOCDEX 전문가패널의 일치된 견해이다. 왜냐하면, “~four hundred forty seventy thousand~”는 실제로 존재하지 아니하는 금액이기 때문에 “~four hundred forty seven thousand~”로 간주되어져야 마땅하며, 이는 숫자금액과도 일치할 뿐 아니라 신용장에 따라 제시된 여타의 서류에 표시되어 있는 금액과도 일치하는 금액이기 때문이다. 따라서 환어음은 신용장의 조건과 일치하는 것으로 보아야 한다.

### (5) 정정 및 변경의 심사기준

환어음은 유통증권이기 때문에 그 내용을 정정 및 수정하지 않는 것이 바람직하다. 그럼에도 불구하고 환어음에 정정 및 수정이 이루어진 경우, 발행인이 인증한 것으로 표시되어야 하며,[48] 인증에는 발행자의 기명과 서명 또는 이니셜이 포함되어 있어야 한다. 따라서 신용장거래에서 환어음은 수익자에 의해 발행되어야 하므로[49] 수익자는 자신이 발행한 환어음의 내용을 정정 및 수정한 경우 반드시 이에 기명날인하여야 한다.

그러나 일부 국가에서는 정정 및 수정된 환어음은 발행자인 수익자의 인증이 있는 경우에도 수리되지 아니하며, 그러한 국가에 소재하고 있는 발행은행은 환어음의 정정 및 수정은 허용되지 않는다는 취지의 문언을 신용장에 명시하여야 한다.[50] 실제로 멕시코의 법률하에서는 인증여하를 불문하고 환어음상에 행해진 정정은 일체 허용되지 아니한다.[51]

어음법에는 환어음상의 정정 및 수정이나 인증에 관한 명시적 규정이 없다. 그러나 우리나라 은행의 실무관행에 따르면, 국내에서 통용되는 약속어음의 경우 금액을 오기한 때는 정정하지 말고 새로운 어음용지를 사용하되 금액 이외의 기재사항을 정정할 때는 정정된 곳에 날인하도록 하고 있음에 비하여, 화환신용장부환어음의 경우에는 서류거래라는 특성 때문에 서류의 변・위조 가능

47) ICC DOCDEX Decision No. 226.
48) ISBP 745 B16.
49) ISBP 745 B8.
50) ISBP 745 B16.
51) IFSA's SBPED Para. 9.

성이 높다는 점을 고려하여 정정 및 수정된 환어음은 인증여부에 관계없이 그대로 매입이나 인수 및 지급을 행하지 않고 새로운 환어음으로 교체하도록 수익자에 요구하는 것이 대다수 은행의 실무관행이라 할 수 있다.

그리고 환어음의 문언에 변조가 있는 경우에는 그 변조 후에 기명날인한 자는 변조된 문언에 따라 책임을 지고 변조 전에 기명날인한 자는 원 문언에 따라 책임을 지게 된다.[52]

### (6) 형식의 심사기준

환어음의 형식이 중점 사안이 된 분쟁 사례로, 발행은행은 일람불 신용장을 발행하였는데 제시된 환어음에 발행일이 나타나 있지 않다는 사유로 지급을 거절하였다.[53] 그러나 환어음에 발행일자가 표시되어야 하는지의 여부는 사안에 따라 판단할 문제이다. UCP600에서는 환어음의 형식에 대하여 언급하지 않는다. ICC DOCDEX 패널의 의견으로는, 환어음에는 그것의 만기일을 확정하기 위한 특별한 상황(예를 들어 만기가 환어음 일자로부터 60일인 경우)이 되는 경우에만 발행일자의 표시가 필요하다. 환어음이 일람불로 발행되었다면 이것은 해당되는 사례가 아닐 것이다. ICC는 환어음 작성에 관한 질의를 수차례 받아왔는데, 그 중 하나인 ICC Opinion TA531의 결론은 다음과 같다. 환어음은 확인은행 앞으로 일람불로 발행되었다. 이 환어음은 수익자가 지급인 앞으로 형식적인 청구를 하는 용도로 사용되는 것이고, 다른 연락사항들과 함께 단순히 확인은행의 파일에만 남아 있게 될 뿐이다. 일람불 환어음인 경우 수익자의 배서가 필요 없을 것이다. 환어음은 신용장 업무를 취급하는 은행 앞으로 발행되는 경우와 상환은행 앞으로 발행되는 경우, 그리고 발행의뢰인 앞으로 발행되는 경우로 구분하여 생각할 필요가 있다.

은행 앞으로 발행되는 환어음은 발행은행이 단순히 결제의 도구로서 사용하기 위하여 요청하는 것이고 수익자의 형식적인 청구를 나타내는 것으로 간주되어야 한다. 즉 이것은(비록 발행신청서에 미리 인쇄된 문구로 포함되어 있다고 할지라도) 발행의뢰인이 요청한 도구가 아니고 따라서 발행의뢰인과는 전혀 상관이

52) 어음법 제69조.
53) ICC DOCDEX Decision No. 260.

없는 것이다. 어떠한 경우에도 발행의뢰인 앞으로 발행된 환어음은 별도의 서류로 간주되어 UCP600 제14조 제f항에 해당에 따라 심사되어야 한다. ICC Opinion R256에서는 "환어음의 실물에 인수 표시가 없는 경우에도 발행은행이 만기일에 지급할 의무는 경감되지 않는다."라고 말한다. 발행은행이 신용장에서 환어음을 요구하는 것은 수익자가 단순히 청구 용도로 사용하게 하기 위해서이다. 신용장에 의하여 일치하게 제시된 서류에 대하여 지급할 의무는 명백하게 남아 있는 것이다. 만기 계산에 필요하지 않은 환어음 발행일이 누락되었다고 할지라도 발행은행은 확인은행에게 대금을 상환해 주어야 한다.

# 제 3 장
# 무역대금결제방식의 종류와 그 특징

오늘날 무역실무에서 이용되고 있는 무역대금결제방식은 크게 신용장방식과 무신용장방식으로 구분할 수 있다. 무신용장방식이란 신용장이 없는 결제방식으로써 여기에는 ① 송금(remittance)방식, ② 추심(collection)방식, ③ 청산계정(open account)방식, ④ 국제팩터링(international factoring)방식, ⑤ 인카소(Inkasso)방식, ⑥ 유네스코 쿠폰(UNESCO coupon)방식, ⑦ 포페이팅(forfaiting)방식 등이 있다.

여기서는 이들 중 실무에서 대표적으로 많이 이용되고 있는 방식만을 중심으로 설명하기로 한다.

## Ⅰ. 송금결제방식(Settlement by Remittance Basis)

송금(Remittance) 결제방식은 수입상이 계약물품을 인수하기 전이나 인수 후 또는 인수와 동시에 송금수표(D/D; Demand Draft), 우편송금(M/T; Mail Transfer), 전신송금(T/T; Telegraphic Transfer), 현금, 수표(Banker's Check, Personal Check 등) 등의 방법으로 수출업자에게 송금하여 수입대금을 결제하는 방식이다. 그러므로 물품의 선적시점을 기준으로 해서 선적 전에 대금을 송금하여주는 방식을 선불송금방식, 선적 후에 대금을 송금해주는 방식을 후불송금방식이라 할 수 있다.

## 1. 송금결제방식의 특징

① 환어음을 사용하지 않는다. 따라서 어음법이 적용되지 않는다.
② 적용되는 국제규칙(International Rule)이 없다.
③ 서류 및 대금결제 수출・입자간의 개인적 책임 하에 직접 처리한다. 대금결제는 수입지의 은행을 통하여 수출업자에게 송금되고 서류(상품)는 은행을 경유하지 않고 직접 수출업자가 수입업자에게 송부한다.
④ 소액・샘플거래, 본・지사간 거래, 신용을 믿을 수 있는 거래선 사이에 사용되는 결제방식이다.
⑤ 수출입결제방식 중에서 가장 낮은 은행 수수료를 부담한다.

## 2. 송금의 수단

수입업자가 수출업자 앞으로 상품대금을 보내는 지급수단에 제한을 두지 않기 때문에 현금, 수표, 환(換) 등 무엇이든지 다 될 수 있다. 하지만 수입업자가 수출업자에게 송금할 때는 대부분 금융기관을 이용하고 있어 금융기관을 이용한 송금방법에는 다음과 같은 방법이 있다.

### 1) 송금수표(demand draft : D/D)

수입상(채무자)이 물품대금을 입금하고 송금은행으로부터 발행받은 송금수표(demand draft: D/D)를 채무자인 송금인이 수출상(채권자)인 수취인에게 직접 우편으로 발송하는 방법으로써 우송도중 분실의 위험이 있으나 개인간 소액송금 등에 이용된다. 무역거래에서는 거의 사용되지 않는 방식이나, 국제통신판매품 및 외국서적 구입 시, 또는 외국 어학연수신청 접수금, TOEFL, GRE 등의 시험응시료를 납부할 때 송금수표가 이용되기도 한다.

### 2) 우편송금(mail transfer: M/T)

수입상의 요청으로 송금은행이 직접 지급은행 앞으로 수출상(채권자)에게 일정금액을 지급해주도록 위탁하는 지급지시서(payment order)에 해당하는 우편환(mail transfer: M/T)을 발행하여 이를 송금은행이 직접 지급은행 앞으로 우편으로 송부하는 방법으로써 급하지 않은 소액송금 시에 주로 이용된다.

### 3) 전신송금(telegraphic transfer: T/T)

수입상의 요청에 따라 송금은행이 지급은행 앞으로 수취인에게 일정금액을 지급해주도록 전신환(telegraphic transfer: T/T)의 형식으로 지급지시를 하는 방법으로써 "wire transfer"라고 부르기도 한다. 거액의 송금이나 시급을 요하는 송금 시에 주로 이용된다. 오늘날 국제은행간 송금은 SWIFT[1)]를 이용하여 지급지시를 하는 방법이 주로 이용되고 있다.

## 3. 선불(사전)송금방식(remittance for advance payment)

선불(사전)송금방식(advance remittance before shipment)은 수입상이 계약상품을 선적 전(before shipment)에 수출상에게 무역대금 전액을 미리 송금(advance remittance)하여 지급하고 수출상은 계약서의 약정기일 이내에 계약상품을 선적하는 방식이다. 사전송금방식은 송금 횟수에 따라 일시선불 및 분할선불로 구분할 수 있다. 이 방식은 수출상의 입장에서는 대금결제에 대한 신용위험(credit risk)은 제거할 수 있으나, 수입업자로서는 물품인도를 받기 전에 대금을 송금하여 주기 때문에 계약상품을 수출업자가 선적하지 않거나 계약과 다른 물품을 선적할 때 발생되는 상업위험(mercantile risk)을 배제할 수 없는 처지에 놓이게 되며, 선 송금에 따르는 자금비용부담이 발생하기 때문에 수입업자에게는 상대적으로 불리한 결제방식이라고 할 수 있다.

사전송금방식을 단순송금방식(advance payment) 또는 선지급방식(payment in advance or cash in advance)이라고도 하며 수입업자가 수출업자 앞으로 물품을 주문하면서 미리 대금을 송금한다는 의미로 주문지급(cash with order: CWO)이라고도 하며, 계약 성립과 동시에 대금을 지급하기로 하는 계약지급

---

1) SWIFT란 "The Society for Worldwide Interbank Financial Telecommunication"의 약자이다. 이는 컴퓨터의 기능과 국제간 통신망을 연결하여 국제금융 및 외환거래에 따른 국제은행간 자금결제, 고객송금, 금융관련 메시지(message)의 전송 및 교환을 신속, 정확, 안전, 저렴하게 처리하는 국제은행간 컴퓨터 정보통신망을 말한다.

(cash with contract: CWC), "T/T in Advanced", "Prior to Ship" 등으로 부른다. 우리나라 대외무역법과 외환거래법에서는 단순송금방식이라 칭한다.

선불송금방식은 "선 대금지급, 후 선적"의 순으로 이루어지는 결제방식이므로 신용위험이 수입업자 측에 집중되어 있다. 왜냐하면 수입업자는 대금을 지급하고도 약정물품을 인도받지 못하게 되는 경우가 있을 수도 있기 때문이다. 선불송금방식이 비록 수입상에게 일방적으로 불리한 방식임에도 불구하고 실무에서 빈번하게 활용되는 이유는 다음과 같은 경우에 해당된다.

① 결제금액이 작아 상품(견본 · 시험상품 등) 인수의 위험이 적다고 판단되는 경우
② 수출상의 지명도 · 신용도가 높아 물품을 받는데 염려가 없다고 판단되는 경우
③ 고정거래선, 본 · 지사간의 경우처럼 수출상에 대한 상당한 신뢰가 있는 경우
④ 물품의 품귀현상으로 인하여 미리 송금하지 않으면 안 되는 경우 등

계약서의 "Terms of Payment" 난에 다음과 같이 기재하며, 대금송금을 받을 은행의 명칭과 정확한 계좌번호를 계약서에 기재하거나 별도로 알려준다.

① By T/T in advance within 10 days after the date of Sales Contract.
② T/T remittance in advance on Sept. 5, 2020.
③ By T/T remittance before shipment in favor of supplier.

## 4. 후불(사후)송금방식(remittance for later payment)

후불(사후)송금방식(later remittance after shipment)은 수출업자가 대금을 받기 전에 수입업자에게 상품과 선적서류를 발송하고, 수입업자는 상품을 수령한 후에 물품대금을 수출업자에게 송금하여 결제하는 방식이다. 대금결제기간은 채권확보 차원에서 수출업체가 자율적으로 결정할 수 있다. 이 방식은 송금시점에 따라 선적서류지급불, 상품인도지급불, 외상불로 구분할 수 있다.

수입상의 입장에서는 계약물품을 인수한 후에 무역대금을 송금하여 결제하기 때문에 상업위험의 부담은 제거할 수 있지만, 수출상의 입장에서 보면, 계약물품을 먼저 선적하기 때문에 대금결제에 대한 신용위험을 배제할 수 없는 부담을 지게 된다.

사후송금에서 계약서의 "Terms of Payment" 난에 다음과 같이 기재하며, 대금송금을 받을 은행의 명칭과 정확한 계좌번호를 계약서에 기재하거나 별도로 통보하여 알려준다.

① By T/T within 10days after the date of B/L.
② Buyer shall remit by T/T payment within 10days after the shipment.
③ Buyer shall remit by wire transfer within 10days after the date of B/L issuance.

사후송금방식은 그 성격에 따라서 여러 가지의 다른 용어로 표현되고 있는데, "Open Account(O/A)", "COD", "CAD", "European D/P" 등이 있다.

### 1) O/A(Open Account)방식

일정기간동안(예컨대 통상적으로 30일에서 180일 동안)수출입상간에 물품매매계약을 체결한 후, 매 건별로 구매계약서나 구매주문서(purchase order) 등에 의하여 수출상이 물품을 선적한 후에 선적서류 원본을 수입상에게 직접 송부하면, 수입상은 물품매매계약서상의 결제조건에 따라 선적일 기준으로 일정기간이 경과한 후(또는 일정기일)에 수출상이 지정한 은행의 계좌(account)로 대금을 송금하여 결제하는 방법을 의미한다.

선적통지부 결제방식(Open Account: O/A)에서는 수출업체가 수출품 선적을 완료하고 해외의 수입자에게 선적사실을 통지함과 동시에 채권이 발생하는 거래를 의미하며 '선적통지 조건부 사후송금 결제방식'의 거래형태이다.

O/A방식에 의한 수출은 사후송금방식 수출의 일종으로서 수출상이 수입상과 기본 수출입계약을 체결한 후 계약서의 "Terms of Payment" 난에 "Open Account 60 days"라고 기재하고 대금송금을 받을 은행의 명칭과 정확한 계좌

번호를 기재하여, 동범위 내에서 매 건별로 구매계약서나 구매주문서(Purchase Order)에 따라 물품을 선적한다. 대금결제는 예컨대 선적일을 기준으로 일정 기간 후(예: at 60 days after B/L date)에 수출업자가 지정한 은행(구좌) 앞으로 수입상이 송금하여 결제하는 방식이다.

이 방식은 신용사회풍토가 정착된 서유럽과 북미에서 가장 널리 사용되는 방법이다. 최근에는 우리나라에서도 그 사용 비중이 높아지고 있는 추세에 있다. 선적통지 결제방식 거래에서는 수출업자가 수입업자의 사업 능력과 성실성을 믿어야만 거래의 성립이 가능하다. 또는 지배적인 시장 세력이 무역을 하기 위해서는 선적통지 결제방식만이 가능하다고 요구하는 방법이기도 하다.

O/A 방식은 '상호계산' 방식이라고도 하며 주로 본·지사간 혹은 고정거래처간에 지속적으로 수출입거래를 하는 경우 거래할 때마다 대금을 결제하지 않고 3개월 또는 6개월 단위로 미리 정한 결산시기에 양자간의 채권·채무를 상계한 후 대금의 차액만을 결제하는 경우도 있기 때문에 "청산결제방식"이라고 부른다.

우리나라의 외국환법에서는 이러한 O/A 거래를 '상호계산' 방식으로 부르고 있으며 외국환거래규정에서 정하는 바에 따라 사전에 '지정거래외국환은행'에 '신고'하여야 한다. 또한 계정의 결산기간은 1년을 초과하지 않는 범위 내에서 지정하여야 하며, 매 결산 기간 종류 후의 대차기 전액은 반드시 3개월 이내에 청산(대기잔액에 대한 지급 또는 차기잔액에 대한 영수)하도록 규제하고 있다.

O/A거래는 수출상은 그 대금결제를 단지 수입상의 신용에만 전적으로 의존하게 되므로 대금회수와 관련한 불확실성을 피할 수 없게 된다. O/A거래는 일종의 국제간 외상판매 방식의 형태이기 때문에 주로 본·지사간이나 신용이 확실한 고정 거래선과 같이 대금회수의 위험이 없는 경우에 한하여 제한적으로 활용되고 있다.

O/A결제방식은 수출상이 일반적인 결제방식에 비해서 높은 금액을 요구할 가능성이 있고, 수입상의 신용도가 낮아지면, 수출상이 O/A 거래의 위험성으로 인하여 거래를 거절한다.

O/A거래가 비록 결제 위험이 높은 것은 사실이지만 다음과 같은 장점이 있다.

① 거래가 매우 단순하며 서류의 작성 · 심사에 따른 불필요한 수고와 은행 수수료 등의 비용을 절감할 수 있다.

② 수입상의 입장에서는 대금의 결제이전에 미리 상품의 품질 등을 점검할 수 있다는 점과 대금결제의 유예를 통한 현금유동성 확보측면에서 유리하다.

③ 일반적인 사후송금방식 수출의 경우에는 선적서류 또는 수출물품이 수입상에게 '인도'(Delivery)되어야만 수출채권이 성립하여 대금결제가 이루어지는데 반해, O/A방식은 수출업체가 물품을 선적한 후 선적사실을 '통지'함과 동시에 수출채권이 확정된다는 점에서 분명한 차이가 있다. 이러한 특성에 의거하여 수출상은 선적완료 후 즉시 당해 외상수출채권 거래은행에 매각함으로써 조기에 수출대금을 현금화할 수도 있게 되는데, 실무에서는 이를 흔히 'O/A NEGO'라고 부르고 있다.

[그림 3-1] O/A 결제방식의 거래과정

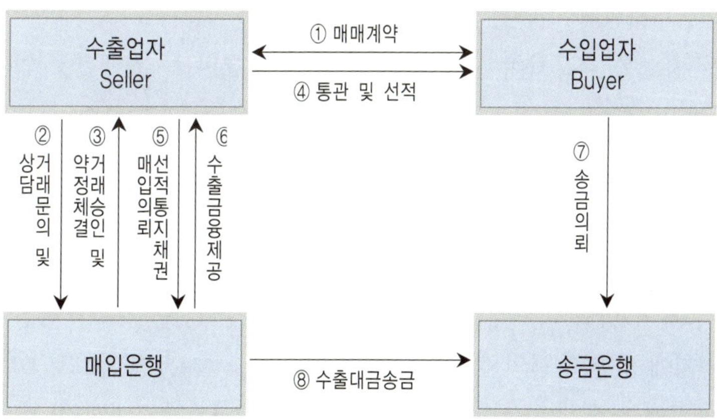


## 2) COD(cash on delivery)방식

COD란 Cash On Delivery의 줄인 말이다. 이 방식은 수출상이 보낸 상품의 품질을 수입상이 직접 확인한 후 물품과 현금을 맞교환하는 거래이다. 이

방식의 거래에서 수입상은 도착한 물품의 상태가 마음에 들지 않을 경우 현장에서 계약을 취소할 수 있으며 상품품질저하를 이유로 물건 값을 깎을 수도 있다. 따라서 수입업자는 COD거래에서 품질에 대한 염려는 전혀 할 필요가 없는 안전한 거래이다. 그러나 수출업자는 이 같은 거래에서 높은 위험을 부담해야 한다.

현품을 수입상이 지정한 장소에 도착시켜야 하기 때문에 수입국에서의 수입통관도 수출상이 하였으며 물품이 괜찮은 데도 불구하고 변덕스러운 수입상이 계약취소를 하게 되면 큰 손해를 감소할 수밖에 없다. 이러한 수출상의 위험도 때문에 국제 상관례상 COD거래로 무역을 하는 상품은 특정 품목으로 제한되어 있는바 그것은 전문가의 감정을 거쳐야 물건 값을 매길 수 있는 귀금속 종류(특히 다이아몬드)가 주로 이 방식으로 거래된다.

COD방식에서 물품인도시기는 수입업자가 정한 장소 또는 계약 시 합의한 장소에서 물품을 인도한 때이며 대금지급장소는 물품인도장소이다. 통상적으로 COD는 상품을 항공기로 운송할 때 많이 사용되는 방법이며 경우에 따라서는 특송배달(DHL, Federal Express 등) 또는 항공회사와 제휴하여 수입업자에게 물품을 인도하면서 대금을 회수한다.

항공운송인을 이용하여 선적을 이행하는 경우에 이들 경쟁력을 얻기 위하여 운송인끼리 국제적인 협조를 하여 신속한 발송을 하고 있으며 상품을 수입자에게 인도하면서 대금을 회수하여 주는 서비스까지도 담당하고 있다. 그러나 이 방식에서도 수입업자가 대금지급을 거절할 수 있으며 이러한 경우에 수출업자에게는 큰 영향을 미치게 된다.

서류송부의 방법에는 두 가지가 있는데, 하나는 수출업자가 직접 수입업자의 소재지에 있는 자신의 해외지사 또는 대리인, 거래은행 앞으로 서류를 송부하는 방법과 다른 하나는 수출업자가 자기의 거래은행을 통하여 수입업자 거주지의 은행에 서류를 추심 의뢰하는 방법이 있다.

COD 거래조건에서는 수출업자는 선적서류를 작성할 때, 수화인(consignee)을 수입업자의 거래은행으로 하고 착화통지처(notify party)를 수입업자로 하여 수입업자가 대금을 지급하지 않고는 운송인으로부터 물품을 인수하지 못하도록 하여야 한다.

COD의 거래절차는

① 당사자간에 매매계약을 체결하면서 수출계약은 수입자의 Counter Sign이 되어 있는 계약서(Sales Contract) 또는 Offer Sheet로서 결제조건을 사전(Advance Payment) 또는 사후송금(COD 30 days 등)으로 명시한 대금결제방식으로 이 방식을 약정한다.
② 수출업자는 계약물품의 수출통관을 완료하고 이를 선적한다.
③ 수출업자는 자신의 대리인 등에게 서류를 발송한다.
④ 수출업자의 대리인 등은 상품을 수입통관하여 창고에 입고시킨다.
⑤ 수입업자는 상품을 검사 후 인도받으면서 대금을 수출업자의 대리인 등에게 결제한다.

[그림 3-2] COD 결제방식의 거래과정

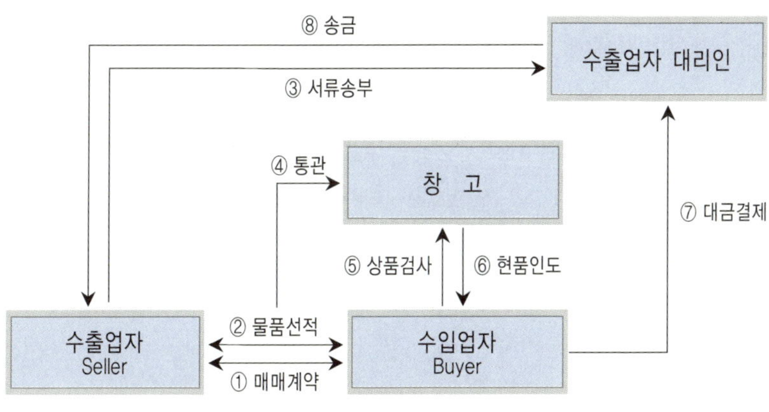


### 3) CAD(cash against document)방식

CAD란 Cash Against Document의 줄인 말이다. 수출업자가 수입업자 앞으로 물품을 선적하고 선적서류를 수입상에게 제시할 경우 수입상은 서류와 상환하여 현금을 지급하여야 하는 거래방식을 말한다. 이 방식의 특징은 CAD 조건으로 계약을 체결한 수출상이 상품을 제조하면 이 상품을 포장하기 전에 수출지에 있는 수입상의 대리인에게 물품 품질검사를 받은 후 그 물건을 선적하여야 하는 것이다.

선적 후 선적서류를 받으면 수출상은 이것을 수입상에게 송부하기 전에 품질검사를 했던 수입상 대리인에게 제시하여 대금결제를 요구하여야 한다. 수입상 대리인이 결제자금이 없으니 본사로 서류를 송부하라고 지시하면 그때 비로소 서류를 수입상에게 직송하게 되며 수입상은 서류를 받으면 그 즉시 수입대금을 송금하여야 하는 거래방식이다.

즉 서류상환 결제방식은 수출상이 상품을 선적하고 선적서류(상업송장, 선하증권, 보험서류 등)를 수입업자의 지사나 대리인(주로 수출상의 국가에 소재함)에게 제시하거나 또는 해외의 수입상에게 직접 서류를 송부하여, 당해 서류와 상환으로 대금의 결제가 이루어지도록 하는 방식이다.

통상 수입자의 지사나 대리인 등이 수출국 내에서 물품의 제조과정을 점검하고, 수출품에 대한 '선적전 검사'(PSI: Pre-Shipment Inspection)를 한 후 지급한다. 대개의 경우 수입상(또는 대리인)이 선적서류를 접수하는 즉시 서류와 상환으로 대금의 결제가 이루어지는 것이 일반적이나, 수출입상간의 약정에 의하여 일정기간 경과 후에 대금의 송금이 이루어지기도 한다.

이 방식에서 수입업자의 대리인은 수입업자의 이익을 대신하여 상품을 구매하는 것인데 수출상이 선적을 완료한 상태에서 수입상이 대리인에게 지시하여 서류인수를 거절하게 되면 수출상은 대금회수가 곤란하므로 계약 전에 상대방의 신용상태를 철저하게 확인하여야 한다.

CAD의 거래절차는

① 당사자간에 매매계약을 체결하면서 대금결제방식으로 이 방식을 약정한다.
② 수출업자는 물품을 수출 통관하여 이를 선적한다.
③ 수출업자는 수입업자의 대리인 등에게 서류를 인도하면서 대금을 결제받는다.
④ 수입업자의 대리인 등은 수입업자에게 서류를 발송하여 수입 통관하도록 한다.

동 거래에서 개입하는 수입업자의 대리인은 통상 수출상의 국가에 소재하고 있으며 그는 전적으로 수입상의 이익을 대신하여 상품을 구매해 주는 것이다. 그러므로 수출상의 입장에서 보면 선적을 마친 상태에서 수입상이 대리인에게 지시하여 서류의 인수를 거절하는 경우 곤란한 지경에 빠지고 말 수도 있다.

COD와 CAD방식은 모두 사후송금방식에 해당되며 BWT방식의 거래도 사후송금방식으로 구분할 수 있다. BWT는 보세창고인도거래(Bonded Warehouse Transaction)를 의미하며 수출업자 측에서 상대방 수입국의 보세창고에 입고시킨 후에 수입지에 있는 수출상의 대리인(지사)이 견본품을 가지고 현지판매활동을 통하여 수입선을 결정하고 수요에 따라 보세창고에서 출고하여 통관 후에 판매하는 방식의 거래를 의미한다.

이러한 거래의 특징은 수출상이 자신의 책임과 비용으로 해외의 현지까지 물품을 운반하고 현지 보세창고에 물품을 장치한 후에 매매계약이 성립된다는 것이다. 수입상의 입장에서는 필요한 물품을 현지에서 확인할 수 있으며 신속하게 수입할 수 있어 시간과 노력이 절감된다. 수출상의 입장에서는 수출대금의 회수가 늦어지고 상품이 판매되지 않을 경우에는 손실을 감수해야 한다. 이러한 BWT조건의 거래에서는 상품을 미리 수출지에 반출해야 하므로 선하증권(B/L)의 발급일자가 신용장발행일자 이전이 되기 때문에 이러한 거래에서 신용장방식으로 이용할 때에는 신용장에 “Stale B/L is acceptable” 또는 “Documents presented later than 21 days after the date of shipment is acceptable”이라는 특수조항의 부여가 필요하다. 왜냐하면 신용장통일규칙에서는 선적서류의 발급일자로부터 21일이 경과되어 은행에 제시된 서류는 자체선하증권(Stale B/L)이라고 간주하여 이를 수리하지 않는다는 규정이 명시되어 있기 때문이다.

[그림 3-3] CAD 결제방식의 거래과정

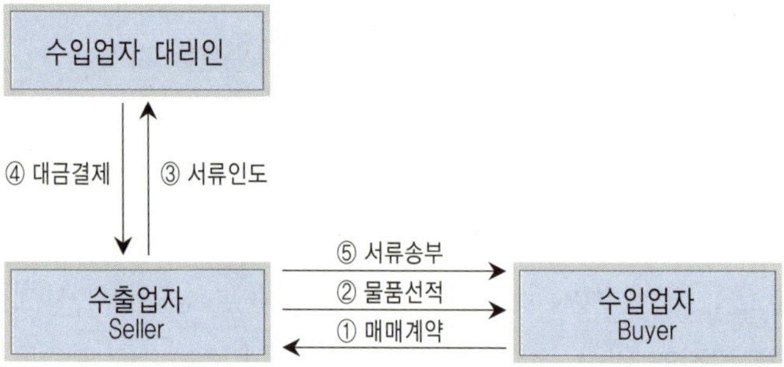


### 4) European D/P

변형된 CAD방식의 결제방법으로 선적서류가 은행으로 송부되는 경우를 의미한다. 수출상이 물품을 선적한 후에 해외의 수입상 거래은행으로 당해 선적서류를 송부하여 수입상에게 제시하도록 하며, 수입상은 본인의 거래은행을 통하여 선적서류를 수령함과 동시에 결제대금을 송금하는 형태의 거래를 말한다. 이 방식은 D/P 방식과 같은 결제 안전성을 유지하면서도 환어음의 발행에 따르는 불필요한 인지세 부담을 제거하고자 유럽지역에서 주로 사용되고 있는 방법이기 때문에 '유럽식 D/P'라고 부른다. 수출상이 본인의 거래은행을 통하여 대금을 추심하지 않고 직접 해외의 수입상 거래은행으로 서류를 송부하는 것이 일반적인 거래형태이며, 환어음이 발행되지 않는다는 점에서 D/P 방식과 차이점이 있다.

### 5) RAD 방식

RAD는 remittance after delivery의 약자로 물품인도후지급방식이라고 한다. 수입업자가 물품을 수령하고 일정기간이 경과한 후 합의된 지급조건에 따라 수입대금을 송금해주거나 아니면 직접 지급하는(수입지국에 수출업자의 대리인이 있는 경우) 방식이다. 이는 수출업자가 수입업자를 전적으로 신뢰하는 경우가 아니면 이용되기 어렵다. 따라서 이 역시 해외의 지사나 본사와의 거래 시나 오랜 거래로 상호 신뢰하는 당사자간의 거래 시에 이용될 수는 있지만, 수입지국에 수출업자의 대리인이 소재하고 있는 경우에 그나마 효율적일 수 있다.

〈표 3-1〉 송금거래방식 유형별 비교

| 구 분 | 수출업자 | 수입업자 |
|---|---|---|
| check in advance (수표송금방식) | 분실수표 또는 도난수표의 경우 물품회수 불가능 (banker'scheck, personal check) | 대금지급 후 수출업자가 물품을 인도하지 않는 경우 대금회수와 물품수령이 불가능 |
| cash in advance (전신환송금방식) | 위험 없음 (T/T in advance) | 대금지급 후 수출업자가 물품을 인도하지 않는 경우 대금회수와 물품수령이 불가능 |
| COD | 수입업자가 물품을 수령하지 않는 경우 대금수령과 물품회수가 불확실 | 위험 없음 |
| CAD | 대금수령이 보장되지 않음 | 본인의 직접적인 품질확인이 안됨 |
| O/A | 수입업자가 대금을 지급하지 않으면 물품회수가 보장되지 않음 | 위험 없음 |

## Ⅱ. 추심결제방식(Settlement by Collection Basis)

추심(collection)이란 은행이 접수된 지시에 따라 ① 지급 또는 인수를 받거나, ② 지급인도 또는 인수인도 하거나, ③ 기타의 조건에 따라 인도할 목적으로 금융서류[2] 및 상업서류[3]를 취급하는 것을 의미한다.[4] 쉽게 말해서 채권자

2) 금융서류(financial documents)란 약속어음, 환어음, 수표, 또는 기타 금전적 지급을 받기 위하여 사용되는 증서를 말한다.

3) 상업서류(commercial documents)란 송장(invoices), 운송서류(transport documents), 권리증권(documents of title) 또는 이와 유사한 서류로써 금융서류가 아닌 일체의 서류를 말한다. 따라서 상업송장, 영사송장, 세관송장, 운송서류, 보험서류, 품질증명서, 수량증명서, 원산지증명서, 검역증명서 등 무역거래에 필요한 모든 서류는 상업서류에 해당된다.

가 은행을 통하여 채무자에게 채권금액을 청구하는 행위가 곧 추심행위이다. 은행이 채권자의 의뢰와 지시에 따라 채무자로부터 대금을 받기 위하여 서류를 취급하는 일련의 행위를 추심이라고 한다.

## 1. 추심거래 당사자

추심거래에 관여하는 자를 추심거래의 당사자라고 한다. ICC의 「추심에 관한 통일규칙」에 따르면 추심거래의 관계당사자인 추심의뢰인, 추심의뢰은행, 추심은행, 제시은행과 그리고 지급인을 포함하여 추심당사자로 규정하고 있다. 따라서 지급인은 추심당사자이기는 하지만 추심거래의 관계당사자는 아니라는 사실에 유의해야 된다.

### 1) 추심의뢰인(principal)

은행에 추심을 의뢰하는 자를 추심의뢰인이라고 한다. 채권자인 수출업자가 추심의뢰인이 된다. 추심에 따른 은행의 모든 수수료와 비용은 원칙적으로 추심의뢰인이 부담하기로 되어 있다. 수출업자는 선적이 완료되면 은행에 추심을 의뢰하기 위하여 환어음(bill of exchange)을 발행하므로 발행인(drawer)이라고도 한다.

### 2) 추심의뢰은행(remitting bank)

수출업자인 추심의뢰인으로부터 금융서류와 상업서류의 추심을 의뢰받은 수출지국에 소재하고 있는 은행을 추심의뢰은행이라 한다. 추심의뢰은행은 추심의뢰인의 요청에 따라 서류를 수입지국의 은행으로 송부하게 된다. 그리고 추심의뢰은행은 추심의뢰인의 지시내용을 임의로 변경할 수 없다.

### 3) 추심은행(collecting bank)

추심의뢰은행 이외에 추심과정에 참여하는 모든 은행을 추심은행이라 한다.

---

4) The Uniform Rules for Collections(1995 Revision, ICC Publication No. 522), Article 2.

일반적으로 수입업자의 거래은행이 추심은행이 된다. 추심은행이 추심의뢰은행으로부터 송부되어 온 서류를 채무자인 수입업자에게 제시하고 대금을 징수한다. 추심은행은 추심의뢰서상의 지시내용을 따를 수 없는 경우에는 그러한 사실을 통지해야 함은 물론 추심결과 또한 즉시 추심의뢰은행에 통지해야 된다.

#### 4) 제시은행(presenting bank)

수입업자와 거래가 있는 경우에는 추심은행이 직접 서류를 제시하고 대금을 징수하게 될 것이므로 별도의 제시은행이 개입되지 않고도 추심거래는 종결될 수 있다. 그러나 만약 추심은행이 채무자인 수입업자와 거래관계가 없는 경우에는 수입업자와 거래관계가 있는 다른 은행으로 하여금 수입업자에게 서류를 제시하도록 조처할 것이므로 그때에는 당연히 제시은행이 등장하게 된다. 그러한 이유로 추심거래에 등장하여 지급인에게 서류를 제시하는 은행을 제시은행이라 한다.

예컨대 수출국의 추심의뢰은행이 수입국에 소재하고 있는 자행의 해외지점을 추심은행으로 선정하여 서류를 송부였으나 그 해외지점과 수입업자간에 거래가 없는 때에는 추심은행인 해외지점이 수입업자와 거래가 있는 은행으로 서류를 다시 송부하면 수입업자의 거래은행이 동 서류를 수입업자에게 제시하게 되는데, 이 경우 수입업자의 거래은행이 제시은행이 된다는 말이다. 넓은 의미에서 제시은행도 결국은 추심은행에 포함된다.

#### 5) 지급인(drawee)

추심의뢰인의 추심의뢰에 대하여 최종적으로 지급의무를 부담하는 채무자인 수입업자를 말한다. 지급인은 추심당사자일 뿐 추심거래의 관계당사자는 아니다.

## 2. 추심결제방식의 유형

#### 1) 지급인도(documents against payment: D/P)방식

수입업자가 운송서류를 받음과 동시에 수입대금을 지급하는 방식이다. 따라서 화물을 대표하는 운송서류와 상환으로 대금지급이 이루어지게 되므로, 수입업자는 대금을 지급하지 않는 한 운송서류를 교부받을 수가 없는 조건의 결제 방식이다.

수출업자는 약정물품을 선적한 후 수입업자를 지급인(drawee)으로 하는 일람불화환어음(documentary sight bill)을 발행하여 자신의 거래은행에 추심을 의뢰한다. 추심을 의뢰받은 수출업자의 거래은행은 동 일람불화환어음을 수입업자의 거래은행 앞으로 보내어 추심을 의뢰한다. 수입업자의 거래은행은 지급인인 수입업자에게 동 화환어음을 인도함과 동시에 대금을 지급받는다. 그리고 지급받은 대금은 추심의뢰은행인 수출업자의 거래은행에게 송금한다. 송금받은 수출업자의 거래은행(추심의뢰은행)은 추심의뢰인인 수출업자에게 대금을 지급한다.

[그림 3-4] D/P 결제방식의 거래과정

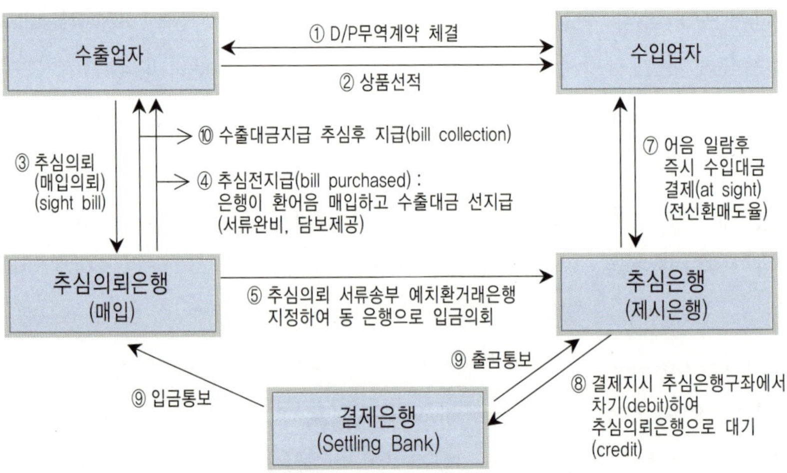


D/P방식은 화물을 대표하는 운송서류를 인도함과 동시에 대금지급이 이루어지므로, 수출업자는 물품까지 인도하고 대금을 영수하지 못하게 되는 경우는 없고, 반대로 수입업자는 대금을 지급하고도 운송서류를 수령하지 못하는 경우는 없다.

그러나 만약 수령한 운송서류가 위조된 가짜서류라면 대금을 지급하고도 약정물품을 인도받지 못하게 될 위험이 수입업자 측에 있으며, 반대로 수출업자 측에게는 대금의 영수가 보장되지 않는다. 즉 선적된 물품이 국제운송 중이거나 아니면 이미 수입지국에 도착되어 있음에도 불구하고 수입업자가 운송서류의 인수를 거절하고 대금을 지급하지 않거나 또는 지급불능에 처할 경우 그때에 수출업자는 동 물품을 국내로 반송해오거나 현지에서 전매 또는 공매 처분해야 되므로 그에 따른 위험을 감수해야 되기 때문이다.

결국 D/P방식 역시 대금의 영수가 보장되지 않기 때문에 위험이 수출업자에게 집중되어 있는 결제방식이라 할 수 있다. 다만 D/P방식은 본지사간 또는 자회사와 모회사간의 거래 시나 상호 신뢰하는 당사자간의 대량거래가 아닌 거래 시에 이용될 수 있는 결제방식이라 할 수 있다.

### 2) 인수인도(documents against acceptance: D/A)방식

수입업자가 기한부화환어음(documentary usance bill)을 인수(acceptance)함과 동시에 운송서류를 수령하고 그리고 일정기간이 경과한 후에 대금을 지급하는 방식이다. 따라서 수출업자는 화물을 대표하는 서류를 인도하고도 그 즉시 대금을 영수할 수 없으나, 수입업자는 수령한 서류를 운송회사에 제시하고 물품을 인수하여 국내에서 판매한 후 그 대금으로 지급할 수 있는 조건의 결제방식이다.

수출업자는 약정물품을 선적한 후 수입업자가 지급인으로 된 기한부화환어음을 발행하여 자신의 거래은행에 추심을 의뢰한다. 추심을 의뢰받은 수출업자의 거래은행(추심의뢰은행)은 동 기한부화환어음을 수입업자의 거래은행 앞으로 보내면서 추심을 의뢰한다. 수입업자의 거래은행(추심은행)은 지급인인 수입업자에게 동 기한부화환어음의 인수(acceptance)를 받음과 동시에 첨부된 운송서류를 인도한다. 그로부터 일정기간이 경과하여 어음의 지급만기일이 도래하면 수입업자는 인수한 어음금액을 지급하게 되고, 그 대금을 지급받은 수입업자의 거래은행(추심은행)은 수출업자의 거래은행(추심의뢰은행)에게 송금한다. 송금받은 수출업자의 거래은행(추심의뢰은행)은 추심의뢰인인 수출업자에게 대금을 지급한다.

[그림 3-5] D/A 결제방식의 거래과정

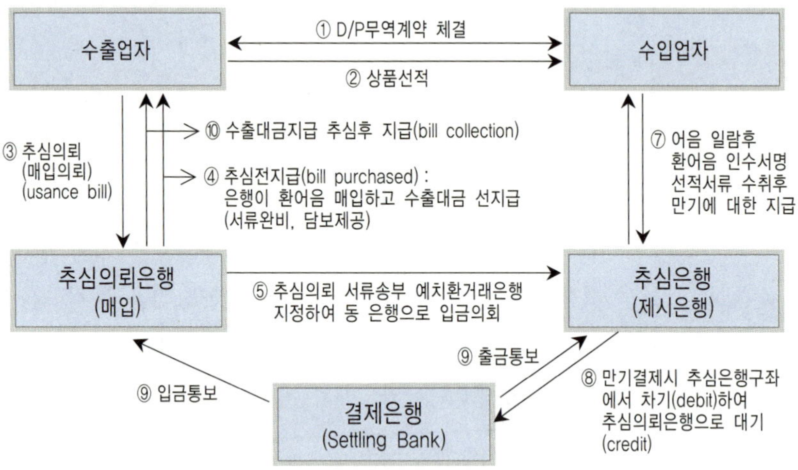


D/A방식은 신용위험이 수출업자에게 과도하게 집중되어 있는 지급방식이다. 왜냐하면 수입업자는 물품을 수령하고도 상당기간 후에 대금을 지급하면 되기 때문에 아무런 위험이 없는 반면에 수출업자 측에서 보면 대금영수가 보장되지 않을 뿐만 아니라 심지어는 물품의 회수도 보장되지 않기 때문이다. 즉 물품도 주고 대금을 받지 못하는 경우가 있을 수 있다는 말이다.

결국 D/P방식보다 D/A방식이 수출업자에게는 더 불리한 지급방식이다. 그러므로 D/A방식 역시 본·지사간 또는 자회사와 모회사간의 거래 시나 상호 신뢰하는 당사자간의 대량거래가 아닌 거래 시에 이용될 수 있는 지급방식이라 할 수 있다. D/P 또는 D/A로 구분되는 추심거래 역시 국제간에 이루어지는 거래이며, 환어음이 발행되므로 이를 규율할 준거법(govern law)이 문제된다. 추심거래는 별도의 당사자합의가 없거나 자국법률의 규정에 위배되지 않는 한 국제상업회의소가 제정한 「추심에 관한 통일규칙」이 준용된다.

## Ⅲ. 국제팩터링(International Factoring)

국제팩터링(International Factoring)은 국제팩터링기구에 가입한 회원(팩터)의 신용을 바탕으로 이루어지는 무신용장방식의 거래로서, 팩터링회사(factor)가 수출상과 수입상의 사이에서 신용조사 및 신용위험의 인수(지급보증), 전도금융의 제공, 외상채권의 기일관리 및 대금회수, 기타 업무대행 등의 서비스를 제공하는 일련의 금융서비스를 의미한다. 즉 무신용장방식의 외상수출입거래(O/A, D/A 거래 등)에 수입팩터의 '신용승인'이 첨가되는 거래이며, 신용승인(credit approval)이란 수입상이 자금부족, 파산 등의 재무상 이유로 수입팩터링 채무를 이행하지 못하는 경우에 수입팩터가 그 대금을 대신하여 지급할 것임을 약속하는 일종의 보증서를 말한다. 국제팩터링회사의 주요한 업무는 다음과 같다.

① 수출업자의 외상매출채권을 매입회수·관리한다.
② 수출업자에게 무역대금의 지급보증을 하여 준다.
③ 수출업자에게 금융서비스를 제공한다.
④ 수출업자에게 수입업자로부터 수출대금의 회수업무를 대행하여 준다.
⑤ 수출업자에게 수입업자에 대한 신용조사, 신용위험의 인수 및 청구업무 등을 대행하여 준다.

### 1. 거래당사자 및 거래과정

① 팩터링 회사들은 FCI(Factors Chain International), IFG(International Factors Group) 등의 기구에 가입되어 국제적인 회원망으로 서로 연결되어 있음.
② **수입팩터**(import factor) : 수입국에서 수입업자와 국제팩터링계약을 체결하고 수입업자의 외상수입을 위하여 신용승낙의 위험을 인수하고 팩터링채권을 회수하여 수출팩터에게 송금하는 팩터링회사

③ **수출팩터(export factor)** : 수출국에서 수출업자와 국제팩터링계약을 체결하고 수출업자의 팩터링채권의 대외양도 및 추심, 전도금융제공, 매출채권의 관리 및 장부정리를 해주는 팩터링회사

④ **수출업자(seller/client)** : 매매계약상 매도인으로 물품을 외상으로 수출하는 조건으로 선적하고 송장 및 선적서류를 수출팩터에게 양도하고 전도금을 제공받음.

⑤ **수입업자(debtor/customer)** : 매매계약상 매수인으로 수입팩터의 신용승낙(credit approval)으로 물품을 외상수입하는 자. 만기일에 대금을 지급할 의무가 있으며 채권의 양도·양수에 따라 지급할 의무를 부담하는 채무자(debtor)임.

국제팩터링결제는 상품과 용역의 수출업자인 Client, 수출국에 주재하는 수출팩터, 해외 수입업자인 Customer 및 수입국에 주재하는 수입팩터 등 4명의 거래 당사자로 구성되어 있다. 그리고 국제팩터링결제의 거래과정은 다음과 같다.

① 수출업자는 수입업자로부터 상품주문을 받는다.

② 수출업자는 수출팩터와의 팩터링 거래약정에 근거하여 수출팩터에게 수입업자에 대한 신용조회를 의뢰한다.

③ 수출팩터는 팩터간 체결된 거래약정에 근거하여 수입팩터에게 수입업자에 대한 신용조회와 수입팩터가 지급보증할 수 있는 신용한도를 요청한다.

④ 수입팩터는 수입업자에 대하여 신용조사를 행한다.

⑤ 수입팩터는 수출팩터에게 수입업자에 대한 신용조회 결과 내용 및 신용한도를 통지한다.

⑥ 수출팩터는 수출업자에게 수입팩터로부터 통지받는 신용조회 및 신용한도 내용을 통지한다.

⑦ 수출업자는 수입업자와 수출입계약을 체결하고 상품을 선적한다.

⑧ 수출업자는 상품선적 후 취득한 매출채권과 선적서류를 수출팩터에게 양도하고 전도금융을 받는다.

⑨ 수출팩터는 선적서류를 수입팩터에게 송부한다.

⑩ 수입팩터는 수입업자에게 선적서류를 제시하고 만기일에 대금지급을 받는다.

⑪ 수입팩터는 대금을 수출팩터에게 즉시 송금한다.

⑫ 수출팩터는 수입팩터로부터 송금되어 온 대금으로 수출업자에게 제공한 전도금융을 상계 정산하여 모든 팩터링 결제과정을 종료시킨다.

[그림 3-6] 국제팩터링방식의 거래과정(제휴방식)

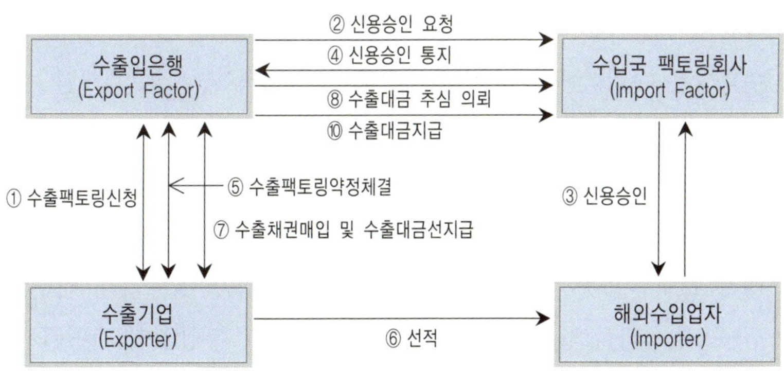


[그림 3-7] 국제팩터링방식의 거래과정(직접방식)

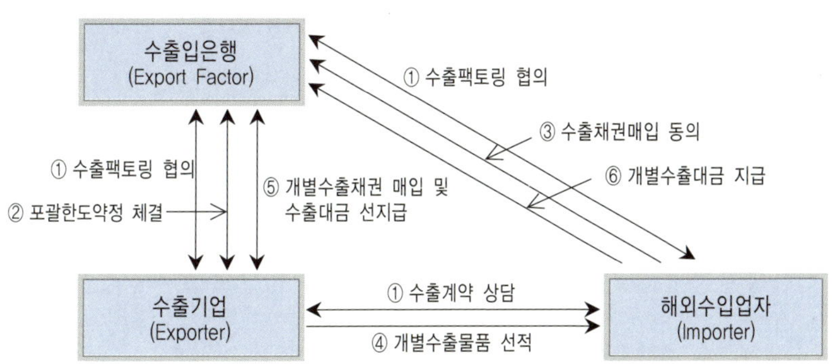

## 2. 팩터링 결제의 이점

### 1) 수출업자의 이점

① 수입팩터로부터 수입상에 대한 신용승인이 이루어지면, 수입상의 클레임이 제기되지 않는 한 수출상은 해당 신용승인 한도 내에서 그 대금지급을 보장받게 된다.

② 따라서 수출상은 외상수출로 인한 대금회수 불안을 제거할 수 있으며 당해 매출채권을 수출팩터에게 양도함으로써 수출대전을 조기에 즉시 현금화할 수 있다.

③ 수출상은 수입상에게 신용장거래보다 유리한 조건으로 제시할 수도 있게 되어 대외경쟁력을 확보할 수 있으며, 신용장거래를 원하지 않는 수입상과의 거래도 가능하므로 새로운 시장개척이 용이하다.

④ 팩터링거래를 통하여 본인의 지명도를 제고할 수 있으며, 전세계에 걸친 팩터의 회원망을 통하여 해외시장 정보를 신속 · 정확하게 입수한다.

⑤ 신용장방식과는 달리 서류작성에 대한 과도한 부담없이 간편하게 실무를 처리할 수 있으며, 추심방식(D/P · D/A NEGO)과는 달리 외상채권을 양도할 때 별도의 담보를 제공할 필요가 없으므로 담보부족으로 인한 곤란을 겪지 않는다(수입팩터의 신용승인 통보가 곧 담보역할임).

⑥ 대금회수 · 수출채권의 기일관리 등 제반 회계업무의 부담에서 벗어나 생산 · 판매에만 전념함으로써 원가절감과 생산성 증대를 실현한다.

### 2) 수입업자의 이점

① 별도담보가 없이 본인 신용만으로 기한의 이익을 향유하여 외상수입이 가능하다.

② 신용장발행에 따른 발행수수료 등의 부담이 없으므로 비용을 경감할 수 있다.

③ 물품수령 후 일정기간 내에 수입대금을 결제하면 되므로 자금부담이 경감되고 수입결제자금의 부족 시 금융수혜가 가능하다.

④ 수입대금의 결제 전에 물품의 품질 등을 확인할 수 있어 신용장방식의

약점(제시된 서류가 신용장의 제 조건에 일치하는 한 물품상의 하자에도 불구하고 대금을 지급하여야 하는 불합리성)을 제거할 수 있다.

⑤ 수입팩터로부터 만기일 관리, 회계관리 서비스를 제공받을 수 있다.

## Ⅳ. 포페이팅(Forfaiting)

포페이팅(Forfeiting)결제란 국제상거래에서 재화와 용역의 수출거래에 따라 발생하는 5년 만기 정도의 중기 환어음이나 약속어음을 할인하여 현금을 받는 대가로 그 어음(수출채권)에 대한 권리를 포기 또는 양도하는 일종의 연지급 어음매입방식을 말한다. 즉 포페이팅(Forfaiting)은 현금을 대가로 미리 받고 외상채권을 포기·양도한다는 의미다.

수출거래에서 생성되는 환어음이나 채무증서인 약속어음 등 청구권이 자유롭게 유통가능한 증서(freely negotiable instruments)를 이전의 어음소지인에게 상환 소구권을 청구함이 없이[without recourse: 수입상(또는 거래은행)이 지급하지 않는 경우에 수출업자에게 기 지급된 대금을 상환청구하지 않는 것을 의미함] 어음의 만기일까지에 해당하는 이자를 고정이자율에 의해 할인 매입하는 방식으로 포페이팅을 취급하는 전문금융 회사인 포페이터(forfaiter)가 매입하는 무역관련 금융기법이다.

효과상으로는 중기 팩터링과 유사하지만, 팩터링에서는 수입업자의 대금지급불능에 대하여 수출팩터가 수출업자에게 상환청구를 할 수 있음에 비하여 포페이팅 결제에서는 이 상환청구가 불가능하다. 또한 포페이팅 결제는 신용장 거래에서의 인수(accptance)와 유사하지만 이 인수에 비하여 보다 장기이고, 상환청구권이 없는 것이 다르다.

수출(선적)시점부터 만기 수출대금의 회수기간까지의 기간이 길고, 수입국가의 위험이 높은 개도국으로의 수출이 빈번한 수출기업에 Forfaiting 활용효과가 가장 높다.

포페이팅 결제는 다음과 같은 특징을 가지고 있다.

① 포페이터는 소구권이 없는 조건으로 채권을 매입하며, 수출상은 수입상(또는 거래은행)이 만기에 대금을 결제하지 않는 경우 대금을 반환할 책임이 없다

② 포페이터는 수입상의 거래은행이 별도로 발행하는 지급보증서나 또는 환어음(또는 약속어음)에 추가하는 지급확약(Aval)을 담보로 활용하며, 수출상에게는 별도의 보증이나 담보제공 등을 요구하지 안는다. 'Aval'이란 일종의 어음보증을 말하는 것으로 수입상의 거래은행이 환어음(약속어음)에 지급보증 문언을 표시하고 서명하는 행위이며, Aval[5]은 별도의 지급보증서를 발행하는 것보다 그 절차가 간단 명료하고 간편하여 Forfaiting 거래에 많이 활용된다. 포페이팅 결제의 할인대상채권은 무역결제에 일반적으로 이용되고 있고, 각국의 관행과 법적 지위가 확립되어 있는 환어음과 약속어음에 국한되고 있다.

③ Forfaiting 거래에서는 환어음과 약속어음만을 그 할인대상으로 하여 기타의 증권 또는 채권을 취급되지 않는다. 이유는 그 취득에 관한 복잡한 법률적 문제로 인하여 분쟁 가능성이 높고 그 해결이 어렵기 때문이다.

④ Forfaiting 거래의 할인대상은 통상 1~10년의 중장기 어음이며, 고정금리부로 할인이 이루어지기 때문에 수출상은 계약 전에 미리 그 할인비용을 확정할 수 있으며, 이를 상품가격에 반영시킴으로써 금융비용을 수입상에게 전가할 수 있다. 그리고 중장기 거래에 따른 환리스크도 모두 포페이터가 부담하게 된다.

## 1. 거래당사자 및 거래과정

Forfaiting 거래의 당사자에는 ① 수출업자, ② 수입업자, ③ forfaiter, ④ 보증은행이 있다. forfaiter란 수출상의 중장기연불어음을 할인매입하는 자를

---

5) Aval은 수입업자 거래은행이 은행지급보증서 대신에 사용하는 간단한 형식의 보증을 가르킨다. 보증인이 약속어음 또는 환어음에 보증한다는 뜻을 기입하여 채무를 성실히 이행할 것을 보증하는 취소불능의 무조건 보증을 말한다. Aval은 수출상이 발행한 환어음이나 수입상이 발행한 약속어음 뒷면에 수입상 거래은행이 지급을 보증한다는 문구를 기입한 문서로서, 수입상 거래은행이 forfaiter에게 별도로 지급보증서를 발행하는 것보다 절차가 간편하여 Forfaiting 거래에 많이 사용된다. Aval은 Approval의 약어이다.

말하며 주로 금융기관(투자신탁회사, 은행)이 역할을 담당한다. 보증은행이란 수입상의 거래은행으로서 연불 수출입거래에서 발생한 환어음이나 약속어음 뒷면에 Aval을 하거나 지급보증서를 발행하여 forfaiter가 안심하고 연불채권을 매입할 수 있도록 하는 담당을 한다.

포페이팅 결제의 거래과정은 다음과 같다.

① 수출입업자는 상호 수출입계약을 체결하고, 수출업자는 상품을 선적한다.

② 수출업자는 상품선적 후 취득한 포페이팅결제 대상어음을 지급보증은행에 제시하고 지급보증을 받아 포페이팅계약을 체결한 포페이터에게 제시하여 할인매입을 받는다. 이 경우 포페이터는 특별한 하자가 없는 한 즉시 할인매입지급을 하여 준다.

③ 포페이터는 만기에 보증어음을 지급보증은행에 제시하여 지급대금을 보상받는다.

④ 지급보증은행은 지급한 대상어음을 수입업자에게 제시하여 만기에 지급대금을 결제받는다.

[그림 3-8] 포페이팅 방식의 거래과정 1(신용장 거래)

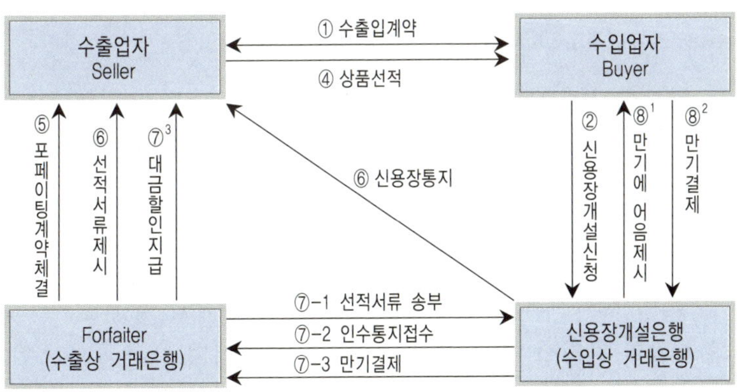

[그림 3-9] 포페이팅 방식의 거래과정 2(보증 거래)

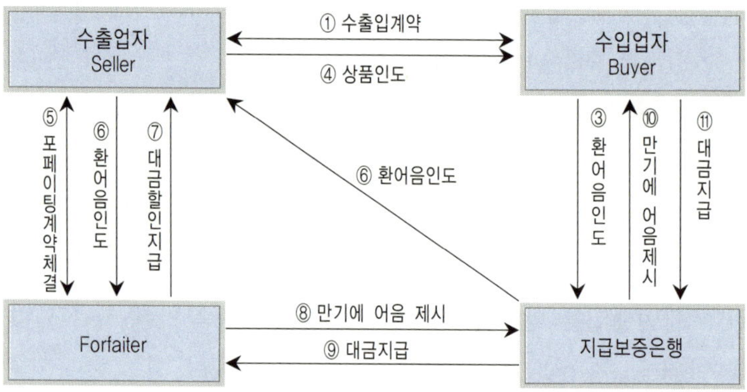


## 2. 포페이팅 결제의 이점

① **위험으로부터의 회피** : 신용위험(credit risk: 채무자/보증인의 지급불능 위험), 국가위험(country risk: 국가지급불능위험), 통화위험(currency risk, 환율변동위험), 금리위험(interest risk, 이자율변동위험) 등으로부터 수출업자는 벗어나 포페이터에게 이들 위험이 이전된다.

② **자금 확보의 신속성** : 다수의 전문금융회사(forfaiter)에서는 수출업자가 서류를 제시하여 신청하면 약 2일 이내에 자금을 제공하기 때문에 신속한 현금 확보로 인하여 자금회전의 원활함으로 인한 매출과 이익의 증대 등 수출자의 재무구조를 개선할 수 있으며, 수출업자 기존 거래은행과의 대출한도와 재무제표에 영향을 미치지 않고 자금을 확보할 수 있다.

③ **거래 서류의 간결성** : 필요서류가 비교적 간편하기 때문에 수출업자의 입장에서 시간과 비용의 절감이 가능하다(지급방법에 따른 계약서 사본, 서명된 상업송장 사본, 운송서류사본, 국제적으로 인정되는 보증은행의 보증서 등의 서류가 필요함).

④ **경쟁업체에 대한 비교위위 확보** : 수출업자로 하여금 해외구매자에게 최장 10년까지 장기적인 신용을 제공해 줄 수 있기 때문에 금융상의 비교

우위를 확보할 수 있으며 국가 위험도가 높은 신흥시장을 개척하기 위한 금융 조달이 가능하다.

〈표 3-2〉 Factoring과 Forfaiting의 비교

| 구분 | Factoring | Forfaiting |
|---|---|---|
| 거래금액 | 일반적으로 소액<br>(US30만불 미만) | 비교적 거액(US100만불 이상),<br>소액(US1만불 이상)도 취급가능 |
| 외상기간 | 단기<br>(1년 이내, 3개월 미만이 대부분) | 비교적 장기(2년 이상 10년 이내),<br>단기(30일 이상 2년 미만)도 취급가능 |
| 소구권 | with recourse,<br>without recourse 둘 다 가능 | without recourse 조건만 가능 |
| 금리 | 제한이 없음 | 고정금리로만 할인 |
| 지급근거 | 수입 factor의 신용승인 | 수입상 거래은행의 지급보증 또는 Aval |
| 거래방식 | 송금방식이 가장 많음 | 환어음 또는 약속어음의 매개체 |
| 통화 | 제한이 없음 | USD, 유로화 등 주요 국제 통화 |
| 대상채권 | 현재뿐만 아니라 미래에 발생할<br>매출채권까지 포함될 수 있음 | 개별적으로 확정된 매출채권에만 국한 |

## Ⅴ. 무역신용장결제방식(Settlement by Documentary Credit Basis)

일반적으로 판매자의 입장에서는 대금영수만 보장된다면 주저 없이 물품을 판매할 수 있을 것이고, 구매자의 입장에서는 구매할 약정물품의 인수만 보장된다면 기꺼이 대금을 지급할 수 있을 것이다.

그런데 앞에서 고찰한 어떠한 결제방식도 이 같은 당사자의 요구를 동시에 만족시켜 주지 못한다. 그래서 수출업자에게는 대금의 영수를 수입업자에게는 물품의 인수를 동시에 보장해줄 수 있는 결제방식으로써 신용장제도가 등장하게 되었다.

## 1. 화환신용장의 정의

신용장이란 한마디로 "발행은행의 조건부 취소불능적 결제약정(확약)서(conditional and irrevocable arrangement of issuing bank to honour) 또는 결제확약서(決濟確約書)"라고 정의할 수 있다.

여기에서 은행이란 신용장을 발행한 은행을 말하며, 조건부란 신용장조건, UCP 관련규정 및 국제표준은행관행과 일치하는 소정의 서류(환어음과 운송서류)와 상환으로 결제(honour)하겠다는 뜻이다.

그렇다면 신용장을 발행한 발행은행(issuing bank)은 구체적으로 왜, 누구에게, 무엇을, 어떻게, 어디서, 언제 지급하겠다는 말인가? 발행은행이 ① 수입업자의 요청과 지시로 ② 수출업자에게 ③ 신용장대금(수출대금)을 ④ 일치하게 제시된 서류와 상환으로 ⑤ 자행이나 타행의 창구에서 ⑥ 정해진 때에 ⑦ 반드시 결제(honour)하겠다는 약속의 증서를 신용장(letter of credit: L/C)이라고 한다.

## 2. 화환신용장결제방식의 특성

1) 제3자인 은행이 개입하여 채무자가 된다.
2) 은행이 당사자의 신용위험을 최소화시켜 준다.
3) 은행이 수출자에게 수출대금의 영수를 보장해준다.[6)]
4) 은행이 수입자에게 물품을 대표하는 조건일치서류의 인도를 보장해준다.[7)]
5) 거래의 목적물은 물품이 아니라 서류이다.[8)]
6) 신용장거래는 근거계약인 매매계약과는 별개이다.

---

6) 수출업자는 은행으로부터 대금영수를 보장받고 있기 때문에 적법한 수출을 이행한 이상 극단적으로 수입업자가 파산(bankruptcy)하거나 지급불능에 처한 경우에도 대금영수에 아무런 영향을 받지 않는다.

7) 수입업자는 은행으로부터 물품을 대표하는 운송서류의 인도를 보장받고 있기 때문에 결과적으로는 약정물품의 인수를 보장받는 셈이 된다.

8) 매매계약의 거래대상은 물품이지만 신용장거래의 거래대상은 서류이다. 그러므로 신용거래에서는 서류를 보고 대금지급여부를 결정하게 된다.

이상에서 살펴본 바와 같이 선·후불결제방식과 추심결제방식은 제3자의 개입 없이 당사자간의 상호신뢰만을 바탕으로 이루어지는 결제방식이기 때문에 선불결제방식의 경우에는 대금영수는 보장되지만 약정물품인수 또는 대금회수(pay-back)가 보장되지 않으며, 후불지급방식과 추심지급방식의 경우에는 대금영수가 보장되지 않는다. 그런데 신용장결제방식의 경우에는 거래당사자간에 은행이 개입하여 수출업자 측에게는 대금영수를 수입업자 측에게는 물품인수를 보장해 준다.

결론적으로 말해서 화환신용장제도(documentary credits system)야 말로 오늘날 급부와 반대급부에 대한 이행의 동시성 효과를 높이고 아울러 선과 형평의 원칙에 근거하여 신용위험(credit risks)을 당사자에게 균등하게 분산시켜주는 가장 과학적인 지급방식으로 평가받고 있다.

〈표 3-3〉 결제방식별 거래의 비교

| 구 분 | 신용장 | D/P, D/A | 송금 | 국제팩터링 |
|---|---|---|---|---|
| 거래의 근거 | 신용장 | 매매계약서 | 매매계약서 | 매매계약서 |
| 수입업자 자금결제 | 일람지급,<br>기한부지급 | 일람지급,<br>기한부지급 | 선지급,<br>후지급 | 기한부지급 |
| 수입업자 비용부담 | L/C 발행수수료 | 추심수수료 | 송금수수료 | 팩터링수수료 |
| 대금지급확약 | 은행 | 수입상 | 수입상 | 팩터 |
| 대금회수위험 | 안전 | 불안 | 불안 | 안전 |
| 결제자금융통 | 무역금융 | 무역금융 | 필요없음 | 가능 |
| 절차상 편리성 | 번잡 | 간편 | 간편 | 간편 |

제2부

# 무역신용장 총론

# 제 4 장
# 무역위험과 신용장

무역이란 국제간에 행해지는 상거래라고 정의할 수 있다. 이 같은 상거래 활동으로 인하여 야기되는 일체의 위험을 광의적 의미의 무역위험(trade risks)이라고 한다.

앞에서 언급한 바와 같이 무역위험의 범주 속에는 ① 신용위험(credit risks), ② 환위험(exchange risks), ③ 불가항력의 위험(force majeure risks), ④ 기타 위험(any other risks)이 이에 속한다. 신용위험이란 거래상대방(business partner)의 신용상태에 대한 진단 및 예측의 잘못 또는 그 변화로 야기되는 위험인데, 그 중 대금회수불능위험과 약정물품의 인수불능위험이 그 대표적인 예이다. 좁은 협의적 의미에서 무역위험이라고 할 때는 이 신용위험만을 의미한다. 환위험이란 환율변동으로 인하여 야기되는 환차손 발생 등과 같은 위험을 말한다. 불가항력의 위험이란 일국의 무역정책 및 외환정책 등이 변화됨으로써 야기되는 위험과 천재지변과 같은 불가항력사태의 결과로 오는 위험이다. 기타의 위험이란 언어, 법률, 상관습, 통화, 종교, 풍습, 가치관, 자연환경, 생활수준 등의 차이에서 오는 위험을 말한다.

무역거래에 임하는 당사자가 제아무리 신의성실의 원칙에 입각하여 응분의 주의를 기울여도 이 같은 무역위험으로부터 완전히 자유로울 수는 없다고 할 수 있다. 하기야 이들 위험이 두려우면 무역을 안 하면 된다. 무역행위가 없는 곳에는 무역위험도 있을 수 없기 때문이다. 그렇지만 오늘날 무역을 안 한다는 말은 바로 세계 속의 고립을 의미하므로 경제적으로 국제적 고아가 되고 마는 셈이다. 흔히들 21세기를 무역전쟁의 시대라고도 부른다. 이는 그 만큼 무역의 중요성을 강조하는 말일 게다. 이론적으로도 리카도(David Ricardo)의 비교우위(comparative advantage)에 의한 국제분업(international division of labor) 및 특화(specialization)이론 등을 거치면서 국제간에 무역을 안 하는 것 보다가는 하는 것이 세계적 부(welfare)를 증대시킬 수 있다는 사실이 이미 입증되어 있다. 또한 땅덩어리는 좁고 그에 비해 인구는 넘치는 데, 부존자원조차 부족한 우리나라의 경우 무역을 안 한다면 그 이외의 무슨 방법으로 기대하는 바의 개인적, 국가적 부를 실현할 수 있겠는가! 이러한 인식 하에서 1960~70년대 우리 정부는 "수출만이 우리의 살길"이라는 슬로건을 내걸고 수출지상제일주의를 표방하면서 소위 수출드라이브 정책을 강력히 추진해오지 않았던가! 또한 위험은 기회의 산물이라는 말도 있지 않은가. 이 말은 상거래에서 위험을 수반하지 않는 기회는 진정한 기회일 수 없다는 뜻일 수도 있으며, 무역위험의 반대편 저쪽에는 거기에 상응하는 반대급부가 기다리고 있다는 뜻일 것이다.

이상과 같은 이유로 이 세계 속의 일원으로 함께 성장해가기 위해서는 그에 수반되는 무역위험을 최소화시켜야 한다는 점이다. 이들 위험을 최소화시키기 위하여 세계 각 국은 물론 국제상업회의소(International Chamber of Commerce: ICC)도 제각기 많은 노력을 경주해 왔으며 앞으로도 그럴 것으로 기대된다. 그 같은 노력의 결과에 편승하여 일반적으로 이용되고 있는 이들 위험의 최소화 방안으로써, 우선 앞에서 지적한 기타의 위험은 UCP나 INCOTERMS 등과 같은 국제규칙이나 각 국의 관련법규 및 상관행 등을 충분히 이해·숙지함으로써 어느 정도 해소할 수 있으며, 불가항력의 위험은 이에 관한 계약상의 명시적 약정방법을 통하여 또는 해상보험이나 무역보험을 통하여 상당부분 커버될 수 있고, 환위험은 환예약제도를 활용함으로써 상쇄시킬 수 있다.

특히 협의적 의미의 무역위험인 신용위험은 거래타방의 신용조사를 철저히 하고 수시로 중간체크를 함으로써 어느 정도 줄일 수는 있다. 그러나 국내 점두매매의 경우와는 달리 무역의 경우에는 거래쌍방간의 급부와 반대급부에 대한 이행의 동시성효과가 없기 때문에 그러한 노력만으로는 불충분하다. 그래서 이를 보완하기 위하여 등장한 것이 신용장제도이다.

신용장제도야 말로 현존하는 여러 가지 무역대금의 결제방식 가운데서 신용위험에 대한 당사자 쌍방의 상대적 만족도가 가장 높은 결제방식이다. 왜냐하면 신용장방식 하에서는 매도인은 화물을 대표하는 서류를 인도함과 동시에 대금을 회수하게 되고, 매수인은 서류를 인수함과 동시에 또는 인수한 후에 대금을 지급하게 된다. 따라서 신용장에 의한 무역대금의 결제방식은 급부에 대한 반대급부가 동시에 이행되는 것과 같은 유사한 효과를 제공해주므로 매도인의 대금회수불능 위험과 매수인의 약정물품의 인수불능위험을 최소화시켜주기 때문이다.

# 제 5 장
# 신용장의 개론

## Ⅰ. 신용장의 개념

### 1. 신용장의 정의

UCP600 제2조의 정의규정에 의하면 신용장(信用狀)은, 그 명칭이나 표현에 관계없이, 일치하는 제시(complying presentation)에 대해 결제(honour)하겠다는 발행은행의 취소불능적 약정임과 동시에 확약을 의미한다.[1)]

여기에서 일치하는 제시(complying presentation)란 신용장의 제 조건, 본 규칙의 적용 가능한 규정 및 국제표준은행관행에 따른 제시를 의미한다.[2)] 제시(presentation)란 발행은행 또는 지정은행에게 신용장부서류를 인도하거나 또는 그렇게 인도된 서류를 인도하는 행위이다.[3)] 따라서 제시는 서류를 발행은행이나 지정은행에 발송된 때가 아니라 도달된 접수기준이다. 이때 제시를 행하는 수익자, 은행 또는 기타의 당사자가 제시자(presenter)가 된다.[4)]

결제(honour)란 ① 신용장이 일람지급을 약정하고 있는 경우 일람지급하는

---

1) Credit means any arrangement, however named or described, that is irrevocable and thereby constitutes a definite undertaking of the issuing bank to honour a complying presentation.
2) Complying presentation means a presentation that is in accordance with the terms and conditions of the credit, the applicable provisions of these rules and international standard banking practice.
3) Presentation means either the delivery of documents under a credit to the issuing bank or nominated bank or the documents so delivered.
4) Presenter means a beneficiary, bank or other party that makes a presentation.

것, ② 신용장이 연지급을 약정하고 있는 경우 연지급을 확약하고 만기에 지급하는 것, ③ 신용장이 인수를 약정하고 있는 경우 수익자가 발행한 환어음을 인수하고 만기에 지급하는 것을 의미한다.[5] 따라서 결제에는 매입(negotiation)의 의미가 포함되지 않음을 알 수 있다.

이상의 내용을 종합해 볼 때 신용장이란 이를 발행한 은행의 조건부 취소불능적 결제약정서(conditional and irrevocable arrangement of issuing bank to honour) 또는 결제확약서(決濟確約書)라고 정의할 수 있다.

조건부(條件附)란 제시된 서류가 신용장의 제 조건, UCP의 관련규정 및 국제표준은행관행과 일치된 제시일 것을 조건으로 한다는 말이며, 취소불능적이란 일단 한번 발행된 신용장은 당사자전원의 합의 없이는 취소나 조건변경할 수 없다는 뜻이다. 결제약정서(arrangement to honour) 또는 결제확약서(definite undertaking to honour)라는 말의 의미는 지급보증서(保證書: letter of guarantee)와 특히 구별되는 것이다. 지급보증서와 특히 구별된다는 말은 결제약정서를 발행한 은행이 직접 채무를 책임지는 1차적 채무자라는 의미이다.

이처럼 신용장은 신용장에 표시되어 있는 대금을 일치하게 제시된 서류와 상환으로 자행이나 타행(another bank)의 창구에서 정해진 때에 일람지급하거나, 연지급확약 또는 환어음을 인수하고 만기에 지급하겠다는 약속의 증서(證書)[6]이기 때문에 신용장발행은행은 소정의 서류가 일치하게 제시된 것으로 판단되면 수입상의 지급불능여부와는 상관없이 신용장대금을 결제하지 않으면 안 된다.

---

5) Honour means: a. to pay at sight if the credit is available by sight payment.
b. to incur a deferred payment undertaking and pay at maturity if the credit is available by deferred payment.
c. to accept a bill of exchange ("draft") drawn by the beneficiary and pay at maturity if the credit is available by acceptance.

6) UCP600, Article 2; A.G. Davis, *The Law relating to Commercial Letters of Credit*, 3rd ed., London, The Pitman Press, 1963, p. 1; Charles N. Henning, *International Finance*, New York, Harper & Brothers, 1958, p. 145.

## 2. 약정채무와 보증채무의 차이

신용장을 발행한 은행의 채무를 약정채무라고 한다. 이에 비해 채무자가 채무를 제때에 이행하지 않으면 그때 책임을 지겠다는 증서를 보증서(letter of guarantee)라고 하는 데, 그 보증서를 발행한 보증은행이 부담하게 되는 채무를 보증채무라고 한다.

보증채무는 주채무에 부종되는 2차적 · 종속적 채무임에 반하여, 신용장의 약정채무는 부종성이 없는 1차적 · 독립적 채무이다. 부종성(附從性)이란 주 채무가 무효 또는 취소되면 보증채무도 무효 또는 취소되어 소멸한다는 성질을 말한다. 보증채무의 경우 주채무자가 채무를 이행하면 보증인의 보증채무도 자동 소멸한다. 그러나 약정채무는 신용장채무의 근거가 되는 주채무 즉 매매계약상 매수인의 채무와는 하등의 관련이 없는 별개의 독립된 채무이다. 따라서 매매계약상의 대차관계가 취소되거나 무효로 된다고 하여 신용장상의 대차관계도 당연히 취소되거나 무효로 되는 것이 아니고, 신용장 관계당사자 전원의 별도합의가 있어야 취소된다.

이상과 같이 약정채무와 보증채무간에는 큰 차이가 있다. 약정서(letter of engagement)와 보증서(letter of guarantee)는 명백히 다른 것으로 구별된다는 말이다. 그러므로 신용장을 보고 발행은행의 지급보증서라고 하는 것은 잘못된 것이다.

## 3. 은행의 지급약정 방법

신용장거래에서 은행이 지급을 약정(約定)하는 방법에는 두 가지가 있다. 직접약정(直接約定)과 수권약정(授權約定)이 그것이다. 직접약정이란 발행은행 자신이 직접 결제하겠다고 약정하는 경우이고, 수권약정이란 다른 은행으로 하여금 결제하도록 하겠다고 약정하는 경우로서 간접약정이라고도 한다. 직접약정인 경우는 물론이고 수권약정인 경우에도 지급의 최종적인 책임은 약정서인 신용장을 발행한 발행은행이 진다. 따라서 약정채무(約定債務)는 1차적 채무이며, 독립적 채무이고, 최종적 채무라고 할 수 있다.

사실 신용장거래는 원활한 대금결제를 위하여 수많은 부수적 계약(附隨的契約)을 성립시킨다. 이를테면 신용장거래의 원인계약이라 할 수 있는 매매계약, 매수인과 은행간에 체결되는 신용장거래협정, 그리고 은행과 은행간에 이루어지는 수권행위 등이 그것이다.

특히 수권행위(授權行爲)는 타방에게 어떤 권한을 부여할 뿐 책임을 부여하지 않으므로 사전동의를 필요로 하지 않는 표의자(表意者)의 단독행위에 해당한다. 여기에서 말하는 표의자란 권한을 부여하는 은행이고, 타방이란 권한을 부여받은 은행이다. 그리고 발행은행이 행하는 신용장의 통지수권(advising authorization), 확인수권(confirming authorization) 및 양도수권(transferring authorization)과 환어음의 매입수권(negotiating authorization), 인수수권(accepting authorization), 지급수권(paying authorization) 등이 신용장거래에서 파생되는 수권행위의 대표적인 것들이다.

이처럼 수권행위는 타방에게 어떤 권한을 부여할 뿐 책임을 부여하는 법률행위가 아니므로 신용장을 발행한 은행으로부터 어떤 권한을 수권받은 지정은행은 발행은행의 그러한 수권행위에 구속되지 않는다. 따라서 발행은행의 수권업무를 이행해야 되느냐 아니면 거절할 수도 있느냐 여부의 문제는 지정은행이 스스로 결정할 수 있는 문제이다. 수권업무의 수락 및 이행여부의 문제는 지정은행의 절대적 의무사항이 아닌 선택적 의무사항에 속한다. 그러므로 지정은행이 수권업무의 이행을 거절하는 경우에도 수출상이나 수입상은 물론 발행은행도 이를 항변할 수 없다.

## 4. 신용장의 명칭

신용장을 영어로는 "Credit" 또는 "Letter of Credit", 이를 줄여서 "L/C"라고 흔히 쓴다. 그런데 본서에서 말하는 신용장은 그 용도가 상업용이라는 점과, 운송서류가 첨부된다는 점, 그리고 실무에서는 주로 취소불능신용장이 이용되고 있다는 점을 고려해 볼 때, 상업용화환취소불능신용장(commercial irrevocable documentary letter of credit)이란 표현이 보다 정확하다고 할 수 있다. 그렇지만 은행의 결제약정문언이 있으면 신용장의 명칭은 어떻게 표현하든(however named or described) 문제되지 않는다.[7] 그러므로 발행은행의 결제약정문언만 있으면 신용장이라는 명시적 명칭이 없어도 신용장으로 간주될 수 있다.

## Ⅱ. 신용장의 경제적 기능 및 효용

### 1. 신용장의 주요 기능

#### 1) 신용위험의 최소화

국내상거래의 경우와는 달리 무역은 지리적으로 멀리 떨어져 있는 당사자간의 상거래이므로, 여기에는 필연적으로 신용위험이 존재하게 된다. 이 같은 신용위험(credit risk)의 대표적인 것은 대금영수불능과 약정물품인수불능 위험이다. 선·후불 결제방식과 추심결제방식은 제3자의 개입 없이 당사자간의 상호 신뢰만을 바탕으로 이루어지는 결제방식이다. 따라서 선불결제방식의 경우 대금영수는 보장되지만 약정물품인수 또는 대금회수(pay-back)가 보장되지 않으며, 후불결제방식과 추심결제방식의 경우에는 대금영수가 보장되지 않는다.

그런데 신용장결제방식의 경우에는 거래당사자간에 은행이 개입하여 수출상에게는 대금영수를 수입상에게는 약정물품의 인수를 보장해준다. 다시 말해서 수출상 측의 대표적인 신용위험은 수출대금영수에 관한 불안인데, 신용장이 개입됨으로서 수입상의 지급불능여부와는 관계없이 은행이 지급을 확약하고 있기 때문에 수출상의 대금영수는 확실히 보장받게 된다. 한편 수입상 측의 대표적인 신용위험은 약정물품인수여부에 관한 불안인데, 신용장이 개입됨으로서 약정물품의 소유권 인수와 동시 또는 그 후에 대금을 지급하게 되므로 비록 상징적 의미이기는 하지만 물품소유권인수가 보장된다.

이처럼 화환신용장제도(documentary credit system)야 말로 대금영수와 약정물품인수에 대한 이행의 동시성효과를 높이고 아울러 선과 형평의 원칙에

7) UCP600 Article 2.

근거하여 신용위험(credit risk)을 매매당사자에게 균등하게 분산시켜 줌으로서 수출상과 수입상의 신용위험을 최소화해주는 기능을 한다.

### 2) 무역계약의 재확정

약혼했다고 결혼이 반드시 보장되는 것이 아니듯이 무역계약이 체결되었다고 해서 계약이 반드시 이행된다는 보장도 없다. 물론 계약쌍방은 신의성실의 원칙에 입각하여 계약을 이행해야 되고, 일방당사자의 고의 또는 과실로 계약이 이행되지 않는 경우 그로 인해 손해를 본 타방은 손해배상을 청구할 수 있기는 하지만 말이다.

일반적으로 무역계약은 해외시장조사(overseas market research)를 거쳐 비즈니스 파트너(business partners)를 선정하고 신용조사(credit investigation)를 끝낸 후 거래제의(business proposal)를 하면 동 제의에 관심이 있는 자는 조회(inquiry)해 온다. 그러한 조회에 따라 청약(trade offer)을 하게 되고, 그러한 청약에 대한 상담(business negotiation)의 일환으로 카운터 오퍼(counter offer)가 왕래한 후, 어느 일방이 승낙(acceptance)함으로서 성립된다. 이렇게 성립된 무역계약은 낙성적(consensual)·쌍무적(bilateral)·유상적(remunerative) 성격을 갖는다. 그러므로 계약당사자는 신의성실의 원칙에 입각하여 계약내용을 준수·이행해야 할 의무를 진다.

그럼에도 불구하고 당사자일방의 자의(自意) 및/또는 타의(他意)로 계약이 불이행되거나 지체되는 경우가 있을 수 있다. 이때 타방은 계약해제권을 행사할 수 있으므로 계약은 취소될 수도 있다. 이처럼 계약은 자의 또는 타의에 의해 취소될 수 있는데, 전자의 경우는 예컨대 계약 이행기가 도래하기 전에 제3자로부터 보다 유리한 조건의 청약이 있는 경우나 또는 계약물품의 국내외적 가격이 현저히 하락될 경우 이해당사자는 자의적으로 계약을 이행하지 않는 것이 훨씬 유리할 때가 있으며, 이해의 정도가 커지면 커질수록 계약이 이행되지 않을 가능성은 높아지게 된다. 한편 타의에 의해 계약이 취소될 수밖에 없는 경우도 있다. 예컨대 일국의 국제수지가 악화되면 이를 개선할 목적에서 외국과의 통상관계 등을 고려해 소위 수출입공고와 같은 정책수단을 이용하여 기존의 수출·입 자동승인품목을 금지 또는 제한품목으로 변경하는 경우가 있는데 이러한 경우는 불가항력사유에 해당되므로 이미 체결되어 있는 계약일지라도 그 이행은 불가능해지게 된다.

그러나 신용장이 개입되면 신용장 거래는 당사자 전원의 합의 없이는 취소나 조건변경이 불가능[8]하기 때문에 당사자 일방의 자의에 의한 계약의 일방적 취소는 불가능하다. 그럼에도 불구하고 만약 수입상이 계약의 취소를 고집하더라도 수출상이 이에 동의하지 않을 경우 계약의 이행을 강행해도 된다. 이를테면 수입상이 일방적으로 계약취소의사를 통지해온 경우에도 수출상이 이에 동의하지 않는다면 수출상은 선적을 강행하고 신용장조건과 일치하는 서류를 제시하면 수입상의 의사와는 관계없이 은행으로부터 대금을 결제받을 수 있기 때문이다. 또한 상기와 같은 정부의 정책변경으로 수출·입이 금지되는 경우에도 단순히 무역계약만 체결되어 있는 상태에서는 동 계약은 취소될 수밖에 없다. 그러나 이미 신용장이 발행·통지되어 있는 계약분에 한해서는 대다수의 국가에서 기득권(vested rights)을 인정해주기 때문에 여전히 계약이행이 가능하다. 이상과 같이 신용장거래는 무역계약을 또다시 재확정시켜 주는 기능을 한다.

### 3) 자금사정의 용이

신용장은 수출·입 당사자의 자금부담을 덜어주는 기능을 한다. 신용장거래에서 수출상은 약정물품을 선적하고 서류가 준비되면 즉시 현금화할 수 있으며, 수입상은 약정물품의 소유권을 인수할 때 또는 그 후에 대금을 지급하게 되므로 자금압박을 그만큼 덜 받게 된다. 특히 자기자본율이 절대적으로 취약한 우리나라의 수출상은 신용장을 견질로 하여 수출물품의 생산, 집화, 가공에 필요한 금융을 쓸 수도 있으므로 그만큼 자금사정이 용이해 진다.

신용장을 근거로 한 수출관련 금융물품(financing facility)으로는 무역금융(trade financing), 인수 및 할인(acceptance and discount), 재매입(re-discounting), 우편기일여신(mail credit) 등이 있으며, 수입관련 금융물품으로는 신용장의 확인(confirmation), 인수 및 할인, 화물대도(T/R)[9], 상환자금

---

8) UCP600 Sub-Article 10(a).

9) 대도(貸渡)란 수입담보화물대도(Trust Receipt: T/R)란 뜻으로서 수입화물에 대하여

여신(reimbursement financing) 등의 제도가 있다. 신용장거래 하에서는 이 같은 제도를 활용할 수 있으므로 수출·입상은 자금압박을 덜 수 있다.

## 2. 신용장의 효용

### 1) 수출업자측의 효용

#### (1) 대금영수의 보장

신용장제도 하에서는 수입상의 고의 또는 과실에 의한 지급거절이나 지급불능여부와 관계없이 은행이 결제(honour)를 약정하고 있으므로 수출상의 대금영수불능 위험과 같은 신용위험을 최소화해 준다. 따라서 수출상은 선적을 완료하고 신용장조건과 일치하는 소정의 서류를 제시하면 심지어 수입상이 파산(bankruptcy)한 경우에도 신용장을 발행한 은행으로부터 대금을 지급받을 수 있으므로 대금영수불안으로부터 해방된다.

#### (2) 수출계약의 재확정

신용장거래는 당사자 전원의 합이 없이는 취소나 조건변경이 불가능할 뿐 아니라, 이미 신용장이 발행·통지되어 있는 계약분에 한해서는 기득권이 인정되므로 수출상의 의사와는 관계없이 계약이 취소될 수 있는 여지가 없다. 그러므로 일단 신용장이 발행된 이상 수출상은 안심하고 수출품의 생산, 집화, 가공 및 포장 작업에 착수할 수 있다.

---

신용장발행은행은 화물의 소유권만 보유하고 점유권은 수입상에게 이양해서 수입상이 화물을 통관하여 제조·가공·판매한 후 동 수입대금을 결제할 수 있도록 하는 일종의 수입금융제도를 말한다. 예컨대 정상적인 수입거래에서는 수입상은 발행은행에게 수입대금을 지급해야 운송서류를 인수할 수 있으며, 또한 이(B/L)를 인수하여 운송회사에 제시해야 화물을 찾을 수 있다. 그런데 운송서류와 수입화물이 도착해 있음에도 수입상에게 수입대금을 결제할 자금이 없는 경우가 있을 수 있다. 이러한 경우 수입상이 발행은행과 대도(T/R)약정을 체결하면, 은행은 그에 따라 화물의 소유권은 자신이 보유한 채 점유권을 수입상에게 이양한다. 수입상은 수입대금을 지급하지 않은 채 은행으로부터 운송서류를 인수할 수 있고, 인수한 서류로 수입물품을 수령해서 이를 처분하여 수입대금을 결제할 수 있다. 특히 T/R 하에서 만약 수입상이 화물을 처분한 대금으로 수입대금을 결제하지 않고 이를 유용하는 경우는 형사처벌의 대상이 된다. 또한 T/R 제도는 은행이 지급을 약정하고 있는 신용장거래 하에서만 가능하므로 신용장이 없는 결제방식의 경우에는 T/R 제도를 활용할 수 없다.

#### (3) 무역금융의 수혜

대다수의 국가에서는 일단 신용장이 발행되고 나면 이를 근거로 금융상의 지원을 해주고 있다. 우리나라에서도 무역금융규정에 의거 수출상에게 수출물품의 제조·가공에 필요한 원자재의 조달자금 등 무역금융을 지원하고 있으므로 이를 활용할 수 있다.

#### (4) 신속한 대금회수

수출상은 선적을 완료하고 신용장조건과 일치하는 소정의 서류를 은행에 제시하면 수출상의 거래은행이 그 즉시 자기자금으로 소정의 이자를 공제하고 서류를 매입해주므로 오히려 어음거래가 주종을 이루고 있는 국내거래의 경우보다 더 빨리 수출대금을 회수할 수 있다. 한편 신용장에 의거하여 발행된 기한부환어음은 국내금융시장에서 보다 유리하게 매도할 수 있으므로 기한부인 경우에도 어음대금을 즉시 현금화할 수 있다.

### 2) 수입업자측의 효용

#### (1) 물품을 대표하는 서류의 인수보장

무역거래에서 수입상의 주된 관심은 과연 약정물품을 제때에 인수할 수 있을 것인가 하는 점이다. 신용장거래에서는 약정물품을 대표하는 서류를 인수하거나 아니면 그 후에 수입상은 수입대금을 지급하기 때문에 사실상 약정물품의 인수가 보장되는 셈이다.

#### (2) 약정물품인도시기 예측가능

신용장에는 최종선적일자와 신용장유효기일이 약정되어 있다. 수출상이 이를 지키지 못하면 은행으로부터 결제를 거부당할 수 있다. 그러므로 수입상은 약정물품이 언제쯤 선적될 것이고, 선박운항일정(shipping schedule)에 따라 언제쯤 도착항에 도착할 것이라는 예측이 가능해 지며, 그에 따른 보다 정확한 마케팅(marketing) 계획을 세울 수 있게 된다.

### (3) 수입금융 활용가능

수입상은 수입대금이 준비되지 않은 경우에는 발행은행의 양해를 얻어 화물대도(trust receipt)와 같은 편의를 제공받을 수 있다. 또한 기한부신용장(usance or time credit)을 이용하여 물품을 외상으로 수입할 수도 있다. 특히 기한부신용장하에서는 기한부환어음이 발행되므로, 수입상은 환어음을 인수(acceptance)함과 동시에 화물을 대표하는 서류를 받게 된다. 받은 서류를 가지고 운송회사에 가서 수입물품을 찾아 이를 판매한 후 지급만기일에 수입대금을 결제하면 되는 등 수입금융을 활용할 수 있다.

### (4) 유리한 입장에서 상담(商談: business negotiation)가능

후불조건의 경우에는 신용위험이 수출상에게 집중되어 있으므로, 수출상은 그로 인한 대금영수불능위험을 높은 수출가격으로 보상받고자 하는 경향이 있다. 반대로 선불조건의 경우처럼 어쩌면 신용장조건의 경우에도 신용위험이 오히려 수입상에게 보다 더 집중되어 있다고 할 수 있다. 왜냐하면 신용장거래에서는 발행은행이 존재하고 제시된 서류가 신용장조건과 일치하는 한 수출상 측에게는 100% 대금영수가 보장되는 것으로 볼 수 있기 때문이다.

그러나 수입상 측의 경우에는 지급이 확정되는 시점에 수입상이 인수하는 것은 신용장조건과 일치하는 현품이 아니라 서류라는 점이고, 만약 그 서류가 가짜라면 대금은 지급하고 수입물품은 인수하지 못하게 될 수도 있을 수 있기 때문이다.

그럼에도 불구하고 수입상이 대금결제조건으로 신용장방식을 받아들였다는 말은 수출상에게 수출대금의 영수를 확실히 보장해주고 자기에게 귀속되는 위험은 가격으로 보상받고 싶다는 뜻이 내포되어 있다. 따라서 수출상 측의 리스크가 낮아지면 수출가격이 내려가야 된다는 원칙을 수입상은 상담 시에 충분히 활용하게 된다는 말이다.

# Ⅲ. 신용장거래의 관계당사자

신용장거래에 직접 또는 간접적으로 개입하는 모든 당사자를 총칭하여 신용장거래의 당사자 또는 관계당사자(parties or concerned parties in credit operation)라고 한다. 그런데 이러한 당사자 중에는 모든 신용장거래에 항상 개입하는 기본관계당사자와 필요한 경우에만 개입하게 되는 기타 관계당사자로 구분할 수 있다. 기본관계당사자는 신용장거래와 관련한 권리 및 의무의 주체가 되는 당사자로서 발행은행과 수익자를 의미한다. 특히 신용장이 확인된 경우에는 확인은행도 기본관계당사자에 포함된다.

그런데 신용장발행의뢰인은 발행은행을 통해서만 의사표시를 할 수 있으므로 기본관계당사자로 보지 않는다. 기타 관계당사자는 신용장거래와 관련된 대금결제과정에서 편의를 도모하고자 발행은행이 지정하는 은행당사자로서 통지은행, 확인은행, 매입은행, 인수은행, 지급은행, 상환은행, 결제은행 등이 이에 해당한다. 여기에서는 이들 관계당사자의 기본적인 역할과 상호관계에 관하여 설명한다.

## 1. 신용장발행의뢰인(信用狀發行依賴人)

### 1) 신용장발행의뢰(신청)인이란?

신용장발행의뢰인(applicant)이란 신용장발행을 신청한 당사자를 의미한다. 발행의뢰인은 자기의 거래은행에게 신용장을 발행해달라고 신청하는 수입업자가 된다. 이를테면 일단 무역계약이 체결되고 그 계약상에 대금결제방식이 신용장방식으로 약정되어 있는 경우 수입업자는 계약조건에 따라 신용장이 발행되도록 조치해야 할 의무[10]를 진다. 그러한 신용장발행의무의 이행을 위해 수입업자는 자신의 거래은행에 신용장의 발행을 신청하게 되는데, 이때 수입업자

10) 이 같은 매수인의 신용장 발행의뢰의무는 매매계약이행의 선행조건(condition precedent)에 해당된다. 그래서 신용장발행이 지연되거나 발행되지 않을 경우 매도인은 매매계약상 약정된 물품을 인도할 의무를 이행할 필요가 없음은 물론 계약해제권을 행사할 수 있다.

를 신용장거래에서는 발행의뢰인이라고 부른다. 발행의뢰인은 매매계약상 채무자일 뿐 신용장거래에서는 채무자가 아니다. 신용장거래에서 채무자는 신용장을 발행한 발행은행이 된다. 또한 UCP상 발행의뢰인은 신용장발행을 요청한 당사자일 뿐 신용장을 취소 또는 조건변경할 때 동의를 구해야 되는 당사자는 아니다.

### 2) 신용장발행의뢰의 의미

은행에 신용장발행을 신청하는 행위는 곧 동 은행의 신용을 빌려달라는 요청이다. 신용을 빌린다는 말은 수출상에게 신용장대금의 지급을 약속해 달라는 말과 같다. 그래서 발행의뢰인의 신용이 높지 않은 경우에는 신용장발행요청 시에 은행에 미리 현금을 예치하거나 아니면 부동산이나 유가증권과 같은 담보를 제공해야 된다. 그리고 발행의뢰인은 매매계약상 신용장발행조치의무를 부담하는 자이기 때문에 발행을 의뢰하는 신용장의 내용은 매매계약상의 내용과 일치해야 된다. 이처럼 발행의뢰인은 발행은행 측에 대하여 자신이 요청하는 내용대로 신용장을 발행 및 조건변경하도록 지시할 수 있음에 반해 그 같은 업무와 관련하여 발생되는 제반 비용과 신용장금액을 지급하여야 할 의무를 진다.

### 3) 발행의뢰인의 역할에 따른 명칭

신용장발행의뢰인은 매매계약에서는 매수인(buyer)으로, 무역거래에서는 수입업자(importer)로, 화물의 물류적 측면에서는 수화인(consignee)으로, 계정관계에서는 대금결제인(accountee)으로, 은행측의 신용을 빌리는 자라는 의미에서 "grantee"라고도 불리어 진다. 그리고 또한 발행의뢰인은 운송서류를 최종적으로 인수하는 최종 서류인수자가 된다.

## 2. 신용장발행은행(信用狀發行銀行)

### 1) 신용장발행은행이란?

신용장발행은행(issuing bank)[11]이란 발행의뢰인의 신청 또는 그 자신을 위

---

11) 신용장 발행은행을 과거에는 "Opening Bank" 또는 "Issuing Bank"로 칭하기도 하

하여 신용장을 발행한 은행을 의미한다.[12] 다시 말해서 은행 자신이나 또는 발행의뢰인의 신용장대금결제약정의뢰를 수락하고 수출상인 수익자 앞으로 신용장을 발행하는 은행이 곧 신용장발행은행이 된다. 은행이 자신을 위하여 신용장을 발행하는 경우로는 어떤 필요에 의하여 은행 자신이 발행은행임과 동시에 발행의뢰인이 되거나 또는 발행은행이 발행의뢰인이 되고 수입상이 운송서류의 착화통지처(notify party)가 되도록 해야 될 필요가 있는 경우이다.

### 2) 신용장발행의 의미

신용장을 발행하는 행위 그 자체는 수출상에 대하여 신용장대금의 결제를 조건부로 확약하는 행위이다. 발행은행은 제시가 일치하다고 판단할 경우 결제(honour)하여야 한다.[13] 따라서 신용장발행은행은 신용장거래에서 채무자가 되며, 신용장거래에서 가장 중추적인 역할을 수행하게 된다. 발행은행은 일단 신용장을 발행한 이상 자의적으로 취소나 조건변경을 할 수 없으며, 발행한 신용장을 수출상(수익자)에게 통지해주어야 한다. 그리고 수출상(수익자)이 하자 없는 정규의 선적서류를 제시해 오는 경우에는 수입상의 지급불능여하에 관계없이 무조건 신용장대금을 결제해야 하는 의무를 진다.

이처럼 신용장을 발행하는 것으로서 신용장상의 채무를 부담하게 되므로, 발행은행은 발행의뢰인의 신용장발행요청을 무조건 수락하지 않고 그간의 거래실적이나 은행잔고(bank balance) 및 신용조사 등을 실시한 후 수락여부를 결정한다. 신용이 의심스러운 경우에는 현금이나 부동산 및 기타의 담보를 요구하고 채권이 확보된 후 신용장발행요청에 응한다. 경우에 따라서는 신용장발행을 거절하는 경우도 있다.

---

였으나 1974년에 개정된(3차개정) 신용장통일규칙(Uniform Customs and Practice for Documentary Credit: UCP) 때부터는 “Issuing Bank”로 수정 · 통일하여 오늘에 이르고 있다. 그때부터는 물론 현행 신용장통일규칙에서도 “Opening Bank”라는 용어는 사용하고 있지 않다. 따라서 실무에서도 “Opening Bank”라는 용어 대신에 “Issuing Bank”라는 용어를 사용하는 것이 바람직하며, 또한 “Issunig Bank”는 우리말로 발행은행으로 번역되므로 개설은행이란 용어는 사용하지 않는 것이 신용장통일규칙의 기본정신에 부합되는 것이라고 생각된다. 그래서 본서에서는 개설은행이라는 용어를 사용하지 않았다.

12) UCP600 Article 2.

13) UCP600 Sub-Article 15(a).

### 3) 신용장발행은행의 결정방법

어떤 은행을 발행은행으로 정할 것인가? 발행은행의 결정방법은 당사자합의가 있는 경우에는 그에 따르면 되고, 합의가 없는 경우에는 매수인인 발행의뢰인이 결정하게 되는데, 이때에는 특히 국제적으로 지명도가 높은 일류은행(prime bank)에 의뢰해야 된다. 그럼에도 불구하고 발행은행의 신용이 부실한 경우 가장 치명적인 경제적 손해를 볼 수 있는 자는 수출상이다. 그러므로 수출상은 매매계약 시에 이 점을 분명히 해두는 게 바람직하다.

### 4) 발행수수료 및 발행은행의 소재지

신용장발행수수료[14)]는 별도의 합의가 없는 한 발행의뢰인의 몫이며, 발행은행의 소재지는 업무의 편의상 의뢰인의 소재지국가에 소재(所在)하는 것이 일반적이지만, 이론적으로는 다른 나라에 소재할 수도 있다.

### 5) 신용장의 발행 및 통지방식

은행은 의뢰인이 제출한 신용장발행의뢰서의 내용을 검토한 후 타당하다고 인정되면 신용장을 발행해주게 된다. 신용장을 발행하는 방법은 우편(mail)이나 텔렉스(telex) 및 팩스(fax) 또는 SWIFT 방식[15)]으로 발행하는데, 이들 방식 중 오늘날은 SWIFT 방식이 보편적으로 이용되고 있다.

한편 신용장을 발행한 발행은행은 자신이 발행한 신용장을 수익자에게 통지해 주어야 한다. 통지방식에는 직접 또는 간접통지 방식이 있다. 전자의 방식은 발행은행이 직접 수익자에게 통지하는 것을 말하고, 후자의 방식은 통지은행을 경유하여 수익자에게 통지하는 방식을 말한다. 우편으로 신용장을 발행하는 경우에는 직접 통지할 수도 있지만, 우편 이외의 경우에는 통지은행을 경유하는 간접통지방식이 주로 이용된다.

---

14) 수입상이 신용장발행을 의뢰할 때 발행은행이 선취하게 되며, 수수료율은 내수용 수입시는 신용장금액의 0.18%이고, 수입인 경우는 0.1%이다. 이는 매 90일 단위로 부과되는 기간비용(term charge)이므로 신용장의 유효기일이 90일을 초과하는 경우에는 그때마다 발행수수료를 다시 지불해야 된다.

15) 이는 "Society for Worldwide Inter-bank Financial Telecommunication"의 약자로서, 범 세계 국제은행간 금융통신망을 말한다. 그리고 우리나라는 1992년 3월부터 SWIFT 시스템을 설치·운용하고 있다.

### 6) 발행은행의 역할에 따른 명칭

발행은행은 어음관계에서는 어음지급인(drawee)으로, 신용장발행자라는 의미에서 "Issuer"로, 신용을 빌려주는 신용공여자라는 의미에서 여신자(grantor)로, 그리고 의뢰인의 거래은행이라는 의미에서 "Dealing bank"로 불리기도 한다.

## 3. 수익자(受益者)

### 1) 수익자란?

수익자(beneficiary)란 발행된 신용장의 수혜자를 의미한다. 그래서 수익자는 발행된 신용장상의 권리를 향유하는 자로서 신용장조건에 의거 신용장대금을 청구할 수 있는 자이다. 수익자는 매매계약상의 채권자임과 동시에 신용장거래에서도 채권자에 해당된다.

### 2) 수익자의 종류

수익자는 제1수익자(first beneficiary)와 제2수익자(second beneficiary)로 구분할 수 있다.

제1수익자란 원신용장(original credit)의 수익자를 말한다. 원신용장이란 외국 수입상의 의뢰로 수출상을 수익자로 하여 발행·통지된 신용장을 말한다. 통상적으로 신용장이라고 하면 이 같은 원신용장을 의미하며, 수익자라고 하면 제1수익자를 의미한다. 일반적으로 신용장거래에서는 원신용장을 신용장이라고 하며, 제1수익자를 단순히 수익자라고 부르지만, 신용장이 양도되는 경우에만 용어의 혼돈을 피하기 위하여 그렇게 부른다.

제2수익자란 원신용장을 양도받은 양수인(transferee)을 말한다. 다시 말해서 수익자로부터 신용장을 양도(transfer)받은 양수인을 수익자와 구별하기 위하여 제2수익자라 하고, 신용장을 양도한 수익자를 제2수익자와 구별하기 위하여 제1수익자 또는 원수익자(original beneficiary)라고 한다.

### 3) 수익자의 역할에 따른 명칭

수익자는 거래내용 및 역할에 따라 다양한 명칭으로 불리고 있다. 즉 수익자는 신용장거래에서는 수익자(beneficiary)로, 매매계약에서는 매도인(seller)으로, 무역거래에서는 수출상(exporter)으로, 어음거래에서는 어음발행인(drawer)으로, 화물 즉 물류관계에서는 송화인(consignor; shipper; sender)으로, 그리고 계정관계에서는 대금수령인(accounter)으로 호칭된다. 또한 신용장을 받는 자라는 의미에서 수신인(addressee), 신용장을 실제로 사용하는 자라는 의미에서 사용자(user)로 불리기도 한다.

## 4. 통지은행(通知銀行)

### 1) 통지은행이란?

통지은행(advising bank)이란 말 그대로 발행은행의 요청에 따라 신용장을 통지하는 은행을 말한다.

### 2) 발행은행과의 관계

일반적으로 통지은행은 외국에 있는 발행은행의 본·지점이거나 아니면 환거래계약(correspondent contract)[16]을 맺고 있는 환거래은행이 된다. 발행은행의 요청을 받은 통지은행이 수익자에게 신용장 및 그 조건변경을 직접 통지하지 않고 다른 은행의 서비스를 이용하는 경우가 있는데 이 경우 이용되는 다른 은행을 제2통지은행(second advising bank)[17]이라 한다. 발행은행의

---

16) 신용장거래를 포함한 제반 외국환업무를 수행하기 위하여 외국환은행은 외국의 수많은 은행들과 환거래계약을 체결한다. 특히 예치환거래은행이 아닌 일반환거래은행(non-depositary correspondent bank)간에는 다음과 같은 서류를 상호 교환한다. 그리고 예치환거래은행간인 경우에는 다음의 서류 이외에 상호 예금구좌를 개설하고 일시적인 예금잔고부족을 해결할 수 있도록 별도의 신용공여협정(credit facility agreement)을 체결한다.
① 서명감(list of authorized signature): 서명감이란 은행 상호간 외환업무를 담당하는 간부의 명단 및 서명을 기재한 책자나 마이크로필름을 말하는데, 이는 서류의 진위여부를 확인하기 위한 대조용으로 이용된다.
② 전신약어(cypher code): 이는 외환업무수행에 필요한 각종 용어의 암호용 약어를 수록한 책자로서 통신내용의 보안유지 및 전신비용 절감용으로 이용된다.
③ 수수료율표: 각종 외환업무별 수수료율표로서 미화로 기재되어 있다.

본・지점이든 환거래은행이든 불문하고 발행요청을 받은 은행은 신용장의 통지요청을 거절할 수 있다. 다만 거절할 경우에는 거절의사를 발행은행에 즉시 통보해주어야 된다.

### 3) 통지은행의 결정방법

당사자간에 특별한 약정이나 지시가 있는 경우에는 그러한 약정에 따라 통지은행이 결정된다. 특별한 약정이나 지시가 없는 때에는 신용장발행은행이 결정하는데, 이때 발행은행은 자행의 본・지점이나 환거래계약을 맺고 있는 은행을 통지은행으로 선택한다.

### 4) 통지은행의 소재지 및 통지수수료

당사자간에 통지은행의 소재지 및 통지수수료에 관한 별도의 합의가 있는 경우에는 그에 따른다. 별도의 합의가 없는 경우, 발행은행은 수익자가 소재하고 있는 곳의 은행을 통지은행으로 선정하는 것이 관례로 되어 있다. 한편 별도의 약정이 없는 경우 통지수수료는 원칙적으로 발행은행이 지급의무를 진다. 왜냐하면 신용장통지에 관한 문제는 통지를 요청하는 발행은행과 그러한 요청을 받은 은행간의 법률문제이기 때문이다. 매도인이나 매수인이 통지은행을 직접 지정한 경우에도 마찬가지이다. 그런데 실무에서는 별도의 약정에 의거 통지은행이 신용장을 통지하면서 수익자로부터 통지수수료를 징구하는 것이 일반적인 관례처럼 되어있다.[18)]

### 5) 신용장 통지요청문언

발행은행이 신용장통지를 위하여 주로 사용하는 통지요청문언은 다음과 같다.

- Please advise this credit to the beneficiary.
- This credit may be advised to the beneficiary through ABC bank without adding their confirmation.

---

17) UCP600 Sub-Article 9(c).

18) Unless otherwise expressly stated, all banking commissions and charges outside issuing country are for account of beneficiary.

· ABC bank will advise to you(beneficiary) this credit adding their confirmation.

## 5. 확인은행(確認銀行)

### 1) 확인은행이란?

신용장의 확인(confirmation)이란 일치하는 제시에 대하여 결제 또는 매입하겠다는 발행은행의 확약에 추가하여 확인은행이 하는 확약을 의미한다.[19] 일치제시(complying presentation)에 대하여 결제(honour) 또는 매입(negotiate)하겠다는 발행은행의 약정에 추가하여 발행은행과 다른 은행이 한번 더 약정을 부가하고 있기 때문에 확인은 발행은행이 아닌 제3의 은행이 행한 재 결제 또는 매입약정이라 할 수 있다. 발행은행의 수권이나 요청(issuing bank's authorization or request)에 의하여 신용장에 확인을 부가한 은행을 확인은행(confirming bank)이라 하고, 제3은행의 확인이 부가되어 있는 신용장을 확인신용장(confirmed credit)이라 한다. 확인신용장에서 확인은행은 신용장 조건에 따라 일람지급이나 연지급확약 또는 환어음을 인수하거나 매입할 수 있다. 따라서 확인은행은 제시가 일치하다고 판단할 경우 결제(honour) 또는 매입하고 그 서류를 발행은행에게 송부하여야 한다.[20]

확인은행은 발행은행의 채무와는 독립적인 1차적 채무를 부담하게 된다. 그러므로 확인은행은 일치제시에 대하여 지급이나 인수 또는 매입을 행하고 서류를 송부해온 지정은행에 신용장대금을 상환하여야 한다. 확인은행은 발행은행의 지급불능을 이유로 수익자에 대하여 지급, 인수, 연지급약정, 매입을 거절하거나 이미 지급한 대금의 반환을 청구할 수도 없다. 다만 수익자가 확인은행에게 직접 대금을 청구해오는 경우에만 지급할 의무를 지며, 직접 청구하지 않은 채 신용장유효기일이 경과해버린 경우 확인은행은 그에 대한 아무런 책임을 부담하지 않는다.

---

19) UCP600 Article 2.
20) UCP600 Sub-Article 15(b).

### 2) 확인권한의 발생근거

한편 은행이 신용장을 확인할 수 있는 권한은 발행은행의 요청이나 수권으로부터 발생한다. 발행은행으로부터 확인요청이나 확인수권을 받지 아니한 은행은 신용장을 확인할 권한이 없다. 따라서 발행은행의 확인요청이나 수권이 없었음에도 불구하고 어떤 은행이 일방적으로 행한 신용장확인행위는 권한 없는 자의 행위와 같다고 보아야 할 것이다. 따라서 그러한 무수권확인(silent confirmation)이나 무수권확인자(silent confirmer)는 현행 UCP600하에서 정당한 확인이나 확인은행으로 인정되지 않는다.

### 3) 신용장확인의 필요성

앞에서 설명한 바와 같이 신용장은 발행은행의 조건부 취소불능적 결제약정서이다. 그러므로 발행은행의 신용이 확실해야 수익자의 대금영수가 보장된다. 만약 채무자인 발행은행이 지급불능에 처하게 되면 수익자의 대금영수는 불가능해 진다. 이처럼 신용장거래에서 대금지급을 약정한 발행은행의 신용이 확실하면 대금영수는 일단 보장된다고 볼 수 있으므로 이때 신용장의 확인은 불필요하다고 할 수 있다. 그러나 수입지국의 경제적 · 정치적 사정 등이나 또는 발행의뢰인 및 발행은행의 자산과 신용상태에 의심이 가는 경우 수익자는 대금영수를 확실히 담보하기 위하여 발행은행 이외의 은행에 의한 신용장의 확인을 요구하는 경우가 있다. 그렇게 함으로서 수익자는 발행은행이 지급불능에 처하더라도 확인은행이 지급불능에 처하지 않는 한 대금영수가 보장되기 때문에 그러한 측면에서 신용장의 확인이 필요하다.

### 4) 확인은행의 결정방법

매매계약 당사자는 특정 은행을 확인은행으로 합의할 수 있다. 그러한 합의에 따라 발행의뢰인의 요청과 지시가 있는 경우 발행은행은 그에 따라야 된다. 그러나 특별한 요청이나 지시가 없는 경우에는 발행은행이 확인은행을 선택한다. 다만 발행은행이 이를 선택하는 경우에는 국제적으로 지명도가 높은 일류은행을 선택하는 것이 바람직한 일이다.

### 5) 확인은행의 소재지 및 자격요건

이론적으로 확인은행은 제3국에 소재할 수도 있다. 그러나 실무에서는 업무의 편의상 수익자의 소재지 국과 동일한 국가에 소재하고 있는 은행이 확인은행으로 지명되는 경우가 일반적이다.

한편 확인은행의 자격요건에 관하여 당사자합의가 있는 경우에는 문제될 다툼의 여지가 없지 않으므로, 발행의뢰인이나 발행은행은 확인은행의 자격요건을 엄격하게 해석하는 것이 바람직하다고 볼 수 있다. 예컨대 당사자들의 거래관행을 참조하여 결정하되, 발행은행보다는 국제적 신용도가 더 높은 일류은행(prime bank)을 확인은행으로 선택하는 것이 바람직하다는 말이다.

### 6) 확인지시 및 확인실행문언과 확인수수료

실무에서 일반적으로 통용되는 신용장의 확인지시 및 확인실행문언은 다음과 같다. 즉 "Please advise this credit to the beneficiary adding your confirmation."은 확인지시문언이고, "As requested by the issuing bank, we hereby add our confirmation to the credit in accordance with the stipulations under UCP600 Article 8."는 ICC가 권장하는 통지은행의 신용장확인실행문언이다. "At the request of our correspondent, we confirm this credit." 및 "We confirm the credit and thereby undertake to honor each draft drawn and presented as above specified." 또한 확인실행문언이다. 특히 오늘날 널리 이용되고 있는 SWIFT 신용장의 경우에는 신용장확인지시문언(confirmation instructions)이 해당신용장의 "TAG 49"[21] 난에 "CONFIRM"이나 "CONFIRMATION" 또는 "MAY ADD"나 "ADDING CONFIRMATION"과 같이 표기된다. 물론 "TAG 49"난에 "WITHOUT"이나 "NONE" 또는 아무 기재가 없으면 확인수권이 없는 경우이다. 이 같은 확인지시문언이나 확인문언이 명기되어 있는 신용장을 통지해주는 것만으로도 신용장의 확인은 성립된다.

신용장확인수수료는 신용장상에 별도의 약정이 있으면 그에 따르고, 그러한 별도의 약정이 없으면 원칙적으로 확인을 요청하고 수권(授權)하는 발행은행이

21) 본서 제3부의 화환신용장 발행용 메시지 포맷(MT700/MT701) 참조.

부담할 의무를 진다. 실무에서는 수익자가 이를 부담하거나 아니면 발행수수료에 포함시켜 발행의뢰인에게 전가시키고 있다.

## 6. 매입은행(買入銀行)

### 1) 매입 및 매입은행이란?

매입(negotiation)이란 일치하는 제시에 대하여 환어음 및/또는 서류를 매수(purchase)하는 것을 말하고, 이를 매수하는 지정은행(nominated bank)을 매입은행(negotiating bank)[22]이라 한다.

매입의 주체는 지정은행이고, 매입의 대상은 환어음 및/또는 서류이며, 매입 대상의 조건은 일치하는 제시(complying presentation)여야 된다. 그러므로 지정은행이 아닌 은행이 매입하였다면 이는 UCP600에서 인정되는 정당한 매입으로 볼 수 없다. 매입은 확인은행이나 지정은행만이 할 수 있다. 환어음조건부인 경우에는 환어음을 포함해서, 환어음을 요하지 않는 경우에는 서류만을 매수하게 되지만, 이때 환어음이나 서류의 조건은 신용장의 조건이나 적용 가능한 UCP의 관련규정 및 국제표준은행관행과 일치되어야 한다. 매수의 방법은 대금을 상환(reimbursement)해야 되는 은행영업일(banking day) 또는 그 전에 대금을 지급하거나 또는 대금을 지급하기로 동의함으로써 성립한다.

매입대금의 상환은 매입은행이 매입한 서류를 발행은행에게 송부하면 이를 제시받은 발행은행은 일치제시인지의 여부를 확인하고 이상이 없으면 매입은행의 지시에 따라 상환하게 된다.

### 2) 매입권한의 발생근거

모든 은행이 수익자의 환어음 및/또는 서류를 매입할 수 있는 것은 아니다. 발행은행으로부터 수익자의 환어음을 매입할 수 있는 권한을 부여받은 은행만이 정당하게 매입할 수 있다. 다시 말해서 은행의 매입권한은 발행은행의 수권으로부터 발생된다는 말이다.

---

22) 어떤 은행이 매입한 환어음을 다른 은행이 또 다시 매입할 수 있는데, 이 같이 또 다시 매입하는 행위를 재매입(renegotiation)이라 하고, 재매입한 은행을 재매입은행(renegotiating bank)이라 한다.

우선 신용장은 매입가능신용장(negotiable credit)과 매입불능신용장(non-negotiable credit; straight credit)으로 구분할 수 있는데, 매입불능신용장의 경우에는 발행은행이 매입을 금하고 있기 때문에 매입은 불가능하다. 그러나 매입가능신용장은 발행은행이 매입을 수권하고 있기 때문에 매입이 허용된다. 그런데 매입가능신용장인 경우에도 매입이 특정 은행으로 지정되어 있느냐 아니냐의 여부에 따라 매입이 특정 은행으로 지정되어 있는 경우[23]를 지정신용장(restricted credit) 또는 특정 신용장(special credit)이라 하고, 매입을 특정 은행으로만 제한하지 않고 모든 은행이 매입할 수 있도록 수권하고 있는 신용장을 개방신용장(open credit), 일반신용장(general credit) 또는 자유매입신용장(free-negotiable credit)이라 한다. 개방 · 일반 · 자유매입 신용장은 신용장에서 환어음 및/또는 서류를 매입할 은행을 지정하고 있지 않기 때문에 수익자는 자기가 원하는 은행에 가서 어음의 매입을 요구할 수 있다. 바꾸어 말하면 이 경우 모든 은행이 지정은행이 되는 셈이다. 그러므로 수익자의 입장에서 보면 아무 은행에서나 매입할 수 있는 자유매입신용장이 보다 유리하다. 그러나 매입요청을 받은 은행은 발행은행이 신용있는 은행이 아니거나 수익자의 신용이 불확실한 경우에는 매입을 거절하는 경우가 있다. 이상과 같이 발행은행의 매입수권여부는 신용장을 보면 알 수 있다.

### 3) 매입수권의 구속성 여부

발행은행으로부터 어떤 권한을 수권받은 지정은행은 발행은행의 그러한 수권행위에 구속되는가? 다시 말해서 발행은행으로부터 매입을 수권받은 매입지정은행은 수익자가 매입을 요청해 올 경우 반드시 그러한 매입요청에 응해야 되는가? 아니면 매입을 거절할 수도 있는가?

발행은행으로부터 수권받은 지정은행은 발행은행의 그러한 수권행위에 구속되지 않는다. 발행은행측의 매입수권은 매입지정은행 측의 절대적 의무사항이 아니다. 따라서 발행은행으로부터 매입을 수권 받은 지정은행일지라도 스스로 원하지 않을 경우에는 매입을 거절할 수 있다는 말이다.

이 같은 원칙은 모든 수권계약행위에 공통적으로 적용된다. 예컨대 발행은

---

23) Negotiation under this credit is restricted to AAA bank.

행으로부터 신용장의 통지수권, 확인수권 및 양도수권은 물론 환어음의 매입수권, 인수수권, 지급수권 등을 받은 지정은행은 통지, 확인, 양도, 매입, 인수, 지급 등을 이행할 것인가 아니면 거절할 것인가의 여부를 스스로 결정할 수 있다.

## 7. 인수은행(引受銀行)

### 1) 인수은행이란?

인수(acceptance)란 수익자가 운송서류와 기한부환어음(usance bill of exchange)을 제시하면 은행이 만기에 환어음금액을 무조건 지급하겠다는 지급약속행위를 의미하며, 그러한 지급약속을 한 은행을 인수은행(accepting bank)이라 한다. 은행은 기한부환어음의 지급만기일이 도래하면 그때는 무조건 어음대금을 지급하겠다는 취지의 의사표시를 어음상에 하게 되는데 이를 인수라고 하며, 그러한 인수행위를 하는 은행이 인수은행이 된다. 인수은행은 일단 어음을 인수한 이상 만기가 도래하면 어음대금을 지급하여야 할 취소불능적 책임을 지게 되므로 만기에 지급을 거절할 수 없다.

### 2) 인수권한의 발생근거

어떤 은행이 수익자의 기한부환어음을 인수할 수 있는가? 인수은행이 될 수 있는 은행은 신용장을 발행한 발행은행이나 확인은행(있다면) 또는 발행은행으로부터 인수를 수권받은 지정은행(nominated bank)이 될 수 있다.

그런데 지정신용장인 경우에는 지정은행만이 어음을 인수할 수 있으므로 수익자는 반드시 지정은행에 가서 기한부어음의 인수를 요청하여야 된다. 자유매입신용장(free-negotiable credit)인 경우에는 모든 은행을 지정은행으로 볼 수 있고 모든 은행에게 인수할 수 있는 권한이 수권되어 있으므로 수익자로부터 환어음을 제시받은 은행은 누구나 환어음을 인수할 수 있다. 어느 경우이든 발행은행의 신용이 의심스러운 경우에는 인수를 거절당할 수 있다. 계속 환어음을 인수할 은행이 없는 경우에는 발행은행이나 확인은행(있다면)에게 직접 환어음을 제시하면 된다.

### 3) 수권행위의 구속성

인수를 수권받은 지정은행은 발행은행의 수권행위에 구속되지 않는다. 즉 발행은행에 의해 인수은행으로 지정되었다는 사실만으로 지정은행은 환어음이 제시되면 이를 반드시 인수해야 할 의무를 지는 것이 아니다. 인수를 수권 및 지정받은 은행 측의 인수여부의 문제는 절대적 의무사항이 아닌 선택적 의무사항에 속한다. 그러므로 수익자의 인수요청에도 불구하고 지정은행은 인수를 거절할 수도 있고 이에 대해 수익자나 발행은행은 항변할 수 없다.

### 4) 인수절차

수익자의 인수요청을 받은 은행은 일치제시여부를 심사한 후, 원 어음에 운송서류를 첨부하여 발행은행 앞으로 송부하고, 인수용 어음 뒷면에는 "지급만기일 도래 시 본 어음을 소지한 자가 어음을 당 은행에 제시하면 당 은행이 어음대금을 정히 지급하겠다"는 취지의 다음과 같은 인수표시를 한 후 수익자에게 되돌려 준다. 다음은 인수표시문언의 한 예이다.

> Accepted
> On October 15, 2020
> By The Chase Manhattan Bank, New York
> Payable at our office in New York, USA
> Due on December 15, 2020
> Kim, Chung-ki
> Financial Manager

이상과 같이 인수된 환어음에 대하여 수익자가 즉시 현금화를 원할 경우 인수은행이 그 환어음을 할인(discounting)하여 매수하거나, 아니면 수익자가 직접 금융시장에서 타 은행에 더욱 유리한 조건으로 매도할 수도 있다. 환어음을 인수한 인수은행은 지급만기일에 제시된 환어음에 대하여 지급을 이행하고, 지급한 어음금액을 발행은행으로부터 상환(reimbursement) 받는다.

## 8. 지급은행(支給銀行)

### 1) 지급은행이란?

지급은행(paying bank)이란 수익자의 일치제시에 대하여 지급해주도록 발행은행으로부터 수권받은 지정은행을 말한다.

어떤 때에는 발행은행이 수익자 한 당사자에게만 신용장대금의 지급을 약정하는 경우가 있다. 이 같은 지급신용장(straight credit)의 경우에는 수익자가 환어음 및/또는 서류를 발행은행에 직접 제시해야 된다. 수익자의 입장에서는 수입지국에 소재하고 있는 발행은행에 서류 및/또는 환어음을 직접 제시해야 되므로 대금회수에 시일이 걸리는 등 불편한 점이 있다. 수익자의 그러한 불편 및 불리한 점을 덜어주기 위해 발행은행은 수익자가 소재하고 있는 지역의 특정 은행을 지정해서 수익자가 조건일치의 서류 및/또는 환어음을 제시해오면 지급해 주도록 수권하게 된다. 이와 같이 발행은행으로부터 지급을 수권받은 지정은행이 바로 지급은행이다.

### 2) 지급은행과 발행은행과의 관계

발행은행이 지급은행에 지급을 수권할 때에는 예치환거래계약(depository correspondent agreement)을 체결하고 상호예금계정(deposit account)을 개설한 후, 발행은행은 지급은행에 있는 자신의 계정에 신용장대금을 미리 예치해 둔다. 매 거래 시 마다 지급은행은 신용장조건에 따라 수익자의 환어음 및/또는 서류에 대하여 지급하고 해당 금액을 발행은행의 예금계정에서 차감하게 된다. 이처럼 지급은행과 발행은행은 상호 예금계정을 갖고 있는 본·지점간이거나 아니면 예치환거래계약관계에 있다.

### 3) 최종적인 지급책임

지급신용장인 경우에도 환어음이 있다면 이는 발행은행 앞으로 발행되는 것이 원칙이다. 그러나 환어음이 지급은행 앞으로 발행될 수도 있는데, 그러한 경우에도 환어음에 대한 최종적인 지급책임이 발행은행에 있음은 물론이다.

## 9. 결제은행(決濟銀行)

### 1) 결제은행이란?

신용장거래에 개입하여 대금결제를 해주는 제3국의 은행을 결제은행(settling bank)이라 한다. 신용장거래에 임하는 수출·입 당사국간에 은행의 본·지점이나 환거래계약을 체결한 은행도 없고, 대금결제통화가 수출국이나 수입국의 통화도 아니고, 그래서 자국 내에서 지정통화로 대금결제가 곤란한 경우가 있을 수 있다. 이때 당사자합의로 수출국의 은행과 수입국의 은행이 공히 예치환거래관계에 있는 제3국의 은행을 개입시켜서 제3국의 은행이 제3국통화로 대금을 결제하도록 수권하는 경우가 있는데, 이때 개입하여 대금을 결제해주는 제3국의 은행이 바로 결제은행이다.

### 2) 운송서류와 환어음의 분리송부

대부분의 신용장거래에서는 수익자로부터 운송서류가 첨부된 화환어음을 매입한 매입은행은 이를 발행은행으로 송부하고 대금의 상환을 청구한다. 송부되어 온 화환어음이 일치제시된 것이면 발행은행은 매입은행에게 대금을 상환해준다. 그런데 결제은행이 지정되어 있는 경우에는 매입은행은 운송서류는 발행은행 앞으로 직접 송부하지만 환어음은 제3의 은행인 결제은행 앞으로 보내고 대금을 상환받는다.

### 3) 발행은행과의 관계

발행은행과 결제은행은 예치환거래계약관계에 있으며, 매입은행도 결제은행과 예치환거래계약을 체결하고 있는 경우가 일반적이다. 한편 수익자의 환어음을 매입한 매입은행에게 동 어음대금을 상환해 주는 은행이라는 측면에서 결제은행을 상환은행(reimbursing bank)이라고 부르기도 한다.

## 10. 상환은행(償還銀行)

상환은행(reimbursing bank)은 지급이나 인수은행 또는 매입은행이 지급이나 인수 또는 매입대금의 상환을 청구해오면 이를 상환해주도록 발행은행으로부터 수권받은 은행이다. 주로 상환은행은 발행은행의 예치환거래은행이 지정된다. 상환수수료는 원칙적으로 발행은행의 부담이나 다른 합의(예컨대 All banking charges are for account of beneficiary)가 있으면 그에 따른다. 특히 신용장이 사용되지 않은 경우에도 상환준비를 위한 전신비용 등이 필요하므로 상환비용은 징구되며, 이때에는 발행은행이 부담하게 된다.

## 11. 양도은행(讓渡銀行)

양도은행(transferring bank)이란 신용장을 양도하는 지정은행 또는 어떤 은행에서도 이용할 수 있는 신용장의 경우에는 발행은행으로부터 양도할 수 있는 권한을 특별히 수권받아 신용장을 양도하는 은행을 의미한다.[24]

실무에서 필요에 따라 신용장이 제3자에게 양도(transfer)되는 경우가 있다. 이때 양도절차를 이행해주는 은행이 양도은행이다. 양도가능신용장하에서 수익자의 요청에 따라 신용장을 제3자에게 양도해주게 되는데, 이때 신용장양도요청을 하는 자를 양도인(transferor), 양도받는 자를 양수인(transferee), 양도인의 요청으로 양수인에게 신용장의 양도절차를 실행해주는 은행이 바로 양도은행이다. 발행은행도 양도은행이 될 수 있다. 신용장의 양도에 관해서는 추후 구체적으로 기술할 기회가 있으므로 여기에서 상세한 설명은 약하기로 한다.

## 12. 연지급확약은행(延支給確約銀行)

연지급(deferred payment)이 약정되어 있는 신용장을 연지급신용장(deferred payment credit)이라 하는데, 이러한 연지급신용장에 의거 약정된 서류와 상환으로 수익자에게 연지급확약서(letter of deferred payment undertaking)를 발행해주는 은행을 연지급확약은행(deferred payment undertaking bank)이라 한다. 이때 연지급확약서란 이를 발행한 은행이 신용장에

---

24) UCP600 Sub-Article 38(b): Transferring bank means a nominated bank that transfers the credit or, in a credit available with any bank, a bank that is specifically authorized by the issuing bank to transfer and that transfers the credit. An issuing bank may be a transferring bank.

약정되어 있는 일자와 방식에 따라 수출대금을 틀림없이 지급하겠다는 약속의 증서이다. 보다 구체적인 것은 신용장의 종류에서 연지급신용장을 참조할 수 있다.

## Ⅳ. 신용장거래의 순환과정

신용장의 순환과정(cycle)이란 수출・입 당사자간에 매매계약이 체결되고, 그 계약조건에 따라 수입상의 의뢰로 신용장이 발행된 후 신용장대금이 결제되기까지의 일련의 과정을 말한다. 따라서 여기에서는 신용장거래가 어떻게 시작되어 어떤 과정을 거쳐 거래가 종료되는지를 살펴보기로 한다. 이해의 편의를 위해서 우선 신용장의 순환과정을 단계별로 간략히 약술한 후, 신용장이 거래되는 순환과정을 한 눈에 알아볼 수 있도록 이를 요약한 표를 제시한다.

### 1. 신용장거래의 순환과정

#### 1) 제1단계 : 신용장발행계약의 체결

무역계약에서 신용장방식에 의한 대금결제를 약정하고 있는 경우, 수입상에게는 수출상을 수익자로 하는 신용장이 발행되도록 조치해야 된다. 따라서 수입상은 자신의 거래은행과 환거래약정을 하고 계약내용과 일치하는 신용장의 발행을 의뢰(신청)한다.

#### 2) 제2단계 : 신용장발행

수입상으로부터 신용장발행신청(의뢰)서를 접수한 은행은 우선 수입상의 신용상태에 근거하여 발행여부를 결정한다. 신용장을 발행하기로 결정한 경우에는 발행신청서의 내용과 일치하는 신용장을 발행하고, 이를 수출상인 수익자에게 통지한다. 그와 동시에 발행한 신용장 사본을 수입상인 발행의뢰인에게 교부하게 된다.

### 3) 제3단계 : 신용장의 통지, 확인, 양도, 조건변경

신용장의 통지는 발행은행이 수출지국에 소재하고 있는 자행의 본・지점이나 환거래은행(corres. bank)에 통지를 요청하고, 그러한 요청을 받은 은행이 신용장을 수익자에게 통지해 준다. 그런데 통지은행이 신용장의 확인・통지를 요청(수권)받은 경우에는 확인(confirmation)을 부가하여 통지해 주게 된다. 요청을 받은 지정은행이 확인을 부가할 의사가 없는 경우에는 당연히 이를 거절할 수 있음은 물론이다. 양도가능신용장(transferable credit)의 경우에 수익자는 지정은행에 요청하여 신용장의 일부 또는 전부를 양도할 수 있다. 또한 부득이한 사정으로 신용장내용의 일부를 변경해야 할 필요가 있는 경우에는 신용장의 조건변경절차를 밟으면 된다.

### 4) 제4단계 : 선적 후 서류제시 및 지급청구

신용장의 수익자는 신용장의 내용에 따라 약정된 물품을 선적하고, 신용장이 요구하는 서류를 준비하여 이를 지정은행(nominated bank)에 제시하고 자금을 청구하거나 자신의 거래은행에 추심전 매입(negotiation)을 의뢰하여 신용장대금을 회수한다.

### 5) 제5단계 : 대금상환

수익자로부터 서류를 제시받은 지정은행이나 매입을 의뢰받은 매입수청은행은 제시된 서류가 신용장조건과 일치할 경우, 신용장상의 지급조건에 따라 수익자에게 대금을 미리 지급하고, 당해 서류를 발행은행 앞으로 송부하면서 대금의 상환을 청구한다. 상환요청을 받은 발행은행은 서류를 심사하고 이상이 없으면 동 서류를 인수하고 대금을 상환해준다.

### 6) 제6단계 : 수입상에 서류 인도

신용장조건과 일치하는 서류를 수리하고 대금을 상환해준 발행은행은 일치하게 제시된 서류를 수입상에 인도하고 대금지급을 요구한다. 수입상은 서류의 이상유무를 확인하고 이상이 없으면 약정된 방법에 따라 대금을 지급한다.

### 7) 제7단계 : 신용장거래의 종결

발행은행은 약정한 방법에 따라 수입상으로부터 대금을 수령하고 신용장발행계정을 정리함으로서 신용장거래는 종결된다.

## 2. 신용장의 순환과정표

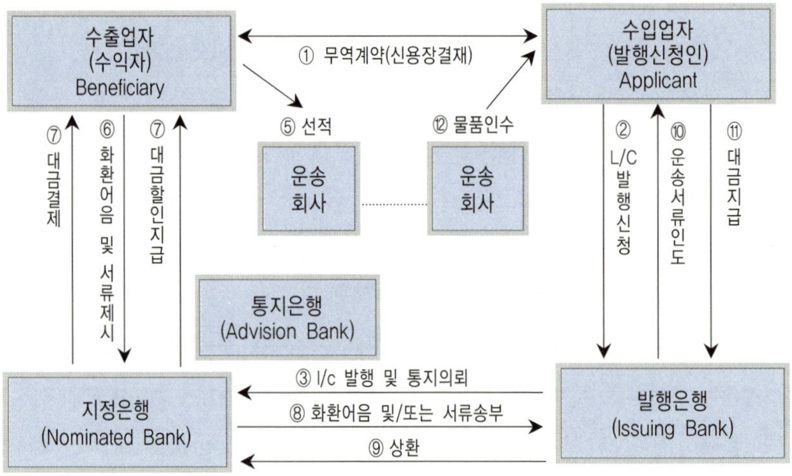


# V. 신용장거래의 일반원칙

실무적 측면에서 볼 때 신용장거래는 사실 무역계약(trade contract)에 그 기초를 두고 있으며, 수출・입 거래에 따른 대금결제의 기능을 수행하는 데 그 주된 목적이 있다. 그러나 ① 무역계약과 신용장거래의 주체가 서로 다르다는 점, ② 신용장거래에서는 지급을 약정하는 주체도 은행이고 그 의무이행여부를 판정하는 것도 은행이라는 점, ③ 수출・입상은 물품거래에 관한 전문가이지만 은행은 서류거래의 전문가라는 점 등의 관계로 신용장거래는 다음과 같은 특성을 가지고 있으며, 이 같은 특성은 오늘날 신용장거래에서 하나의 원칙으로 일반화되어 있고, 신용장통일규칙도 이 같은 원칙을 명시적으로 규정하고 있다.

## 1. 계약독립성의 원칙

### 1) 매매계약과의 독립적

신용장은 그 본질상 그 기초가 되는 매매 또는 다른 계약과는 별개의 거래이다(A credit by its nature is a separate transaction from the sale or other contract on which it may be based.).[25] 사실 신용장거래는 당사자간의 합의나 또는 매매계약에 근거하여 성립된다. 그럼에도 불구하고 일단 신용장거래가 성립되면 그때부터 근거계약인 매매계약과는 연결고리가 완전히 끊어지고 각기 다른 별개의 계약으로 독립되게 된다는 것이다. 이 같은 원칙을 신용장거래의 독립성원칙이라 한다.

따라서 신용장거래는 그 발행의 근거가 된 매매계약과는 하등의 관련성이 없어지게 되며, 그러한 계약으로부터 아무런 영향도 받지 아니한다. 심지어 근거계약인 매매계약이 변경되거나 취소된다 하더라도 그로 인해 발행된 신용장의 내용은 변경되거나 취소되지 않는다는 것이다. 신용장을 조건변경하거나 취소하려면 신용장거래 당사자가 별도로 다시 합의해야 된다.

신용장이 매매계약과 독립적 이여야 하는 주된 이유는 매매계약의 당사자와 신용장거래의 당사자가 서로 다르다는 사실 때문이다. 신용장을 발행한 은행은 신용장거래의 당사자일 뿐, 매매계약의 당사자는 결코 아니다. 또한 매매계약의 채무자는 매수인임에 반하여 신용장거래의 채무자는 발행은행(issuing bank)이 된다. 이런 점에서 신용장이 매매계약과 독립적 이여야만 되는 당위성을 발견할 수 있다.

### 2) 신용장거래의 독립성을 부정하는 참조문언의 효력

이와 같은 신용장거래의 독립성원칙은 절대적인 것이어서, 매매계약과 신용장을 결부시키려는 어떠한 참조문언(any reference)이 신용장상에 특약되어 있다 하더라도 그것이 신용장거래의 독립성원칙에는 전혀 아무런 영향을 끼치지 못한다. 사법상의 법률관계에서 최대한 존중되는 당사자의사자치의 원칙도 이 원칙에는 복종해야 된다는 말이며, 신용장거래의 독립성원칙의 이러한 절대

25) UCP600 Article 4.

성은 판례상으로도 인정되고 있다.[26)]

그런데 사실 매매계약 당사자의 입장에서 볼 때 신용장과 매매계약은 서로 불가분의 관련성이 있음을 부정할 수는 없다. 왜냐하면 매매계약에 근거하여 신용장이 발행되었고, 발행된 신용장상에는 매매계약의 제 조건들이 함축되어 있기 때문이며, 그로 인해 신용장거래는 매매계약의 연장이라고 생각되기 쉬울 뿐만 아니라, 심지어는 매매계약조건이 신용장의 조건에 우선되는 것이라고 생각할 수도 있기 때문이다. 그렇게 볼 때 매수인은 상세하게 규정되어 있는 매매계약의 조건들과 일치하게 신용장거래가 이행되기를 원할 것이고, 그러한 보장을 받기 위해서는 두 계약을 상호 관련시키고자 할 것이며, 그러기 위해서는 그와 같은 취지의 참조문언을 신용장에 명기하여야 만 된다고 보기 때문이다.

그런데 본 조의 취지에 의하면 계약독립성의 원칙을 부정하는 어떠한 참조문언이 신용장상에 포함되어 있더라도 그것은 유효할 수 없다는 것이다. 이는 신용장거래에서 주도적 역할을 담당하는 여신자인 은행의 입장에서 본다면 지극히 당연한 것이라고 하겠다. 왜냐하면 그 같은 참조문언이 신용장 상에 포함되어 있다고 해서 그것만으로 매매계약의 당사자가 아닌 은행에게 매매계약상의 책임을 묻게 된다면 그것은 매매계약에 관한 한 비전문가인 은행으로 하여금 매매계약의 내용은 물론 거래물품의 특성까지도 숙지하고, 계약위반의 유무를 확신을 가지고 판단할 것을 요구함은 물론 실제로 현품을 검사하고 선적여부를 확인하도록 요구하는 불합리한 결과로 된다. 그렇게 될 경우 은행은 예측불허의 클레임을 당할 것을 우려하여 신용장거래에 개입하는 것을 기피하게 될 것이고, 그렇게 되면 신용장의 효용은 반감될 것이기 때문이다.

### 3) 계약독립성원칙의 예외

이상에서 살펴본 바와 같이 신용장거래의 독립성원칙은 절대적인 것이어서 이를 부정하려는 당사자의 어떠한 시도도 용납되지 않는다. 그럼에도 불구하고 이 원칙에 대하여 유일하게 인정되는 예외가 있는데, 그것은 바로 수익자에 의해 자행된 사기행위가 있고 그 사기행위가 객관적으로 명백하게 입증되는 경

26) 우성구, "화환신용장거래의 독립성 및 서류거래의 원칙에 관한 판례 연구", 한국무역학회지 제21권 제2호, 1996, pp.151~161 참조.

우이다. 따라서 발행은행은 물론 발행은행으로부터 수권받은 매입, 인수, 지급은행은 사기서류임을 이미 알고 있는 때에는 매입, 인수, 지급을 거절해야 된다. 그러나 단순히 사기서류일지도 모른다는 심증만으로는 매입, 인수, 지급을 거절할 수 없다.

### 4) 법원의 입장

신용장거래의 독립성원칙과 이 원칙에 대한 예외인정은 판례상으로도 인정되고 있다. 법원이 신용장거래의 독립성을 지지하는 근거로는, 매매계약은 매도인과 매수인간에 체결된 계약일 뿐, 은행은 그 계약의 당사자가 아니며, 오로지 은행은 신용장을 통하여 수익자와 발행의뢰인에게 한 약속이 무엇이며 그 약속의 범위 내에서만 그들에 대하여 책임과 의무를 부담하게 된다는 것이다. 그러므로 수익자나 발행의뢰인은 신용장에 약정되어 있지도 않은 매매계약상의 조건을 이유로 발행은행에 대하여 항변할 수 없다는 것이 법원의 기본적인 입장이라고 할 수 있다. 그럼에도 불구하고 이 원칙은 부도덕한 악의의 매도인을 보호하기 위해서 까지 확대적용되어서는 안 된다는 것이 판례의 태도이다.

## 2. 서류거래의 원칙

### 1) 서류거래의 원칙

은행은 서류를 거래하는 것이며 그 서류와 관련된 물품, 서비스 또는 의무이행을 거래하는 것이 아니다. 이러한 서류거래의 원칙은 계약독립성의 원칙과 상호 밀접한 보완적 관계에 있다. 신용장거래가 그 근거계약인 매매계약과는 별개의 독립된 계약으로 인정되듯이, 신용장거래 또한 물품이나 서비스 또는 의무이행의 거래와는 무관한 것으로 인정된다. 매매계약의 목적물은 서류가 아니라 물품이지만, 신용장거래의 목적물은 물품이 아니라 서류라는 것이다. 그러므로 은행은 매매계약서상에 표기되어 있는 물품이야 어떻든 실제로 매수인에게 인도되는 물품이야 어떻게 되었든 간에 신용장이 요구하고 있는 서류만을 근거로 신용장대금의 지급여부를 판단하여야 한다. 반대로 수익자는 은행으로부터 서류가 아닌 물품과 관련된 어떤 이유나 항변에 의하여 신용장대금을 지급받을 수 있는 권리를 침해당하지 않는다.

사실 신용장거래는 CIF거래에서 유래된 것이며, CIF거래를 보조하기 위하여 신용장이 발행되게 되었다. CIF계약에서 매도인은 권리증권(documents of title)인 서류를 인도하면 계약을 이행한 셈이 되고, 매수인은 서류가 제시되면 대금을 지급해야 된다. 이와 같이 신용장거래에서도 수익자는 신용장조건, UCP 규정 및 국제표준은행관행(ISBP)과 일치하는 서류를 제시하면 지급을 보장받게 되고, 발행은행이나 확인은행은 그 같은 서류가 제시되면 지급하여야 된다.

그런데 일치제시와 상환으로 대금을 지급하여야 할 발행은행이나 확인은행의 의무는 해당 물품이나 서비스 또는 기타 계약의 이행이 실제의 내용과 다르다고 하더라도 아무런 영향을 받지 않는다. 이를테면 목적지에 도착한 물품이 매매계약이나 제시된 서류의 내용과는 전혀 일치하지 않는 엉터리 물품이어도 제시된 서류가 일치하게 제시된 것이면 발행은행이나 확인은행은 지급을 거절할 수 없다. 반대로 목적지에 도착된 물품이 계약이나 서류상의 기재내용과 일치하거나, 심지어 훨씬 우수한 양질의 물품이 목적지에 도착하였다고 하더라도 제시된 서류가 신용장조건이나 UCP 규정 및 국제표준은행관행과 일치하지 않으면 발행은행이나 확인은행 및 발행의뢰인은 그러한 서류와 상환으로 지급해야 할 의무가 없다.

또한 매매당사자가 지리적으로 인접한 국가에 소재하고 있는 경우 서류보다 화물이 목적지에 먼저 도착할 수 있다. 화물이 목적지에 먼저 도착되어 있더라도 그 화물을 검사해본 후에 대금을 지급하겠다는 매수인의 주장은 허용되지 않는다. 매수인은 그렇게 요구할 수도 없고, 은행은 매수인의 그러한 요구를 받아들여야 할 하등의 책임도 없다. 비록 어떻게 하여 대금을 지급하기 전에 도착된 물품을 미리 검사해 본 결과 저질의 물품으로 판명되었다고 하더라도, 또는 검사해본 물품이 제시된 서류상의 명세와 일치하지 않음이 밝혀졌다고 하더라도 그러한 사실만을 이유로 신용장 발행은행이나 매수인은 대금의 상환을 거절할 수 없음은 물론이다.

### 2) 서류거래의 원칙에 대한 예외

서류를 수취한 발행은행이나 확인은행 및 지정은행은 서류의 일치성 여부를 심사하고 그 수리여부를 결정하여야 한다. 지정에 따라 행동하는 지정은행, 확인은행 그리고 발행은행은 서류가 문면상 일치제시인지의 여부를 오직 서류만을 근거로 심사하여야 한다.[27] 그러므로 물품의 품질은 심사의 대상이 아니다. 또한 은행은 서류가 일반적인 형식요건을 구비하고 있는가, 신용장조건이나 UCP 관련규정 및 국제표준은행관행과 일치하고 있는가에 관한 서류외관상의 형식적 심사만을 하면 되는 것이고, 그 외에 서류의 위조 및 변조 여부나 또는 물품이 실제로 선적되었는지의 여부 및 선적된 물품의 품질 등에 관하여는 당연히 면책된다.

따라서 은행측이 서류심사의무를 해태함이 없이 소정의 기간 이내에 제시된 서류를 심사하였다면, 비록 사기 및 위조된 서류와 상환으로 대금을 지급한 경우에도 은행은 신용장발행의뢰인으로부터 그 대금을 상환받을 수 있다.

그런데 "사기는 모든 것에 우선한다(fraud unravels all)"는 말처럼 사기사실이 명백하게 입증된 경우에는 신용장의 원래목적은 파괴된 것이고, 상법과 같은 일반법의 기본정신에도 반하므로 서류거래의 원칙은 물론 계약독립성원칙에 대한 예외가 인정된다. 그러므로 사기가 명백하게 입증된 경우나 법원의 명령이 있는 경우에만 제시된 서류가 일치하더라도 은행은 이의 수리 및 지급을 거절할 수 있게 된다. 다만 사기의 입증책임은 이를 주장하는 당사자 측에 있고, 예외인정의 판단은 법원의 몫에 해당되므로 법원이 이를 판단할 때는 신중해야 할 것이며, 은행도 매도인의 사기행위가 은행에게 부여된 서류심사의무의 해태(negligence)까지 면책시켜 주지는 않는다는 사실에 유의하여야 한다.

### 3) 법원의 입장

이상과 같은 서류거래의 원칙과 그 예외인정은 법원의 판례로도 지지되고 있다. 법원이 이를 지지하는 근거로는 매매계약의 목적물은 물품이지만, 신용장거래의 목적물은 서류라는 사실이 상업신용장을 지배하고 있는 관행이며 법률의 기본원칙이라 할 수 있으므로, 그처럼 확립된 상관습에 법원이 개입하는

27) UCP600 Article 14 (a).

것은 신용장의 고유한 목적을 해할 우려가 있기 때문에 옳지 않다는 입장이다. 그러므로 신용장거래에서 매수인인 발행의뢰인은 서류 자체의 하자가 아닌 물품의 품질 등을 이유로 항변할 수 없다. 다만 품질을 이유로 항변할 수 있는 매수인의 항변권은 오직 매매계약상의 권리에 불과하다는 것이다. 그럼에도 불구하고 이 서류거래의 원칙은 계약독립성의 원칙과 함께 부도덕한 악의의 매도인을 보호하기 위해서 까지 확대적용되어서는 안 된다는 것이 판례의 태도이다.

## 3. 엄밀일치 및 상당일치의 원칙

### 1) 엄밀일치의 원칙

신용장거래가 서류거래인 만큼 신용장대금의 지급여부는 전적으로 신용장조건과 서류의 문면상 일치여부에 의하여 결정되고, 일치하는 제시(complying presentation)의 판단은 신용장의 제 조건, 적용가능한 UCP의 관련규정 및 국제표준은행관행(international standard banking practice)에 의하여 결정된다.[28] 신용장거래에서 일치성여부의 판단기준 중 하나가 바로 엄밀일치의 원칙이다.

서류심사의 한 기준으로써 엄밀일치의 원칙(doctrine of strict compliance)이란 "상업송장상의 물품, 서비스 또는 의무이행의 명세는 신용장상의 명세와 일치하여야 한다(The description of the goods, services or performance in a commercial invoice must correspond with that appearing in the credit.)"[29]는 원칙을 말한다. 따라서 선적 또는 인도된 물품이 매매계약조건과 실제로 일치하더라도 제시된 상업송장에 기술되어 있는 물품, 서비스 또는 의무이행의 명세가 신용장상의 명세와 엄밀하게 일치하지 아니하는 경우 은행은 동 상업송장의 수리를 거절함과 동시에 신용장대금의 지급을 거절할 수 있다.

그런데 문제는 이들이 과연 어느 정도로 일치하여야 엄밀일치한 것으로 볼 수 있는가라는 점이다. 이 점과 관련하여 소위 "데미미니스 룰(demiminis rule)"

28) UCP600 Article 2.
29) UCP600 Sub-Article 18 (c).

이 적용될 수 있는 서류상의 사소한 하자는 하자로 볼 것이 아니라 엄밀일치한 것으로 보아야 한다는 것이다.

그렇다면 과연 어느 정도의 하자를 "데미미니스 룰"이 적용될 수 있는 아주 경미한 하자로 볼 것인가라는 점이다. 이 점에 관하여 Lord Summer 경은 Equitable Trust Company of New York v. Doeson Partners Ltd. 사건[30]에서 "신용장이나 서류상에 점을 잘못 찍거나, 선을 잘못 긋거나, 대문자를 소문자로 잘못 표기하는 것과 같은 인쇄상의 사소한 잘못임을 문면상 쉽게 알아볼 수 있는 경우에까지 엄밀일치의 원칙이 확대·적용될 수 없다"[31]는 견해를 피력하였고, ICC에서도 국제표준은행관행의 하나로써 아라비아 숫자 사이에 점을 찍지 않았거나 또는 쉼표와 마침표를 혼돈하여 찍은 것은 엄밀일치의 원칙에 반하지 않음을 인정하고 있으며,[32] 또한 송장에 기술되는 물품명세의 경우에도 鏡像(mirror image)과 같이 엄밀일치할 것을 요구하는 것은 아니다.[33] 그러므로 신용장의 물품명세에는 없는 용어가 송장의 명세에 추기되어 있다하더라도 그것이 해당 물품의 본질을 변화시키거나 다른 중대한 영향을 미치지 않는다면[34] 단순히 그러한 사실만으로 하자가 될 수 없다는 것이다.

결론적으로 상업송장상의 이들 기재가 신용장의 것과 엄밀일치해야 된다고 해서 소위 경상의 원칙이 요구되는 것은 아니다. 마치 거울에 비쳐진 형상처럼 점하나 철자하나 기재위치 및 장소 하나하나에 이르기까지 일어일구가 신용장의 기재와 똑같이 기재되는 것을 엄밀일치로 본다면 더 이상 신용장거래에서 그러한 엄밀일치기준은 존재하지 않는다고 할 수 있다. 그러므로 물품의 명세가 송장의 어디에 어떻게 기재되어야 되는지에 관한 별도의 약정이 신용장에 없는 한, 물품의 명세는 송장상의 여러 곳에 분산·표기될 수 있고, 분산·표

---

30) (1927) 27 LI.L. Rep. H.L. 49: (1926) 25 LI.L. Rep. 90.

31) "The doctrine of strict compliance does not extend to the dotting by mistake and the crossing in error or to obvious typographical errors either in the credit or the documents."

32) ICC Publication No. 459, Case No. 40.

33) ISBP((ICC Publication No. 681) Para. 58.

34) 한편 ICC 은행위원회의 유권해석에 의하면 물품명세에 추가된 "coloured"란 단어는 신용장의 물품명세와 불일치 하게 만든다는 것이다(Gary Collyer & Ron Katz, Collected Opinions 1995-2001, *op.cit.*, p. 367).

기된 물품의 명세를 조합할 경우 그것이 신용장의 것과 일치하면 충족되는 것으로 본다. 그리고 송장에 기술되는 명세가 신용장에 기술된 것과 똑같거나 신용장에 기술된 명세대로 기재되지 않으면 안 된다는 제한규정 또한 어디에도 없기 때문에 신용장명세에 없는 정보가 송장명세에 추기되거나 신용장명세에 기술되어 있는 용어의 일부가 송장명세에서 누락된 것은 그 중요도에 따라 하자여부가 결정되지만, 기본적으로는 해당 물품의 본질을 변화시키거나 달리 어떤 중대한 영향을 미치지 않는다면 하자로 보지 않는 경향이 있다. 이 같은 경향은 송장기재사항의 일치성판단기준이 종래에 비해 엄밀일치에서 점차 이탈해가고 있음을 시사해주는 것으로 판단된다.

그런데 송장명세에(서) 추기 및/또는 누락된 문언 중 어떤 것이 정보의 질을 높여주고, 또 어떤 것이 물품의 본질에 중대한 영향을 미치는지의 여부에 대한 일률적인 판단기준이 국제표준은행관행상 분명하게 확립되어 있는 것도 아니고 또한 그럴 수 있는 사안도 못되므로, 송장발행자는 자의적 판단으로 신용장에 없는 문언이나 정보를 송장명세에 추기하거나 또는 신용장명세에 기재되어 있는 문언이나 정보를 송장에서 누락시키는 등 신용장의 기재와 다르게 기재하는 것을 지양하고 신용장의 기재와 일치하는 송장제시를 원칙으로 삼아야 할 것이다.[35)]

한편 상업송장상의 물품명세에도 "세트서류(set of documents)의 이론"이 적용될 수 있는가? 다시 말하면 세트서류의 이론(set documents theory)[36)]에 따르면 신용장거래에서 제시되는 서류 중 어느 한 서류에 하자가 있더라도 세트로 함께 제출된 어떤 다른 서류가 이를 보완해 줄 경우 그 하자는 치유될 수 있다는 것이다. 그런데 문제는 상업송장상의 물품명세에 하자가 있는 경우에도

35) 우성구·김재명, "ICC DOCDEX 사례로 본 화환신용장부상업송장기재사항의 수리적격성", 국제상학 제21권 제2호, 2006, pp. 242-243.

36) 세트서류의 이론이란 신용장거래에 있어서 서류심사 시 수익자가 제시한 여러 종류의 서류 중 어느 한 서류에 신용장조건과 불일치하는 하자가 있는 경우, 그 때에는 하자 있는 서류 하나만을 놓고 개별적으로 판단할 것이 아니라, 함께 제시된 모든 서류를 놓고 전체적으로 판단하되, 그 결과 만약 세트로 함께 제출된 어떤 다른 서류가 이를 보완해 준다면 그 하자는 서류전체로 볼 때 하자가 아닌 것으로 치유될 수 있다는 영·미법상의 법리를 말한다; 우성구, "신용장거래에 있어서 엄밀일치 및 상당일치의 원칙에 관한 영·미판례 연구", 국제상학 제12권 제1호, 1997, p.154.

품질증명서나 포장명세서 등의 다른 서류에 의하여 그 하자가 치유될 수 있는가 하는 점이다. 이 점과 관련된 Courtlands North America Inc. v. North Corllina National Bank 사건[37]에서 미국의 항소심법원은 "신용장거래에 있어서 상업송장이란 말 그대로 그 명칭이 상업송장이라고 표시된 것만을 지칭하므로 포장명세서가 이를 대신할 수 없듯이 포장명세서에 기술된 물품명세가 상업송장상에 기재되어 있는 물품명세의 하자를 대신하여 치유할 수 없다"고 판시하면서 이 점을 전면 부정하였다.

필자도 이 판시와 같이 송장 이외의 서류인 경우라면 몰라도 상업송장상의 물품, 서비스 또는 의무이행의 명세에는 세트서류의 이론이 적용되어서는 안 된다고 본다. 왜냐하면 비록 상업송장은 선하증권이나 보험증권과 같이 그 자체가 청구권이 있는 서류는 아니지만, 계약이행의 사실을 입증하는 유력한 자료가 되고 또한 송장은 수익자 자신이 직접 작성하므로 수익자가 실제로 선적한 물품을 송장에 그대로 기재했을 것으로 볼 수 있기 때문이다.

### 2) 상당일치의 원칙

앞에서 본 바와 같이 상업송장상의 물품, 서비스 또는 의무이행의 명세는 신용장의 것과 일치하여야 한다. 그러나 상업송장을 제외한 다른 서류에서 물품, 서비스 또는 의무이행의 명세는, 만약 그것이 기재되는 경우, 신용장상의 명세와 저촉되지 않는 일반적인 용어로 기술될 수 있으며[38] 그러한 일반적인 용어로 물품, 서비스 또는 의무이행의 명세가 기술되어 있다는 이유만으로 은행은 이들 서류의 수리를 거절할 수 없다는 원칙을 상당일치의 원칙(doctrine of substantial compliance) 또는 상호 비 모순의 원칙이라고 한다.

상업송장을 제외한 기타의 모든 서류에는 상당일치의 원칙이 적용될 뿐 엄밀일치의 원칙은 적용되지 아니한다. 따라서 신용장거래에서 물품, 서비스 또는 의무이행의 명세와 관련하여 엄밀일치의 원칙이 적용되는 경우는 상업송장상의 명세뿐이다.

신용장거래는 물품거래가 아니라 서류거래[39]라는 점을 고려할 때 상업송장

---

37) (1975) 528 F. 2d. 802.

38) UCP600 Sub-Article 14 (e).

이외의 서류상에 기술되는 물품, 서비스 또는 의무이행의 명세도 신용장상의 것과 일치시키는 것이 바람직한 것임은 재론의 여지가 없다. 그런데 실무적으로 상업송장은 수익자가 직접 작성하기 때문에 이들 명세를 엄격하게 일치시키기란 어려운 일이 아니다. 그러나 매매계약이나 신용장거래와는 무관하며 직접 당사자도 아닌 운송인이나 보험업자 등이 발행하는 선하증권이나 보험관련 서류상에도 신용장의 명세와 동일한 전문용어가 똑같이 기술되도록 기대한다는 것은 현실적으로 곤란한 일일 수도 있다.

또한 그 기능 면에서 보더라도 상업송장은 수익자인 매도인이 매수인 앞으로 계약물품의 특성 및 내용명세를 직접 작성하여 제출하는 선적화물의 내용명세서인 동시에 견적서와 같은 것[40]임에 반하여, 선하증권은 운송인이 운송계약에 의거하여 운송할 화물을 화주로부터 수령하고 이를 도착항에서 일정한 조건하에 수화인 또는 그 지시인에게 인도할 것을 약정한 운송계약의 증서(evidence of carriage contract)이다. 그러므로 운송인은 자신이 수령한 화물의 구체적인 명세에 관하여 전문적인 식견을 갖고 있지 못할 뿐만 아니라 주된 관심의 대상도 아니므로 선하증권상에 이를 표기할 때 너무 세세한 표기는 피하고 일반적인 용어로 기술하고자 하며 또 그렇게 하는 것이 오늘날 업계의 보편적 관행으로 되어 있다.

이 같은 점들을 종합적으로 고려해 볼 때 원칙적으로 선하증권상의 명세보다 상업송장상의 명세가 신용장상의 명세와 엄밀일치하게 기술되어야 함은 너무나 당연한 이치인 것 같다. 그러므로 신용장거래에서 요구되는 서류 중 신용장상의 명세와 엄밀일치해야 되는 것은 상업송장상의 명세만으로 충분하고, 선하증권을 포함한 기타의 모든 서류는 상호 모순되지 않는 일반적인 용어로 기술될 수밖에 없다는 결론에 도달하게 된다.

또한 상당일치의 원칙이 적용되는 경우에는 당연히 세트서류의 이론(theory of set documents)이 적용됨은 물론이다. 신용장거래에서 엄밀일치의 원칙이

---

39) UCP600 Article 5.

40) Charles N. Henning, International Finance(New York: Harper & Brothers' Publishers, 1958), p. 64 ; "The functions of commercial invoice are to describe the merchandise, to indicate price or prices, and other details of the transaction."

적용되는 상업송장을 제외한 기타의 모든 서류들은 그 전체가 하나의 세트로 취급되는 것이지, 서류 하나하나가 제각기 독립적인 것으로 취급되지 않는다는 사실은 지극히 자명한 일이다. 따라서 상업송장이 아닌 다른 어떤 한 서류상의 물품, 서비스 또는 의무이행의 명세의 하자는 신용장에 반대의 규정이 없는 한, 여타의 세트서류 중에 바르게 기술되어 있는 명세에 의하여 치유될 수 있기 때문에 서류의 수리거절이유에 해당되지 않는다. 그러나 단, 이를 반대하는 문언이 신용장에 별도로 약정되어 있거나, 또는 어떤 특정한 명세가 선하증권상에 반드시 포함되도록 신용장이 요구하고 있는 경우에는 그 같은 약정이나 요구는 이에 우선하여 준수되지 않으면 안 된다.

이상과 같이 신용장거래는 서류거래라는 특성을 감안할 때 신용장거래에 임하는 수익자나 발행의뢰인은 물론 은행들도 상당일치의 원칙을 확대・적용해 나갈 것이 아니라 오히려 이를 축소 지향적으로 해석하고 적용하는 자세를 갖는 것이 바람직하다고 본다. 그래야만 확대・지향적 해석으로 인한 또 다른 분쟁의 소지를 줄이고 그에 따라 신용장본래의 기능도 제대로 발휘될 수 있다고 본다. 실무적으로도 물품, 서비스 또는 의무이행의 명세를 너무 확대 또는 축약하여 기술하는 것은 피해야 하며, 가능한 한 신용장조건과 일치시키는 것이 바람직하다고 본다.

한편 상업송장을 작성한 수익자나 이를 제시받은 은행은 다음과 같은 사항에 유의하여 이를 체크하여야 한다. 즉 ① 신용장상의 수익자가 발행의뢰인 앞으로 작성하였는가? ② 물품, 서비스 또는 의무이행의 명세는 신용장상의 것과 엄밀일치하는가? ③ 화인(shipping mark)은 신용장 또는 선하증권 및 기타 서류상의 것과 일치하는가? ④ 금액, 수량, 단가 및 가격조건 등은 신용장의 것과 일치하는가? ⑤ 모든 기재사항이 기재되어 있으며, 신용장이나 운송서류 또는 보험서류 등 다른 서류의 기재내용과 모순되는 점은 없는가? ⑥ 기타 신용장조건을 충족시키고 있는가?

## 4. 부수적 계약관계 원용금지의 원칙

신용장거래는 많은 부수적 계약을 성립시킨다. 부수적 계약(附隨的 契約)이란 이미 성립된 신용장거래가 그 원인 및 근거계약인 매매계약을 재 확정시키는 일 이외에도 매수인과 발행은행간의 신용장거래협정이나 또는 은행간 신용장의 확인이나 통지, 환어음의 매입, 인수, 지급이나 또는 연지급확약 등과 같은 수많은 수권계약을 수반하게 되는데, 이를 부수적 계약이라 한다. 신용장이 매매계약이나 이 같은 부수적 계약에 기인하여 발행되는 것은 그것이 각종 거래의 지급을 보완하는 수단이라는 점과 국제간에 걸쳐 거래된다는 점에서 다수 당사자가 개입하게 되기 때문이다.

그런데 수익자는 어떠한 경우에도 은행상호간 또는 발행의뢰인과 발행은행간에 존재하는 그 같은 부수적 계약관계를 원용할 수 없다.[41] 즉 수익자는 발행은행에게 발행은행이 발행의뢰인과 체결한 신용장거래협정의 내용과 일치하는 신용장을 발행하도록 요구한다든가 또는 지급을 강요할 수 없다는 말이다. 또한 신용장발행의뢰인도 자신과 체결한 매매계약을 수익자가 위반하였다는 이유로 신용장조건에 따라 정당하게 결제(honour)하는 발행은행에 대하여 지급정지 등을 요구하거나 항변할 수 없다. 그래서 수익자나 발행은행은 신용장상에 명시되어 있는 조건의 범위 내에서만 권리를 행사할 수 있을 뿐 그 범위 밖의 어떤 이유로도 신용장상의 의무의 이행을 거절할 수 없다.

## 5. 지시내용의 완전 명확화와 과도세밀규정 방지의 원칙

### 1) 지시내용의 완전 · 명확성 원칙[42]

지시내용의 완전 · 명확성이란 발행의뢰인이 신용장의 발행 및 조건변경을 의뢰할 때나, 또는 발행은행이 신용장을 발행 및 조건변경할 때 신용장의 구성내용에 관한 구체적 지시나 그 기재사항이 완전하고 정확하지 않으면 안 된다는 말인데, 이를 지시내용의 완전 · 명확성 원칙(doctrine of completeness and preciseness)이라 한다. 따라서 발행의뢰인은 신용장을 발행의뢰하거나 조건변경의뢰 시 필요사항을 완전하고 정확하게 기재하여 의뢰해야 되지만, 그

41) UCP600 Sub-Article 4(b): A beneficiary can in no case avail itself of the contractual relationships existing between banks or between the applicant and the issuing bank.

42) UCP500 Article 5.

러한 지시에 따라 행동하는 발행은행이 발행한 신용장이나 조건변경서 그 자체의 내용도 객관적으로 볼 때 완전하고 정확해야 된다.

그런데 만약 발행된 신용장이나 조건변경된 내용이 불완전하거나 불명확한 경우 그로 인해 발생하는 손해는 누가 책임지게 되는가?

이 문제에 대한 대답은 그렇게 된 원인이 누구의 귀책사유로 인한 것인가에 따라 결정된다. 발행은행이 의뢰인의 지시사항을 준수 이행한 이상 신용장 그 자체와 조건변경의 내용이 불완전·불명확하여 발생한 손해는 최종적으로 의뢰인이 부담해야 되는 것으로 해석된다. 그럼에도 불구하고 구미제국의 일부 법원에서는 그 내용이 불완전·불명확한 신용장에 대해서는 발행은행 측에 불리한 판결을 하는 경우도 있으므로 발행은행은 자기 방어적 측면에서도 완전하고 정확한 신용장을 발행 및 조건변경해야 된다. 따라서 발행은행은 신용장 발행의뢰서나 조건변경의뢰서상의 지시내용을 면밀히 점검하되 부정확한 내용이 있으면 보다 적극적인 자세로 의뢰인에게 그 수정을 요구하는 것이 바람직하다.

신용장의 발행 및 조건변경의 지시사항이 불완전·불명확한 경우란 예컨대 ① 유효기간이 기재되어 있지 않은 신용장, ② 신용장의 사용방법에 관한 명시가 없는 신용장, ③ 필요서류에 관한 정확한 명시가 없는 신용장,[43] ④ 지시내용이 애매한 신용장,[44] ⑤ 기타 은행자신도 유권해석을 정확히 할 수 없는 애매한 문언이 들어가 있는 신용장 등이 이에 해당된다.

### 2) 과도세밀규정 방지의 원칙

과도세밀규정(過度細密規定) 방지란 과도할 정도로 지나치게 세밀한 명세를 기재하지 못하도록 방지해야 된다는 말이다.

그런데 과연 어느 정도의 명세가 과도 세밀한 명세인가? 그리고 누가, 어디에, 왜 과도세밀 규정을 하려고 하는가? 또한 그럴 경우 누가, 왜, 어떻게 그것을 방지해야 된다는 말인가?

---

43) Documents required: one set of transport documents.

44) L/C must be issued as soon as possible.

과도세밀 명세(excessive details)란 ICC의 견해[45]에 따르면 신용장상의 명세가 신용장거래의 혼란과 오해를 초래할 정도의 명세를 말한다. 예컨대 수익자가 취득할 수 없을 정도로 지나치게 복잡한 내용의 서류를 요구하고 있거나 또는 특정의 서류상에 일반적으로 기재되지 않는 전문용어를 요구하고 있어서 수익자뿐만 아니라 모든 당사자에게 혼란과 오해를 야기할 수 있는 그런 정도의 명세는 과도세밀 명세로 볼 수 있다.

신용장거래는 서류거래이기 때문에 수입상은 자기가 수입하고자 하는 물품의 명세 등을 아주 자세하고도 구체적으로 세밀하게 신용장상에 규정하기를 원한다. 그렇게 하면 그러한 명세에 걸 맞는 품질증명서가 발행되고, 그러한 품질증명서의 입수는 곧 매매계약상의 약정물품과 일치하는 물품의 인수가 보장된다고 믿기 때문이다.

수입상 측의 그러한 입장은 이해된다고 치더라도, 그처럼 과도세밀 규정이 포함된 신용장의 수익자는 그러한 신용장조건에 서류를 일치시키기 위하여 많은 시간과 노력을 허비해야 될 뿐만 아니라 어렵게 작성한 서류에 대해서도 은행이 과연 쉽게 매입 및 지급에 응해줄지 불안할 수밖에 없게 된다. 매입 또는 발행은행 측도 그러한 조건을 일일이 대조 및 심사하는 데 많은 시간과 노력이 필요할 뿐만 아니라 서류의 일치성여부를 판단함에 있어서 자신의 지식과 경험으로는 용이하게 판단하기 어려운 점이 있을지도 모른다는 의구심을 가질 수도 있으며, 행여 어떤 함정이 있는 것은 아닌가라는 불안을 느낀 나머지 선뜻 매입 및 지급에 응하지 않을 수도 있다. 심지어 과도세밀 규정이 포함되어 있는 신용장 하에서는 서류가 신용장조건과 일치하지 않다는 이유로 수입상인 신용장발행의뢰인이 서류의 인수를 거절하고 신용장대금의 상환을 정당하게 거절할 수 있는 구실로 악용될 여지도 없지 않다. 또한 지나치게 과도한 명세를 신용장상에 규정한 나머지 신용장의 조건 상호간에 모순이 생겨 결국 발행의뢰인이 손해를 보게 될 수도 있다.

이상과 같은 이유로 과도세밀 규정은 그 해석상 당사자간에 혼란과 오해의 요인이 될 수 있으므로 발행은행은 발행 및 조건변경 의뢰인의 그러한 시도를 사전에 방지하여야 된다. 이는 발행은행의 의무임과 동시에 권한사항이다.

---

45) ICC Publication No. 459, Case No. 8.

## 6. 사기거래배제의 원칙과 지급금지명령

사기거래배제의 원칙(Fraud Rule)은 신용장의 독립성, 서류거래의 원칙과 상반되는 원칙으로서 비록 서류가 신용장조건에 일치하더라도 위조 또는 사기에 의한 허위 작성된 서류라는 것이 밝혀지면 은행은 이를 수리할 의무가 없으며 지급거절할 수 있다는 것으로 특별한 경우(사기사실에 대한 명백한 입증, 사기사실에 의하여 피해가 발생하여야 함 등의 경우)에만 인정되는 예외규칙이다.

지급금지명령(Injunction)이란 우리나라의 가처분에 해당하는 것으로 신용장거래에서는 신용장발행은행에 대금지급을 금지하는 법원의 결정을 의미한다. 그러나 이것은 신용장거래가 서류거래라는 대원칙을 훼손하는 것이므로 사기(fraud)와 같은 불법성에 기인한 injunction 적용은 엄격히 제한되어야 한다. 만약 발행의뢰인이 법원에 수익자로 하여금 서류의 제시를 못하게 하거나 은행에 지급을 금지하기 위한 가처분(injunction)을 신청하는 경우, 법원은 가처분을 내리기 전에 명백한 사기의 증거(clear proof of fraud)를 요한다는 판례가 있다. 또한 만약 수익자의 행동이 매매계약을 무효화시킬 정도가 아니라면 의도적인 기망이 있고 외면적인 행위가 부족(lack of colorable basis)하였다고 할지라도 대금의 지급거절을 정당화할 수 없다는 판례도 있다.

신용장통일규칙의 경우에는 사기나 위조에 관한 규정을 마련하고 있지 않기 때문에 Injunction은 신용장 본질을 훼손하는 것으로 볼 수 있다. 수입상 보호라는 명문 하에 법원이 발행은행에 지급정지 가처분 명령인 Injunction을 남발한다면 신용장의 기본원리인 독립·추상성은 아무 의미가 없게 되고 위험을 이유로 매입은행이 매입을 거절할 가능성이 있게 될 것이다.

특히 중국, 베트남 등과 같은 일부 국가에서는 수입상이 법원에서 부당하게 injunction결정을 받아 신용장대금 지급을 회피하는 사례가 있다. 이들 국가의 법원은 선진국과는 달리 injunction 결정을 남발하고 있다.

Principle of Injunction(지급금지명령의 원칙)은 미국 통일상법전(UCC, Uniform Commercial Code)에서 서류가 사기적 또는 위조인 경우에 있어 발행은행의 지급거절권이나 지급의무의 범위를, 그리고 발행의뢰인의 지급금지명령 획득가능성을 명문화한 것을 의미한다. 그러나 신용장통일규칙의 경우에는 사기나 위조에 관한 규정을 마련하고 있지 않기 때문에 Principle of Injunction은 신용장의 본질(독립성, 추상성)을 훼손하는 것으로 볼 수 있다. Injunction(법원의 지급금지명령)은 수입상을 보호한다는 취지는 인정하지만, ① 발행은행의 대금지급 이전일 것, ② 수출상의 사기행위에 대한 명백하고 확실한 증거가 존재할 것, ③ 매입은행의 피해가 없을 것 등의 요건을 갖춘 경우에 한정하여 적용되어야 할 것이다.

제시된 서류가 위조·변조되었거나 신용장대금 지급청구가 사기적인 경우에는 일정한 요건 하에 발행은행은 지정은행의 대금상환이나 수익자의 지급청구를 거절할 수 있고 또한 거절하도록 제한을 할 수 있다는 것이다. 이를 이른바 사기거래 배제의 원칙(Fraud Rule)이라 하는데, 독립성의 원칙에 대한 예외로서 이를 인정하는 이유는 사기적인 청구를 하는 수익자의 부당이득을 방지하고자 하는데 그 목적이 있다.

## Ⅵ. 신용장의 종류와 그 특성

### 1. 무역형태에 따른 분류

신용장은 무역형태에 따라 수출신용장(export credit)과 수입신용장(import credit)으로 구분할 수 있다. 그런데 이러한 구분은 큰 의미가 없다. 왜냐하면 동일한 신용장인 경우에도 수출상의 입장에서 보면 수출신용장, 수입상의 입장에서 보면 수입신용장이 되기 때문이다. 그렇지만 무역거래에서 이용되고 있는 모든 신용장은 수출 아니면 수입신용장의 범주에 해당된다.

### 2. 신용장발행 주체에 따른 분류

신용장은 발행주체가 누구냐에 따라 개인신용장(personal credit)과 은행신용장(bank credit)으로 구분할 수 있다. 특정 개인이 자기의 신용을 바탕으로 발행한 신용장이 개인발행신용장이고, 은행이 은행의 신용을 바탕으로 발행한 신용장을 은행신용장이라 한다. 초기의 신용장은 개인신용장의 형식을 취했다. 그러나 오늘날과 같이 무역대금결제수단으로 이용되는 것은 모두가 은행발행 신용장에 해당된다.

## 3. 신용장발행 통신수단에 따른 분류

어떤 통신수단을 이용하여 신용장이 발행되었느냐에 따라 우편신용장(mail credit)과 전신신용장(cable credit)으로 구분할 수 있다. 우편수단을 이용하여 발행된 신용장을 우편신용장이라 하고, 전신으로 발행된 신용장을 소위 전신신용장이라 한다.

여기에서 말하는 전신에는 텔렉스(telex), 팩스(fax), SWIFT 방식을 포괄한다. 오늘날 신용장이 우편으로 발행되는 경우는 거의 없고, 텔렉스 및 팩스로 발행되는 경우는 있지만, 대부분의 경우에는 SWIFT 시스템에 의한 신용장이 이용되고 있다. SWIFT 신용장에 관한 구체적인 것은 후술하기로 한다.

## 4. 신용장의 용도에 따른 분류

신용장이 상업용도로 이용되느냐 아니면 상업용도 이외의 금융목적으로 이용되느냐의 여부에 따라, 상업용도를 목적으로 발행되는 신용장을 상업신용장(commercial credit), 그 이외의 목적으로 발행된 신용장을 비 상업용신용장(non-commercial credit)이라 한다. 소위 여행자신용장(traveller's credit)[46]이 비 상업용신용장에 해당되고, 무역거래에서 대금결제수단으로 이용되는 신용장은 모두가 상업신용장의 범주에 속한다.

---

46) 여행자신용장은 여행자가 여행 시 현금휴대의 불편을 덜 목적으로 자기의 거래은행에 필요한 대금을 선납하고 여행자신용장을 발행받은 후, 여행지 국의 은행(발행은행의 본·지점 또는 환거래은행)에 가서 현금으로 찾아 쓸 수 있는 조건의 신용장이다. 여행자신용장은 ① 발행의뢰인(applicant)과 수익자(beneficiary)가 동일하고, ② 무담보신용장(clean credit)이며, ③ 요구 시 즉시 지급된다는 특징이 있다. 오늘날은 신용카드(credit card)와 여행자수표(traveller's check: T/C)가 주로 이용되고 여행자신용장은 잘 이용되지 않는다.

## 5. 원신용장 여부에 따른 분류

신용장은 그것이 원신용장(原信用狀)이냐 아니냐의 여하에 따라 원신용장과 견질신용장(見質信用狀)으로 구분할 수 있다.

원신용장(original credit)이란 외국 수입상의 요청과 지시에 따라 수출상에게 통지되어온 신용장을 말한다. 일반적으로 실무에서 신용장이라고 하면 이 같은 원신용장을 지칭한다. 원신용장은 "Master L/C, Prime L/C, Mother L/C"로 호칭되기도 한다.

한편 원신용장의 수익자가 이의 원활한 이행을 위해 자신의 책임으로 원신용장을 견질로 해서 제2의 신용장(secondary credit)을 발행하게 되는데, 이를 견질신용장(back to back credit)[47]이라 한다. 이러한 견질신용장의 발행범위는 원신용장의 범위 내로 제한되지만, 그러한 범위 내에서 여러 개의 신용장으로 분할하여 발행하는 것은 무관하다. 그리고 내국인을 대상으로 발행되는 견질신용장을 내국신용장(local credit)이라 하고, 제3국의 거주자 앞으로 발행되는 것을 "보조신용장(subsidiary credit)"이라 한다. 또한 원신용장이 없이는 이상과 같은 견질신용장은 발행될 수 없다는 측면에서 이를 "Baby L/C"라고도 한다.

## 6. 신용장의 취소가 · 부에 따른 분류

### 1) 취소불능신용장(取消不能信用狀)

취소불능신용장(irrevocable credit)이란 일단 발행된 신용장은 관계당사자 전원(all concerned parties)의 동의 없이는 취소(cancel)나 조건변경(amendment)이 불가능한 조건의 신용장을 말한다. 무역대금결제수단으로 이용되고 있는 신용장은 거의가 이 취소불능신용장이다.

신용장을 취소하거나 조건변경할 때 동의를 구해야 되는 당사자는 발행은행과 수익자인데, 단 신용장이 확인된 경우에는 확인은행(confirming bank)이

47) "Back to back credit"은 후술하게 될 구상무역(compensation trade)에서 "동시발행 신용장"의 의미로 사용되기도 한다.

이들에 추가된다.[48] 동의를 구해야 되는 이들 당사자에 발행의뢰인이 포함되어 있지 않다고 하여 발행의뢰인의 의사와는 관계없이 신용장을 조건변경하거나 취소할 수 있다는 말은 아니다. 왜냐하면 발행은행이 신용장을 발행할 때 발행의뢰인의 요청과 지시에 따르듯이, 신용장을 취소하거나 조건변경할 때에도 발행은행은 발행의뢰인의 요청과 지시에 따르게 되기 때문이다. 신용장거래에서 발행의뢰인은 발행은행을 통해서만 자기의 의사를 표명할 수 있다는 말이다. 그래서 신용장거래의 기본당사자에 발행의뢰인을 포함시키지 않아도 같은 결과가 된다.

### 2) 취소가능신용장(取消可能信用狀)

취소가능신용장(revocable credit)이란 관계 당사자 전원의 합의는 물론 수익자에게 사전통지 없이도 발행은행이 일방적으로 언제든지 취소(取消)나 조건변경할 수 있는 조건의 신용장을 의미한다.

신용장이 취소불능인지 취소가능인지의 여부는 신용장을 보면 알 수 있다. 신용장에 "Irrevocable"이란 표시가 있는 것은 당연히 취소불능신용장이고, "Revocable"이라는 표시가 있는 것은 취소가능신용장인데, 취소가부의 명시적 표시가 없는 신용장은 취소불능으로 간주된다.

취소불능신용장은 수익자가 알지 못하는 상태에서 발행은행에 의해 언제든지 취소될 수도 있기 때문에 수출상의 입장에서 보면 불안전한 결제수단임에 틀림없다. 그럼에도 불구하고 취소가능신용장이 이용될 수 있는 여지는 무엇인가? 예컨대 취소불능에 비해 취소가능신용장의 발행수수료도 상대적으로 저렴하기 때문에 신용장이 취소될 수 있는 여지가 없는 본・지사간이나 신용이 쌓인 단골 거래선간에 이용될 수 있다. 그리고 수출상이 다량의 물품재고를 갖고 있고, 그러한 사실을 알고 있는 수입상의 강력한 요구에 마지못해 응하게 되는 경우 취소가능신용장이 이용될 수 있다. 취소가능신용장 하에서는 계약이행기가 도래하거나 그 전에 계약물품의 국제 또는 국내가격이 하락하면 일방적으로 해당 신용장을 취소하고 물품을 수입하지 않을 수도 있기 때문에 수입상측

---

48) UCP600 Sub-Article, 10(a).

이 유리하다.

취소가능신용장인 경우에도 취소불능신용장과 동일한 법률적 효력이 인정되는 경우가 있다. 예컨대 신용장 취소의 통지가 통지은행에 도달되기 전에 결제되거나 매입이 이미 행해졌다면 당사자 전원은 이에 구속된다. 따라서 취소의 통지가 있기 전에 이미 행해진 결제나 매입에 대하여 발행은행은 책임져야한다.

#### 3) 조건부 취소불능신용장(條件附 取消可能信用狀)

외견상으로는 취소불능신용장인데 일거에 신용장의 기능을 무력화시킬 수 있는 소위 특수조건(special instruction)[49]이 신용장에 명기되어 있는 신용장을 조건부취소불능신용장(conditional irrevocable credit)이라 한다. 그러한 특수조건이 포함되어 있는 신용장은 발행은행이나 발행의뢰인의 일방적인 행위에 의거 그 이행여부가 좌우될 수 있으므로 주의를 요한다.

### 7. 운송서류의 첨부여부에 따른 분류

#### 1) 화환신용장(貨煥信用狀)

국제무역거래를 무역거래와 무역외거래로 구분할 때 무역거래는 재화 즉 물품(goods)이, 무역외거래는 운임(freight)이나 보험료(insurance premium) 및 수수료(charge)와 같은 용역(service)이 거래의 주된 대상이다. 그러므로 무역거래의 경우에는 거래의 대상이 물품이므로 물품의 이동이 발생하고 이러한 물품을 대표하는 물권증권(document of title)이 발행되는데 반하여, 무역외거래의 경우에는 그 같은 권리증권이 존재하지 않는다.

따라서 화환신용장(documentary credit)이란 무역대금 즉 물품의 직접적 결제수단으로 사용되는 소위 무역신용장(trade credit)으로써 화물을 대표하는 물권증권을 포함한 운송서류의 제시를 결제(honour) 또는 매입의 전제조건으로 삼는 신용장을 말한다. 즉 물권서류에 해당하는 선하증권(bill of lading)이

---

49) 예컨대 ① Shipment is subject to further instructions by buyer. ② The commercial invoice must be counter-signed by buyer's agent. ③ The name of the ship will be notified by buyer. ④ Shipment must be approved by buyer prior to shipment. etc.

포함된 운송서류와 상환으로 신용장대금을 지급해주겠다고 규정되어 있는 신용장이 곧 화환신용장이다. 이처럼 화환신용장의 경우에는 운송서류가 제시되고, 운송서류를 소유한 자가 물품의 소유권을 행사할 수 있으므로 운송서류는 화물에 대한 담보의 역할을 한다. 담보의 역할을 한다고 해서 이를 담보신용장(擔保信用狀)이라고도 부른다. 이 같은 이유에서 화환신용장이 오늘날 대부분의 무역거래에서 주로 이용되고 있다.

### 2) 무담보신용장(無擔保信用狀)

권리증권을 포함한 운송서류의 제시를 결제 또는 매입의 전제조건으로 규정하고 있지 않은 신용장을 무담보신용장(clean credit)이라 한다. 이 신용장 하에서 수익자는 첨부할 운송서류가 아예 없거나 있더라도 그러한 운송서류가 아닌 자신이나 수입상이 발행한 단순한 진술서(statement)나 영수증(receipt)과 같은 것을 제시하고 결제 또는 매입을 청구하게 된다.

그런데 무담보신용장은 그 용도가 무역결제용이냐 아니면 무역외결제용이냐에 따라 다시 다음과 같이 분류할 수 있다. 무역결제용이란 물품이 이동되고 그에 따른 운송서류도 있지만 그러한 운송서류 대신에 다른 서류로 결제 또는 매입할 수 있는 무담보신용장의 형태를 말하고, 무역외결제용이란 거래의 대상이 물품이 아니라 운임, 보험료, 서비스 요금과 같은 용역거래나 또는 금융목적의 무역외거래 시에 결제수단으로 이용되는 무담보신용장의 형태를 말한다.

#### (1) 무역결제용

① **화환무담보신용장**(documentary clean credit) : 이는 담보로 제공할 운송서류가 있기는 있는데 이를 담보용으로 제시하도록 요구하고 있지 않는 조건의 신용장이다. 이 경우 수익자는 환어음은 은행에 제시하고 운송서류는 수입상 앞으로 직송하게 되는데, 이 점만이 화환신용장과 다르다. 그 결과 은행은 담보권을 확보하지 못하게 되므로 수입상과 발행은행이 동일계열회사이거나 신용장대금이 선납된 경우가 아니면 발행은행은 화환무담보신용장을 선호하지 않는다.

② **물품수령신용장**(cargo receipt credit) : 이는 물품수령증(cargo receipt)이

나 그에 갈음하는 확인서 등을 제시하면 결제 또는 매입해주겠다는 조건의 신용장이다. 이 신용장은 원양어업에서 이용되는데, 예컨대 원양어선이 공해에서 포획한 수산물을 직접 해외의 수입업자에 인도할 경우 그로부터 받은 물품수령증을 은행에 제시하고 약정된 조건에 따라 지급받게 된다.

③ **내국신용장**(local credit) : 내국신용장이란 외국에서 발행된 원신용장(original credit)을 견질로 해서 원수익자(original beneficiary)의 요청으로 국내물품공급자를 수익자로 하여 발행되는 국내유통신용장을 말한다. 따라서 이 경우 수익자는 무역관련 운송서류가 아니라 인수자가 발행한 물품수령증을 은행에 제시하고 약정된 조건에 따라 지급받게 된다. 내국신용장의 경우 발행의뢰인은 원신용장의 수익자가 되며, 발행은행은 수익자의 국내거래은행이 되고, 수익자는 국내의 물품공급업자 또는 생산업자가 된다.

내국신용장하에서 수출업자는 서류가 제시될 때까지 은행금융을 활용하여 공급물품의 대금을 미리 지급하지 않아도 되며, 은행 측의 지급약정으로 유리한 물품공급계약을 맺을 수 있다. 반대로 국내에서 물품을 공급하는 공급업자는 발행은행의 지급약정으로 신용위험을 최소화할 수 있고, 내국신용장을 담보로 무역금융을 받을 수 있으며, 법인세, 물품세, 영업세 등의 세제상의 혜택은 물론 국내의 수출상에게 물품을 공급해주고도 이를 수출실적으로 인정받을 수도 있다.

이 밖에 내국신용장의 주요 특징은 ① 취소불능이고, ② 양도불능이어야 된다는 점, ③ 신용장통일규칙의 준거문언이 기재되어야 된다는 점, 발행은행을 지급장소로 하는 ④ 일람출급환어음(sight bill)의 발행을 전제로 한다는 점, ⑤ 원신용장이 없으면 내국신용장이 발행될 수 없다는 점, 그럼에도 불구하고 이들 양 신용장거래는 ⑥ 각기 독립된 별개의 신용장거래로 간주된다는 점 등을 들 수 있다.

### (2) 무역외결제용

물품의 이동여부와 운송서류의 존재여하에 따라 다음과 같이 분류할 수 있다. 앞에서 본 바와 같이 화환신용장과 무담보신용장은 담보용으로 운송서류가 첨부되느냐의 여부에 따른 분류이고, 무담보신용장은 그것이 무역결제수단으로 이용되느냐 아니면 무역외 결제수단으로 이용되느냐의 여하에 따라 다시 다음과 같이 구분할 수 있다.

① **여행자신용장(traveller's credit)** : 이는 신용장의 용도에 따른 분류에서 약술한 바 있으므로 설명은 생략한다.

② **보증신용장(stand-by credit)** : 보증신용장(保證信用狀)이란 이행기가 도래하였음에도 채무자가 채무를 이행하지 않을 경우 무담보어음(clean bill)을 제시하면 이를 발행한 은행이 무조건 지급해주겠다는 일종의 지급보증서이다. 보증신용장은 무역외 결제수단으로 이용되는 것이기 때문에 발행목적이 물품의 인수에 있지 않고 금융서비스의 목적으로 이용된다. 보증신용장의 주요 특징은 ① 수출·입 물품의 대금결제수단이 아니라 무역외 결제수단으로 발행된다는 점, ② 금융제공의 목적으로 발행되는 무담보신용장이라는 점, ③ 주로 은행 대 은행간 지급보증서의 형식을 취한다는 점이다.

보증신용장은 주로 금융제공의 목적으로 발행되는데, 이때 보증신용장은 다음과 같은 용도로 이용된다.

① 현지융자 시 보증서
② 신용장발행담보금(credit issuing bond)
③ 국제입찰보증금(bid bond/Tender bond)
④ 계약이행보증금(performance bond)
⑤ 선수금환급보증금(advance payment bond)
⑥ 하자수선보증금(maintenance bond)
⑦ 유보금환급보증금(retention payment bond) 등

## 8. 신용장의 확인여부에 따른 분류

발행은행에 의해 발행된 신용장이 제3의 은행에 의해 확인(confirmation)되었느냐 아니냐의 여부에 따라 확인신용장(確認信用狀)과 불확인신용장(不確認信用狀)으로 구분할 수 있는데, 확인된 신용장을 확인신용장(confirmed credit), 확인이 추가되지 않은 것을 불확인신용장(unconfirmed credit)이라 한다.

확인신용장이란 발행은행의 지급약정에 추가하여 제3의 은행이 한번 더 지급을 약정하고 있는 신용장이기 때문에 만약 발행은행이 지급불능에 처한 경우에도 수익자는 확인은행으로부터 지급받을 수 있다. 이처럼 확인신용장의 경우 수익자는 이중으로 지급을 보장받고 있기 때문에 그만큼 더 유리하게 된다.

## 9. 환어음의 발행여부에 따른 분류

신용장에서 환어음이 발행・제시되도록 요구하고 있느냐 아니냐의 여하에 따라 어음조건부신용장과 무어음조건부신용장으로 구분할 수 있는데, 환어음을 요구하고 있는 조건의 신용장을 어음조건부신용장(credit with draft)이라 하고, 그렇지 않은 경우를 무어음조건부신용장(credit without draft)이라 한다.

직접약정이나 수권약정 중 어느 경우이든 어음조건부나 무어음조건부 신용장이 이용될 수 있다. 그리고 연지급신용장을 제외한 모든 신용장은 어음조건부신용장이 될 수 있다. 오늘날 실무에서는 어음조건부신용장이 주로 이용되고 있으나, 앞으로는 무어음조건부신용장의 이용이 증대될 수 있을 것으로 보인다. 다만 일람지급이나 매입을 규정하고 있는 지급이나 매입신용장인 경우에는 환어음이 발행될 수도 그렇지 않을 수도 있지만, 그러나 인수를 규정하고 있는 인수신용장인 경우에는 반드시 어음조건부신용장일 수밖에 없다.[50)]

50) UCP600 Article 2.

## 10. 대금지급방법에 따른 분류

### 1) 매입신용장(買入信用狀)

확인은행을 포함한 지정은행이 일치하는 제시에 대하여 환어음 및/또는 서류를 매수하는 것이 곧 매입이므로 그러한 은행의 추심 전 매입이 허용되어 있는 조건의 신용장이 매입신용장(negotiation credit)이다. 매입이 허용되어 있지 않은 신용장을 매입불능신용장(non-negotiable credit)이라 한다. 매입신용장에는 기한부매입신용장과 일람출급매입신용장이 있다.

본 신용장하에서 소정의 환어음 및/또는 서류가 제시되면 발행은행은 수익자나 매입은행 등 선의의 소지인에게 상환청구권(right of recourse)을 행사하지 않는 조건으로 지급하여야 한다. 따라서 발행은행은 추후 발행의뢰인의 지급거절 및 불능을 이유로 이미 수익자나 매입은행에게 지급한 매입대금의 반환을 청구할 수 없다. 확인은행 또한 발행은행과 동일한 책임을 부담하므로 수익자나 매임은행에게 상환청구권을 행사할 수 없다. 그러나 매입한 환어음이 부도 반환된 경우 문제의 신용장을 확인하지 않은 단순 매입은행은 수익자나 환어음발행인에게 지급한 매입대금의 반환청구를 인정한 경우[51]도 있다.

매입신용장의 주요 특징은 ① 어음조건부일 수도 무어음조건부일 수도 있다는 점, ② 매입은행이 특정은행으로 제한되거나 개방될 수도 있다는 점, ③ 일람출급신용장(sight L/C) 또는 기한부신용장(time L/C)으로도 사용될 수 있다는 점, ④ 지정은행(확인은행 포함)만이 매입할 수 있다는 점, ⑤ 매입은행이 매입대전을 발행은행의 예치계정(deposit account)에서 차기할 수 있다는 문언이 없어야 된다[52]는 점, ⑥ 매입되면 신용장에 매입사실이 배서(endorsement)되어야 된다는 점이다.

그리고 매입이 특정 은행으로 제한되는 경우에는 수출지의 통지은행이 매입은행으로 지정되는 것이 일반적이며, 개방되는 경우에는 수익자가 판단하여 유

51) ICC Document 470/297, 470/300.

52) 그러한 문언이 있는 신용장은 매입신용장이 아니라 지급조건부신용장(payment credit)으로 보아야 하기 때문이다. 따라서 매입신용장에서 매입은행이 매입서류를 발행은행에 송부하면 발행은행은 이들 서류의 일치여부를 심사하고 이상이 없으면 매입은행의 지시에 따라 상환해주는 조건의 신용장이다.

리하거나 편리하다고 판단되는 은행에 매입을 의뢰하면 된다.

### 2) 지급신용장(支給信用狀)

지급(payment)이란 신용장대금을 바로 지급해준다는 의미이며, 그러한 의미의 지급을 약정하고 있는 신용장이 지급신용장(payment credit)이다. 다시 말해서 일치하는 제시(complying presentation)와 상환으로 즉시 신용장대금을 수익자에게 지급해주는 조건의 신용장을 말한다. 수익자가 직접 발행은행이나 발행은행이 지정한 지정은행에 서류를 제시해야 지급받을 수 있다는 점에서 이를 "Straight Credit"이라고도 부른다.

지급신용장의 주요 특징은 ① 원칙적으로 환어음이 없어도 되는 무어음조건부신용장으로 볼 수 있다는 점, ② 서류가 제시되면 바로 지급이 이루어진다는 점, ③ 신용장의 이면에 매입사실의 배서를 요하지 않는 비배서신용장(non-notation credit)이라는 점이다. 그리고 일반적으로 통지은행이 지급은행으로 지정되는데, 지정은행은 발행은행의 본・지점이거나 예치환거래은행이 된다.

[그림 5-1] 지급신용장 거래 과정

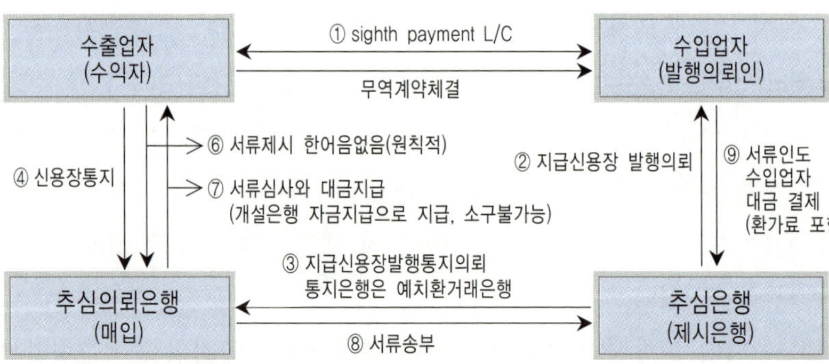


### 3) 인수신용장(引受信用狀)

인수(acceptance)란 환어음(bill of exchange)을 인수한다는 의미이며, 제시된 서류와 환어음 즉 화환어음(documentary bill of exchange)이 일치한

제시(complying presentation)로 판단되면 환어음을 인수하고, 인수한 환어음의 지급만기일이 도래하면 그때는 무조건 지급하겠다는 조건의 기한부신용장을 인수신용장(acceptance credit)이라고 한다.

환어음의 인수는 발행은행이 직접 인수하는 경우와 지정은행이 인수하는 경우가 있다. 발행은행이 직접 인수하는 조건부인 경우에는 자행을 지급인으로 하여 발행·제시된 환어음과 서류가 일치하는 제시로 판단되면 직접 이를 인수하고 만기에 무조건 지급하여야 한다. 지정은행이 인수하는 조건부인 경우에는 지정은행이 이를 인수하고 만기에 지급한다. 그러나 지정은행이 어떤 이유로 어음을 인수하지 않거나 인수는 했으나 만기에 지급하지 않거나 못하게 되면 그때에는 발행은행이 대신 인수하거나 지급하여야 한다.

인수신용장의 주요 특징은 ① 어음조건부신용장이라는 점, ② 기한부신용장(usance credit)이라는 점, ③ 선 환어음의 인수, 후 만기일에 지급된다는 점, ④ 비배서신용장이라는 점이다. 그리고 일반적으로 통지은행이 인수은행으로 지정되며, 인수은행은 발행은행과 본·지점간이거나 예치환거래은행인 경우가 일반적이다.

#### 4) 연지급신용장(延支給信用狀)

연지급(deferred payment)이란 지급을 일정조건에 따라 일정기간 연기한다는 의미로서 일종의 지급후불을 뜻한다. 따라서 상당한 일정기간 동안 지급을 연기하였다가 신용장상에 약정되어 있는 바에 따라 지급하겠다고 약정되어 있는 조건의 신용장을 연지급신용장(deferred payment undertaking credit)이라 한다.

국제무역거래를 단기성 상환거래와 중·장기성 상환거래로 구분할 때, 1970년대부터 국제간에 교역량은 물론 플랜트(plant)수출과 같은 중·장기성 상환거래가 증대하였다. 그래서 무역대금의 지급기한이 관례적으로 인정되어오던 기한보다 현저히 장기화되고 지급방법도 분할지급방식이 늘어나게 되었다. 그러한 시대적 요구에 부응하여 생겨난 것이 연지급신용장인데 이는 1983년의 제4차 개정신용장통일규칙에서 처음으로 도입된 제도다.

사실 연지급신용장은 후술하게 될 기한부신용장(usance credit)과 유사하므로 기한부신용장으로 대용될 수도 있다. 그러나 연지급기한이 통상적인 경우보다 특히 장기이고, 프랑스나 독일 같은 나라에서는 환어음발행에 따른 인지세가 특히 비싸므로 이의 발행을 기피하는 경향이 있으며, 그 결과 인지세를 절약할 목적에서 연지급신용장이 이용되고 있다. 따라서 기한부신용장의 경우에는 환어음이 발행되는데 반하여 연지급신용장에서는 환어음이 발행되지 않고 연지급확약서(deferred payment undertaking)가 이용된다.

연지급신용장의 수익자는 계약을 이행하고 그러한 사실을 증명하는 약정된 서류를 구비하여 지정은행에 제시하면 서류상에 하자가 없는 한 은행은 연지급확약서를 발행해준다. 연지급확약서를 발행받은 수익자는 약정된 방식에 따라 대금을 결제받게 된다. 환어음이 없기 때문에 연지급확약서가 발행된다는 점을 제외하면 인수조건부신용장과 유사하다. 다만 수익자는 환어음의 할인(discount)을 통해 즉시 수출대금을 회수할 수 없다는 단점이 있다. 그래서 UCP600은 연지급확약서를 담보로 지정은행이 수익자에게 신용장대금을 선지급할 수 있도록 허용하고 있다.

연지급신용장의 주요 특징은 ① 무어음조건부신용장이라는 점, ② 기한부신용장이라는 점, ③ 연지급확약서가 발행된다는 점, ④ 비배서신용장이라는 점이다. 그리고 일반적으로 수출지의 통지은행이 연지급은행으로 지정되며, 지정은행은 발행은행과 본 · 지점간이거나 예치환거래은행인 경우가 일반적이다.

[그림 5-2] 연지급신용장 거래 과정

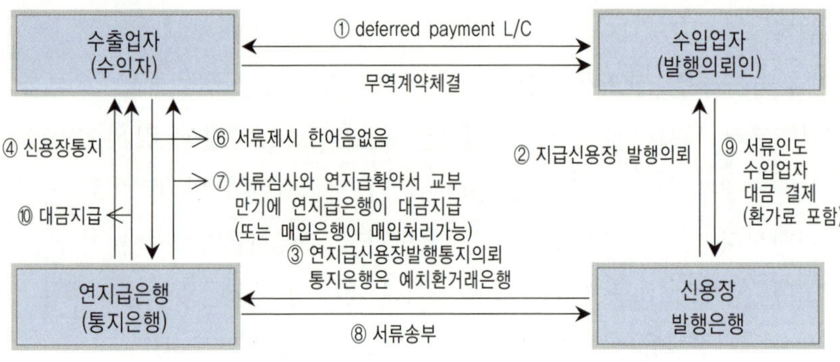

## 11. 대금지급시기에 따른 분류

### 1) 일람출급신용장(一覽出給信用狀)

일람출급신용장(sight credit)이란 서류가 일치하는 제시로 판단되면 즉시 신용장대금을 지급하겠다는 조건의 소위 현금거래 신용장을 말한다. 이처럼 일치하는 제시의 판단과 동시에 수출대금을 회수할 수 있으므로 수익자 측에게는 보다 유리한 조건의 신용장이다. 본 신용장하에서 지급지정은행은 일치하는 제시로 판단되면 신용장대금을 지급하여야 하나 지급지정은행이 지급하지 않으면 발행은행이 일람지급하여야 한다. 앞에서 설명한 지급신용장(payment credit)이 이에 해당된다. 따라서 일람출급신용장의 주요 특징도 지급신용장의 것과 같다. 특히 일람출급신용장의 경우에도 환어음이 요구될 수도 있고 요구되지 않을 수도 있는데, 환어음이 발행되는 경우 당연히 일람출급어음(sight bill)이 발행된다.

### 2) 기한부신용장(期限附信用狀)

기한부신용장(usance or time credit)이란 일치하는 제시로 판단되는 즉시 신용장대금이 지급되지 않고 소정의 약정된 만기가 도래하면 그때 지급하는 조건의 소위 외상거래 신용장을 말한다. 수익자는 선적을 완료하고 서류를 구비하여 이를 은행에 제시한 후 일정기간이 도래해야 비로소 대금을 지급받을 수 있기 때문에 수익자에게는 보다 불리하고, 반대로 수입상에게는 유리한 조건의 신용장이다. 앞에서 설명한 기한부매입신용장, 인수신용장, 연지급신용장은 모두 기한부신용장의 범주에 해당된다. 특히 이 같은 기한부신용장하에서는 기한부어음(usance bill)이 발행되는데 기한부어음은 만기일의 익일에 실제로 지급된다.

### 3) 전대신용장(前貸信用狀)

전대신용장(advance payment credit)이란 신용장대금의 일부 또는 전부를 약정물품이 선적되기 전에 수익자에게 미리 지급하도록 약정되어 있는 조건의 신용장을 말한다. 일명 선수금 또는 선지급 또는 선대신용장이라고도 한다. 또한 선 지급된 대금이 수출품의 집화 및 포장비용으로 사용된다는 점에서 포장신용장(packing credit), 전대문언(advance payment clause)[53]이 적색으로 표시되기도 한다는 점에서 이를 적색문언신용장(red-clause credit)이라고도 한다. 수익자가 선대자금을 수령할 당시에는 선적전이어서 운송서류가 없으므로 환어음만을 발행하면 된다.

실무에서 전대신용장이 이용되는 경우는 그리 흔치 않으나 이는 일국의 통화정책 및 국제수지와 밀접한 관련이 있으므로 우리나라에서도 외국환관리규정을 통해 이의 이용을 제한하고 있다.

실무적 측면에서 보더라도 상호 신뢰할 수 없는 당사자간에는 거의 이용되지 않고, 본・지사간 또는 동일계열사이나 특히 상호 신뢰도가 높은 당사자간에 금융목적으로 활용되는 경우가 있다. 즉 금리차요인(金利差要因)이나 환차손요인(換差損要因)으로 오는 충격이나 손해를 상쇄 및 완화시킬 목적이나 일시적 자금조달 목적으로 이용되거나 악용되기도 한다.

금리차요인으로 활용되는 경우는, 예컨대 저금리국가의 수입상이 고금리국가의 수출상으로부터 물품을 수입할 때 이 신용장을 활용하여 수입대금의 일부 또는 전부를 선 지급하고, 선 지급한 기간동안 금리차의 일정액을 물품가격에 반영하기로 합의한다면 양 당사자에게 공히 득이 될 수 있다.

환차손요인으로 활용되는 경우는, 예컨대 환율이 변경되면 그에 따른 환차손이나 환차익이 발생한다. 우선 수출상의 입장에서 볼 때 환율이 인상되면 원화값이 평가절하되므로 환차익이 발생하지만, 환율이 인하되면 원화값이 평가절상되므로 이때에는 환차손이 발생하게 된다. 그러므로 환율이 인상되면 환차익이 발생되므로 일반적으로 수출은 증가하지만 수입은 감소하고, 반대로 환율이 인하하면 환차손이 발생되므로 일반적으로 수입은 증가하지만 상대적으로 수출은 감소하게 된다. 환차익이 발생한다는 말은 미화 1달러에 대한 원화의

---

53) 예컨대 "We authorize the negotiating bank to pay in advance the sums not exceeding 30 percent of the above mentioned amount to the beneficiary against presentation of beneficiary's clean draft drawn at sight on the accountee." 또는 "We authorize the negotiating bank to pay the proceeds not exceeding 50 percent of the above mentioned amount to the beneficiary against presenting of the following documents."

교환비율이 예컨대 종래에는 1,000원이던 것이 지금은 1,100원이라고 가정할 때, 1달러어치의 물품을 수출하면 종래에 비해 100원의 이익이 생긴다는 말이다. 환차손이 발생한다는 말은 미화 1달러에 대한 원화의 교환비율이 예컨대 종래에는 1,000원이던 것이 지금은 900원이라고 가정할 때, 수출상이 1달러어치의 물품을 수출하면 종래에 비해 은행으로부터 900원을 받게 되므로 100원의 손해가 생기게 되는데 이 같은 손해를 환차손이라고 한다는 말이다.

따라서 환율이 인상될 것으로 예측되는 경우에 수출상은 지금 수출계약을 체결하는 것 보다가는 수출을 늦추는 것이 유리하므로 수출계약을 기피할 것이고, 수입상은 그와 반대의 입장에 놓이게 된다. 한편 환율이 인하될 것으로 예측되는 경우에 수출상은 하루라도 더 빨리 물품을 수출하고 수출대금을 영수하면 그 만큼 환차손을 줄일 수 있으므로 계약체결을 서두르게 될 것이고, 수입상은 하루라도 더 늦추고자 할 것이다.

그런데 만약 환율이 인하되는 추세에 있고, 그 인하폭도 크며, 그러한 추세 또한 상당기간 지속될 것으로 판단되는 경우, 대금결제가 늦어지면 늦어질수록 원화로 찾는 수출대금이 줄어들게 되므로 수출상은 수입상의 계약요구에 주저하게 될 것이다. 왜냐하면 계약을 지금 체결해도 물품을 제조·포장해서 선적하는데 소요되는 기간과 서류를 제시하여 대금을 지급받을 때까지의 기간을 고려할 때 상당한 환차손이 예상되기 때문이다. 일람출급신용장인 경우에도 그러한데 기한부신용장인 경우에는 더 큰 환차손이 발생하게 된다. 이때 달러이용권역의 수입상이 전대신용장을 열어주면 수출상은 신용장 수취와 동시에 수출대금의 일부 또는 전부를 원화로 찾을 수 있게 되므로 환차손을 줄일 수 있다.

또한 이 신용장이 악용되는 경우는, 예컨대 본·지사간에 일시적으로 자금을 융통할 목적에서 일단 전대신용장을 발행하고 소기의 목적이 달성되면 신용장을 취소하고 전대한 금액을 되돌려주는 방식으로 악용될 수 있다.[54]

#### 4) 할부지급신용장(割賦支給信用狀)

할부(installments)란 선적(shipment)이나 대금결제시기를 일정한 기한으

54) 우리나라에서도 부동산투기가 한창 기승을 부리던 1970년대 후반과 1980년대 초반 그런 사례가 많았었다.

로 분할하여 수회로 정해놓는 것을 의미한다. 수회로 정해진 분할기한이 도래하면 그때마다 할부분을 선적하도록 약정되어 있는 조건의 신용장을 할부선적신용장(installment shipment credit)이라 하고, 수입상이 운송서류를 인도받을 때는 착수금만 지급하고 잔액은 일정기간별로 분할하여 지급하도록 약정되어 있는 신용장을 할부지급신용장(installment payment credit)이라 한다. 이 같은 할부지급신용장[55]은 신용장대금이 거액인 경우에 주로 이용되므로 이 때 수입상의 자금부담을 덜어주기 위하여 거치기간(grace period)을 허용하는 경우도 있다.[56]

## 12. 매입은행의 지정여부에 따른 분류

### 1) 자유매입신용장(自由買入信用狀)

자유매입신용장(free-negotiable credit)이란 매입가능신용장의 한 형태로서 환어음 및/또는 서류를 매입할 매입은행(negotiating bank)을 수익자가 마음대로 선택할 수 있는 조건의 신용장을 말한다. 이처럼 매입은행이 특정 은행으로 지정되어 있지 않고 모든 은행에게 개방되어 있다는 점에서 개방신용장(open credit), 그리고 실무에서 일반적으로 가장 많이 이용되고 있다는 점에서 일반 또는 보통 신용장(general credit)이라고도 한다.

자유매입신용장하에서 발행은행으로부터 지급약정을 보장받고 있는 자는 환어음발행자인 수익자 외에도 어음배서인(endorser) 및 선의의 환어음소지인(bona-fide holder)이 모두 해당된다. 그리고 이 신용장의 주요 특징은 ① 모든 은행이 매입을 수권받고 있는 것과 같으므로 무예치환거래은행도 매입은행이 될 수 있다는 점, ② 어음조건부 또는 무어음조건부 신용장이라는 점, ③ 환어음의 이면에 배서를 요하는 배서신용장이라는 점이다.

자유매입신용장의 지급약정문언은 "We hereby agree with the drawer,

---

55) 할부지급신용장(installment payment credit)의 경우에는 분할지급이 원칙이며 분할지급기간도 통상적으로 1년 이상 3년 이내로 책정된다. 그런데 앞에서 언급한 연지급신용장(deferred payment credit)의 경우에는 대금의 분할지급이 인정되지 않는다.

56) 거치기간이란 원금은 그대로 둔 채 이자만 지급하는 기간을 말한다. 그리고 할부선적 및 할부어음발행에 관한 것은 부록의 UCP600 Article 32를 참조바람.

endorser and bona-fide holder of drafts drawn under and in compliance with the terms of this credit that such drafts shall be duly honored on presentation and sender of the documents."와 같다.

### 2) 매입제한신용장(買入制限信用狀)

매입제한신용장(negotiation restricted credit)이란 수출지에서 최종매입은 발행은행이 지정한 특정 은행에서만 이루어지도록 약정되어 있는 신용장을 말한다. 다시 말해서 수익자의 제1차 매입은행 선택권은 제한하지 않지만 단 수출지에서 발행은행 앞으로 서류를 직접 송부할 수 있는 최종매입은행이 특별히 지정되어 있는 신용장이 매입제한신용장이라는 말이다. 따라서 수출지에서 수익자의 환어음 및/또는 서류를 1차적으로 매입한 은행이 지정은행이 아닌 경우에는 매입한 서류를 발행은행에게 직접 송부할 수 없으므로, 이를 1차적으로 매입한 은행은 지정된 은행에 서류를 재매입(re-negotiation)하지 않으면 안된다. 그리고 재매입한 은행이 당해 서류를 발행은행 앞으로 송부하게 된다.

매입제한신용장의 주요 특징은 ① 수출지의 최종매입은행만이 지정되므로 환어음의 재매입이 발생될 수도 있다는 점, ② 환어음조건부 또는 무환어음조건부 신용장이라는 점, ③ 배서를 요하지 않는 비배서신용장이라는 점이다. 그리고 매입제한신용장임을 나타내는 문언의 예는 다음과 같다.

① Negotiation under this credit is restricted to ABC Bank.
② This credit is available with the advising bank.
③ Drafts drawn under this credit are payable by XXX bank.
④ This credit is available only through XXX bank.
⑤ Drafts drawn under this credit must be presented for negotiation on or before July 15, XXXX at the counter of the advising bank.

## 13. 상환청구가능 여부에 따른 분류

여기에서 말하는 상환(recourse)은 당연히 지급해줄 의무가 있는 자가 대금을 지급해준다는 의미의 상환(reimbursement)이 아니라, 이미 지급해준 대금을 되돌려 받거나 반환(pay-back)한다는 의미이다. 따라서 발행은행이나 확인은행이 지급불능에 처하거나 지급을 거절한 경우, 환어음의 선의의 소지인에 해당되는 매입은행이 수익자에게 이미 지급한 매입대금을 되돌려 받을 수 있느나 없느냐의 여부에 따라 매입대금의 반환을 청구할 수 있는 경우를 상환청구가능신용장(with recourse credit), 청구할 수 없는 경우를 상환청구불능신용장(without recourse credit)이라 한다.

취소불능신용장인 경우 발행은행이나 확인은행은 수익자가 제시한 화환어음(documentary bill of exchange)이 일치하는 제시로 판단하는 경우 수입상의 지급불능여부에 관계없이 이의 결제를 거절할 수 없다. 그러나 일치하는 제시가 아닌 것으로 판단하는 경우에는 이의 지급이나 인수를 거절할 수 있다. 만약 발행은행이 서류하자를 이유로 대금지급을 거절할 경우 문제의 환어음 및/또는 서류는 다시 매입은행에 반송되는데, 이때 매입은행은 상환청구가능신용장하에서는 수익자에게 이미 할인지급한 매입대금의 상환(recourse)을 청구할 수 있지만, 상환청구불능신용장인 경우에는 상환청구를 할 수 없다. 이 같은 상환청구는 선의의 어음소지인만이 행사할 수 있을 뿐 확인은행은 상환청구권(right of recourse)을 행사할 수 없다. 그리고 어음의 선의의 소지인은 주로 매입은행이 된다.

상환청구가능과 불능의 판단근거는 무엇인가?

신용장상에 기재되어 있는 문언에 따라 결정된다. 신용장상에 "with recourse"란 문언이 있으면 상환청구가 가능하고, "without recourse"란 문언이 기재되어 있으면 상환청구가 불가능하다. 그러므로 신용장에는 이러한 문구가 반드시 명기되어져야 한다. 그럼에도 불구하고 아무런 표시가 없는 때에는 상환청구가능으로 간주된다.

그런데 신용장에 "with recourse" 란 표시가 있거나, 또는 이에 관한 아무런 표기가 없다고 해서 무조건 상환청구가 가능하다고 판단하는 것은 잘못된 생각이다. 왜냐하면 어음대금의 상환청구 가·부의 문제는 어음법의 규정을 받게 되고 무역거래에 이용되는 환어음은 행위지의 어음법이 적용되도록 되어 있기 때문이다. 미국 연방준비은행도 상환청구불능어음은 할인적격대상으로 인정하지 않고 있을 뿐만 아니라, 우리나라의 어음법[57] 및 은행연합회의 협정에서도 상환청구불능조건의 어음을 인정하고 있지 않으며, ICC도 상환청구불능조건의 어음을 사용하지 말 것을 각 국에 권유하고 있다.[58] 그러므로 신용장에 "without recourse"란 문언이 명시적으로 표시되어 있어도 이는 무시되고 발행지의 어음법이 우선 적용된다. 그래서 신용장에 "without recourse"란 문언이 있는 경우에도 상환청구불능어음을 발행할 수 없으며, 실무에서도 상환청구불능어음이 사용되는 경우가 거의 없다.

## 14. 회전여부에 따른 분류

동일한 수출입업체간에 동일한 종류의 상품이 상당한 기간동안에 걸쳐서 계속하여 매매가 이루어질 것으로 예상될 경우에, 거래할 때마다 신용장을 발행하거나 조건을 변경하는 것은 비용이 많이 들고 시간이 소요된다. 그렇다고 거래예상금액을 한꺼번에 발행하면 많은 비용부담이 되기 때문에 너무 과중한 자금부담이 생긴다. 이러한 부담을 경감하기 위하여 일정기간 동안 일정 조건하에서 신용장대금의 결제와 동시에 신용장 금액이 자동적으로 갱신되어 다시 사용할 수 있도록 하는 조건으로 발행된 신용장을 의미한다. 회전신용장을 "self-continuing credit"이라고도 하며 장점은 매 거래 시 마다 신용장발행에 따른 수수료, 시간, 수고의 절약에 있으며 신용장회전(revolving)의 방법으로는 다음과 같은 방법이 있다.

첫째, 발행은행으로부터 환어음에 대한 지급통지가 있으면 회전되는 방법

둘째, 환어음이 결제되는 일정한 일수를 정하여 그 기간 내에 지급거절통지가 없으면 회전되는 방법

셋째, 월력(月曆)상의 일정한 기간, 즉 월별이나 격월 등 기간이 경과하면 ('1개월 후' 등의 방법) 다시 자동으로 그 금액이 갱생(更生)되어 회전되는 방법

---

57) 어음법 제9조에는 "어음발행인은 어음을 발행함으로 인하여 그 어음의 인수와 지급을 담보하는 것으로 인수나 지급이 없을 때에는 스스로 지급의무를 진다. 이에 반하여 지급의 무담보는 어떠한 경우에도 허용되지 않으며, 이러한 기재를 하여도 그 기재는 하지 않은 것으로 본다"라고 규정되어 있으므로 무담보의 상환청구불능조건의 어음은 인정되지 않는다. 그러므로 신용장거래에서 어음상에 "without recourse"란 기재가 있어도 이는 무효로 간주된다.

58) 그러한 사실과는 달리 구미 각국에서는 상환청구불능을 인정하고 있는 경우도 있다는 것이다. 이와 관련된 구미 각국의 어음법을 연구해볼 필요가 있다고 생각된다.

갱신방법에는 누적적 방법(cumulative method)과 비누적적 방법(non-cumulative method)이 있다. 전자는 전회의 미사용잔액이 있는 경우 그 잔액이 이월되는 경우를 말하고, 후자는 그 잔액이 이월되지 않는 경우이다. 예를 들어 매월 갱신되는 조건의 US$1,000,000의 회전신용장을 발행하였을 경우에 11월에 US$900,000이 사용되었다면 12월에는 전월의 미사용 금액인 US$100,000을 포함하여 US$1,100,000을 사용할 수 있는 것이 누적적 방법이며 이러한 신용장을 누적적 회전신용장(cumulative revolving credit)이라고 한다. 반면에 미사용한 US$100,000은 무효가 되며 원래의 금액인 US$1,000,000을 다시 사용할 수 있는 것이 비누적적 방법이며 이러한 신용장을 비누적적 회전신용장(non-cumulative revolving credit)이라고 한다.

선적서류의 매입 시 누적적인가 비누적적인가가 불분명하면 발행은행에 문의한 후에 매입을 의뢰하여야 한다. 예컨대 비누적인데 누적으로 해석하여 매입을 의뢰하면 부도가 발생할 수 있다.

회전신용장이 아닌 일반신용장도 신용장금액의 증액, 선적 및 유효기간의 연장 등의 조건변경 등을 통하여 회전신용장과 같은 효과를 얻을 수 있다.

**① 회전문언의 예시**

"This credit is cumulative revolving. The amount of drawing made under this credit become automatically reinstated on payment by us. Draft drawn under this credit must not be exceeded to US$300,000 in any calendar month."(이 신용장은 누적적 회전신용장이다. 이 신용장에 의하여 발행되는 어음금액은 당행이 지급하는 동시에 자동적으로 갱신된다. 이 신용장하에서 발행되는 어음은 매월 300,000불을 초과해서는 안 된다.)

**② 누적적 회전 문구의 예시**

"Any shipment not to exceed invoice value of USD99,000. After a draft has been paid under this credit, the credit reverts to its original amount USD99,000. Any unused portion of monthly availment may be used durung any subsequent month."

③ **비누적적 회전신용장의 표시문언의 예시**

"Upon receipt by the beneficiary of notice from the Tokai Bank that a draft has been paid under this credit, a sum equal to the amount of such draft again becomes available under this credit. Notwithstanding anything contained in the foregoing clause, drawings under this credit are limited to US$ 50,000 in any calender month."

## 15. 양도가능여부에 따른 분류

외국 수입상의 요청으로 이미 발행·통지된 신용장금액의 일부 또는 전부를 제3자에게 양도(讓渡)할 수 있느냐 없느냐에 따른 분류인데, 양도할 수 있는 조건의 신용장을 양도가능신용장(transferable credit), 양도할 수 없는 조건의 신용장을 양도불능신용장(non-transferable credit)이라 한다.

양도가능신용장하에서 신용장을 양도하는 양도인(transferor)은 수출상인 수익자가 되고, 양수인(transferee)은 제3자가 되는데, 양도실무에서는 양도인을 제1수익자(1st beneficiary) 양수인을 제2수익자(2nd beneficiary)라고 칭한다. 그리고 양도절차를 이행해 주는 지정은행을 양도은행(transferring bank)이라 한다.

UCP600의 규정[59]에 의하면 신용장에 "양도가능"이라고 명기되어 있는 신용장이 양도가능신용이다. 그러므로 양도여부의 판단근거는 신용장상에 "transferable"이란 문언이 명기되어 있으면 양도가능, 없으면 양도불능이 된다. 그리고 외국 수입상의 요청으로 이미 발행·통지된 신용장 즉 양도되기 전의 신용장을 "Original credit, Master credit, Prime credit, Mother credit", 양도된 신용장을 "Transferred credit"이라 하는데 양도된 신용장이란 양도은행이 제2수익자가 이용할 수 있도록 한 신용장이다.[60] 신용장의 양도에 관한 것은 UCP600 제38조에 규정되어 있으며, 제2부의 신용장의 양도에서 보다

59) UCP600 Sub-Article 38(b): "Transferable credit means a credit that specifically states it is transferable".

60) UCP600 Sub-Article 38(b): Transferred credit means a credit that has been made available by the transferring bank to a second beneficiary.

자세하게 설명한다.

## 16. 구상무역관련기준에 따른 분류

구상무역(求償貿易: compensation trade)이란 양국간 및 양 당사자간 무역의 쌍무적 균형 즉 수출과 수입을 균형시키기 위하여 수출입대금을 그에 상응하는 수입 또는 수출로 상계(相計)하는 무역을 말한다. 이처럼 수출과 수입을 상호 링크(link)시킨다고 해서 연계무역(連繫貿易)이라고도 한다.

구상무역에 의해 수출입물품대금을 그에 상응하는 수입 또는 수출로 매매당사자간에 상계하는 수출입에 사용하는 신용장을 말한다. 구상무역은 두 국가간의 수출입균형을 유지하기 위하여 이용되는 거래방식이다. 우리나라 대외무역법에서는 구상무역을 연계무역으로 개념을 확대하여 물물교환(barter trade), 구상무역(compensation trade), 대응구매(counter purchase) 등의 형태로 이루어지는 수출입으로 규정하고 있다. 구상무역은 대금결제 시 외환의 개재여부에 따라서 무환구상무역과 유환구상무역으로 분류하는데, 전자는 무환방식에 의한 물물교환의 바터무역(barter trade)을 의미하여, 후자는 수출입 국가간의 수출입대금 결제 시 선수출 또는 선수입에 상응하는 물품대금을 외화로 수취하거나 지급하는 거래방식을 말한다.

유환구상무역을 위한 신용장은 특수한 신용장으로 동시발행신용장(back to back credit), 기탁신용장(escrow credit), 토마스신용장(TOMAS credit)이 사용된다.

### 1) 동시발행신용장(Back to Back Credit)

구상무역을 요청하는 구상무역조건부 무역거래에 근거하여 발행된 신용장을 지칭한다. 백투백 신용장(Back to Back Credit)은 다음과 같은 두 가지의 의미로 사용된다.

그 하나의 원래의 의미는 원 신용장(Master Credit)의 수익자가 원신용장을 견질로 하여 당해 물품의 공급상을 수익자로 하여 다시 국외에 발행되는 제2의 신용장(Baby L/C 또는 Sub L/C)을 뜻한다. 다른 하나는 수출과 수입을 연계하여 수출입의 균형을 기하기 위한 연계무역 하에서 사용되어지는 신용장을 말한다. 예컨대 연계무역하에서는 어느 일방이 먼저 수입신용장을 발행하는 경우에, 외국의 수출상의 자신의 상품 또는 자국의 상품에 대하여 일정 금액 이상의 '대응수입신용장'을 발행하는 경우에 한하여 당해 수입신용장이 유효하다는 조건을 붙인 신용장을 말한다. 즉 신용장의 발행과 동시에 신용장의 효력이 발생하는 것이 아니라, 대응수입신용장이 발행되어야 비로서 그 효력을 발생하는 조건부 신용장이다.

광의 Back to Back Credit은 이러한 연계무역에만 국한되지 않고 Packing Credit에 대한 보증신용장, 국내회사의 해외지점이 수입신용장의 발행을 담보로 제공하는 보증신용장, 내국신용장, 그리고 해외의 원자재 수출업자에게 발행해 주는 Baby Credit 등을 전제하는 신용장의 의미로 사용될 수도 있다.

A와 B가 구상무역을 하는 경우에 A가 B 앞으로 수입신용장을 발행하면서 동시에 이 신용장에 상응하는 금액의 신용장을 발행하여야만 신용장의 효력이 있다는 조건을 신용장에 삽입한다. 만약 B가 대응하는 신용장을 발행하지 않으면 A가 B 앞으로 발행한 신용장은 그 효력이 상실된다. B가 A 앞으로 반대의 신용장을 발행하면 수출과 수입이 자동적으로 같게 되므로 이 신용장은 구상무역을 이행하는 수단으로 사용되고 있다. 물품이 귀한 2차 대전 중에 미국에서 제조업자가 수출업자에게 요구하게 된 local L/C를 지칭하였기 때문에 back to back credit이라는 용어가 원수출신용장에 근거하여 발행되는 내국신용장(local credit)을 의미하는 것으로 사용되기도 한다.

동시・동액 발행조건의 예시는 다음과 같다.

"This Letter of Credit shall not be available unless and until standard prime banker' s irrevocable Letter of Credit in favor of XX Company, Seoul for account of YY Company, New Yo가 랙 무 aggregate amount of USD500,000 have been established pursuant to the contract No.111 for the export of the goods described as follows." (이 신용장은 아래와 같은 물품의 수출계약서 제111호에 따라 서울의 XX사를 수익자로 하고 뉴욕의 YY사를 발행의뢰인으로 하는 일류은행의 취소불능 신용장 총액 50만 달러까지 발행되지 않는 한 그 효력을 갖지 아니한다.")

### 2) 기탁신용장(Escrow Credit)

기탁신용장(Escrow Credit)은 수입상이 수입신용장을 발행하는 경우에 신용장의 한 조건으로 당해 신용장에 의하여 발행되는 환어음의 매입대금을 수익자에게 지급하지 아니하고 수익자명의로 상호약정에 따라서 수익자명의로 기탁계정(escrow account)에 기탁하여 두었다가, 그 수익자가 원 신용장 발행국으로부터 수입하는 상품의 결제대전에만 사용하도록 명시된 신용장을 말한다. 원래 'escrow'라는 의미는 특정물을 제3자에게 기탁하고 일정조건이 충족된 경우에 상대방에게 교부할 것을 의뢰하는 일종의 신탁행위를 말한다. 기탁신용장은 시간의 차이를 두고 수출신용장과 수입신용장이 발행되지만 동시발행신용장(Back to Back L/C)은 양 매매당사자간에 두 개의 수입신용장을 원칙적으로 동액을 동시에 발행하는 것이다. 따라서 기탁신용장은 동시발행신용장보다 물품의 선택과 기일이 훨씬 자유롭고 상대국에서 수입하는 상품을 ESCROW계정에서 결제하다 보면 소액의 미사용 잔액이 남을 수가 있는데, 총금액의 1% 미만이나 USD1,000 미만 정도의 소액은 현금으로 지급될 수 있다. 그리고 기탁신용장거래에서 수익자 명의의 기탁계정은 약정에 의하여 매입은행, 신용장 발행은행 또는 제3국에 소재하고 있는 환거래은행 중에서 어느 곳이나 계좌를 설치하여 운용할 수 있다.

기탁신용장 기재문구의 예를 들면 다음과 같다.

a. "It is further condition of this credit that the proceeds of same remain blocked at your bank in a special account in the name of the beneficiary for account of ABC Co., Ltd. until fulfillment of clause b) above. Please advise the beneficiary of the opening of our letter of credit, adding your confirmation."

b. "It is a further condition of this credit that the proceeds of same remain blocked at your bank in a special account in the name of the beneficiary for account of XYZ till fulfillment of irrevocable undertaking of the beneficiary to use the funds of this letter of credit exclusively for the goods mentioned above."
(이 신용장의 대금은 위에 언급한 물품에만 사용한다는 수익자의 취소불

능한 약정이 이행될 때까지 XYZ의 부담으로 하여 수익자 명의로 발행된 귀행의 특별계정에 이 대금이 예치되어야 한다는 것이 이 신용장의 추가 조건이다.)

### 3) 토마스 신용장(TOMAS Credit)

수출입상 양 당사자에 서로 같은 금액의 신용장을 발행하는 데 있어서 한 쪽은 먼저 신용장을 발행하고 상대방은 동일한 금액을 일정기간이 지난 후에 신용장을 발행하겠는 보증서를 제출하여야만 상대방에서 내도된 신용장이 유효한 조건의 신용장을 토마스 신용장(TOMAS Credit)이라고 한다. 이 신용장은 일본과 중국간의 구상무역거래에 생성된 것으로 'TOMAS"란 용어는 최초로 이러한 방식을 사용하여 중국과 거래를 성사시킨 일본 무역회사인 전신약호에서 유래한 것이다. 특히 선 수출 후 수입의 경우를 'TOMAS credit'이라고 하며 선 수입 후 수출의 경우 'Reverse TOMAS credit'이라고 한다. 이러한 방식의 신용장은 수출국의 수출상품은 확정되었지만 그 대가로 수입할 상품이 결정되지 않은 경우에 이용된다.

## 17. 신용공여의 주체에 따른 분류

### 1) 수익자여신신용장(受益者與信信用狀)

이미 앞에서 고찰한 바와 같이 수입상에게 서류가 인도되고 일정기간이 경과한 후에 대금을 지급하도록 허용하고 있는 조건의 신용장이 기한부(또는 외상) 신용장(usance credit)이다. 이때 지급이 유예되는 일정기간 즉 외상기간 동안의 신용공여를 해주는 주체가 수출상인 신용장의 수익자일 때 이를 수익자여신신용장(beneficiary's usance credit) 또는 매도인여신신용장(seller's usance credit)이라고 한다. 이 신용장하에서 수익자는 지정된 은행으로부터 환어음을 인수받고 어음지급만기일까지 기다렸다가 그때 가서 이를 제시하고 신용장대금을 영수하든지, 아니면 지급만기일이 도래하기 전에 금융시장에서 인수된 어음[61]을 할인하여 현금화할 수도 있다.

61) 인수된 어음(accepted bill)이란 어음상에 인수표시가 있는 어음을 말하며, 이러한 어

### 2) 은행여신신용장(銀行與信信用狀)

기한부신용장 즉 외상신용장하에서 외상기간 동안의 신용을 공여해 주는 주체가 은행일 때 이를 은행여신신용장(banker's usance credit)이라 한다. 이 경우 신용공여의 주체인 은행은 만기일에 어음을 제시하고 원금과 이자를 취하던가, 아니면 만기일 전에 이를 할인하여 현금화할 수도 있다.

## 18. 어음발행금액의 여하에 따른 분류

신용장은 수익자가 발행하는 환어음금액의 여하에 따라 전액어음신용장과 일부어음신용장으로 분류할 수 있는데, 이는 발행된 어음의 금액이 상업송장금액(commercial invoice value)의 전액이냐 아니면 일부금액에 해당되느냐의 여하에 따른 구분이다.

### 1) 전액어음신용장(full draft credit)

이는 상업송장금액의 전액에 대하여 어음을 발행할 수 있는 조건의 신용장을 말한다. 따라서 이 경우에는 수익자가 발행하는 어음상에 표기되어 있는 금액과 상업송장상의 금액이 일치한다. 신용장에 그러한 취지의 문언[62]이 명시적으로 표기되어 있는 경우에는 물론이고 아무런 표기가 없는 경우에도 전액어음신용장으로 간주된다. 실무에서 이용되고 있는 신용장은 거의 모두가 이 범주에 속한다.

### 2) 일부어음신용장(partial draft credit)

이는 상업송장금액 중 일부금액에 대해서만 어음을 발행할 수 있는 조건의 신용장이다. 이 경우에는 송장금액과 어음금액이 일치하지 않게 된다. 만약 수

---

음은 금융시장에서 할인의 대상이 된다. 어음을 인수한 은행의 지명도에 따라 할인율이 달라진다.

62) 예컨대 다음은 실무에서 흔히 이용되고 있는 문언이다. "This credit is available by negotiation of your draft at sight drawn on us for 100% of invoice value." 또는 "We hereby issue this irrevocable letter of credit in your favour authorizing you to draw on our New York branch for a sum or sums not exceeding the aforesaid amount by draft(s) at 60 days after sight for 100% of invoice value which draft(s) must be accompanied by following documents."

익자가 송장금액의 전액에 대하여 어음을 발행한 경우 이는 신용장조건위반이므로 은행은 그러한 어음의 결제(honour)나 매입을 거절할 수 있다.

이 신용장은 특히 성능확인이나 검사가 필요한 기계류의 거래 시, 또는 수량과부족(more or less)이 적용되는 곡물이나 광물, 유지 등의 용적화물(bulk cargo)의 거래에 이용될 수 있는데, 이때에는 서류인수 시에 송장금액의 일부만 지급하고 그 잔액은 확인이나 검사 및 계측을 한 후 그 결과에 따라 지급하게 되며, 그러한 취지의 문언이 신용장에 명기되어 있다.

## 19. 대금결제의 편의성여하에 따른 분류

### 1) 단순신용장(simple credit)

이는 결제(honour)를 수권받은 은행이 신용장발행은행과 상호 예치환거래관계에 있는 경우 자신이 수익자에게 지급해준 결제대금을 자행에 있는 발행은행의 예치계정에서 직접 인출하여 상환받는 조건의 신용장을 말한다.

### 2) 상환신용장(reimbursement credit)

이는 결제(honour) 또는 매입을 수권받은 은행이 신용장발행은행과 상호 예치환거래계정을 갖고 있지 않기 때문에 자신이 수익자에게 지급해준 결제자금을 신용장에 지정되어 있는 은행에게 청구하여 상환받게 되는 조건의 신용장이다. 이때 지정된 은행이 발행은행을 대신하여 결제자금을 상환해 준다는 의미에서 상환은행이라 부른다.

### 3) 송금신용장(remittance credit)

이는 발행은행이 사전에 대금지급을 수권하지 않은 상태에서 매입은행이 서류를 송부하고 동 대금이 입금될 은행을 지정하면 이 은행에 송금함으로써 대금을 지급하는 조건의 신용장이다. 매입은행이 수익자에게 대금을 지급해주기 전에 관련서류를 발행은행에 미리 송부하고, 자신이 지정하는 은행에 동 대금이 입금되면 그때 비로소 수익자에게 대금을 지급해주게 된다. 추심의 형태를 취한다는 점에서 이를 추심신용장(collection credit)이라 부르기도 한다.

송금신용장은 발행은행이 서류를 받고나서 대금을 지급하게 되므로 서류의 불일치를 이유로 대금을 지급하지 않을 수 있다는 점에서 수익자나 매입은행에게 불리한 신용장이라 할 수 있다.

# 제 6 장 화환신용장의 법률문제

## Ⅰ. 신용장의 법률적 성질에 관한 학설

### 1. 보증설(保證說)

#### 1) 보증설이란?

보증설(guarantee theory)은 19세기 미국에서 제기된 이론[1]인데, 이는 "매매계약상 매수인(buyer)의 채무를 신용장 발행은행이 보증한다"고 보는 설이다.

이 설에 의하면 신용장을 발행한 발행은행(issuing bank)은 매도인(賣渡人)인 수출상에게 매수인(買受人)의 채무를 보증해주는 지급보증인의 역할을 한다는 것이다. 따라서 발행은행은 보증인의 신분으로 신용장을 발행한 것이고, 보증인의 신분에서 발행한 신용장은 당연히 일종의 보증서(保證書)에 해당되게 된다. 그러므로 일종의 보증서에 해당하는 신용장을 발행한 은행의 채무는 곧 보증채무에 해당한다는 것이다.

#### 2) 보증설에 대한 비판

신용장을 보증서의 일종으로 보는 보증설은 한때 다음과 같은 비판을 받아 왔으며, 오늘날은 신용장거래의 실무적 관행을 설명하고 있지 못하다는 점에서 지지를 받지 못하는 학설로 간주되고 있다.

이를테면 채무를 보증채무(保證債務)와 약정채무(約定債務)로 구분할 때, 보

1) E. P. Ellinger, *Documentary Letters of Credit*, University of Singapore Press, 1970, p.47; Walsh & Beekman v. Bailie 10 Johns (N.Y.) 180 (1813).

증인이 부담하는 채무를 보증채무라 하고, 신용장을 발행한 은행이 부담하는 채무를 약정채무라고 한다. 그런데 보증채무는 주 채무자(主 債務者)가 채무를 이행할 수 없게 되거나 불이행(不履行)할 경우 비로소 발동하게 되는 채무인데 반하여, 약정채무는 매수인의 지급이행여부와 관계없이 신용장발행은행이 직접 채무를 부담하게 되는 조건의 채무이고, 이러한 사실은 이미 보편적인 신용장거래관행으로 국제간에 널리 인정되고 있다. 이처럼 보증채무는 2차적 · 부차적 채무(secondary liabilities)[2]임에 반하여 약정채무는 1차적 · 기본적 채무(primary liabilities)에 해당한다.

만약 신용장을 보증서의 일종으로 본다면 신용장을 발행한 은행은 보증인이 되고, 보증인은 보증채무를 부담하게 되므로 채권자인 매도인은 1차적으로 매수인에게 자신의 채권을 행사하고 채무자인 매수인이 대금지급불능에 처한 경우 비로소 신용장발행은행에게 채권을 행사할 수밖에 없게 되는 결과가 된다. 그런데 실제로 신용장거래 관행에 의하면 매도인은 매수인에게 1차적으로 자신의 채권을 행사하지 않고 곧바로 신용장발행은행에게 직접 대금지급을 요구하게 되고, 그러한 요구를 받은 신용장발행은행은 대금지급요구에 응하지 않으면 안 된다는 점이다.

또한 보증채무는 부종성(附從性)이 있음에 반하여 약정채무는 부종성이 없다는 점에서도 보증설은 설득력이 없다. 예컨대 주 채무가 소멸하면 보증채무 역시 당연히 소멸된다. 채무자가 채무를 이행하면 그것만으로 보증인의 채무는 자동 소멸하여 없어지고 만다. 그러나 신용장거래의 근거 및 원인계약이라 할 수 있는 매매계약상의 채무가 소멸해도 신용장상의 채무는 소멸되지 않는다. 신용장거래 관행상 신용장채무는 매매계약상의 채무와는 독립적인 것으로 간주되기 때문이다. 따라서 근거계약인 매매계약이 취소되었다고 하여 신용장거래가 자동취소되지 않는다. 신용장거래를 취소하기 위해서는 별도의 당사자 합의가 있어야 된다.

결론적으로 신용장거래 관행상 신용장을 발행한 발행은행은 보증인의 역할을 수행하는 것이 아니라는 점에서 신용장은 보증서의 일종이 아니다.

---

2) A.G. Davis, The Law Relating to Commercial Letters of Credit, Sir Isaac Pitman & Sons Ltd., 1963, pp.67~68.

## 2. 계약설(契約說)

### 1) 계약설이란?

신용장거래도 하나의 계약이고, 신용장자체도 계약서의 일종이다. 신용장거래의 당사자는 신용장발행은행과 수출상이 된다. 이처럼 "신용장거래를 신용장발행은행과 수출상간의 계약"으로 보는 설이 계약설(contract theory)이라는 말이다.

신용장을 발행한 발행은행은 신용장을 발행하는 것과 동시에 신용장거래의 직접당사자로서 계약상의 의무를 지게되므로 수입상과는 별도로 수출상에 대하여 지급의무를 부담하게 된다. 그래서 발행은행은 수출상이 신용장과 조건일치의 서류를 제시하면 신용장대금을 지급해주어야 한다는 설이다.

### 2) 계약설에 대한 비판

이 계약설에서는 신용장발행은행과 수출상을 신용장거래의 직접당사자로 보고 있다. 이처럼 만약 발행은행과 수출상을 신용장거래의 당사자라고 한다면, 신용장거래의 제 조건들은 당사자인 발행은행과 수출상의 자의적 의사에 따라 정해져야 되고, 그리고 수입상의 의사와는 관계없이 발행은행은 오직 계약당사자인 수출상의 요청과 지시에 따라 수출상 앞으로 신용장을 발행하면 된다는 말이 된다.

그런데 실제로 신용장은 수출상이 아니라 수입상의 요청과 지시로 발행되며, 그리고 신용장을 발행할 당시에 발행은행은 수출상의 의사를 전혀 모르는 상태에서 신용장을 발행하게 되고, 또한 그것이 수입상 앞으로 발행되는 것이 아니라 제3자인 수출상 앞으로 발행되고 있다는 사실이다.

이상과 같은 모순점 때문에 본 계약설은 오늘날 합당하지 못한 설로 인정되고 있다.

## 3. 대리인설(代理人 說)

### 1) 대리인설이란?

대리인설은 "수입상이 수출상의 대리인"이라는 설이다. 그래서 "수입상은 수출상을 대신하여 은행과 신용장거래를 체결한다"고 보는 설이다. 이때 신용장거래를 체결한다는 말은 신용장발행을 의뢰한다는 의미이다.

### 2) 대리인설에 대한 비판

일반적으로 대리인은 위임자의 의사와 이익을 위하여 위임자의 비용으로 행동한다. 그러나 수입상이 은행에 신용장발행을 의뢰하는 행위는 수출상인 수익자의 이익을 위해서라기 보다는 오히려 자신의 이익을 위해서 자신의 비용으로 은행에 신용장발행을 의뢰하는 것이다. 또한 수입상이 은행에 신용장발행을 의뢰하는 것은 수출상과 체결한 매매계약상 자신의 신용장발행의뢰의무를 이행하는 행위에 불과한 것이다. 그러므로 심지어 실무에서는 발행된 신용장의 내용이 매매계약조건과 다를 수도 있으며, 또한 수출상의 의사에 반하는 조건의 신용장이 발행·통지될 수도 있다.

결론적으로 수입상은 수출상의 대리인으로서가 아니라 자신의 의사와 이익을 위해서 은행에 신용장발행을 의뢰하는 것이므로, 수입상은 수출상의 대리인이 아니다. 이처럼 신용장거래에서 수입상은 결코 수출상의 대리인이 아니라는 점에서 비판을 받고 있다.

## 4. 청약과 승낙설(請約承諾說)

### 1) 청약과 승낙설이란?

청약과 승낙설(offer and acceptance theory)은 "당사자일방의 청약에 대하여 타방이 이를 승낙함으로서 신용장거래가 성립된다"고 보는 설이다. 여기서 말하는 청약이란 은행이 신용장을 발행하는 것을 말하며, 승낙이란 수출상이 화환어음(documentary bill of exchange)을 신용장발행은행에 제시하는 행위를 말한다. 다시 말해서 신용장의 발행을 수출상인 수익자에 대한 발행은행의 청약으로, 환어음과 운송서류를 제공하는 것을 승낙으로 본다는 말이다. 그러므로 은행이 신용장을 발행하는 행위 자체가 곧 청약이며, 그러한 청약에 대하여 수출상이 화환어음을 발행은행에 제시하면 동 청약을 승낙하는 것이고, 기한 내에 제시하지 않으면 동 청약을 거절하는 결과가 된다는 것이다.

### 2) 청약과 승낙설에 대한 비판

일반적으로 청약은 청약자(offeror)의 일방적 의사표시로 이루어진다. 이 설에 따르면 청약자는 신용장발행은행이므로 신용장의 내용은 발행은행 측의 일방적 의사로 결정된다는 말이 된다. 그런데 실제로 신용장의 내용은 수입상의 요청과 지시에 따라 결정되므로 발행은행 측이 아니라 오히려 수입상 측의 의사로 결정된다는 점에서 모순된다.

또한 청약은 자유청약(free offer)과 확정적 청약(firm offer)으로 구분할 수 있는데, 특히 자유청약은 청약자(offeror)의 자의적 의사에 따라 언제든지 취소가능한 조건의 청약이다. 그런데 신용장은 일반적으로 당사자 전원의 합의가 없는 한 취소불능적이라는 점에서 설명이 불가능하다는 점도 비판의 대상이 된다.

## 5. 신탁설(信託說)

### 1) 신탁설이란?

일명 금반언설(禁反言說: estoppel theory)이라고도 부르는 신탁설(trust theory)은 "신용장을 발행한 발행은행이 신용장을 발행할 때 신용장대금에 상응하는 채권을 미리 확보하고 그에 기하여 신용장을 발행했다"고 보는 설이다. 따라서 발행은행은 수입상으로부터 사전에 채권을 확보해 놓은 이상, 수출상에 대하여 그러한 채권확보사실을 부인할 수 없음은 물론 지급을 거절할 수도 없다고 보는 설이다.

### 2) 신탁설에 대한 비판

수입상의 요청으로 은행이 신용장을 발행할 때 채권을 확보한 후 신용장을 발행하는 것이 일반적인 일이기는 하나 반드시 그런 것은 아니다. 이처럼 모든 신용장을 발행할 때마다 발행은행이 반드시 채권을 확보하고 신용장을 발행하는 것이 아니라는 점에서 신탁설은 비판을 받고 있다.

또한 가령 채권을 확보하고 있는 경우에도 그러한 문제는 수입상과 은행간의 계약관계일 뿐, 당사자가 아닌 수출상은 그러한 계약관계를 원용(援用)할 수 없다는 점도 비판의 대상이 되고 있다.

## 6. 상관습설(商慣習說)

### 1) 상관습설이란?

일명 상업적 특수행위설(商業的 特殊行爲說: mercantile speciality theory)이라고도 하는 상관습설(mercantile ussage theory)이란 "신용장은 그 적법성여부를 논하기 전에 국제무역대금결제수단으로 널리 통용되고 있는 상거래관행을 인정해야 한다"는 설이다. 다시 말해서 취소불능신용장(irrevocable letter of credit)은 어음(draft)이나 수표(check) 등과 같이 취소불능적인 유통증권(negotiable instrument)이며 요식증권의 일종으로 볼 수 있으므로 약인(約因: consideration)이 필요없는 상업적 특수행위로 인정해야 하며, 신용장거래에 임하는 모든 당사자들도 아무런 이의없이 그렇게 믿고 신용장거래를 하고 있으므로 법률도 이 같은 상거래관습상의 원칙을 승인하여야 한다는 것이다.

### 2) 상관습설에 대한 비판

이 설은 오늘날 특히 영미법계에서 다수설로 통한다. 그럼에도 불구하고 상관습설은 다음과 같은 점에 대하여 비판을 받고 있다. 이 설에 따르면 신용장거래도 일종의 요식계약으로 볼 수 있다는 것이다.

그런데 과연 신용장거래를 요식계약으로 볼 수 있는가? 일반적으로 계약은 요식계약(formal contract)과 단순계약(simple contract)으로 분류할 수 있는데, 요식계약은 필수기재사항과 같은 일정한 형식적 구비요건을 충족시켜야만 적법한 계약으로 인정되는데 반하여, 단순계약은 필수기재사항과 같은 일정한 구비요건이 필요 없다. 예건대 환어음이나 약속어음 및 수표 등은 일정한 요건을 갖추어야 되므로 요식증권이다. 그런대 신용장은 어음이나 수표와 같은 필수기재사항이 없으므로 요식증권이 아니라는 점에서 비판을 받고 있다.

그리고 영미법상 요식계약에는 약인이 없어도 되지만, 단순계약의 경우에는 약인(約因: consideration)이 없으면 유효한 계약이 성립되지 않는 것으로 본다. 다시 말해서 대륙법계에서는 약인이 없더라도 당사자합의만 있으면 단순계약의 성립요건을 갖춘 것으로 간주되지만, 영미법계에서는 당사자합의 외에 약인이 있어야 유효한 계약으로 보고 있다. 따라서 신용장거래는 요식계약이라기보다는 단순계약에 해당되고, 신용장 또한 어음이나 수표와 같은 요식증권으로 볼 수 없기 때문에 당사자합의 외에 약인이 있어야 함에도 약인이 없다는 점에서 비판의 대상이 되고 있다.

또한 어음이나 수표와 같은 요식증권은 취소불능적인 것임에 반해, 신용장은 취소불능 외에 취소가능신용장도 있다는 점에 대한 비판도 없지 않다.

## Ⅱ. 신용장거래의 준거법

준거법(準據法: govern law: proper law)이란 일정한 법률관계를 결정하는 데 표준이 되는 법이다. 국제무역 대금결제수단으로 이용되는 신용장은 법률과 상관습(商慣習)이 서로 다른 국제간에 통용된다. 그러므로 신용장거래와 관련하여 당사자간에 다툼이 생길 경우 어느 법을 적용하여 다툼을 해결할 것인가라는 문제가 대두된다.

준거법에 관한 당사자합의가 있는 경우에는 합의된 법률이나 규칙이 준거법으로 적용되지만, 합의가 없는 경우에 일반적으로 적용되는 준거법의 우선 순위는 다음과 같다.

① 관련 국내법의 강행규정
② 신용장에 약정되어 있는 내용

③ 신용장통일규칙(UCP)의 관련조항

④ 국제표준은행관행(ISBP)

## Ⅲ. 신용장발행에 따른 매도인과 매수인의 권리·의무

### 1. 신용장의 발행에 따른 법률관계

#### 1) 신용장발행의 의의

매도인과 매수인이 체결한 매매계약(sales contract)에 신용장방식으로 대금을 결제하기로 약정되어 있는 경우 매수인은 우선 신용장이 발행되도록 조치해야 할 의무를 진다. 따라서 신용장발행이란 발행의뢰인의 요청과 지시에 따라 발행은행이 신용장을 발행하는 것을 말하며 이는 은행 고유의 여신행위이다. 그러므로 신용장 발행은행의 입장에서 본다면 신용장발행은 수익자 또는 지급, 인수 또는 매입은행과 같은 지정은행에 대한 우발채무의 발생인 동시에 발행의뢰인에 대한 우발채권의 발생을 의미한다.

#### 2) 신용장발행의뢰의무의 발생

매매계약의 지급조건으로서 신용장발행을 명백하게 약정하고 있거나 또는 종래의 거래관습에 의하여 그에 관한 묵시적 합의가 있다고 추정되는 경우 매수인은 그에 상응하는 신용장이 매도인 앞으로 발행되도록 조치하여야 할 의무를 진다.

이 같은 매수인의 신용장발행조치의무는 매매계약이행의 선행조건이며 전제조건(condition precedent)이기 때문에 약정된 신용장의 발행이 지연되거나 발행되지 않을 경우, 매도인은 동 매매계약을 해제할 수 있으며 동시에 매수인을 상대로 그로 인한 손해배상을 청구할 수 있다. 본 주장을 뒷받침해주는 판례는 많으나 특히 그 중에서 Trans Trust S.P.L.대 Danubian Trading Co., Ltd.간의 사건에서 Denning 판사도 위의 취지와 동일한 판결을 내린 바 있다.

매수인의 신용장발행조치의무는 매도인의 계약상 의무이행을 규제하는 선행조건이 된다. 선행조건이란 매매계약이 체결되자마자 그 즉시 매도인의 물품인도의무가 일시적으로 정지되는 것을 말한다. 따라서 이 경우에는 매수인 측이 약정신용장을 발행할 때까지 매도인은 매매계약상의 의무를 이행할 필요가 없으며, 반대로 매수인 측이 매도인 측에 대하여 약정물품의 인도를 요구하기 위해서는 먼저 계약이행의 선행조건인 신용장이 발행되도록 조치해야 된다.

한편 매매계약상에 신용장발행에 관한 명시적 약정이 없음에도 불구하고 당사자가 이를 다툴 경우 매수인의 신용장발행의뢰의무는 어떻게 되는 것인가? 이때에는 종래의 거래관습에 비추어 묵시적 합의가 있는 것으로 추정할 수 있는 경우에만 매수인의 신용장발행조치의무는 발동되는 것으로 이해하는 것이 타당한 것 같다.

### 3) 발행할 신용장의 종류

앞에서 살펴본 바와 같이 신용장의 종류는 다양하다. 이처럼 다양한 신용장의 종류 중에서 어떤 종류의 신용장이 발행되느냐에 따라 매도인과 매수인의 이해관계는 상충될 수 있다. 그러므로 당사자는 거래의 안정을 위해 발행할 신용장의 종류를 계약에서 분명히 정해 둘 필요가 있다. 이처럼 매수인이 발행조치해야 할 신용장의 종류가 계약에 분명히 명시되어 있는 경우 매수인은 동 약정과 일치하는 신용장이 발행되도록 조치해야 된다. 그러나 그러한 약정이 없는 경우에는 어떤 종류의 신용장이 발행되면 되는가? 당사자간에 특약이 없었다면 거래관습 또는 당사자의 의사를 추정하여 어떤 종류의 신용장을 발행해야 할 것인가를 잘 판단해야 한다.

한편 계약에서 신용장의 종류를 정하고 있는 경우에도 그 특약과 일치의 신용장이 발행되지 않으면 매도인은 계약상의 의무를 부담하지 않을 수도 있다.

매매계약상의 약정에도 불구하고 동 계약과 상이한 신용장이 발행되었을 경우와 매매계약상에 특약이 없이 단순히 신용장을 발행하도록 약정한 경우 매수인은 어떠한 형태의 신용장을 발행의뢰하면 되는가? 따라서 매매계약서상에 특약이 있는 경우와 매매계약상의 약정과 상이한 신용장이 발행된 경우, 그리고 매매계약서상에 특약이 없는 경우 등으로 구분하여 좀 더 구체적으로 살펴보기로 한다.

### (1) 매매계약서상에 특약이 있는 경우

계약 시 계약당사자는 원칙적으로 발행되어야 할 신용장의 종류를 매매계약서상에 명백하게 명시해야 하며 매수인은 계약에 명시된 바에 따라 약정의 신용장이 발행되도록 조치하여야 한다. 매매계약상의 특약과 일치한 조건의 신용장을 발행의뢰하는 것은 매수인의 권리인 동시에 의무이다. 그러므로 계약상의 특약조건과 불일치한 신용장이 발행되도록 조치하는 것은 매수인 측의 분명한 계약위반행위이다.

계약상의 특약과 일치의 신용장이 발행되었을 경우 매도인은 발행된 신용장의 제 조건에 따라 물품을 선적하고 관계서류를 구비해서 환어음을 발행하여 결제를 청구하면 된다.

### (2) 매매계약상의 약정과 상이한 신용장이 발행된 경우

약정과 일치의 신용장이 발행된 경우에는 문제가 없다. 그러나 약정과 상이한 신용장이 발행된 경우에는 당사자간에 분쟁의 원인이 된다. 신용장을 수령한 수익자는 신용장의 형식과 내용이 매매계약상의 제조건과 일치하는지의 여부를 면밀히 검토하여야 한다.[3)]

수익자는 수령한 신용장을 검토한 결과 신용장의 내용이 매매계약상의 제조건과 일치하지 않으면 그 즉시 신용장 발행의뢰인에게 동 신용장의 수정을 요구할 수 있으며, 수익자는 계약조건과 일치하는 신용장이 발행될 때까지 매매계약상의 어떠한 의무도 이행할 필요가 없다. 따라서 수익자의 신용장 정정요청이 있을 경우 발행의뢰인은 합리적인 기간 내(within a reasonable time)[4)] 에 동 요청에 응해야 한다. 그러나 수익자의 신용장 정정요청에도 불구하고 신용장조건변경조치를 취하지 않으면 수익자는 상당한 기간이 경과한 후 계약을

---

3) 예컨대 ① 신용장은 진위성이 확인된 것인가? ② 통지은행을 통하여 정당하게 통지된 것인가? ③ 취소가능신용장은 아닌가? ④ 조건부취소불능은 아닌가? ⑤ 발행은행의 신용은 믿을 만한가? ⑥ 매입은 가능한가? ⑦ UCP 적용문언은 삽입되어 있는가? ⑧ 신용장유효기일 및 서류제시유효기일은 언제인가? ⑨ 선적일은 언제인가? ⑩ 제출서류는 무엇인가? ⑪ 분할 및 환적은 허용되는가? ⑫ 수량과부족은 인정되는가? ⑬ 어떤 특수조건이 삽입되어 있는 것은 아닌가? ⑭ 기타 애매하거나 불명확한 내용은 없는가? 등등

4) 합리적 기간이란 일률적으로 정할 수 없으며 상대국의 사정이나 상관습 등에 따라 다소의 차이는 있겠으나 일반적으로 신의성실의 원칙에 입각하여 신용장의 정정조치를 취하는데 필요한 기간을 의미한다.

파기하고 물품의 인도를 거절할 수 있다.

그런데 신용장이 통지된 후 상당한 기간 동안 수익자가 신용장의 조건변경 요구권을 행사하지 않으면 이는 묵시적 인정으로 간주되어 매매계약과는 독립별개의 신용장거래가 확정된다. 실무상 흔히 매매계약조건과 불일치(discrepancy)한 신용장이 발행되는 경우는 대체로 다음과 같은 범주에 해당된다.

**① 매매계약에는 없는 조항이 신용장상에 일방적으로 삽입된 경우**

예컨대 매매계약서에는 물품을 운송할 선박에 관한 특약이 없음에도 불구하고 신용장에는 자국선박에 의한 선적만으로 한정하고 있는 경우, 또는 계약서에는 "Maker's inspection to be final"이라고 되어있음에도 불구하고 신용장에서는 특정 검사기관의 검사증명서를 요구하는 경우 등이 이에 해당된다.

이러한 경우 매수인 측에게는 계약조건과 일치하는 신용장이 발행되도록 조치해야 할 의무가 있기 때문에 매도인은 당연히 매수인에게 신용장의 정정을 요구할 수 있다. 매수인이 매도인의 신용장 정정요구에 불응할 경우 매도인은 계약상의 의무를 이행할 필요가 없으며 동시에 매매계약을 취소할 수도 있음은 전술한 바와 같다.

**② 매매계약상의 특약이 신용장에 포함되지 않은 경우**

매매계약상의 어떤 특약조항이 신용장에 누락되어 있다면 계약과 일치의 신용장을 발행조치해야 할 매수인 측의 의무위반이다. 따라서 수익자는 계약과 일치하도록 신용장의 조건변경 요구권을 행사할 수 있다. 그러나 신용장이 수익자에게 발행되어 통지된 후 상당한 기간 동안 수익자로부터 신용장의 정정요구가 없다면 이는 묵시적 인정으로 간주되어 매매계약과는 독립별개의 신용장거래가 확정된다. 따라서 계약과 불일치한 신용장이 묵시적 인정으로 간주되어 별개의 신용장거래가 성립되므로 매도인이 매매계약조항을 준수하지 않았을 경우에도 매매계약 위반은 되지만 신용장거래 위반은 아니기 때문에 신용장발행은행은 수익자가 발행한 환어음의 인수나 지급에 응하지 않으면 안 되며, 신용장에는 없는 계약서상의 조항을 구실로 지급을 거절할 수 없다.

매매계약과 신용장거래는 어디까지나 독립별개의 계약이며 신용장 발행은행의 지급의무는 신용장의 내용에 의하여 결정되며, 매매계약과는 무관하다는 판례[5]는 많다. 결론적으로 신용장 발행은행의 지급의무는 신용장상의 명시조항에 따라서만 결정되므로 매매계약상의 특약을 명백하게 신용장상에 명시하는 것이 후일의 분쟁을 필할 수 있는 최선의 방법인 것이다.

**③ 매수인의 진정한 과오(Genuine mistakes or in error)로 매매계약과 불일치한 취소가능신용장이 발행된 경우**

매도인은 매매계약조건과 일치한 신용장이 발행되도록 매수인에게 요구할 권리가 있으므로 계약과 일치하는 신용장이 발행될 때까지 매매계약상의 어떠한 의무도 이행할 필요가 없으며, 동시에 계약과 불일치한 신용장이 발행된 경우 매도인은 신용장의 정정을 요구할 수 있다.

---

5) 1920년의 Frey vs. Sherburne and National City Bank of New York 사건에서 Frey사는 Sherburne사로부터 설탕을 매입하기로 하고 대금지급을 신용장에 의한다는 요지의 매매계약을 체결하고 예측할 수 없는 사정에 의하여 예정대로 운송이 불가능하고, 일정기간 내에 대품의 제공이 불가능한 경우 매수인은 계약의 일부를 파기할 수 있다는 취지의 조항을 계약서상에 명시했다. 그리고 Frey사의 요청과 지시에 의거 National City Bank가 발행한 신용장에는 본 조항이 삽입되지 않았다. Frey사는 그 후 계약서상의 본 선택권을 행사하여 계약의 일부를 파기하게 되었고 National City Bank는 Sherburne사가 발행한 환어음의 인수, 지급을 금지했기 때문에 소송을 제기했던 것이다.

Frey사의 주장에 따르면 신용장은 매매계약에 근거해서 발행되는 것이기 때문에 그 근거가 되는 매매계약이 파기된 이상 파기를 인정한다는 계약서상의 조항이 가령 신용장상에는 누락되었다고 하더라도 본 신용장은 그의 기초를 상실하므로 은행은 어음대금을 지급해서는 안 된다는 것이었다. 그러나 뉴욕의 최고법원은 Frey의 주장을 배격하고 매매계약과 신용장과는 어디까지나 독립별개 계약이므로 Sherburne사가 신용장과 일치의 서류를 첨부하여 발행한 환어음을 National City Bank에 제시하면 은행은 지급을 거절할 수 없으며 매수인인 Frey사는 매매계약의 파기를 이유로 은행이 어음의 지급을 거절하도록 지시할 수 없다. 만약 매매계약이 파기된 경우 신용장거래도 실효시키고 동시에 은행이 어음의 지급을 거절할 수 있도록 하려면 Frey사는 계약상의 파기조항을 신용장상에 반드시 명백하게 삽입했었어야 한다고 판결하였다.

즉 매매계약상의 파기조항이 신용장상에 삽입되어 있지 않는 이상 매매계약이 파기되었다 하더라도 Sherburne사가 신용장의 조건과 일치한 서류를 첨부하여 어음을 발행하면 은행은 지급을 거절할 수 없다는 말이다. 그리고 은행이 지급하면 Frey사도 신용장 발행의뢰 시 은행과의 계약(Commercial letter of credit agreement)에 의거하여 은행에 어음 금액을 지급해야 한다. Frey사의 입장에서 본다면 매매계약을 파기했음에도 불구하고 약정품을 인수하고 대금을 지급하지 않으면 안 되기 때문에 불합리한 것같지만 매매계약과 신용장거래와는 독립별개의 거래이기 때문에 지극히 당연한 결론이다. 그러나 다만 Frey사는 신용장거래와는 별도로 Sherburne사를 상대로 매매계약에 따른 손해배상을 청구하는 것은 가능하다.

그러나 취소불능신용장은 관계당사자 전원의 합의 없이는 신용장을 취소 또는 변경할 수 없기 때문에 매수인은 일단 발행된 신용장이 매매계약의 조항과 모순되는 점이 있을 지라도 매수인 측이 자기만의 일방적인 의사로 동 신용장을 수정할 수 없음이 원칙이다.

그러나 매수인이 자기의 거래은행에 신용장의 발행을 의뢰할 때 악의가 아닌 자신의 진정한 과오 즉 무심코 실수로 잘못 기재하여 계약과 다른 신용장이 발행된 경우에도 무차별적으로 동 원칙을 적용시켜야 할 것인가가 문제된다.

물론 신용장거래는 매매계약과 독립별개의의 거래이며 동시에 이미 발행된 취소불능신용장의 조건을 변경코자 할 때에는 매도인인 수익자의 합의 없이 매수인이 임의로 조건변경을 할 수 없다는 측면에서 본다면 본 원칙이 적용됨은 당연하다고 하겠다. 그러나 본 원칙을 무차별적으로 모든 경우에 적용시킨다면 매수인의 과오를 매도인이 악용해서 일방적으로 유리한 입장을 차지하게 되는 불합리한 결과가 초래될 수도 있으므로 매수인의 진정한 과오로 매매계약조건과 모순되는 신용장이 발행된 경우에는 신의성실의 원칙에 입각하여 수익자의 신용장 정정 요청이 없을 지라도 그 오류를 수정할 때까지 수익자가 선의로 신용장을 신뢰하고 행동하지 아니하였을 경우에 한하여 매수인에게 오류를 수정(rectify the error)할 수 있는 합리적 기회(reasonable opportunity)가 인정된다고 봐야할 것이다.

결국 매수인의 진정한 과오로 계약과 불일치한 신용장이 발행된 경우 매도인은 U.C.P. 제9조 d항의 규정을 악용할 수 없으며, 매수인은 오류를 수정할 합리적 기회를 가진다.

### (3) 매매계약상에 특약이 없는 경우

발행될 신용장의 종류에 관한 합의가 없는 경우, 이때에는 어떤 종류의 신용장이 발행되면 되는가?

이때에는 계약당사자의 합리적 의사를 추정하여 발행조치해야 할 신용장의 종류를 잘 판단해야 된다. 그러나 당사자간에 합리적 의사를 추정할 만한 상관습이 없다면 수익자에게 유리한 종류의 신용장이 발행되어야 한다. 예컨대 기한부신용장 보다가는 일람출급신용장이 발행되도록 조치해야 된다. 왜냐하면 신용장이 반드시 수익자의 이익만을 전제로 발행되는 것은 아니지만 원래 신용장의 기능이 수익자의 이익을 보호하기 위한 지급수단이기 때문이다.

### 4) 신용장의 발행장소와 은행의 선정

#### (1) 신용장의 발행장소

신용장의 발행장소란 서류와 상환으로 어음이 지급 또는 인수되는 장소를 말한다. 따라서 신용장이 매도인의 소재지에서 발행되면 매도인은 서류제시 시에 시간과 비용을 절약할 수 있을 뿐만 아니라 발행은행의 채무불이행 시 자국의 법률에 의해 구제를 받을 수 있다는 이점이 있다. 그러나 매도인의 소재지에서 신용장이 발행되면 매수인은 신용장을 발행하여 통지하는데 많은 불편을 겪게 될 뿐만 아니라 매도인과의 분쟁 시에는 매도인 소재국의 거래관습에 따라야 하는 불리한 입장에 처하게 된다.

이처럼 매도인 소재지 국에서 신용장이 발행되느냐 아니면 매수인 소재지 국에서 신용장이 발행되느냐에 따라 양 당사자간의 이해관계가 상반되므로 계약당사자는 계약 시에 신용장의 발행장소에 관한 약정을 명백히 해두어야 한다.

신용장의 발행장소에 관한 특약이 있는 경우, 매수인은 그 약정에 따라 지정장소에 있는 은행에 신용장발행을 의뢰하면 되고, 아무런 특약이 없는 경우에는 어떤 장소에서 신용장을 발행해야 할 것인가가 문제된다.

계약당사자간에 신용장발행장소에 관한 명백한 특약이 없고 추정할 만한 상관습도 없다면 매수인 자신의 부담으로 신용장발행을 의뢰하게 된다는 점과 일반적인 국제관례에 따라 신용장의 발행장소에 관한 선택권은 매수인에게 있다고 이해하면 된다.

#### (2) 신용장발행은행의 선정

신용장거래는 매수인의 신용을 보완하기 위해서 발행은행의 신용을 근거로 하여 거래되는 것이므로 거래의 안전성확보라는 측면에서 발행은행의 선정문제는 중대한 의의를 갖는다. 만일 신용장거래의 주도적 역할을 담당하는 발행은행이 파산하게 되면 당해 신용장거래는 근본적으로 붕괴되어 후술하게 될 여러 가지의 복잡한 후속문제들이 야기된다. 따라서 발행은행을 선정할 때는 자산 및 신용상태와 국제적 명성도 등을 고려해서 계약당사자의 합의를 거처야 하고, 매수인은 그러한 합의에 따라 신용장이 발행되도록 조치해야 한다.

**① 신용장발행은행이 지정된 경우**

매수인은 지정된 은행이 신용장을 발행하도록 조치해야 된다. 그러나 계약상 지정은행의 자산 및 신용상태에 의심할만한 정당한 이유가 있을 경우에도 매수인은 반드시 지정은행으로부터 신용장을 발행의뢰 하도록 강제 받지 아니한다. 이때 매수인은 자기의 부담으로 지정은행이 아닌 신뢰할만한 다른 은행에 신용장발행을 의뢰할 수 있다. 그러나 충분한 시간적 여유가 있을 때에는 매도인과 사전 협의하여 계약상 지정된 발행은행을 변경하는 것이 바람직하다. 이처럼 매도인과 사전협의를 거처 신용장발행은행을 다시 지정하게 되면 매도인이 그 은행과의 거래에서 손해를 입었다고 하더라도 이의 보상은 매수인에게 청구할 수 없다.

**② 신용장발행은행이 지정되지 않은 경우**

발행은행이 지정되지 않은 경우, 매수인은 자기의 부담으로 신뢰할만한 은행에 신용장의 발행을 의뢰하면 된다. 이때 매도인은 신용장발행은행의 신용에 의심할만한 정당한 사유 없이 단순히 의심스럽다는 이유만으로 신용장의 수리를 거절할 수 없다.

**③ 일류은행(prime bank)이 발행한 신용장이라고 약정한 경우**

신용장발행은행에 관한 합의가 없는 경우, 매수인은 자기의 부담으로 신뢰할 만한 은행에 신용장의 발행을 의뢰할 수 있기 때문에 이에 관한 지정이 어떤 이유로 불가능한 때에는 적어도 일류은행 등과 같이 약정을 하여두는 것이 매도인에게 유리할 수 있다. 일류은행이란 거래관습의 통념에 따라 결정될 일이나 다만 국제적으로 저명한 은행을 의미한다고 보아야 한다. 아무리 재정상태가 견실하고 신용이 두터운 은행이라 할지라도 국제적으로 명성이 높지 않다면 일류은행의 취지에 부합되지 않는다고 볼 수 있다. 미국통일상법전에 의하면 "매매계약에서 필요로 하는 신용장은 국제무역인 경우 국제적으로 충분한 명성을 갖고 있는 금융기관에서 발행한 취소불능신용장을 의미한다"고 명시하고 있다.

상기의 ① ② ③ 의 경우 공히 수익자가 신용장을 접수하고 아무런 의의제기가 없으면 묵시적 인정(implied approval)으로 간주되어 매매계약과는 별개의 신용장거래가 확정된다.

### 5) 신용장의 발행시기

매매계약을 재확정시켜준다는 측면에서 신용장의 발행은 중요한 의의를 갖지만 적기에 약정물품의 인수·인도라는 측면에서 뿐 아니라 매매계약의 이행여부와도 관련되기 때문에 약정된 신용장의 발행시기는 매우 중요한 경제적 의의를 지닌다. 그러므로 계약당사자는 계약 시에 충분한 합의를 통해 신용장 발행시기를 약정해 두는 것이 후일의 분쟁을 줄일 수 있다. 이하에서는 신용장의 발행시기에 대하여 계약 시에 약정한 경우와 약정이 없는 경우로 구분해서 설명하기로 한다.

#### (1) 계약상 특약이 있는 경우

약정된 기간 내에 신용장이 발행되지 않거나 발행이 지연되면 매도인은 경우에 따라서 그 이행의 최고 또는 최고 없이 매매계약을 해제할 수 있다. 이 경우에도 매도인은 매매계약을 해제할 의무는 없으며 해제권의 포기도 자유이다. 매매계약체결 시 신용장발행시기를 약정할 때 다발적으로 사용되는 문구는 다음과 같다.

① L/C to be issued within 15 days after the contract.
② L/C to be issued by December 24, xxxx.
③ L/C to be issued not later than May 15, xxxx.
④ L/C to be issued immediately after the contract.
⑤ L/C to be issued well in advance for shipment. etc.

신용장발행시기 또는 기한에 관한 약정이 매매계약에 규정되어 있다면 재론할 필요 없이 그 기간 내에 신용장이 발행되어야 된다. 그러나 계약상 신용장의 발행시기가 상기의 ①이나 ② 또는 ③과 같이 구체적인 확정일로 약정되어 있을 경우에는 별다른 문제의 여지가 없지만, ④나 ⑤와 같이 규정되어 있을 경우에는 애매한 문제가 발생할 수 있게 된다.

예컨대 특히 ④의 경우와 같이 "계약 후 즉시 발행"이라고 약정되어 있는 경우에는 신용장이 언제까지 발행되면 즉시(immediately) 발행된 것인가 하는 점은 지극히 어려운 문제로서 결국 사례별(case by case)로 결정될 수밖에 없는 문제이다. 계약 후 즉시 발행에서 즉시 즉 "immediately"라는 표현에 관하여는 "상당히 근면한 사람(a person of reasonable diligence)이 신용장발행에 필요하다고 볼 수 있는 기간"이라고 해석한 판례가 있긴 하지만, 상당히 근면한 사람이란 표현 역시 극히 추상적일 뿐만 아니라 극히 애매하다. 따라서 계약 후 즉시라 하더라도 실제로는 수입허가를 얻는 대로의 의미로 사용되어 계약 후 직접 수입허가의 절차 및 신용장의 발행조치를 취하는데 필요한 기간을 의미한다고 볼 수 있다. 따라서 같은 즉시라 하더라도 상대국의 사정 및 상관습 등이 상이하므로 일률적으로 규정할 수는 없는 일이다.

또한 ⑤의 경우와 같이 "L/C to be issued well in advance for shipment"라고 약정되어 있으면, 이때 신용장은 언제까지 발행되어야 하는가? 이 조건 역시 계약당사자간에 신용장의 발행기한을 각기 달리 해석할 수 있으며, 선복(ship's space)의 취득여하에 따라 그 기간이 달라질 수 있는 애매한 표현에 해당된다. 그렇다면 이 경우 신용장은 언제까지 발행되면 되는가? 이 점에 관하여 "신용장은 선적에 차질이 없도록 즉 약정품이 선적되기보다 상당한 기간 먼저 발행되어야 한다"는 Denning L. J. 판사의 판례가 있으며, 또한 "신용장은 매도인이 약정기간 내에 선적이 가능하도록 충분한 시일 내에 발행되어야 한다"는 McNair J. 판사의 판례도 있다. 따라서 이러한 경우에 신용장은 매도인이 약정기간 내에 약정물품을 선적하는데 지장이 없도록 충분한 시간적 여유를 두고 발행되어야 할 것이다.

상기의 ④나 ⑤ 역시 애매한 약정방법이므로 계약당사자간에 분쟁의 여지는 충분하다. 그러므로 계약당사자간에 신용장의 발행시기와 관련하여 분쟁을 줄일 수 있는 최선의 방법은 가능한 한 ①②③과 같이 계약 시에 신용장발행시기를 확정일 방법으로 약정하는 것이 좋다.

### (2) 계약상 특약이 없는 경우

만약 매매계약서상에 신용장 발행시기에 관한 특별한 약정이 없다면 신용장은 언제까지 발행되어야 하는가? 이 경우 신용장은 합리적 기간 이내(within a reasonable time)에 발행되어야 한다. 그렇다면 언제까지 신용장이 발행되면 합리적인 기간 내에 발행된 것으로 볼 수 있는가? 이 점 역시 극히 어려운 문제로서 사례별로 결정될 수밖에 없는 성질의 문제이다. 특히 합리적 기간을 결정함에 있어서 그 기준이 되는 것은 계약체결 일자(the date of the conclusion of the contract)가 아니라 추정 가능한 최초의 선적일(the first date of shipment)임에 유의해야 된다. 매도인은 신용장을 접수한 후 국내에서 무역금융을 받아 약정물품을 생산・집화하는 것이 일반적이므로 특약이 없는 한, 매수인은 매도인이 선적을 하여야 할 시기를 추정하여 추정되는 일자 이전에 신용장이 발행되도록 조치해야 된다. 즉 매도인이 계약대로 물품을 선적하기 위한 충분한 준비를 할 수 있는 그러한 시기에 신용장이 발행되어야 되므로 약정일로부터 며칠 이내에 신용장이 발행되었는가 하는 점은 그다지 중요하지 않다는 판례가 있다.

만약에 매수인이 선적시기를 도저히 확정할 수 없는 때에는 매도인으로 부터 선적시기를 통지받을 때까지 신용장의 발행에 착수할 필요는 없겠으나 선적일시가 추정가능할 때에는 매도인의 통지가 없더라도 그 시기를 추정하여 그 시기 이전에 매수인은 신용장을 자기의 책임으로 발행조치하지 않으면 안 된다. 특히 취소불능신용장의 경우와는 달리 취소가능신용장의 경우에는 선적 전에 신용장을 발행할 필요는 없으며 은행에 서류가 제시되기 전까지 신용장이 발행되면 충분하다는 취지의 판례도 있다.

### 6) 신용장의 발행지연 및 불 발행(不 發行)의 영향

상기와 같은 방법으로 매매계약 시 신용장의 발행시기를 약정하였을 경우 신용장발행은 매매계약이행의 선행조건이기 때문에 매수인은 약정기간 내에 신용장이 매도인 앞으로 발행되도록 조치해야 된다. 만약 신용장의 발행이 지연되거나 발행되지 않을 경우 매도인은 매매계약을 해제할 수 있으며, 이는 매도인의 권리일 뿐 의무사항은 아니므로 동 해제권의 포기도 자유이다.

## 2. 신용장의 발행과 매매계약상의 채권 · 채무와의 관계

신용장발행은 매매계약상 대차관계에 어떤 영향을 미치는가? 신용장발행과 매매계약상의 채권 · 채무와의 관계 즉 매수인은 매매계약상의 약정에 의하여 신용장을 발행함으로써 자신의 매매계약대금 지급의무를 충분히 이행했다고 간주할 수 있는 것인가? 다시 말하면 매수인은 자신이 발행한 신용장을 절대적 · 최종적 지급으로 볼 수 있을 것인가 아니면 조건부 지급으로 볼 수 있을 것인가의 문제이다. 환언하면 매수인의 신용장발행행위는 신용장발행은행이 그의 의무이행 전에 도산했을 경우 매도인에 대한 매수인의 매매계약상의 채무에 대한 책임을 면제시켜주는가 하는 점이다. 이 점에 대해서는 절대적 · 최종적 지급설과 조건부 지급설의 두 가지 견해가 있다.

### 1) 절대적 · 최종적 지급(Absolute or Final Payment)설

#### (1) 의 의

절대적 · 최종적 지급이란 매수인의 신용장발행의뢰행위를 지급에 갈음하여 매도인에 대한 매매계약상의 채무를 소멸시킨다는 이론에 근거한 것이다. 즉 완전지급설(Compiete Payment)이라고도 불리는 절대적 · 최종적 지급설(絕對的 · 最終的 支給說)이란 매수인은 약정신용장을 발행함으로써 매수인에 대한 매매계약상의 의무가 동시에 완전히 소멸된다고 보는 설이다. 그러므로 신용장이 발행된 후 그 신용장상의 채무를 이행하기 전에 신용장발행은행이나 확인은행이 파산 등 지급불능에 처하게 되더라도 매도인은 매수인에게 수출대금을 청구할 수 없게 된다.

그러나 일반적으로 유통증권에 의한 지급(payment by means of negotiable instruments)은 반대의 명시적 또는 묵시적인 약정이 없는 한 조건부지급으로 인정되지만, 신용장은 유통증권이 아니기 때문에 신용장이 발행되었다고 해서 매매계약상 당사자간의 채권 · 채무관계가 소멸된다고 간주하는 것은 불합리할 것이다.

### (2) 요 건

신용장발행이 절대적 · 최종적 지급이 되기 위해서는 계약당사자간의 합의에 따라 그러한 취지를 신용장상에 특약해야 한다. 그러한 취지가 신용장 상에 명백하게 규정되어 있지 않은 한 동 신용장은 절대적 · 최종적 지급으로 간주될 수 없다. 따라서 신용장 발행자체가 매매계약대금의 절대적 · 최종적 지급수단이기 위해서는 계약당사자 쌍방이 의도하는 내용을 특약해야 한다. 그러한 명백한 특약 없이 단순한 묵시적 기대만으로 신용장은 절대적 · 최종적 지급수단이 될 수 없다. 따라서 신용장발행으로 말미암아 매수인에 대한 매도인의 권리가 종료되지 않는다. 그래서 신용장발행은행이나 확인은행이 파산하게 되더라도 매매계약상의 급부가 이행된 이상 매도인은 매수인에 대하여 매매계약상의 대금청구권을 행사할 수 있다. 그러나 만약 매매계약에서 물품대금은 발행은행에서만 결제될 것을 특별히 약정하고 있는 경우, 이때에는 절대적 · 최종적 지급으로 간주되므로 발행은행이 지급불능에 처하게 되더라도 매수인에 대하여 별도로 수출대금상환청구권을 행사할 수 없게 된다.

그렇다면 신용장의 확인행위는 절대적 · 최종적 지급요건으로 볼 수 있을 것인가? 그렇지 않다. 왜냐하면 매도인이 신용장의 확인을 요구하는 것은 문제발생가능성을 제거하기 위한 것일 뿐 매수인에 대한 그의 통상적인 권리를 포기하는 것이 아니기 때문에 신용장의 확인은 절대적 · 최종적 지급요건으로서는 불충분하다고 보아야 할 것이다.

## 2) 조건부지급(Conditional Payment)설

조건부지급설(條件附支給說)이란 절대적 · 최종적 지급설과 대립되는 개념으로서 신용장은 계약당사자간에 특약이 없는 한 물품매매대금의 단순한 지급수단(a means of payment)으로 사용될 뿐이지 신용장 자체가 직접적인 매매대금의 지급행위는 아니라고 보는 설이다. 즉 매수인은 약정신용장을 발행한 것으로 물품대금의 지급의무를 완전이행했다는 절대적 · 최종적 지급으로 간주할 수 없으며 단순히 매매대금의 지급수단을 제공한 것으로서 계약상 신용장 발행의무의 이행에 불과하다. 매수인이 신용장을 발행함으로써 물품대금의 지급의무가 이행되었다고 인정할 수 없으며 신용장에 의거한 지급이 완료되었을 때 비로소 계약상 매매대금의 지급이 이행되었다고 보아야 한다는 설이다.

결론적으로 신용장은 절대적 · 최종적 지급이 아닌 조건부지급으로 이해되고 있으며, 그러므로 만일 신용장 발행은행의 지급불능사태 발생 시에 매도인은 매매계약에 근거하여 매수인에게 별도의 대금지급청구권을 행사할 수 있다는 것이 일반적인 통설이다.

이 점에 대하여 미국에서는 통일상법전에 명확히 규정되어 있으며 영국에서도 유력한 견해로 되어 있고 일본에서도 동일한 견해로 받아들여지고 있다. 특히 이때 매도인의 대금결제청구권은 매수인에 대하여 일차적이고 무조건적으로 행사할 수 있는 것이 아니라 파산은행의 파산채권자로서 권리를 행사한 후 이차적으로 매수인에게 대금지급청구권을 행사할 수 있게 된다.

이상과 같이 신용장은 절대적 · 최종적 지급수단이 아니라 조건부지급수단이라는 논리를 뒷받침해주는 판례는 많다. 그 예로서 1966년 Soproma S.P.A. 대 Marine & Animal By-Products Corporation간의 소송사건에서 McNair, J. 판사는 "신용장방식에 의한 대금결제를 약정하고 신뢰할만한 재력있는 지급대리인(reliable and solvent paymaster)을 제공하면 매수인은 일단 그의 의무를 다한 것으로 간주될 수 있다. 그러나 만약 지급대리인인 은행의 지불불능 시에 매수인에게는 매도인에 대한 지급책임이 있다. 이 경우 지급책임의 근거는 매수인이 지급능력이 있는 신용장을 제공치 못한 잘못 때문이다."는 취지의 유명한 판례를 남겼다.

또 다른 판례를 하나 더 소개한다면 Newman Industries Ltd. 대 Indo-British Industries Ltd.간의 소송사건에서 Sellers, J. 판사는 "중요한 문제는 합의된 지급방법이 매매계약상 매수인의 직접적인 지급의무를 해제시켜주는 지의 여부이다. 일반적으로 환어음에 의한 지급결정은 조건부지급을 의미하므로 이를 절대적 지급수단으로 삼고자 할 경우에는 그러한 취지의 명백한 약정이 추가되어야 한다. 원래 본 계약은 은행의 보증에 의한 대금지급을 약정하고 있었으나 후일 피고인 매수인의 요청과 원고인 매도인의 합의하에 신용장으로 대체된 것인 바, 신용장에 의거하여 발행된 어음이 절대적 최종적 지급수단이라는 추론적 증거가 없기 때문에 신용장발행은행에 의한 대금지급이 불능인 경우 피고는 약정물품을 인수한 매수인에게 대금지급요청을 못할 이유가 없다."는 취지의 판결을 한 바 있다.

## 3. 신용장발행은행의 파산

신용장이란 발행은행의 조건부 지급약정서이므로 신용장거래의 성패는 지급확약을 하고 있는 발행은행의 지급능력여하에 크게 영향을 받는다. 따라서 신용장거래에서 주도적 역할을 하는 발행은행의 파산여부는 신용장거래에 결정적인 영향을 미치게 된다. 발행은행이 파산(破産)한 경우에도 특히 중요한 것은 언제 파산했느냐의 문제이다. 왜냐하면 발행은행의 파산시기에 따라 신용장거래 당사자간의 법률관계는 크게 달라지기 때문이다.

### 1) 신용장발행 전 지정된 발행은행의 파산

신용장을 발행하기 전에 지정된 발행은행이 파산한 경우에는 매도인과 매수인간에 복잡한 법률관계는 발생하지 않는다. 왜냐하면 지정은행의 파산에도 불구하고 파산은행에 신용장발행을 의뢰할 매수인은 없을 것이기 때문이다. 만약 신용장발행을 의뢰하기 전에 계약상 지정된 은행이 파산하였다면 매수인은 그 사실을 매도인에게 통보하고 상호합의하에 신용장발행은행을 변경하거나 아니면 매수인이 신뢰하는 다른 은행에 신용장발행을 의뢰할 수도 있다.

한편 신용장발행을 의뢰한 후 신용장을 발행하기 전에 지정은행이 파산한 경우에도 매도인과 매수인의 관계는 상술한 바와 동일하며 또한 신용장발행의뢰인인 매수인과 파산은행과의 관계 역시 위임계약관계의 소멸 등으로 신용장자체의 거래관계에는 별로 영향을 미치지 아니한다.

### 2) 신용장발행 후 어음인수 전의 파산

#### (1) 매도인과 매수인의 관계

신용장을 발행한 후 어음을 인수하기 전에 신용장발행은행이 파산한 경우에는 동 은행에 서류를 제시하더라도 어음의 지급 또는 인수 등 소기의 목적달성이 불가능하게 된다. 이때 매도인은 다른 은행에 신용장발행을 요구할 수 있다. 따라서 매수인은 신용장발행은행을 누가 지정하였느냐를 불문하고 동 요청에 응해야 하며 동 요청이 충족되지 않는 한 매도인은 선적을 거절할 수 있으며 계약을 해제하고 매매계약 불이행에 따른 손해배상을 청구할 수도 있다.

그러나 매도인은 은행의 신용에 관해 단순한 나쁜 소문이나 전쟁의 발발 등 기타의 이유로 말미암아 단순히 어음이 용이하게 매입될 수 없을 수도 있다는 이유만으로는 매매계약을 해제할 수 없다. 특히 발행은행이 파산한 경우에도 매도인을 만족시킬만한 담보가 은행에 설정되어 있으면 매수인은 매도인에 대하여 선적을 요구할 수 있다.

### (2) 매도인과 발행은행과의 관계

신용장발행은행이 파산한 경우, 파산관재인단의 요청이 있다면 매도인은 선적을 이행하고 선적서류를 첨부하여 파산은행 앞으로 어음을 발행해야 되는지, 아니면 파산관재인의 그러한 요청을 거절할 수 있는가?

이 점에 관하여 우리나라 파산법의 규정과 신용장거래관례와는 서로 견해가 상반된다. 즉 "쌍무계약에 관하여 파산자 및 그 상대방이 모두 파산선고 당시에 아직 그 이행을 완료하지 아니한 때에는 파산관재인은 그 선택에 따라 계약을 해제하거나, 파산자의 채무를 이행하고 그 상대방의 채무이행을 청구할 수 있다."는 파산법 제50조 제1항의 규정에 따르면 파산관재인은 신용장거래를 해제하거나 아니면 선적을 이행하고 선적서류의 제시를 요구할 수 있는 양자택일의 선택권을 행사할 수 있다. 그러나 신용장거래관행에 따르면 수익자의 어음발행행위는 그가 가지는 권리의 행사에 불과하므로 신용장발행은행이 파산한 경우에도 매도인은 선적을 이행하고 선적서류를 첨부하여 파산은행 앞으로 어음을 발행해야 할 의무를 반드시 지는 것은 아니다.

이처럼 파산법상의 규정과 신용장거래관행과는 서로 상반되는 논리상의 차이가 있으나, 아직 이에 관한 명확한 통설은 없는 것 같다. 그러나 이 경우 신용장거래관행에 따르는 것이 타당한 것으로 사료된다.

#### (3) 매수인과 발행은행과의 관계

신용장발행은행이 파산하여 매수인 측이 부득이 신용장발행계약을 취소하고 다른 은행과 신용장발행계약을 체결할 경우에 매수인은 파산은행에 대하여 신용장발행의뢰 시에 이미 예치한 보증금이나 기타 이와 관련하여 발생한 손해에 대한 청구권을 행사할 수 있다.

특히 신용장 발행담보금이 발행은행에 사전 예치된 후 신용장이 발행되고, 그에 따른 서류가 제시되기 전에 발행은행이 파산하였다면, 이때 매수인은 청산인으로부터 일반채권자에 우선하여 예치금액 전부를 되돌려 받을 수 있는가?

이때 단순히 신용장발행예치금이라는 명목으로 담보금이 일반계정에 예치되었을 경우에는 일반채권자와 동일한 비율에 의하여 청산을 받게 되고, 매수인이 특정의 어음 결제를 위한 예치금이라고 특약한 경우에는 일반채권자에 우선하여 예치금액의 전액을 상환받을 수 있다.

### 3) 어음인수 후 지급 이전의 파산

신용장거래에서 가장 중요한 시기는 은행이 환어음을 인수한 후 지급이 이루어질 때까지의 기간이라고 할 수 있다. 은행이 어음을 인수하기 전에 파산하였다면 매도인은 법률관계를 맺으려고 하지 않을 것이기 때문에 별다른 어려운 문제는 발생하지 않는다. 그러나 어음을 인수한 후 지급하기 전에 발행은행이 파산하게 되면 당사자간에 여러 가지 복잡한 법률상의 문제가 발생된다.

#### (1) 매도인과 매수인의 관계

신용장과 일치하는 서류와 상환으로 지급을 확약한 신용장발행은행이 어음을 인수하고 난 후 지급하기 전에 파산하게 되면, 전술한 바와 같이 신용장은 절대적 최종적 지급이 아닌 조건부지급수단이기 때문에 매수인은 매매계약상 약정물품을 인수한 이상 매도인에게 직접 매매계약상의 대금지급의무를 부담해야 한다. 이때 매도인은 은행의 파산과 동시에 파산채권자로서의 권리를 행사하게 되므로 파산은행의 청산인으로부터 대금의 일부를 변제받은 후 그 잔액을 매수인에게 청구할 수 있다.

### (2) 매도인과 발행은행의 관계

환어음을 인수한 은행과 매도인간에는 단순한 어음관계가 성립된다. 매도인은 인수은행에게 어음지급만기일에 어음대금의 지급을 청구할 수 있다. 그러나 어음을 인수한 인수은행이 파산하게 되면 기한부채권의 변제기간도래의 규정[6]에 의하여 어음의 지급일은 파산선고일이 되므로 매도인은 은행의 파산과 동시에 파산채권자로서 그 권리를 행사할 수 있다.

### (3) 매수인과 발행은행의 관계

발행은행이 이미 어음을 인수하였으므로 선적화물의 소유권은 은행과 매수인간에 양도담보계약이 체결되어 있는 경우에는 은행 측에, 소유설정계약이 체결되어 있는 경우에는 매수인 측에 속하게 되는데 은행이 선적서류를 소유 또는 점유하게 되는 목적은 매수인에 대한 보상청구권, 수수료채권 및 비용상환청구권 등을 담보하기 위한 것이다. 그러나 은행이 어음을 인수하고 지급을 이행하기 전에는 매수인에 대하여 보상청구, 수수료채권 및 기타 채권의 변제를 청구할 수 없다. 지급을 이행한 경우에도 어음지급만기일 1일전에는 위의 청구권을 행사할 수 없기 때문에 파산한 발행은행은 지급만기일이 도래해야 비로소 매수인에게 그 채권의 변제를 요구할 수 있다.

### (4) 은행과 어음 소지인의 관계

원칙적으로 어음소지인은 은행에 대하여 어음법상의 청구권을 행사할 수 있다. 그러나 인수된 어음의 지급만기일이 도래하기 전에 매수인이 발행은행에 특정 어음의 결제자금을 일반계정과 구별된 특별계정에 별도로 예치한 후 어음 지급만기도래 전에 발행은행이 파산한 경우에도 어음 소지인은 일반채권자에 우선하여 지급받게 된다.

### (5) 매도인과 어음소지인의 관계

매도인과 어음소지인의 관계는 어음발행인과 그 소지인의 관계이므로 어음법상의 관계에 해당한다. 우리나라 어음법에 의하면 어음발행인은 인수 및 지

6) 파산법 제16조; 기한부 채권은 파산선고 시에 변제기에 이른 것으로 간주한다.

급을 담보한다[7]고 규정하고 있으므로 발행은행이 파산한 경우 어음발행인은 어음법상 상환책임을 면할 수 없다.

7) 어음법 제9조(발행인의 책임).

# 제 7 장
# 은행의 서류심사와 ISBP

## Ⅰ. 은행의 서류심사와 하자서류 처리기준

### 1. 은행의 서류심사기준

UCP600 제14조에는 화환신용장부서류심사의 표준에 관하여 규정하고 있다. 화환신용장부서류심사의 표준이란 신용장거래에서 은행이 서류를 심사할 때 표준으로 삼아야 할 규범 및 기준이다. 신용장거래는 서류거래인 만큼 신용장대금의 결제 또는 매입여부는 전적으로 서류의 문면상 일치여부에 의하여 결정되고, 그 일치여부의 판단은 본조에 규정되어 있는 서류심사표준에 준하여 결정되게 된다.

#### 1) 서류의 심사와 일치여부판단기준

##### (1) 서류심사의 주체

신용장부서류를 심사하는 주체는 은행이다. 은행이란 지정에 의거하여 행동하는 지정은행, 만일 있다면 확인은행, 그리고 발행은행을 말한다. 이러한 사실은 UCP600 제14조 제(a)항[1]에 의하여 확인되고 있다. 이때 지정은행을 지정하는 것은 발행은행이고, 발행은행으로부터 수권된 지정은행은 수권업무의

---

1) A nominated bank acting on its nomination, a confirming bank, if any, and the issuing bank must examine a presentation to determine, on the basis of the documents alone ~.

이행여부를 스스로 결정할 수 있다.

UCP600 제2조의 정의규정에 의하면 지정은행이란 신용장이 이용될 수 있는 은행 또는 어느 은행에서도 이용될 수 있는 소위 자유이용가능신용장(freely available credit)의 경우에는 모든 은행을 지칭한다. 확인은행이란 발행은행의 수권 또는 요청에 의하여 발행은행의 확약에 추가해서 일치하는 제시에 대해 결제 또는 매입하겠다는 확약을 신용장에 추가한 은행이다. 발행은행이란 발행의뢰인의 요청에 따라 또는 그 자신을 위하여 신용장을 발행하는 은행을 말한다.[2)]

그러므로 발행은행, 확인은행 및 지정은행이 아닌 은행은 서류심사의 주체가 될 수 없다. 이들 은행이 아닌 은행에 서류를 제시하는 것은 UCP600에 규정된 서류제시에 해당되지 아니한다. 서류를 심사하는 경우에도 UCP600상 인정되는 서류심사행위로 볼 수 없다. UCP600상 인정되는 서류심사행위로 볼 수 없다는 말은 UCP600상 인정되는 서류심사은행으로서의 권리를 행사할 수도 달리 보장받을 수도 없다는 뜻이다.

이들 은행은 서류만을 근거로, 서류가 동 문면상 일치하는 제시인지의 여부를 결정하기 위하여 제시를 심사하여야 한다. 은행의 이 같은 서류심사는 의무이자 곧 권리이다. 왜냐하면 이들 은행은 발행의뢰인에게 신용장의 제 조건, 본 규칙의 적용 가능한 규정 및 국제표준은행관행과 일치하는 서류를 제공해 주어야 할 책무가 있음에 반하여, 서류제시자에 대해서는 제시가 일치하지 아니하는 경우 결제 또는 매입을 거절할 수 있기 때문이다.

발행은행이나 확인은행은 서류가 제시되면 이를 심사하고 일치하는 제시로 판단되면 결제 또는 매입하여야 할 의무를 진다. 그런데 지정은행은 자신이 명시적으로 동의한 경우가 아니면 발행은행의 지정행위에 구속되지 않는다. 지정된 행위를 이행할 것인지 거절할 것인지 여부의 문제는 지정은행이 자의적으로 결정할 수 있는 문제이다. 수권한 은행인 발행은행의 의사와는 상관없이 수

---

2) UCP600 Article 2; Nominated bank means the bank with which the credit is available or any bank in the case of a credit available with any bank. Confirming bank means the bank that adds its confirmation to a credit upon the issuing bank's authorization or request. Issuing bank means the bank that issues a credit at the request of an applicant or on its own behalf.

권된 업무를 이행할 것인지 여부의 결정은 지정은행의 선택사항이므로 지정은행이 스스로 원하지 않으면 지정된 업무의 이행을 거절할 수 있다.

### (2) 심사대상서류와 비 대상서류

"은행은 서류를 거래하는 것이지, 그 서류에 관련될 수 있는 물품이나 서비스 또는 채무의 이행을 거래하는 것이 아니다."[3] 신용장거래의 목적물은 서류라는 말이다. 물품의 매매거래에서는 물품의 일치여부가 계약의 이행여부를 결정하는 중요한 변수가 되지만, 신용장거래에서는 서류의 일치여부가 신용장거래의 성패를 가르는 변수가 된다. 매매계약에서는 서류에 비해 물품이 중요하지만 신용장거래에서는 물품에 비해 서류가 중요한 것이다.

매매계약의 당사자는 물품의 일치여부를 체크하듯이 신용장거래에 임하는 은행은 신용장에서 요구된 서류의 일치여부를 체크한다. 서류가 동 문면상 일치하는 제시인지의 여부를 결정하기 위하여 은행은 서류만을 근거로 심사하여야 한다. 이때 서류만을 근거로 심사하여야 한다는 말은 은행이 점검해야 할 심사대상은 서류이며, 서류 중에서도 당해 신용장에서 요구된 서류만이 심사의 대상서류라는 의미이다.

그런데 제시는 되었으나 신용장에서 요구되지 아니한 서류는 심사의 대상이 아니다. 만약 심사의 대상이 아닌 서류를 제시받았다면 은행은 해당 서류를 무시하고 제시자에게 반송할 수 있다. 제시자는 수익자 또는 제시은행이 될 수 있다.

### (3) 일치여부의 판단기준

서류심사의 주체는 은행이고, 신용장에서 요구된 서류만이 심사의 대상이다. 신용장에 적시되지 아니한 서류는 심사의 대상이 아니다. 그런데 서류를 심사할 때 은행은 서류의 무엇에 유의해서 심사해야 되는지가 의문이다.

은행은 서류가 동 문면상 일치하는 제시인지의 여부를 결정하기 위하여 심사한다. 여기에서 말하는 "문면상(on their face)"이란 "the face of document" 또는 "on the document's face"와 같은 의미이다. 이 용어는 UCP500에서

---

3) UCP600 Article 5; Banks deal with documents and not with goods, services or performance to which the documents may relate.

실무자간 해석상이로 다툼이 많았던 애매한 용어 중의 하나였었다. 그래서 UCP600에서는 이 용어를 유일하게 제14조 제(a)항에만 존치하고 여타의 다른 모든 조항에서는 삭제하였다. 그 이유는 본 조항에서 조차 "on their face"를 삭제할 경우, 오히려 서류심사기준이 변경된 것으로 오인될 우려가 있고, 그에 따라 서류심사의 내용 및 범위 또한 더욱 애매하게 해석될 수 있는 여지가 있을 수 있다는 견해에 따른 결과로 보인다.

어쨌든 "the document's face"는 서류의 양면 즉 앞면과 뒷면 모두를 의미한다. 그러므로 심사의 주된 내용 및 범위는 서류의 양면에 기재되어 있는 모든 문언이라 할 수 있다. 그런데 서류의 양면에 나타나 있는 문언을 심사할 때 일치하는 제시인지의 여부를 판단하는 기준은 무엇인가. 은행은 서류만을 근거로 서류가 동 문면상 일치하는 제시인지의 여부를 결정하기 위하여 서류자체 기재내용상의 모순여부와 함께 제시된 다른 서류상 기재내용과의 모순여부를 심사하되, 신용장의 제 조건과 본 규칙의 적용 가능한 규정 및 국제표준은행관행(international standard banking practice: ISBP)에 따른 제시를 일치하는 제시로 본다.[4] 그러므로 일치여부의 판단기준은 서류자체의 모순여부, 다른 서류와의 모순여부, 그리고 신용장제조건과의 일치여부, UCP 관련규정과의 일치여부, 국제표준은행관행과의 일치여부라 하겠다. 이들 기준에 비추어 일치하는 제시로 판단되면, 서류를 심사한 은행(발행은행,[5] 확인은행,[6] 지정은행[7])은 결제 또는 매입하여야 한다.

---

4) UCP600 Article 2; Complying presentation means a presentation that is in accordance with the terms and conditions of the credit, the applicable provisions of these rules and international standard banking practice.

5) 일치하는 제시로 판단하는 경우, 발행은행은 신용장에 일람지급이 약정되어 있으면 일람지급, 연지급이 약정되어 있으면 연지급확약을 한 후 만기에 지급, 인수가 약정되어 있으면 기한부환어음을 인수한 후 만기에 지급하여야 한다.

6) 일치하는 제시로 판단하는 경우, 확인은행은 신용장에 일람지급이 약정되어 있으면 일람지급하고, 연지급이 약정되어 있으면 연지급확약을 한 후 만기에 지급하고, 인수가 약정되어 있으면 기한부환어음을 인수한 후 만기에 지급하고, 매입이 약정되어 있으면 상환청구권(right of recourse)을 행사할 수 없는 무소구의 조건으로 매입하고 그리고 서류를 발행은행으로 송부하여야 한다.

7) 일치하는 제시로 판단하면, 지정은행은 신용장에 일람지급이 약정되어 있는 경우에는 일람지급, 연지급이 약정되어 있으면 연지급확약, 인수가 약정되어 있으면 기한부환어음을 인수, 매입이 약정되어 있으면 매입하고 그리고 서류를 확인은행이나 발행은행으로 송부하여야 한다.

## 2) 서류의 제시기한과 심사허용기간

### (1) 서류제시기한

**① 원본 1부 이상이 포함된 운송서류의 제시기한**

UCP600 제14조 제(c)항에는 "본 규칙 제19조 내지 제25조에 적용되는 1부 이상의 원본운송서류가 포함된 제시는 수익자 또는 그 대리인에 의하여 본 규칙에 명시된 선적일 후 21월력일 이내에 이루어져야 되지만, 그러나 어떤 경우에도 신용장의 유효기간최종일자보다 늦지 않게 제시되어야 한다[8]"고 규정되어 있다.

여기에서의 운송서류란 제19조의 복합운송서류, 제20조의 선하증권, 제21조의 비 유통해상화물운송장, 제22조의 용선계약 선하증권, 제23조의 항공운송서류, 제24조의 도로, 철도 또는 내수로 운송서류, 제25조의 특송배달수취증, 우편수취증 또는 우편증명서를 말한다. 이들 운송서류의 원본이나 1부 이상의 원본이 포함되어 제시되는 경우에는 선적일 후 21월력일 이내에 제시되어야 되는데, 이하 이를 21월력일의 원칙이라 칭하기로 한다.

이들 서류에 해당되는 운송서류는 신용장에 다른 언급이 없는 한 소위 21월력일의 원칙이 적용된다. 이들 운송서류에 해당되지 않는 서류는 물론 이들 운송서류에 해당되더라도 사본만이 제시되는 경우에는 이 원칙이 적용되지 않는다.

UCP600에는 UCP500 제43조 제(a)항에 규정되어 있던 "운송서류를 요구하는 모든 신용장에는 서류제시유효기일의 명시뿐만 아니라, 선적일 후 신용장의 제 조건과 일치하게 서류가 제시되어야 될 특정 기간을 명시하여야 한다"[9]는 문언이 삭제되었다. 그 결과 선적일 후 서류가 제시되어야 될 특정 기간이

---

8) A presentation including one or more original transport documents subject to articles 19, 20, 21, 22, 23, 24 or 25 must be made by or on behalf of the beneficiary not later than 21 calendar days after the date of shipment as described in these rules, but in any event not later than the expiry date of the credit.

9) UCP500 sub-Article 43(a); In addition to stipulating a expiry date for presentation of documents, every credit which calls for a transport document (s) should also stipulate specified period of time after the date of shipment during which presentation must be made in compliance with the terms and conditions of the credit.

신용장에 명시되면 안 되는가에 관한 의문이 있을 수 있다.

당사자는 신용장에서 본 규칙을 명시적으로 변경 또는 배제할 수 있다.[10] 이처럼 당사자는 UCP의 관련규정을 수정 및 변경할 수 있으므로 종래와 같이 선적일 후 21일과 다른 특정 기간을 서류제시기간으로 신용장에 명시할 수 있음은 물론이다.

결론적으로 신용장에 다른 언급이 없으면 21월력일의 원칙이 적용되고, 다른 언급이 있으면 당사자의사가 존중되기 때문에 다른 언급이 이 원칙에 우선한다. 따라서 원본 또는 1부 이상의 원본이 포함된 운송서류의 제시기한인 21월력일의 기간은 신용장에 명시된 조건에 의하여 변경될 수 있다. 당사자는 거래의 특성에 맞게 신용장에서 이보다 더 길거나 짧은 기간을 정할 수 있다.[11]

**② 사본운송서류의 제시기한**

원본 또는 1부 이상의 원본이 포함된 운송서류의 제시기한은, 신용장의 유효기간이 종료되지 않은 한, 선적일 후 21월력일 이내에 수익자 또는 그 대리인에 의하여 제시되면 된다. 그런데 여기에서 말하는 소위 21월력일의 원칙은 1부 이상의 원본운송서류가 포함된 제시에만 적용된다. 따라서 신용장에 다른 명시가 없는 한, 운송서류의 사본만이 제시되는 경우에는 이 원칙이 적용되지 않는다. 왜냐하면 운송서류사본은 UCP600 제19조 내지 제25조 및 제14조 제(c)항이 적용되는 운송서류가 아니다. 이들 조항은 원본운송서류가 1부 이상 포함되어 있는 경우에만 적용되기 때문이다.

신용장에서 원본이 아닌 사본의 제시를 요구하였다면 동 신용장은 요구되는 상세한 명세를 적시하여야 한다. 다시 말해 원본이 없는 사본만이 제시되는 때에는 운송서류의 제시기간을 별도로 신용장에서 정해야 된다. 달리 정해진 바가 없으면 사본운송서류는 신용장의 유효기간 이내에만 제시되면 된다. 그리고

10) UCP600 Article 1; They are binding on all parties thereto unless expressly modified or excluded by the credit.

11) ICC, Commentary on UCP600, 2007, p.63; It would be advisable for the applicant in its documentary credit application, or the issuing bank in the issuance of the documentary credit, to provide an indication of the number of days following the date of shipment within which presentation is to be made rather than relying on a default period that may not meet the requirement of underlying transaction.

사본이 제시될 경우에는 서명이나 발행일자 등이 표시될 필요는 없다.

**③ 운송서류가 포함되지 않은 서류의 제시기한**

신용장거래에서 운송서류란 UCP600 제19조 내지 제25조에 규정된 서류를 말하고, 소위 21월력일의 원칙도 이들 운송서류에만 적용된다. 이들 운송서류에 해당되지 않는 서류는 비록 신용장에서 요구된 서류라 하더라도 21월력일의 원칙이 적용되지 않는다.

예컨대 본선수취증(Mate's receipt), 화물수령증(Forwarder's cargo receipt), 선적증명서(Forwarder's certificate of shipment), 운송증명서(Forwarder's certificate of transport), 물품수령증명서(Forwarder's certificate of cargo receipt), 화물인도지시서(Delivery order), 채무불이행증명서(Certificate of default) 등과 같은 서류는 신용장에 다른 명시가 없는 한 21월력일의 원칙이 적용되지 않는다. 신용장에서 이들 서류의 제시를 요구하면서 다른 정함이 없는 경우, 이들 서류는 신용장의 유효기간 이내에만 제시되면 되는 것으로 해석된다. 그걸 원하지 않는다면 동 서류의 제시기간을 신용장에서 별도로 정해야 된다. 예컨대, "Forwarder's Cargo Receipt"를 요구하면서 서류제시기한이 "within ten days after transport document date"로 기재되어 있는 신용장하에서 동 FCR 역시 10일 이내에 제시되어야 되는지에 대한 의문이 제기될 수 있다.

신용장거래에서 운송서류란 UCP600 제19조 내지 제25조에 규정된 서류를 말한다. 그런데 "Forwarder's Cargo Receipt"는 이들 조항에서 말하는 서류가 아니므로 운송서류에 해당되지 않는다. 따라서 "Forwarder's Cargo Receipt"에는 UCP600 제14조 제(c)항의 선적일 후 21월력일 이내에 제시되어야 된다는 원칙도 적용되지 않는다.

신용장에 서류제시기한으로 명시된 "within ten days after transport document date"라는 문언 역시 운송서류에만 적용될 뿐, 운송서류에 해당되지 않는 "Forwarder's Cargo Receipt"에는 적용될 수 없다. 만약 신용장에 "within ten days after forwarder's cargo receipt date"와 같이 약정되어 있으면 동 10일 이내라는 서류제시기한은 본 FCR에 당연히 적용되게 된다.

④ Stale documents acceptable

이는 "유효기간 경과서류 수리가능"의 의미인데 신용장거래에서 자주 사용된바 있는 용어였다. 그럼에도 불구하고 종래의 UCP500에는 "Stale documents"나 "Stale Bill of Lading"에 관한 규정이 없었다. 다만, ISBP는 "Stale documents acceptable"이란 조건에 대해 "선적일 후 21일이 경과하여 제시된 서류도 신용장의 유효기간 이내에 제시된 것이면 수리된다"고 설명하고 있다.

UCP600에 따르면 "본 규칙 제19조 내지 제25조에 적용되는 1부 이상의 원본운송서류가 포함된 제시는 수익자 또는 그 대리인에 의하여 선적일 후 21월력일 이내에 이루어져야 되지만, 그러나 어떤 경우에도 신용장의 유효기간최종일보다 늦지 않게 제시되어야 한다"[12]는 것이다.

따라서 "Stale documents"란 선적일 후 21월력일이 지나서 제시된 서류라고 정의할 수 있다. 그런데 "Stale transport documents not acceptable" 또는 "Stale B/L not acceptable"이라는 문언이 신용장에 없어도 선적일 후 21월력일이 지나서 제시된 운송서류는 UCP600하에서는 수리되지 않는다. 이들 문언이 신용장에 있든 없든 선적일 후 21월력일이 지나서 제시된 1부 이상의 원본이 포함된 운송서류는 수리되지 않으므로 더 이상 이들 문언을 신용장에 명시하는 것은 불필요한 일이다.

### (2) 서류심사허용기간

서류심사허용기간이란 결제 또는 매입을 위하여 서류를 접수한 은행이 서류를 심사하고 수리여부를 결정하여 그 결과를 제시자에게 최초로 통보하는데 허용되는 기간을 말한다.

UCP500에서 발행은행, 확인은행(있는 경우), 또는 이들 은행을 대리하여 행동하는 지정은행은 각각 서류를 심사하고, 그리고 서류를 제시해온 당사자에게

---

12) UCP600 sub-Article 14(c); A presentation including one or more original transport documents subject to articles 19, 20, 21, 22, 23, 24 or 25 must be made by or on behalf of the beneficiary not later than 21 calendar days after the date of shipment as described in these rules, but in any event not later than the expiry date of the credit.

그 결과를 통지하기 위하여 서류를 수령한 다음날부터 기산하여 7은행일을 초과하지 않는 범위 내의 합리적인 기간을 보유할 수 있었다.[13] 따라서 당시 은행이 보유할 수 있는 서류심사허용최장기간은 7은행일 이내의 합리적인 기간(reasonable time not to exceed seven banking days)이 된다. 그런데 UCP600에는 "지정에 의거하여 행동하는 지정은행, 만일 있다면 확인은행, 그리고 발행은행은 제시가 일치한지를 결정하기 위하여 제시일 후 최장 5은행일[14]을 각각 보유한다[15]"고 규정되어 있다. 여기에서 은행이 보유할 수 있는 서류심사허용기간은 최장 5은행일이 된다.

UCP500에서 "7은행일을 초과하지 않는 범위 내의 합리적인 기간(a reasonable time not exceed seven banking days following the day of receipt of the documents)"이던 서류심사허용기간이 UCP600에서는 "최장 5은행일(a maximum of five banking days following the day of presentation)"로 변경되었다.

이들 두 조문이 외견상 시사하는 차이점은 은행이 보유할 수 있는 서류심사허용최장기간이 서류제시일 후 7은행일에서 5은행일로 단축되었다는 점과 전자의 규정에서는 "합리적인 기간(reasonable time)"이라는 용어가 삭제되고,

---

13) UCP500 sub-Article 13(b); The issuing bank, the confirming bank, if any, or a nominated bank acting on their behalf, shall each have a reasonable time, not to exceed seven banking days following the day of receipt of the documents, to examine the documents and determine whether to take up or refuse the documents and to inform the party from which it received the documents accordingly.

14) 은행일이란 UCP600에 따른 어떤 행위가 이행되는 장소에서 은행이 통상적으로 개점하는 날을 의미한다(Banking day means a day on which a bank is regularly open at the place at which an act subject to these rules is to be performed). 따라서 신용장행위가 이행될 지역의 다른 모든 은행들이 휴무하는 경우에도 지정된 은행이 통상적으로 개점하는 날이면 은행일로 본다. 그러나 다른 지역에 있는 지정된 은행의 본/지점이 통상적으로 개점하는 날인 경우에도 신용장행위가 이행되는 장소에 소재한 지정은행의 본/지점이 휴무하는 날은 은행일로 간주되지 않는다. 그리고 통상적인 휴무일에 신용장업무를 수행하기 위하여 전 직원이 출근해서 특근을 했어도 이는 통상적 개점일이 아니므로 은행일로 보지 않는다.

15) UCP600 sub-Article 14(b); A nominated bank acting on its nomination, a confirming bank, if any, and the issuing bank shall each have a maximum of five banking days following the day of presentation to determine if a presentation is complying.

후자의 규정에는 "최장(maximum)"이라는 용어가 추가되었다는 사실이다.

UCP500하에서 "합리적인 기간"이란 구체적으로 어느 정도의 기간이 합리적인 기간인지에 대한 다툼이 적지 않았다. 이 점을 감안해서 UCP600에서는 동 서류심사기간을 명확하게 규정하기 위하여 "reasonable time"이란 용어를 삭제하기에 이른다. 그런데 문제는 UCP600의 "최장 5은행일" 중 "최장"이라는 용어의 해석과 관련하여 또 다른 다툼의 여지가 없지 않은 것으로 보인다. UCP500 제13조에서 말하는 "합리적인 기간"이란 7은행일 그 자체가 곧 합리적인 기간이라는 의미가 아니다. 서류접수은행은 서류심사기간을 최대한 7은행일까지의 기간을 보유할 수 있다는 말일뿐, 매 서류접수 시 마다 당연히 7은행일까지의 기간을 무차별적으로 보유할 수 있다는 뜻이 아니다. 경우에 따라서는 그 보다 더 짧은 기간이 합리적인 서류심사허용최장기간으로 해석될 수도 있다는 얘기이다. 그러므로 어떤 경우에는 그 합리적인 기간이 7은행일이 도래하기 전에 끝날 수도 있다.

실무상 합리적 기간의 실질적 결정요인이 되는 것은 서류제시 당시의 상황이나 제시된 서류의 분량 및 그 복잡성의 정도 등으로 볼 수 있다.[16] 이러한 요인들이 합리적 기간의 경과여부를 결정하는데 중요한 변수로 고려되어 왔다. 예컨대 심사대상서류가 수십 또는 수백 통에 달하고, 그 내용도 아주 복잡하다면 은행은 7은행일의 전 기간을 다 보유할 수 있을 것이나, 그와 달리 제시된 서류의 분량이 적고 거래내용도 아주 단순한 경우에는 7은행일보다 훨씬 짧은 기간에 서류심사를 마쳐야 할 것이다.

그렇지만 실무상 매 신용장거래 시 마다 실질적으로 어느 정도의 기간을 합리적인 기간으로 볼 것인가의 문제는 용이한 일이 아니다. 이 같은 원리는 UCP600에서 말하는 "최장(maximum)"이라는 용어의 해석에도 그대로 적용되는 것으로 보아야 한다. "최장 5은행일을 보유할 수 있다"는 말과 "5은행일을 보유할 수 있다"는 말은 그 의미가 서로 같지 않기 때문이다. 따라서 은행이 보유할 수 있는 서류심사기간은 최장 5은행일이지 매거래 시 마다 무조건 5은행일을 보유할 수 있다는 의미로 해석될 수 없다.

---

16) ICC Publication No. 459, Case No. 51.

"5은행일을 보유할 수 있다"는 매거래 시 마다 5은행일이 보장된다는 의미가 되므로 UCP500하에서 평균 3 또는 4은행일 만에 수리되던 서류가 오히려 5은행일까지 기다렸다가 수리될 수 있는 여지도 없지 않다고 볼 수 있다. 이러한 여지를 없애기 위해 "최장"이란 용어가 추가되었다. 그 결과 5은행일보다 짧은 단기간에 심사가능한 제시에 대해서는 5은행일을 기다리지 않고 그 전에 신속하게 처리해야 하는 것이 "최장 5은행일을 보유할 수 있다"는 문언의 취지이며, 그러한 취지에서 종래에 비해 서류심사허용최장기간이 2은행일 단축된 것이라 하겠다.

이러한 서류심사허용기간은 제시일 또는 그 후에 도래하는 유효기일 또는 최종제시일에 의하여 단축되거나 영향을 받지 않는다.[17] 이는 예컨대 신용장유효기간의 최종일에 서류가 제시된 경우에도 당일부로 서류심사를 끝내야 되는 것이 아니라 은행이 보유할 수 있는 서류심사허용최장기간에는 변함이 없다는 말이다. 그러므로 수익자로부터 신용장의 유효기간 이내에 일치하는 서류를 제시받은 이상 실제로 결제 또는 매입된 날은 동 유효기간이 경과한 후가 될 수 있고, 그래도 문제가 안 된다. 신용장의 유효기간은 어디까지나 서류를 제시할 수 있는 기한일 뿐 결제 또는 매입이 이루어져야 되는 기한이 아니기 때문이다. 따라서 지정은행의 서류송부장(cover letter)에 신용장유효기일보다 늦은 서류송부일이 기재되어 있다는 사실만으로는 하자가 될 수 없다. 이는 또한 신용장에서 요구된 서류도 아니다.

만약 당사자간에 최장기간의 경과여부에 관한 다툼이 있다면 그 최종적인 판단은 법원이나 중재판정부(arbitral tribunal) 또는 ICC DOCDEX 전문가패널의 몫에 해당된다.

### 3) 서류없는 조건과 조건없는 서류

#### (1) 신용장에서 요구되지 않은 서류

신용장에서 요구되지 아니한 서류가 제시된 경우, 은행은 이를 심사해야 되

17) UCP600 sub=Article 14(b); This period is not curtailed or otherwise affected by the occurrence on or after the date of presentation of any expiry date or last day for presentation.

는지 반송해야 되는지 아니면 다른 서류와 함께 통과시키면 되는지, 통과시킬 경우 해당 서류상의 모순이나 불일치는 물론 함께 제시된 다른 서류와의 모순이나 불일치는 하자사유에 해당되지 않는지 등의 의문이 있을 수 있다.

UCP500에서는 "신용장에 규정되어 있지 않은 서류는 은행이 심사하지 아니한다. 만일 은행이 그러한 서류를 수령한 경우, 은행은 이를 제시자에게 반송하거나 아무런 책임 없이 전달할 수 있다"[18]고 규정되어 있었다. UCP600에는 "제시는 되었으나 신용장에서 요구되지 아니한 서류는 무시되며, 그리고 제시자에게 반송될 수 있다"[19]고 규정되어 있다. 이 같이 UCP500에 규정되어 있던 "아무런 책임 없이 전달할 수 있다(pass them on without responsibility)"는 문언이 UCP600에서는 삭제되었음을 알 수 있다. 그렇다고 해서 서류를 통과시킬 수 있는 선택권이 금지된 것으로는 볼 수 없다. 왜냐하면 서류를 제시자에게 반송 아니면 통과라는 양자택일의 의무규정이 UCP600에서는 반송할 수 있다(may be returned)는 선택적 임의규정으로 변경된 것에 불과하기 때문이다.

이때 "제시자에게 반송될 수 있다(may be returned to the presenter)"는 문언은 은행이 자신의 판단에 따라 신용장에서 요구되지 않은 문제의 서류를 제시자에게 반송하거나 아니면 발행은행에 전달할 수도 있음을 의미한다.
신용장에서 요구되지 아니한 서류를 제시자에게 반송하지 않고 그대로 통과시키는 경우, 동 서류상의 모순이나 불일치는 물론 함께 제시된 다른 서류와의 모순이나 불일치는 있어도 하자사유에 해당되지 않는다. 앞에서 본바와 같이 제시는 되었으나 신용장에서 요구되지 아니한 서류는 무시대상서류이기 때문이다.

그런데 신용장에서 요구되지 않은 서류의 내용이 수입국의 통관이나 수입관련규정 등에 배치(contrariety)된다는 이유를 들어 부당한 지급거절의 빌미로 악용될 수도 있다. 그 같은 무익한 다툼의 여지를 피하기 위해서는 신용장에서

---

18) UCP500 sub-Article 13(a); Documents not stipulated in the credit will not be examined by banks. if they receive such documents, they shall not return them to the presenter or pass them on without responsibility.

19) UCP600 sub-Article 14(g); A document presented but not required by the credit will be disregarded and may be returned to the presenter.

요구된 서류만을 제시하여야 하며, 신용장에서 요구되지 않은 서류는 애당초 제시할 필요가 없다. 제시된 경우에도 그대로 통과시킬 것이 아니라 제시자에게 반송하는 것이 올바른 서류처리방법이라고 본다.

만약 어떤 이유로 신용장에서 요구되지 아니한 서류가 필요한 경우에는 수익자가 발행의뢰인에게 직접 송부해주는 방식을 선택하면 된다.

### (2) 서류없는 신용장의 조건

서류없는 조건(conditions without document)이란 신용장에 특정한 조건은 명시되어 있으나 그를 입증할 서류를 요구하고 있지 않은 경우를 말한다. 예컨대 신용장에 "원산지는 한국일 것"이라는 조건은 명시되어 있으나 원산지 증명서와 같은 서류의 제시를 요구하지 않거나, "물품은 소정의 품질검사에 통과되어야 된다"라는 조건이 명기되어 있으나 소정의 품질증명서와 같은 서류의 제시를 요구하지 않는 경우와 같다. 또는 "수익자는 선적 후 3월력일 이내에 선하증권의 사본 1부를 발행의뢰인에게 송부하여야 한다"라는 조건은 신용장에 명기되어 있으나 송부사실을 증명할 서류의 제시나 달리 그 사실을 증명할 방법이 표시되어 있지 않은 경우이다.

이처럼 조건은 있으나 그 조건을 증명할 서류나 방법에 대해서는 신용장이 침묵하고 있는 경우, 서류심사 시 은행은 이를 확인할 수 없다. 따라서 원산지가 한국인지의 여부는 원산지증명서를 통하여 확인될 수 있다. 그리고 "물품은 소정의 품질검사에 통과되어야 된다"는 조건은 예컨대 품질증명서나 품질검사확인서와 같은 서류를, 또는 "수익자는 선적 후 3월력일 이내에 선하증권의 사본 1부를 발행의뢰인에게 송부하여야 한다"라는 조건은 예컨대 수익자의 송부확인서나 우편접수증과 같은 증빙서류를 제시하도록 요구하거나 아니면 그러한 조건을 이행하였다는 취지의 문언을 상업송장에 표시하도록 신용장에서 요구해야 비로소 동 조건은 유효한 조건이 될 수 있다.

화환신용장거래는 물품의 거래가 아니라 서류의 거래이기 때문에 거래의 대상이 서류다. 그런 의미에서 서류없는 신용장의 조건은 사실상 무의미하다. 신용장에 어떤 조건은 포함되어 있으나 그 조건과 일치를 적시할 서류를 명시하고 있지 아니한 경우, 은행은 그러한 조건이 기재되지 아니한 것으로 간주하고

동 조건을 무시한다.[20)]

따라서 서류없는 신용장의 조건은 불완전한 조건이고, 은행은 그러한 조건이 충족되었는지 여부를 달리 확인할 방법이 없으므로 무시하게 된다. 앞의 예시에서와 같이 물품의 원산지나 소정의 품질검사통과여부를 확인할 수 없다는 이유를 들어, 또는 3월력일 이내에 선하증권의 사본 1부가 발행의뢰인에게 송부되지 않았다는 이유를 들어 발행은행이 결제를 거절할 수 없음은 물론이다. 어떤 특정 조건이 이행되기를 원할 경우, 발행의뢰인이나 발행은행은 신용장에 제시되어야 할 서류의 명칭을 적시하고 그에 따른 특정조건을 명시하여야 한다.

### (3) 조건없는 신용장부서류

조건없는 서류(document without conditions)란 신용장에서 특정 서류의 제시를 요구하고 있으면서 그 서류에 기재되어야 할 내용에 관해 아무런 언급이 없는 경우를 말한다. 그런데 문제는 조건없는 신용장부서류에 대하여 은행은 이를 어떻게 체크하고 어떻게 처리해야 되는지, 그리고 해당 서류상의 모순이나 불일치는 물론 함께 제시된 다른 서류와의 모순이나 불일치는 하자사유에 해당되지 등의 의문이 있을 수 있다는 점이다.

이 점에 대해서는 UCP의 관련규정을 통해 답을 얻을 수 있다. UCP600 제14조 제f항에는 "만약 신용장이 운송서류, 보험서류 또는 상업송장외의 다른 서류의 제시를 요구하면서, 그 서류가 누구에 의하여 발행되어야 되는지 또는 그 데이터내용을 명시하고 있지 않은 경우, 은행은 서류의 내용이 요구된 서류의 기능을 충족시키는 것으로 보이고 그리고 제14조 제(d)항과 일치하면 그 서류를 제시된 대로 수리한다"고 규정되어 있다. UCP600 제14조 제(d)항에 따르면 "신용장, 서류 그 자체 그리고 국제표준은행관행의 문맥으로 미루어 판단할 때, 서류상의 데이터는 그 서류, 모든 다른 서류 또는 신용장의 데이터와 동일해야 될 필요는 없지만, 모순되어서는 안 된다"는 것이다.

이상을 종합해볼 때 조건없는 신용장부서류가 제시된 경우, 은행은 동 서류

20) UCP600 sub-Article 14(h); If a credit contains a condition without stipulating the document to indicate compliance with the condition, banks will deem such condition as not stated and will disregard it.; UCP500 sub-Article 13(c).

를 제시된 데로 수리하되, 단 제14조 제(d)항에 의거 다른 서류와 모순이 없는지를 체크하여야 한다. 그 결과 해당서류상의 기재내용은 그 서류자체의 내용이나 다른 모든 서류의 내용 및 신용장의 내용과 모순이 있으면 그것은 불일치로 간주된다.

### 4) 서류의 발행 및 내용기재상 유의점

#### (1) 서류의 발행자

신용장에 서류의 발행자가 지정되어 있으면 서류는 그 지정에 따라 발행되어야 한다. 그런데 그러한 지정이 없는 경우, 서류는 누구에 의하여 발행되어야 되고 그 수리요건은 무엇인지가 문제이다. 이와 관련하여 UCP600에는 "만약 신용장이 운송서류, 보험서류 또는 상업송장외의 다른 서류의 제시를 요구하면서, 그 서류가 누구에 의하여 발행되어야 되는지 또는 그 데이터내용을 명시하고 있지 않은 경우, 은행은 서류의 내용이 요구된 서류의 기능을 충족시키는 것으로 보이고 그리고 제14조 제(d)항과 일치하면 그 서류를 제시된 대로 수리한다"[21]고 규정되어 있다.

신용장에 서류의 발행자가 지정되어 있지 않은 경우, 운송서류나 보험서류 또는 상업송장을 제외한 그 밖의 서류는 제3자에 의하여 발행될 수 있으므로 은행은 그러한 서류가 누구에 의하여 발행되었는지 묻지 않는다. 운송서류의 발행자에 관해서는 UCP600 제19조 내지 제25조의 관련규정[22]이 각각 적용된다. 보험서류의 발행자에 관해서는 UCP600 제28조 제(a)항[23]의 규정이 적용

---

21) UCP600 sub-Article 14(f); If a credit requires presentation of a document other than a transport document, insurance document or commercial invoice, without stipulating by whom the document is to be issued or its data content, banks will accept the document as presented if its content appears to fulfil the function of the required document and otherwise complies with sub-article 14 (d).

22) 제19조 제(a)항 제(i)호, 제20조 제(a)항 제(i)호, 제21조, 제22조 제(a)항 제(i)호, 제23조 제(a)항 제(i)호, 제24조 제(a)항 제(i)호, 제25조 제(a)항 제(i)호.

23) An insurance document, such as an insurance policy, an insurance certificate or a declaration under an open cover, must appear to be issued and signed by an insurance company, an underwriter or their agents or their proxies. Any signature by an agent or proxy must indicate whether

된다. 상업송장의 발행자에 관해서는 UCP600 제18조 제(a)항 제(i)호[24]의 규정이 적용된다. 운송서류나 보험서류 및 상업송장은 원칙적으로 제3자에 의하여 발행될 수 없고 발행되어도 수리되지 않는다.

다만 서류발행자에 관한 별도의 다른 지정은 없으나 "제3자(발행)서류 수리가능(third party documents acceptable)"이란 문언이 신용장에 약정되어 있으면, 이 경우 환어음을 제외하고 송장을 포함한 모든 서류는 수익자가 아닌 제3자에 의하여 발행될 수 있다.[25] 따라서 수익자에 의하여 발행된 송장이 제시되기를 원할 때는 이 같은 문언을 신용장에 표기하면 안 된다.

그럼에도 불구하고 "제3자(발행)서류(Third party documents)"에 대한 해석이 은행 간에 통일되어 있지 않은 것 같다. 은행에 따라서는 이를 수익자가 아닌 제3자가 송하인으로 표시된 운송서류의 의미로 사용하면서 특히 다른 서류와 구별하여 "Third party B/L"이라 칭한다. 그런 의미에서 "Third party B/L acceptable"이란 문언은 수익자 이외의 제3자가 송하인으로 기재된 운송서류를 수리한다는 의미로 볼 수 있다.

UCP600에 의하면 "모든 서류상에 표시된 물품의 선적인 또는 송하인은 신용장의 수익자와 달라도 된다"는 것이다. UCP500 에서도 "신용장의 수익자 이외의 자가 물품의 송하인으로 표기되어 있는 운송서류를 은행은 수리한다"[26]고 되어 있었다. 그러므로 수익자 이외의 제3자가 송하인으로 기재되어 있는 B/L은 당연히 수리되는 서류에 해당한다. 동 문언을 신용장에 굳이 삽입할 필요가 없다. 신용장에 "Third party B/L acceptable"이란 문언이 있으나 없으나 결과는 같기 때문이다.

이 같은 사실은 국제표준은행관행에 의해서도 지지되고 있다. 발행은행이

---

the agent or proxy has signed for or on behalf of the insurance company or underwriter.

24) A commercial invoice must appear to have been issued by the beneficiary (except as provided in article 38).

25) ISBP681 Para. 21(c); All documents, excluding drafts but including invoices, may be issued by a party other than the beneficiary.

26) UCP500 sub-Article 31(iii); ~banks will accept a transport document which indicates as the consignor of the goods a party other than the beneficiary of the credit.

운송서류 및 기타의 서류에 수익자 이외의 자를 송하인으로 표기할 수 있도록 하기 위한 의도로 "Third party documents acceptable"이란 문언을 신용장에 삽입하고자 하는 것이라면, 그것은 이미 UCP600 제14조 제(k)항에 의해 인정되고 있는 사실이므로 그러한 삽입은 불필요하다는 것이다.

한편 UCP500 제30조에는 프레이트 포워더(freight forwarder)에 의해 발행된 운송서류가 다른 운송서류와 분리되어 별도의 조문으로 규정되어 있었다. 프레이트 포워더는 과거 운송인으로서의 책임을 부담하지 않고 오직 운송중개업자로서의 역할을 담당하였으나, 요즘은 운송인으로서의 책임까지도 부담하면서 운송인 또는 운송인의 대리인으로서의 역할을 수행하고 있다. 그런 점에서 운송인과 분리하여 프레이트 포워더를 별도의 조문으로 규정할 필요가 없게 되었다.

개정작업당시 UCP600에서는 프레이트 포워더가 발행한 운송서류에 관한 UCP500 제30조를 삭제하고자 하였으나, 만약 삭제되면 은행이 프레이트 포워더에 의해 발행된 운송서류를 수리하지 않을 가능성이 있다는 우려가 제기되었다. 그 같은 운송업계 측의 우려를 받아들여 UCP600 제14조 제l항이 이를 수용해서 우회적으로 규정하고 있다.

그 결과 "운송서류가 본 규칙 제19조 내지 제24조의 요건을 충족하는 한, 운송서류는 운송인, 선주, 선장 또는 용선인 이외의 어떤 다른 당사자에 의해서도 발행될 수 있다"[27]고 규정되게 되었다. 프레이트 포워더는 여기서 말하는 어떤 다른 당사자에 해당되는 것으로 볼 수 있다. 따라서 프레이트 포워더가 발행한 운송서류도 UCP600 제19조 내지 제24조의 요건을 충족시키면 수리된다.

### (2) 신용장발행일전에 발행된 서류

신용장이 발행되기 전에 발행된 서류는 수리되는지, 서류는 제시일후에 발행되어도 되는지, 그리고 운송서류가 아닌 서류에도 동일한 원칙이 적용되는지에 대한 의문이 제기될 수 있다.

---

27) UCP600 sub-Article 14(l); A transport document may be issued by any party other than a carrier, owner, master or charterer provided that the transport document meets the requirements of articles 19, 20, 21, 22, 23 or 24 of these rules.

UCP600에는 "서류는 신용장발행일자보다 빠른 일부로 될 수는 있으나, 제시일보다 늦은 일부로 되어서는 안 된다"[28]고 규정되어 있다. 따라서 신용장발행일자보다 빠른 일부의 서류는 수리되지만, 서류제시일후에 발행된 서류는 수리되지 않으며, 이 같은 원칙은 신용장에서 요구하는 모든 서류에 적용된다는 것이다.

실무상 수출상이나 수입상은 환차손·익이나 정부정책변화 또는 회사사정 등의 요인으로 선적을 서두르지 않으면 안 될 때도 있을 수 있다. 그럴 경우 신용장이 발행되기 전임에도 불가피하게 선적이 강행될 수 있다. 또한 보세창고도거래(BWT)[29]의 경우도 그 한 예이다. 이때 서류의 발행일자는 신용장발행일자보다 빨라질 수밖에 없다.

"서류는 신용장발행일자보다 빠른 일부로 될 수다"는 취지의 문언은 UCP500 관련규정[30]의 내용과 유사하나, "제시일보다 늦은 일부로 되어서는 안 된다(A document must not be dated later than its date of presentation)"는 문언은 UCP600에서 신설되었다. 그 결과 제시일보다 늦은 발행일자가 기재된 서류는 불일치에 해당된다.

예컨대 품질증명서나 검역증명서의 발행일자가 제시일보다 늦으면 결과적으로 선적된 물품의 증명서로 확신할 수 없으므로 하자로 간주된다. 그러나 이들 증명서가 운송서류의 발행일자보다 늦게 발행된 경우에도 서류제시일 이전이면, 운송서류의 발행일자보다 늦다는 이유만으로 품질검사나 검역이 물품선적후에 이루어진 것으로 단정할 수 없기 때문에 하자로 볼 수 없다. 또한 선적후의 일부가 표시되어 있는 경우에도 검사나 검역된 물품과 선적된 물품이 다르다는 명백한 보장이 없으므로 하자로 볼 수 없다. 다만 "오늘 검사 또는 검역

---

28) UCP600 sub-Article 14(i); A document may be dated prior to the issuance date of the credit, but must not be dated later than its date of presentation.

29) BWT(Bonded Warehouse Transaction)의 경우에는 수출상이 직접 운임과 보험료 등을 부담하여 물품을 수입지의 보세창고까지 운반하여 입고시켜 놓은 상태에서 판매가 이루어진다. 이때 당사자가 신용장방식으로 대금을 결제하기로 합의한 경우, 운송서류와 보험서류는 신용장이 발행되기 전에 이미 발행되었을 수밖에 없다.

30) UCP500 Article 22; Unless otherwise stipulated in the credit, banks will accept a document bearing a date of issuance prior to that of the credit, subject to such document being presented within the time limits set out in the credit and in these articles.

되었음(today inspected or similar)"과 같은 유사한 취지의 표시가 있으면 이는 분명 선적된 것과 실제로 다른 물품이 검사되었음을 암시하는 것이 되므로 하자에 해당된다.

서류의 제시는 늦어도 신용장의 유효기간 이내에 행해져야 된다. 그러므로 신용장부 서류의 발행일자는 당연히 신용장유효기한 이내의 일부로 발행되어야 된다. 그런데 1부 이상의 원본운송서류가 포함된 제시는, 신용장에 다른 정함이 없는 한, 신용장유효기간의 범위 내에서 선적일 후 21월력일 이내에 이루어져야 된다.

신용장발행일보다 빠른 일부의 서류가 수리되기를 원하지 않으면 그러한 취지가 신용장에 표시되어야 된다. 부득이하게 신용장을 통지받기 전에 선적해야 되는 때에는 수입국의 대외무역정책이나 외환사정, 무역계약의 내용, 수입상의 신인도 등을 고려하여 신중하게 결정해야 된다. 수출상의 의지나 의사와는 상관없이 선적 후 수입국의 국제수지악화에 따른 수입정책의 변화 등 무역여건 변화로 신용장을 발행할 수 없게 되거나, 발행되더라도 유효기간이내에 제시가 불가능한 시기에 발행·통지되어 올 수도 있기 때문이다.

환어음은 여기에서 말하는 서류에 해당되지 않으므로 소위 21월력일의 원칙이 적용되지 않는다. 그런 의미에서 서류의 제시일보다 늦은 발행일이 환어음에 표시되었다는 사실자체를 문제 삼을 수는 없다. 그러나 신용장거래에서 서류제시기한이 경과되면 서류제시자체가 무의미하게 되므로 서류제시기한보다 늦은 일부의 환어음은 어음상의 채권확보가 불가능해질 수도 있다. 그래서 환어음은 관례적으로 제시일에 발행된다.

환어음 그 자체만을 놓고 보면 아무런 법적 하자가 없음에도 불구하고 어음의 외적요인에 의하여 환어음의 법률적 기능이 마비될 수 있다. 이를테면 함께 제시된 다른 운송서류가 신용장의 조건과 일치하지 않거나 모순되거나, 신용장의 유효기간 및 소정의 서류제시유효기일이 경과되거나, 또는 기타의 신용장조건 등을 충족시키지 못하게 되면 그러한 이유만으로도 환어음은 매입이나 인수 또는 지급이 거절될 수 있기 때문이다.

### (3) 수익자나 발행의뢰인의 주소 및 연락상세

신용장에서 요구된 서류 가운데는 수익자나 발행의뢰인의 주소 및 연락처가 기재되는 것이 있다. 그러한 기재는 신용장이나 또는 다른 서류상의 것과 일치해야 되는지가 의문이다. 이에 대해 UCP600은 다음과 같이 규정하고 있다.

"수익자 및 발행의뢰인의 주소가 어떤 규정된 서류에 기재되어 있는 경우, 그것은 신용장 또는 어떤 다른 규정된 서류상에 기재된 것과 동일할 필요는 없지만, 신용장에 기재된 각각의 주소지와 동일국내에 소재해야 한다. 수익자와 발행의뢰인의 주소의 일부로 기재된 세부적인 연락처(텔렉스, 전화, 이메일 및 이와 유사한 것)는 무시의 대상이다. 그러나 발행의뢰인의 주소와 세부적인 연락처가 제19조 내지 제25조가 적용되는 운송서류상에 수하인이나 착화통지처의 일부로 표기되는 때에는 신용장의 기재와 같아야 한다"[31]는 것이다.

따라서 운송서류를 제외한 다른 서류상에 기재된 수익자나 발행의뢰인의 주소는 신용장에 기재된 것과 각각 동일국내에 소재하고 있다는 사실만 확인되면 신용장에 기재된 주소와 제시된 다른 서류에 기재된 주소가 일치하지 않아도 그것은 문제가 안 된다.

그 결과 서울에 본사를 둔 수익자가 신용장조건에 따라 부산항에서 선적할 경우, 부산사업소나 출장소가 운송서류를 제외한 다른 서류를 직접 작성하여 사용할 수 있게 되었다. 이를테면 무역거래를 총괄하는 서울본사가 수익자로 된 신용장에서 부산사업소나 출장소가 실제로 약정물품을 선적하고 송장을 작성한 경우, UCP500하에서는 동 사업소나 출장소에 의해 작성된 송장이 있음에도 불구하고 서울본사의 레터헤드가 인쇄되어 있는 서한용지를 이용 송장을 재작성해야 되는 번거로움이 있었다. UCP600하에서는 사용된 용지에 인쇄되

---

31) UCP600 sub-Article 14(J); When the addresses of the beneficiary and the applicant appear in any stipulated document, they need not be the same as those stated in the credit or in any other stipulated document, but must be within the same country as the respective addresses mentioned in the credit. Contact details (telefax, telephone, email and the like) stated as part of the beneficiary's and the applicant's address will be disregarded. However, when the address and contact details of the applicant appear as part of the consignee or notify party details on a transport document subject to articles 19, 20, 21, 22, 23, 24 or 25, they must be as stated in the credit.

어 있는 레터헤드가 본사의 것이든 사업소나 출장소의 것이든 상관없이 주소지의 국명만 동일한 것으로 확인되면 송장을 다시 작성해서 제시할 필요가 없게 되었다.

그러므로 신용장에 기재된 주소지의 국가와 동일한 국가에 소재하고 있는지를 확인할 수 있도록 주소를 기재할 때는 국명을 함께 기재하여야 한다. 국명이 기재되어 있지 않으면 동일국내인지의 여부를 확인하는 것이 외국인의 입장에서는 용이하지 않을 수도 있기 때문이다. 이때 주소의 일부로 기재된 전화나 팩스번호, 이메일 주소 및 이와 유사한 것 등은 무시되므로 그 기재는 서로 달라도 상관없다.

사실 주소나 전화 및 팩스번호 등은 필요에 따라 자주 바뀔 수 있다. 신용장이 발행・통지되고 나서 신용장에 기재된 수익자나 발행의뢰인의 주소 및 연락처가 실제로 바뀐 경우에는 신용장의 조건변경을 통해 이를 바로 잡아야 된다. 그럼에도 불구하고 실무상 미처 그렇게 하지 않아 불일치의 원인으로 지적되는 경우도 적지 않았다. 그런 점에서 이들 기재가 다를 수도 있음을 인정한 것은 현실적 측면을 감안할 때 타당한 것으로 보인다. 그런데 운송서류의 경우에는 수하인이나 착화통지처란에 기재된 주소 및 연락처는 신용장의 기재와 같아야 된다. 운송서류상의 수하인이나 척화통지처의 주소는 화물이 도착되면 그 사실을 연락할 때 필요한 정보가 되므로 신용장의 기재와 다르면 화물의 수취를 어렵게 할 수도 있기 때문이다.

### (4) B/L상 물품의 명세와 송하인의 명의

#### ① 송장의 것과 다른 물품명세

UCP600에는 "서류상의 기재내용은, 신용장과 서류 그 자체 그리고 국제표준은행관행의 문맥으로 미루어 판단할 때 그 서류, 모든 다른 서류 또는 신용장의 기재내용과 동일해야 될 필요는 없지만 모순되어서는 안 된다"[32]고 규정되어 있다. 그리고 "상업송장을 제외한 다른 서류상의 물품, 서비스 또는 이행

32) UCP600 sub-Article 14(d); Data in a document, when read in context with the credit, the document itself and international standard banking practice, need not be identical to, but must not conflict with, data in that document, any other stipulated document or the credit.

의 명세는, 만약 기재되어 있는 경우, 신용장의 명세와 모순되지 않는 일반적인 용어로 기술될 수 있다"[33]는 것이다.

물품의 명세를 포함한 서류상의 기재내용은 신용장의 기재내용 및 서류상호간의 기재내용과 다르거나 모순되면 안 되지만 경상의 원칙(mirror image rule)이 요구될 정도로 엄밀일치해야 되는 것은 아니다. 물품의 명세가 마치 거울에 비쳐진 형상처럼 엄밀일치할 것을 요구하는 명시적 규정은 UCP는 물론 다른 어디에도 없기 때문이다.

선하증권에 기재된 물품의 명세가 상업송장상의 명세와 다르거나, 상업송장에 없는 데이터가 선하증권에 기재되어 있거나 상업송장에 표시되어 있는 데이터가 선하증권에서 누락되어 있는 경우에도 상호 모순되지 않으면 불일치로 보지 않는다.

### ② 송하인의 명의

송하인 "ABC Company"가 "ABC Corporation"으로 표시된 선하증권은 불일치로 취급될 수 있는 여지는 없는지 의문이다.

실제로 어디까지가 의미에 영향을 미치고 어디까지가 의미에 영향을 미치지 않는 오·탈자인지의 판단은 용이하지 않다. 어쨌든 문언이나 문장의 의미에 영향을 미치지 않는 오·탈자는 불일치에 해당되지 않는 것으로 본다. 그리고 UCP600 제14조 제(k)항에는 "모든 서류상에 표시된 물품의 선적인 또는 송하인은 신용장의 수익자와 달라도 된다"[34]고 규정되어 있다.

따라서 선하증권의 송하인 란에 수익자와 전혀 다른 회사의 명의가 표기되어 있어도 결제 또는 매입의 거절사유가 될 수 없다. 타이핑상의 오류로 인해 회사명의가 다소 다르게 보여도 그 역시 불일치로 보지 않는다. 예컨대 실제 송하인이 "ABC Company"임에도 선하증권의 송하인 란에 "ABC Corporation"으로 표기되었다면 그것은 타이핑상의 오류라기보다 "송하인은 신용장의 수익

---

33) UCP600 sub-Article 14(e); In documents other than the commercial invoice, the description of the goods, services or performance, if stated, may be in general terms not conflicting with their description in the credit.

34) UCP600 sub-Article 14(k); The shipper or consignor of the goods indicated on any document need not be the beneficiary of the credit.

자와 다를 수 있다"는 UCP600 제14조 제(k)항에 의하여 불일치로 해석되지 않는다.

### ③ 송장번호가 기재되지 않은 C/O

신용장에서 특별히 요구하고 있는 경우 원산지증명서에는 송장번호가 표기되어야 되며, 동 표기가 없는 원산지증명서는 불일치하는 서류로 취급된다. 그러나 신용장에서 이의 표기를 요구하고 있지 않은 경우, 원산지증명서에 송장번호가 표기되지 않으면 하자에 해당되는 지의 여부는 단정적으로 말할 수 없다.

UCP600에는 원산지증명서상의 물품, 서비스 또는 이행의 명세는, 만약 기재되어 있는 경우, 신용장의 명세와 모순되지 않는 일반적인 용어로 기술될 수 있다는 취지가 규정[35]되어 있을 뿐 원산지증명서에 송장번호가 표시되어야 되는지의 여부에 관한 명시적 규정이 없다. 그러나 ICC의 견해[36]에 의하면 은행은 서류를 심사할 때 다른 서류와의 관련성을 확인하여야 된다는 것이다. 말하자면 원산지증명서는 거기에서 증명하고 있는 물품이 함께 제시된 다른 서류상에 표시된 바로 그 물품에 해당되는 것임이 확인될 수 있어야 된다. 실제로 이 같은 사실은 물품의 명세와 수량 및 송장번호 등의 표기내용으로 확인될 수 있다.

그래서 물품의 명세와 수량 및 송장번호가 표기되지 않은 원산지증명서는 불일치하는 서류로 취급될 여지도 없지 않다. 그러나 원산지증명서에 송장번호가 표기되지 않은 경우에도 서류의 내용을 통해 동 증명서상의 물품이 본건 송장이나 신용장상의 물품과 무관하지 않다는 관련성이 확인되면 일치하는 것으로 간주될 수 있다. 원산지증명서에는 송장번호를 표기하는 것이 바람직하다. 동 표기가 없는 경우에는 본건 물품에 해당되는 원산지증명서라는 사실이 달리 확인될 수 있어야 된다.

---

35) UCP600 sub-Article 14(e).
36) ICC Opinion R.251.

## 2. 은행의 하자서류 처리기준

### 1) 발행은행 및 확인은행의 의무

신용장 발행은행은 다른 은행에게 문면상 일치하는 제시와 상환으로 지급, 연지급확약의 이행, 환어음의 인수, 매입 등을 수권할 수 있다. 수권받은 지정은행이 수권조건에 따라 지급, 연지급확약, 인수 또는 매입을 행한 경우, 발행은행 및 확인은행은 지정은행에게 동 대금을 상환해 주고, 서류를 수리할 의무를 진다. 이 같은 의무는 절대적인 것이어서 제시된 서류가 일치하는 제시가 아닌 것으로 판단하는 경우를 제외하고 발행은행이나 확인은행은 매매계약 또는 발행의뢰인과의 관계를 원용하여 대금의 상환을 거절하거나 서류의 수리를 거절할 수 없다.

### 2) 서류의 수리 거절권

UCP600 제16조 제a항에는 "지정에 따라 행동하는 지정은행, 확인은행이 있는 경우 확인은행 또는 발행은행은 제시가 일치하지 않는 것으로 판단하는 때에는 결제(honour) 또는 매입을 거절할 수 있다[37)]"고 규정되어 있다.

발행은행, 확인은행 또는 지정은행이 서류의 수리거절권을 행사할 수 있는 경우는 심사대상서류가 신용장의 제 조건, 적용가능한 UCP의 관련규정 및 국제표준은행관행에 비추어볼 때 문면상 불일치한 경우로 판단되는 경우뿐이다. 따라서 은행은 제시된 서류의 일치성여부를 심사하되 신용장이 요구하는 서류만을 근거로 수리여부를 결정하여야 한다. 예컨대 서류의 내용이 매매계약조건과 다르다는 이유, 발행의뢰인이 신용장대금의 지급을 거절한다는 이유, 또는 도착물품이 서류의 내용과 일치하지 않는다는 이유 등으로는 서류의 수리를 거절할 수 없다.

### 3) 하자있는 서류에 대한 권리포기교섭권

UCP600 제16조 제b항에는 "발행은행은 제시가 일치하지 않다고 판단하는

---

37) When a nominated bank acting on its nomination, a confirming bank, if any, or the issuing bank determines that a presentation does not comply, it may refuse to honour or negotiate.

때에는 자신의 독자적인 판단으로 하자에 대한 권리포기를 위하여 발행의뢰인과 교섭할 수 있으나, 그로 인하여 제14조 제b항에 규정된 기간은 연장되지 않는다[38)]"고 규정되어 있다.

이에 따라 서류를 심사한 결과 서류가 불일치하는 제시 즉 하자있는 서류로 판단할 경우, 발행은행은 당해 서류를 수리할 수도 거절할 수도 있다. 다만 이때 발행은행은 자신의 독단적 판단으로 수리여부를 결정하거나 아니면 발행의뢰인과 사전에 협의하여 수리여부를 결정할 수도 있다.[39)] 이와 같이 하자있는 서류의 수리여부에 대해 발행은행이 발행의뢰인의 의사를 타진하되, 수리하기로 합의한 경우에는 하자를 추후 문제삼지 않겠다는 취지의 동의를 구하는 것을 권리포기교섭권이라고 한다. 발행은행은 이 같은 교섭권의 행사여부를 자신의 독단적 판단으로 결정하면 된다. 발행은행이 이 같은 교섭권을 행사하는 경우에도 은행이 보유할 수 있는 서류심사허용최장기간은 연장되지 않는다.

만약 발행은행이 발행의뢰인과 협의하여 하자있는 서류를 수리하기로 결정하였다면, 그 결과는 바로 발행의뢰인 및 발행은행이 당해 하자를 추인(ratification)하는 셈이 된다. 하자에 대한 추인은 곧 하자내용을 소멸시킬 뿐만 아니라 금반언의 원칙이 적용되기 때문에, 발행은행은 물론 발행의뢰인도 하자에 대하여 클레임을 제기할 수 있는 권한을 상실하게 된다.

실무상 대다수의 은행들은 서류를 심사한 결과 하자내용이 발견되면 즉시 클레임을 제기하지 않고 일단 발행의뢰인의 의견을 물어서 수리여부를 결정하고 있다. 이때 만약 발행의뢰인이 서류상에 하자사항이 있음에도 서류를 수리하겠다고 약속해오면, 은행은 발행의뢰인으로부터 하자서류에 대한 권리포기각서를 받거나 아니면 다른 어떤 방법으로 하자를 추인받고 서류를 수리한다. 한편 하자서류에 대하여 은행은 수익자에게 하자보완을 요구하는 경우도 있다. 은행의 그러한 요구가 없는 경우에도 은행으로부터 첫 하자통지를 받은 서류제시자는 신용장의 유효기일과 서류제시 유효기일[40)] 이내에는 하자를 보완하

---

38) When an issuing bank determines that a presentation does not comply, it may in its sole judgement approach the applicant for a waiver of the discrepancies. This does not, however, extend the period mentioned in sub-article 14(b).

39) ICC Publication No. 489, Case No. 206.

여 제시할 수 있음은 물론이다.[41] 어느 경우이든 은행은 허용된 서류심사기한 내에 수익자가 하자를 보완해 오면 이를 수리하고, 하자보완이 불충분하다고 판단되면 이의 수리를 거절할 수 있다.[42]

### 4) 하자있는 서류의 수리거절 시 은행의 조치의무 및 권한

#### (1) 은행의 거절통지의무

① **조치를 취해야 할 은행** : 서류를 심사하고, 그 결과 서류가 하자있는 것으로 판단되어 결제 또는 매입을 거절할 경우, 다음의 조치를 반드시 취해야 할 대상은행은 발행은행, 확인은행(있는 경우), 지정은행이 된다.

② **조치의 상대방** : 발행은행, 확인은행 또는 지정은행이 하자있는 서류의 결제 또는 매입을 거절하고자 할 경우, 서류의 수리거절을 위한 일단의 조치를 취해야 되는데, 문제는 누구에게 그러한 조치를 취해야 되는가이다. 이때 그러한 조치를 취해야 할 상대방은 당해서류의 수리를 거절하고자 하는 은행 앞으로 서류를 송부해온 자가 된다. 따라서 발행은행, 확인은행, 또는 지정은행은 그러한 서류를 송부해온 은행에게 또는 수익자가 직접 서류를 송부해온 경우에는 수익자에게 서류의 수리를 거절한다는 통지를 하여야 한다.

③ **거절통지의 요건, 내용, 시기 및 방법**

a. **거절통지의 요건** : 지정은행, 확인은행이 있는 경우 확인은행 또는 발행은행은 결제 또는 매입을 거절하기로 결정한 때에는 제시자에게 그러한 취지의 단발성통지(a single notice)를 하여야 한다.[43]

특히 여기에서 유의해야 할 점은 동일문건에 대하여 서류심사허용최장기간인 5은행일 이내라면 추가로 타전된 거절통지도 유효한가라는 점이다.

이 경우 추가로 타전된 거절통지는 효력이 없다. 왜냐하면 UCP500에서와 같이 UCP600에서도 거절통지는 단발성통지만 인정하고 있기 때문이다. 단발

---

40) UCP600 Sub-Article 6(d)(i).

41) ICC Publication No. 371, Item R. 12.

42) ICC Publication No 489, Case No. 208.

43) UCP600 Sub-Article 16(c): When a nominated bank acting on its nomination, a confirming bank, if any, or the issuing bank decides to refuse to honour or negotiate, it must give a single notice to that effect to the presenter.

성통지(a single notice)란 말속에는 거절통지는 최초로 통보된 첫 번째 것만 유효하고 두 번째 것부터는 효력이 없음이 함축되어 있다. 최초의 거절통지서에는 모든 하자내용의 전부가 적시되지 않으면 안 된다. 다시 말하면 동일한 하나의 문건에 대한 거절통지는 1회만 유효하다.[44] 만약 첫 거절통지서에 적시된 하자사항이 하자가 아닌 것으로 판명되면 추후 중대한 하자가 발견된 경우에도 이를 이유로 은행(발행은행, 확인은행, 지정은행)은 결제 또는 매입을 거절할 수 없다.[45] 서류의 수리를 거절하고자 하는 은행에게는 일단 첫 거절통지를 하고난 이상 추후에 다시 하자를 추가하거나 변경할 기회가 주어지지 않음은 물론 그럴 권리도 없다.

b. **거절통지서의 기재내용** : 거절통지서에는 i) 결제 또는 매입을 거절한다는 취지, ii) 결제 또는 매입을 거절하는 하자사항, iii) 문제 서류의 처분상태가 반드시 기재되어야 한다. 특히 문제서류의 처분상태에 관해서는 ⓐ 제시자의 추가지시가 있을 때까지 서류를 보관중이라는 사실, 또는 ⓑ 서류를 보관한 채 권리포기교섭 중 또는 추가지시기다리고 있다는 사실, 또는 ⓒ 서류를 반환중이라는 사실, 또는 ⓓ 사전 제시자의 지시에 따라 조치 중이라는 사실이 구체적으로 기재되어야 된다.[46]

이상과 같이 거절통지서(notice of refusal)에는 서류의 수리를 거절하는 모든 하자사유(all discrepancies)와 서류의 처분상태 즉 서류를 반송했는지 아니면 보관 중인지의 여부가 분명히 명기되어 있어야 한다. 거절이유가 명기되어 있지 않은 경우나, 서류제시자의 임의처분상태로 서류를 보관 또는 반송하지 아니한 경우에 은행(발행은행, 확인은행, 지정은행)은 하자있는 서류에 대한 결제 또는 매입 거절권을 박탈당하게 된다.[47]

c. **거절통지시기** : 하자서류의 수리를 거절하고자 하는 은행은 제시익일부터 기산하여 5은행일의 영업마감시간 이전까지(no later than the close of the fifth banking day following the day of presentation)통지되어야 한다.[48] 이 기간이 경과된 후에 행해진 하자통지는 아무런 효력이 없다.

---

44) ICC Publication No. 489, Case No. 209.
45) ICC Publication No. 459, Case No. 53.
46) UCP600 Sub-Article 6(c).
47) UCP600 Sub-Article 16(f).

d. **거절통지방법** : 발행은행, 확인은행, 지정은행이 서류를 송부해온 은행이나 수익자에게 하자서류에 대한 거절통지는 전신수단으로 통지하되, 만약 그것이 불가능한 경우에는 기타 신속한 수단(by telecommunication or, if that is not possible, by other expeditious means)으로 통지하여야 한다.[49] 그러므로 은행은 SWIFT 시스템이나 팩스, 텔렉스 또는 전보 등을 이용하여 서류거절의 뜻을 발신하면 된다. 그러나 통신수단이 발달한 오늘의 현실을 감안해 볼 때 우편으로 하자통지를 하는 것은 본 조의 규정에 따라 행동한 것으로 볼 수 없다. 이러한 경우 은행은 서류에 대해 일치하는 제시가 아니라는 주장을 할 수 없다.[50]

### (2) 하자서류거절은행의 권리

발행은행이나 확인은행은 또는 지정은행은 제시가 일치하지 않는다고 판단하면 결제(honour) 또는 매입(negotiation)을 거절할 수 있다. 발행은행이 결제(honour)를 거절하거나 또는 확인은행이 결제 또는 매입을 거절하고 적절하게 거절통지를 하였다면 동 은행은 이미 지급된 상환대금을 이자와 함께 반환을 청구할 수 있다.[51] 이때 상환대금의 반환은 상환된 날로부터 반환일까지의 이자를 포함한다. 이처럼 하자있는 서류에 대하여 이미 지급된 상환대금의 반환청구권을 인정하는 것은 발행은행이나 확인은행이 법률상 이유없는 지급을 행한 것과 같기 때문이다.

실무적으로 결제 또는 매입대금을 발행은행이나 확인은행이 직접 상환하지 않고 다른 은행에게 이를 수권하는 경우가 많다. 수권받은 지정은행과 수권한 은행간에는 상호 예금계정(deposit account)을 갖고 있는 경우가 일반적이다. 그런 경우에는 발행은행이 지정은행에게 결제 또는 매입자금을 사전에 송금해 주는 경우도 있는데 이때 지정은행은 동 자금으로 지급하거나, 또는 발행은행

---

48) UCP600 Sub-Article 16(d).

49) UCP600 Sub-Article 16(d).

50) UCP600 Sub-Article 16(f); ICC Publication No. 489, Case No. 210.

51) UCP600 Sub-Article 16(g): When an issuing bank refuses to honour or a confirming bank refuses to honour or negotiate and has given notice to that effect in accordance with this article, it shall then be entitled to claim a refund, with interest, of any reimbursement made.

의 예금계정에서 당해금액을 차감하여 지급하기 때문에 지급과 동시에 상환을 받게 되는 셈이다. 따라서 발행은행은 실제로 신용장대금이 지급되고 난 후에 서류를 수취하게 되고 서류상의 하자도 그 이후에 발견하게 된다.

### 5) 하자서류에 대한 클레임제기권의 상실

발행은행이나 확인은행 또는 지정은행은 일치하지 않는 제시에 대하여 결제 또는 매입을 거절할 수 있는 데, 이 같은 권한을 클레임제기권이라 한다. 그러나 실제로 제시된 서류가 하자서류임에도 불구하고 은행이 대금지급을 거절할 수 없는 경우도 있다.

이와 같이 발행은행이나 확인은행 또는 지정은행의 클레임제기권이 상실되는 경우는 ① 하자있는 서류에 대한 거절통지의무를 해태한 경우, ② 서류의 수리거절이유를 제시하지 않았거나 또는 제시된 거절이유가 합당하지 못한 경우, ③ 서류제시자의 임의처분상태로 문제의 서류를 반송 또는 보관하고 있지 아니한 경우인데, 이 중 어느 한 경우에만 해당되어도 하자서류의 수리를 거절하고자 하는 은행의 클레임제기권은 상실된다.

특히 여기에서 부언하고자 하는 것은 서류제시자의 임의처분상태로 서류를 보관하고 있지 못한 경우란 수익자가 서류에 대하여 어떤 지시를 해오면 곧바로 그 지시에 따를 수 없는 상태하에 서류가 놓여있는 경우를 말한다. 예컨대 발행은행이 서류를 발행의뢰인에게 대도(trust receipt: T/R)한 경우나, 또는 서류가 도착하기 전에 발행의뢰인이 화물을 인수할 수 있도록 하기 위하여 발행은행이 화물선취보증서(letter of guarantee: L/G)를 발급한 경우 등이 그 예에 해당한다.

발행은행이나 확인은행 또는 지정은행이 결제 또는 매입을 거절하기로 결정한 경우, 서류의 소유권은 당연히 수익자에게 있기 때문에 은행은 임의로 서류를 처분할 수 없다. 그러므로 은행은 수익자가 어떤 지시를 하면 즉각 그 지시에 따를 수 있는 상태로 서류를 보관하고 있거나 아니면 제시자 앞으로 반송하여야 한다. 가령 서류를 대도하는 것이 수익자의 이익을 보호하기 위한 조치라 할지라도 은행은 임의로 서류를 그렇게 처분해서는 안 된다.

또한 근거리무역에서 화물이 서류보다 먼저 도착지에 도착해 있는 경우, 발행의뢰인이 발행은행으로부터 화물선취보증서를 발행받아 이를 운송회사에 제시하고 물품을 인수하는 경우가 있는데, 이러한 경우에는 비록 물품의 품질이 열등해도 수익자의 임의처분상태로 서류를 보관하고 있지 못한 경우이므로 발행의뢰인은 신용장대금의 지급을 거절할 수 없게 된다. 다만 그러한 경우는 매도인이 매매계약을 위반한 것이므로 매수인은 매매계약의 위반에 따른 손해배상을 매도인에게 별도로 청구할 수는 있다.

### 6) 유보조건부 또는 보상장조건부 매입의 효력

신용장거래에 있어서 실제로 물품의 품질과는 무관한 사소한 하자서류에 대하여 수익자나 발행의뢰인은 동 서류가 수리되기를 희망할 수 있다. 그럼에도 불구하고 은행이 그 같은 서류의 수리를 거절할 때도 있다. 수익자는 서류의 대체 또는 신용장조건변경 등의 번거로움을 덜기 위하여 발행의뢰인의 동의를 구한 후 지정은행에게 서류를 수리해줄 것을 재차 요구한다. 이 경우 지정은행은 하자서류에 대한 자신의 책임을 면제받기 위하여 유보조건부(under reserve) 또는 보상장조건부(against an indemnity)로 지급, 연지급확약의 이행, 환어음의 인수, 또는 매입하게 되는 경우가 많다.

유보조건부란 예컨대 지정은행인 서류송부은행이 하자서류를 인수하여 발행은행에게 송부는 하되 단 대금결제는 하지 않고 발행은행의 처분을 기다렸다가 그 결과에 따라서 결제여부를 결정하는 것을 의미한다. 또한 보상장조건부란 하자서류에 대하여 지정은행이 일단 결제는 하되, 만약 발행은행이 동 서류의 수리를 거절하면 그때는 이미 지급받은 금액을 보상하겠다는 취지의 각서를 수익자로부터 징구하는 방식이다.

현행 UCP600에는 이에 관한 명시적 규정이 없다. 이 같은 유보조건부 또는 보상장조건부에 의한 신용장대금의 결제는 수익자와 지정은행간의 합의로 이루어진다. 이는 합의한 두 당사자간의 법률관계일 뿐이다. 동 합의는 당사자인 수익자와 지정은행인 서류송부은행간에만 유효할 뿐, 발행은행이나 확인은행과는 무관한 일이다. 따라서 서류송부은행으로부터 유보조건부나 보상장조건부로 지급, 연지급확약, 인수, 또는 매입하였다는 통보를 받은 경우에도 발행은행이나 확인은행은 현행 UCP600 제14조와 제16조에 규정되어 있는 통상적

의무를 다하지 않으면 안 된다. 통상적 의무란 신용장에 명기되어 있는 서류만을 근거로 서류가 신용장의 제 조건과 문면상 일치하는 지의 여부를 심사하고, 그 수리여부를 결정하되, 거절하기로 결정한 경우에는 전신이나 기타 신속한 통신수단으로 거절통지를 함과 동시에 동 통지서에는 서류의 하자사유와 서류처분상태가 반드시 제시되어야 한다. 이상과 같은 의무를 준수·이행하지 않을 경우 발행은행이나 확인은행은 하자서류에 대한 수리거절권을 행사할 수 없게 된다.

한편 서류를 심사한 결과 하자있는 서류를 발행은행이나 확인은행에게 송부할 때 서류송부은행은 이들 은행에게 하자사항에 대한 주의를 환기시켜야 할 의무를 지는가? 이 점에 관하여 ICC의 견해에 의하면, 발행은행 또는 확인은행은 서류수취 즉시 독자적으로 서류가 신용장의 제 조건과 문면상 일치하는지의 여부를 심사해야 할 책임을 지므로, 송부하는 서류상에 하자사항이 있으니 참조하라고 이들 은행의 주의를 환기시켜야 할 어떤 책임도 서류송부 은행에게는 없다는 것이다.

## Ⅱ. 국제표준은행관행(ISBP)

### 1. 제정배경 및 update 경위

신용장거래는 서류의 기재내용이 신용장상의 내용과 일치하는 지의 심사여부에 따라서 관계은행이 대금을 지급하거나 또는 지급거절이 발생되는 조건부 지급확약이다. 따라서 신용장거래에서 가장 핵심적인 실무는 서류의 조건 일치성여부를 판단하는 것이다. 그러나 신용장통일규칙에서는 은행의 서류검토와 관련하여 확실하고 명쾌한 기준을 제시하지는 못하고 있었다. 다만 UCP에서 "은행은 신용장에 약정된 모든 서류가 문면상 신용장조건에 일치하는가 아닌가의 여부를 확인하기 위하여 상당한 주의를 기울여 심사하여야 한다. 약정된 서류가 문면상 신용장조건에 일치하는가의 여부는 본 규칙에 반영된 국제표준은행관행(ISBP)에 의하여 결정된다"라고 규정하고 있었을 뿐이며, 국제표준은행관행에 관한 구체적인 내용이나 실무에서 어떻게 적용되는지에 대하여는 언급이 없어서 그 동안 이 규정에 대하여 세계 각국에서 실무적인 질의가 국제상업회의소로 계속 문의되어 왔다.

국제상업회의소(ICC) 은행위원회는 2002년 10월 30일 새로 제정된 "International Standard Banking Practice" (ISBP, 국제표준은행관행)를 승인했다. ISBP는 신용장통일규칙을 개정하는 것이 아니라 신용장통일규칙을 어떻게 실무에서 적용하여야 하는지를 설명하는 것이다. 물론 어떤 국가 법률은 여기에 규정하고 있는 것과 다른 관행을 규정할 수 있다. 즉 신용장과 관련된 국제규칙(UCP)과 국제관행(ISBP)은 국내법보다 우선할 수는 없다. 그러나 신용장과 관련된 분쟁으로 소송이 제기되었을 때 법원은 자국 국내법과 상충되지 않는다면 신용장통일규칙, "ICC Opinion" 또는 "ISBP"를 반영하여 판결을 내리는 경우가 대부분이다.

따라서 신용장 업무처리시 ISBP에 대한 숙지가 매우 중요하다. 국제표준은행관행(ISBP)의 광범위한 사용은 신용장에 따른 서류 작성과 심사의 국제적인 통일성을 높이고 제시된 서류에 하자가 발생하는 것을 크게 줄이게 될 것이다.

국제상업회의소가 ISBP를 제정하게 된 배경은 다음과 같다. UCP가 제정된 후 국제상업회의소 은행위원회에는 많은 질문이 들어 왔고 이에 따른 'opinion'이 발표되고, 2000년 이후에는 600개 이상의 교육사례(educational queries)가 발표되었다. 그러나 여전히 서류를 작성하고 심사하는데 기준이 되는 국제은행표준관행이 어떤 것인가에 대한 의문이 남아 있었다. 이러한 현상을 방치하는 것은 국제거래 대금결제에 신용장을 사용하였을때 수출상을 보호하는 역할을 감소시키고 분쟁을 증가시켜 종국적으로는 신용장 사용을 감소시키게 할 위기까지 야기하였다. 이러한 위기감으로 2000년 5월 은행위원회 회의에서 "International Standard Banking Practice"(ISBP)를 제정하는 임무를 맡은 "Task Force"가 구성되었다.

ISBP는 새로운 관행을 만들거나 UCP를 개정하는 것이 아니라 기존 관행의 의미와 이것을 실무에 어떻게 적용할 것이냐를 결정하는 것이다. "Task Force Team"은 ISBP가 UCP의 규정과 "Opinion, Decision, Position papers" 그리고 적용 가능한 범위 내에서 "DOCDEX(The ICC Rules for Documentary Instruments Dispute Resolution Expertise decisions)"를 반영하여 제정하였다. 따라서 서류를 심사할 때 지금까지 발표된 Opinion 등을 일일이 찾아보지 않고 ISBP만 찾아보아도 대부분 의문점이 해소될 수 있게 되었다.

신용장통일규칙(UCP500)이 실무에서 실제로 어떻게 적용되어야 하는가를 설명해 주는 국제표준은행관행이 간행된 이후 신용장거래에서 불일치로 인한 지급거절이 상당히 감소하였다. 그런데 UCP500이 개정되어 2007년 7월 1일자로 UCP600이 시행됨에 따라 구 ISBP의 개정이 필연적으로 요구되었다. 이에 따라 2006년 10월 UCP600의 승인에 뒤따라 구 ISBP의 개정작업에 착수하여 새로운 ISBP가 2007년 7월 1일부터 시행되고 있다. ISBP가 개정된(revised)이란 단어 대신 최신판(updated)이라는 단어를 사용하고 있는 것은 대규모의 개정 작업에 착수하는 것이 아니라 UCP600과 조화되게 하기 위함이라고 강조하고 있다. ISBP는 UCP600과 은행위원회의 의견 및 결정과 일치한다. 이 간행물은 UCP600을 개정하는 것이 아니라 UCP600에 규정된 관행을 실무자가 어떻게 적용하여야 하는 것인가를 규정하고 있다.

ISBP는 UCP를 보완하여 신용장거래에서 서류심사기준의 하나로서 중요한 역할을 하고 있다. ICC는 서류에 대한 일치성 판단 기준을 신용장거래 당사자 간에 은행표준관행으로 확립하고자 하는 노력의 일환으로 1993년 개정 UCP 500에서 서류심사기준을 국제표준은행관행에 의한다는 개념을 처음으로 UCP 상에 반영한 바 있으나 해석상의 모호성과 불명확성으로 실효를 거두지 못하였다. 2002년 ICC가 서류심사와 관련한 문제를 해결하기 위해 ISBP 645를 제시하여 UCP 규정과 함께 서류심사에 대한 구체적인 내용을 제시한 서류심사기준을 마련하게 되었다. 이후 2007년 UCP 600으로 개정되면서 ISBP 681로 업데이트 되었고, 무역 관행의 변화와 부족한 부분을 수정하기 위하여 ICC 각 국내위원회의 코멘트를 받아 2013년 개정을 통해  현재 ISBP 745를 시행하고 있다.

## 2. ISBP의 주요내용

ISBP 745 내용 중 서류심사 시 기준이 될 만한 실무적인 내용을 중심으로 부분적으로 살펴보기로 한다.

① **사전고려사항** : 신용장이 근거거래를 명시적으로 언급하고 있어도 신용장 조건은 근거계약과 독립적이다. 그러나 서류심사에서 불필요한 비용, 지연 및 다툼을 피하기 위하여, 신용장 발행의뢰인과 수익자는 어떤 종류의 서류가, 누구에 의해 발행되어야 되며, 그리고 제시시한을 면밀히 숙고하여야 된다. 신용장은 발행의뢰인에 의하여 발행되어야 하는 서류 및/또는 부서되어야 하는 서류의 제시를 요구하여서는 안 된다. 신용장에 그러한 조건이 포함되어 발행된 경우에는 수익자는 조건변경을 요청하거나 조건에 일치시켜야 하며 조건에 일치시키지 못하는데 따르는 위험을 스스로 부담하여야 한다.

② **약어** : 일반적으로 인정되는 약어의 사용, 예를 들어 "Limited" 대신에 "Ltd", "International" 대신에 "Int'", "Company" 대신에 "Co", "Kilos" 대신에 "kgs" 또는 "kos", "Industry" 대신에 "Ind", "manufacturer" 대신에 "mfr", 또는 "metric tons" 대신에 "mt"는 서류의 하자에 해당하지 않는다.

③ **일자** : 일자 또는 사실, 행위(event)에 관한 시간을 표시하기 위하여 자주 사용되는 문구는 다음과 같은 의미를 가진다.

a) "not later than 2 days after"는 기간이 아닌 최종일을 표시하는 것이다. 요구사항이 특정일자 이전의 일자로 되지 않아야 하는 경우, 신용장은 이를 명시하여야 한다.

b) "at least 2 days before"는 요구사항이 특정일자보다 늦어도 2일 전에 행해져야 한다는 것을 나타낸다.

c) 기간을 산정하는 "within"은 해당일자를 제외한다. "within 2 days of May 25, 2013"에서 기간을 산정할 때는 within이 지칭하는 5월 25일은 제외된다. 따라서 "within 2 days of May 25, 2013"의 기간은 5월 23일부터 5월 27일까지 총 5일의 기간을 의미한다.

d) 일자나 사건과 함께 사용되는 "within"은 해당일 또는 사건일이 포함된

다. 예를들어 "presentation to be made within 14 May"의 조건인 경우 제시는 해당일자를 포함하는 5월 14일까지 이루어지면 된다. 즉, "within"이라는 용어가 특정 일자와 관련하여 사용되는 경우, 기간 계산에서 당해 일자를 제외한다. 즉 within은 after나 form과 동일한 의미로 이들 단어도 특정 일자를 제외하는 것으로 간주한다.

④ **일자의 표시** : 일자는 다양한 형태로 표현될 수 있다. 예를 들어, 당해 서류 또는 다른 서류로부터 일자를 확정할 수 있는 한 2013년 5월 14일은 14 May 13, 14.05.2013, 14.05.13, 2013.05.14, 05.14.13, 130514 등으로 표현할 수 있다. 혼란을 피하기 위하여 월의 명칭은 숫자 대신에 문자를 사용하기를 권장한다.

⑤ **불명확한 용어** : 선적서류(shipping documents), 기일경과서류 수리가능(stale documents acceptable), 제3자 서류 수리가능(third party documents acceptable), 수출국가(exporting country) 등의 표현은 신용장 통일규칙간에 정의되지 아니한 것이므로 이를 사용하지 아니하도록 하여야 한다. 신용장에서 이를 사용하는 경우에는, 그 의미가 명확하게 나타나 있어야 한다. 그렇지 아니한 경우, 이는 국제표준은행관행에 따라 다음과 같은 의미를 갖는다.

| | |
|---|---|
| shipping documents | 환어음을 제외한 신용장에서 요구하는 모든 서류 |
| stale documents acceptable | 서류가 유효기일 내에 제시된다면 선적일자 후 21일이 경과되어 제시된 서류를 수리함 |
| third party documents acceptable | 환어음을 제외한 모든 서류들(상업송장을 포함)이 수익자가 아닌 다른 자가 발행하여도 무방하다는 의미임 |
| exporting country | 수익자가 소재한 국가 / 상품의 원산지 국가 / 운송인이 상품을 수취한 국가 / 선적이나 발송이 이루어진 국가 등<br>→ 여러가지 의미로 사용되므로 정확한 국가명을 명시하여 불필요한 분쟁을 사전에 예방하는 것이 바람직함 |

⑥ **오자 및 오타** : 단어 또는 문장의 의미에 영향을 주지 않는 서류의 오자(misspelling) 또는 오타(typing error)는 하자로 간주되지 않는다. 예를 들

어, “machine” 대신에 “mashine”, “fountain pen” 대신에 “fountan pen”, “model” 대신에 “modal”이라고 기재된 물품명세는 서류의 하자로 간주되지 않는 반면에 “model 321” 대신에 “model 123”이라고 기재된 물품명세는 오타로 간주되지 않고 하자에 해당한다.

은행실무상으로는 오・탈자에 대한 ICC 은행위원회 공식 의견의 기본입장은 수익자 또는 발행신청인의 이름과 같이 오・탈자로 인하여 의미상의 중요한 변화가 있을 수 있는 경우에는 하자이며, 그렇지 않은 경우에는 하자로 보지 않는 것을 설명하고 있다. 위와 같은 국제표준은행관행(ISBP)이 제정되기 전에 이에 관련한 종전의 국제상업회의소 은행위원회(ICC Banking Commission)의 공식의견들은 다음과 같다.

다음과 같은 사소한 타이핑 잘못이 있을 경우 서류상의 하자를 구성하는가? ① 상업송장의 수익자 주소를 우편번호를 ‘2056’ 대신에 ‘0256’ 으로 잘못 기재한 경우 → 우편번호는 우편의 목적상 기재되는 것으로 누가 상업송장을 발행하였는가 하는 점에 관하여는 상업송장의 서류상의 하자를 구성하지 않는다. ② 항공화물운송장에서 통지처가 기재란에 성(Surname)을 ‘Chan’ 대신에 ‘Chai’로 기재한 경우 → 동일한 주소에 ‘Chai’라는 성을 가진 다른 사람이 존재할 수 있으므로 이는 항공화물운송장의 서류상 하자에 해당한다. ③ 항공화물운송장의 수익자주소가 ‘Industrial Pa가’ 대신에 ‘Industrial Parl’이라고 기재된 경우 → 위 주소를 ‘Industrial Parl’이라고 이해할 위험성이 없으므로 이는 명백한 타이핑 오류이고, 따라서 항공화물운송장의 서류상 하자가 아니다(자판상에 ‘k’ 바로 옆이 ‘l’이다.)[52]

선하증권과 상업송장의 하인(shipping marks)이 선하증권: N/M & N/N, 상업송장: N/M, N/N과 같이 기재되어 다를 경우 이 건 운송은 화학제품이 하나인 화물(a bulk cargo)을 이루는 것에 관한 것이고, 이와 같은 운송에서는 화물에 대한 하인이 없다(no marks and numbers to be attributed to the cargo). 서류상에서 N/M(No Marks) N/N(No Number)의 기재가 ‘N/M & N/N’이든, 혹은 ‘N/M, N/N’이든 이는 통일규칙상에 규정된 내용상의 불일치가 아니다. 위 사유는 서류상의 하자가 아니다.[53]

---

52) ICC Opinion R209.

만약 발행은행이 신용장 발행 시 수익자 이름을 실수로 오자 표기(misspelled)하였으나, 통지은행(매입은행)이 수익자의 정확한 이름을 서류송부 명세상에서 확인하였다면 수익자의 정확한 이름으로 작성된 서류는 신용장조건에 일치여부는 이름의 잘못된 표기는 잘못 표시된 이름의 사람이 동일한 주소에 실제로 존재할 수도 있기 때문에 하자로 보는 것이 타당하다. 다만, 본 건과 같이 통지은행이 서류송부 명세상에서 이름표시가 오자임을 확인하였다면 정확한 이름으로 작성된 서류는 하자가 아니다.[54)]

신용장에 송장번호가 'DC99-578AB'로 명시되어 있었으나, 수출상은 2개의 컨테이너로 선적함에 따라 송장번호를 'DC99-578A'와 'DC99-578B'로 명시한 2개의 상업송장을 작성하여 제시한 사안과 관련하여 본 건에 관한 의문점은 발행은행이 상업송장을 선적서류로 간주하였는가? 하는 점과 신용장에 명시된 송장번호가 계약 시 제시된 견적송장(pro-forma invoice)의 번호를 의미하는가? 하는 점이다. 제시된 자료를 근거로 살펴볼 때 신용장에 명시된 송장번호는 하나의 송장에 대한 한 개의 번호로 간주되어야 한다. 또한 신용장을 수령한 수출상은 명시된 번호가 계약 시 언급한 2개의 송장번호와 다르다는 사실을 인식하였을 가능성이 있다. 따라서 수출상이 신용장에서 명시된 하나의 송장번호가 아닌 각각의 송장번호로 작성된 2개의 상업송장을 제시하였으므로 발행은행의 부도처리는 정당하다. 한편 선적서류에 대한 정의가 없고 신용장에서도 명시하고 있지 않으므로 만일 수출상이 2개의 운송서류를 신용장에서 명시된 송장번호가 기입된 하나의 상업송장을 제시하였다면 발행은행은 대금을 지급하여야 한다.[55)]

신용장의 상품명세는 "Single core conductor PVC BS6004.1097"이나, 매입은행이 제시한 상업송장상의 상품명세는 "Single core conductor PVC BS6004/1097-Eurocab Brand on reels"로 기재되어 있다. 상업송장에서 "Eurocab Brand on reels"와 같은 상품의 세부적인 부연설명은 하자로 간주할 수 있는가?에 대해서는 신용장통일규칙에 의하면 상업송장의 상품명세는

53) ICC Opinion R409.
54) ICC Opinion: 6 March 2000 ICC Document 470/TA.419.
55) ICC Opinion: 22 February 2000 ICC Document 470/TA.389.

신용장의 상품명세와 엄격하게 일치하여야 한다. 그러나 이는 상업송장의 상품명세를 반드시 신용장과 동일하게 하여야 한다는 의미는 아니다. 따라서 부연설명된 상업송장의 상품명세는 하자로 간주할 수 없다.[56)]

수익자증명서(beneficiary's certificate)상의 운송인 명이 "SEA-LAND Endurance 180E"가 아닌 "SEL-LAND Endurance 180E"라고 기재되어 있는 경우 수익자증명서는 자신들이 신용장에서 정한 필요한 지시를 모두 수행하였음을 증명하는 것이다. 위 서류에서 선박명은 신용장에서 요구한 것 이상의 추가정보에 해당하고, 그 misspelling은 명백한 타이핑 오류에 기인한 것으로 지급거절 사유가 되지 않는다.[57)]

⑦ **원본과 사본** : 신용장에서 사본으로 서류의 제시를 허용하지 않는 한 각각의 요구서류는 반드시 한 통 이상의 원본이 제시되어야 한다. 제시되어야 하는 원본의 통수는 적어도 신용장, UCP600에서 요구하는 통수 또는 서류 자체에 원본의 발행통수가 명시된 경우에는 서류에 명시된 통수 이상이어야 한다.

⑧ **제시되어야 하는 원본서류 부수** : 신용장의 문언이 신용장이 1통의 원본 또는 사본을 요구하는지, 또는 그러한 요구가 1통의 원본 또는 사본에 충족되는지를 결정하는 것이 어려운 경우가 있을 수 있다. 예를 들어, 신용장이 다음과 같이 요구한 경우:

a) "Invoice", "One Invoice" 또는 "Invoice in 1 copy"는 송장 원본 1통을 요구하는 것으로 이해되어져야 한다.

b) "Invoice in 4 copies"는 적어도 송장 원본 1통 및 나머지 통수의 송장 사본의 제시에 의하여 충족될 수 있다.

c) "One copy of invoice"는 송장의 사본 1통의 제시에 의하여 충족될 수 있다. 그러나 이러한 해석에 따라 사본 대신에 원본을 수리하는 것이 표준은행관행이다.[58)]

---

56) ICC Opinion: 24 March 2000 ICC Document 470/TA.411.

57) ICC Opinion: 28 July 1999 ICC Document 470/TA.304.

58) UCP600 Article 17 Original Documents and Copies(원본서류와 사본)

a. 신용장에 규정되어 있는 각 서류는 최소한 원본 1부씩이 제시되어야 한다.

b. 서류자체에 이 서류는 원본이 아니다는 표시가 없는 한, 은행은 서류발행자의 외형상 자필서명, 마크, 스탬프, 또는 라벨이 있는 모든 서류를 원본으로 취급한다.

⑨ **하인** : 하인(shipping mark)의 목적은 상자, 자루 또는 포장용기의 실체 확인을 위한 것이다. 신용장이 화인의 세부사항을 명시하고 있는 경우 화인이 기재되는 서류(들)은 그러한 세부사항을 표기하여야 하지만, 추가정보는 신용장 조건과 모순되지 않는 한 수리될 수 있다.

⑩ **서명** : 신용장에 명시되지 않았다 하더라도 환어음(drafts), 증명서(certificates) 및 선언서(declarations)는 그들 서류의 특성상 서명이 요구된다. 운송서류 및 보험서류는 UCP600 규정에 따라 서명되어야 한다.

⑪ **기한** : 환어음의 어음지급기한(tenor)은 신용장조건과 일치하여야 한다.

a) 환어음이 일람출급(sight) 또는 일람후 정기출급(after sight) 이외의 기한부로 발행되는 경우에는, 반드시 환어음 자체의 자료로부터 만기일의 확정이 가능하여야 한다.

b) 환어음의 자료로부터 만기일의 확정이 가능한 경우의 예로서, 신용장이 선하증권일자 이후 60일 기한으로 된 환어음을 요구하는 경우에는, 선하증권 일자가 2013년 7월 12일이라고 할 때, 그 기한은 다음과 같은 방법 중의 하나에 의하여 환어음상에 표시될 수 있다.

i. "60 days after bill of lading date 12 July 2013" ('2013년 7월 12일 선하증권일자 이후 60일'), 또는

ii. "60 days after 12 July 2013"('2013년 7월 12일 이후 60일'), 또는

iii. "60 days after bill of lading date 12 July 2013"('2013년 7월 12일 선하증권 일자')를 명시하거나, 또는

iv. 선하증권의 일자와 동일한 일자로 일부된 환어음에 "60 days

---

c. 서류에 다른 표시가 없는 한, 은행은 다음의 서류를 원본으로 인정한다.

i. 서류발행자의 손으로 작성된, 타이핑된, 천공된 또는 스탬프된 것으로 보이는 서류, 또는

ii. 서류발행자의 원본서한용지에 적성된 것으로 보이는 서류, 또는

iii. 원본이라는 표시가 제시된 서류에 적용될 수 없는 것으로 보이지 않는 한, 이는 원본이다고 표시하고 있는 서류.

d. 신용장이 서류의 사본제시를 요구하는 경우, 원본 또는 사본의 제시가 모두 허용된다.

e. 신용장이 "in duplicate", "in two fold" 또는 "in two copies"와 같은 용어를 사용하여 여러 통의 서류를 제시하도록 요구하는 경우, 그 서류자체에 다른 표시가 있는 경우를 제외하고, 최소한 1부의 원본과 잔여부수의 사본이 제시되면 된다.

date"('60일 일자'), 또는

v. "10 September 2013"("2013년 9월 11일") 즉 선하증권 일자 이후 60일.

c) 만일 기한이 선하증권 일자 이후 XXX일로 언급되어 있는 경우에는, 본선적재일(on board date)이 선하증권의 발행일자보다 빠르거나 또는 늦더라도 본선적재일을 선하증권 일자로 본다.

d) 기한부 환어음의 만기일을 확정할 목적으로 사용되는 "부터(from)"와 "이후(after)"란 단어는 동일한 효력을 갖는다. 만기의 계산은 서류, 선적 또는 기타 사실의 일자 다음 일자에 시작한다. 즉 3월 1일 이후 또는부터 10일은 3월 11일이다(10days after or from March 1 is March 11).

⑫ **배서** : 환어음은 필요한 경우 반드시 배서되어 있어야 한다[환어음은 양도(transfer) 등의 어음행위가 이루어진 경우, 지시문언에 따라 필요한 경우에는 반드시 배서되어 있어야 한다(유엔국제환어음협약 제13조]. 배서는 필요에 따라 서명만 하는 백지식 배서와 수취인을 지정하고 서명하는 기명식 배서로 할 수 있다.

⑬ **송장** : 신용장에서 더 이상의 정의없이 "송장(invoice)"을 요구하는 경우에는, 이는 모든 종류의 제시된 송장(상업송장, 세관송장, 세무송장, 최종송장, 영사송장, 등)(commercial invoice, customs invoice, tax invoice, final invoice, consular invoice, etc.)에 의하여 충족될 수 있다. 그러나 "임시적 송장(provisional invoice)", "견적송장(pro-forma invoice)", 또는 이와 유사한 표현으로 확인된 송장은 신용장에서 특별히 허용되지 아니하는 한, 수리되지 아니한다. 신용장이 상업송장(commercial invoice)의 제시를 요구하는 때에는, '송장'이란 제목의 서류도 수리될 수 있다.

송장의 물품명세서는 반드시 신용장의 명세와 일치하여야 한다. 이것은 거울에 비쳐진 형상과 같은 완전일치성의 어떠한 요구가 있는 것은 아니다. 예컨대 물품의 세부사항은 송장 내의 여러 지면에 기재될 수 있는데, 그것들을 조합하였을 때에 비로소 신용장의 명세와 일치하는 물품명세가 나타나도록 할 수 있다.

⑭ **선적일자** : 만일 "본선적재됨(shipped on board)"이라고 미리 인쇄된 선하증권이 제시된 경우에는, 별도의 일자를 가진 본석적재 표기를 내포하지 아니하는 한, 선하증권의 발행일자를 선적일로 간주되며, 별도의 일자를 가진 본

선적재 표기가 있는 경우에는, 본선적재일(on board date)이 선하증권의 발행일자 이전 또는 이후인 여부를 불문하고 본선적재 표기일자(on board notation)를 선적일자로 간주한다. 또한 "외관상 양호한 상태로 선적됨(Shipped in apparent good order)", "본선 적재됨(Laden on board)", "무고장 본선적재(clean on board)" 또는 기타의 "선적됨(shipped)"이나 "본선적재(on board)"와 같은 단어를 삽입한 구절은 "본선 선적됨(shipped on board)"과 동일한 효력을 갖는다.

⑮ **환적** : 환적이란 신용장에 명시된 선적항으로부터 양륙항까지 해상운송의 과정 중에 상품을 한 선박에서 양륙하여 다른 선박으로 재적재하는 것이다. 만일 양하 및 재적재가 이러한 두 항구 사이에서 발생하지 아니한 경우에는, 이는 환적으로 간주하지 아니한다.

⑯ **무고장 선하증권** : 물품 및/또는 포장의 결함이 있는 상태를 명시적으로 표시하고 있는 선하증권상의 문구 또는 부기는 수리될 수 없다. 물품 및/또는 포장의 결함이 있는 상태를 명시적으로 표시하지 아니하는 문구 또는 부기[예컨대 "포장이 해상운송에 충분하지 않을 수 있다.("packing may not be sufficient for the sea journey")"는 하자의 요건이 안 된다. 포장이 "해상운송에 충분하지 않다.("is not sufficient for the sea journey"]"라는 문언은 수리될 수 없다.[59]

⑰ **항공운송서류의 원본** : 항공운송서류는 반드시 서류의 문면으로부터 "송하인/선적인용 원본"이란 것이 나타나 있어야 한다. 전통의 원본에 관한 요건은 그것이 송하인/선적인용 원본이라고 명시하는 서류의 제시에 의하여 충족되어진다.

⑱ **출발공항과 도착공항 및 환적** : 항공운송서류는 반드시 신용장에 기재된 대로의 출발공항과 목적지 공항을 명시하고 있어야 한다. 공항명 전체를 기술하는 대신에 국제항공운송협회(IATA: International Air Transport Association)의 코드를 사용하여(예컨대 London Heathrow 대신에 LHR) 공항을 표시하는 것은

---

59) 예컨대 선하증권상에 ① 화물이 "container said to contain (STC)"라는 내장신고물임을 기재한 경우, ② 화물명세에 위험물조항으로서 "corrosive liquid Nos"(부식성 액체) 라는 특기가 있는 경우, ③ 포장이 "open top container"라는 무개컨테이너임을 기재한 경우, ④ 포장이 종이자루로 이루어졌다는 "paper bag clause"(지물포장조항)가 있는 경우 등은 물품이나 포장의 하자에 관한 명시적인 특기라고 볼 수 없다(ICC Publication 459, Case Nos. 121 to 126).

하자가 아니다. 또한 하나 이상의 항공기에 선적하는 것은 비록 그 항공기가 동일한 일자에 동일한 목적지를 향하여 출항하더라도 분할선적이 된다.

⑲ **보험서류의 발행인, 서명 및 원본** : 보험서류는 반드시 문면상 보험회사(insurance companies)나 보험업자(underwriter) 또는 그들의 대리인(their agents)에 의하여 발행되고 서명된 것으로 보여야 한다. 보험서류의 문면상 또는 신용장 조건에 따라 요구된 경우에는, 모든 원본은 부서된(countersigned) 것으로 보여야 한다.

⑳ **원산지증명서 발행인 및 내용** : 원산지증명서는 반드시 신용장에서 명시된 당사자에 의하여 발행되어져야 한다. 그러나 신용장에서 수익자(beneficiary), 수출자(exporter) 또는 제조업자(manufacturer)에 의하여 발행되는 원산지증명서를 요구하는 경우에는, 상업회의소에 의하여 발행된 서류는 수익자, 수출자 또는 제조업자를 각 경우에 따라서 명시적으로 확인하고 있는 한, 수리될 수 있는 것으로 본다. 만약 신용장에서 원산지증명서가 누구에 의해 발행되어져야 함을 명시하지 않은 경우에는, 수익자를 포함하여 어느 당사자에 의하여 발행된 서류도 수리될 수 있다.

## Ⅲ. 신용장관계당사자의 주요 책임과 면책사항

### 1. 관계당사자의 책임과 의무[60)]

#### 1) 발행의뢰인의 주요 권리 및 의무

##### (1) 발행의뢰인의 주요 권리

① 신용장의 발행 및 조건변경내용의 지시권

② 하자서류에 대한 인수 및 지급 거절권

60) 신용장 관계당사자의 주요 권리 및 의무에 관한 구체적인 것은 부록의 UCP600 전문을 참조할 수 있으므로 구체적인 설명을 생략하기로 한다.

(2) 발행의뢰인의 주요 의무

① 신용장의 발행 및 조건변경을 위한 완전·명확한 내용의 지시의무
② 은행 측의 채권보전요구에 응할 의무
③ 발행수수료 부담의무
④ 무하자서류의 인수 및 지급 의무

### 2) 발행은행의 주요 권리 및 의무

(1) 발행은행의 주요 권리

① 신용장발행 여부 결정권
② 제시된 운송서류의 심사권
③ 하자서류에 대한 지급거절권
④ 하자서류에 대한 기지급금의 반환청구권
⑤ 신용장의 취소 또는 조건변경 요청에 대한 동의여부 결정권
⑥ 신용장발행 수수료 등의 관련 비용청구권

(2) 발행은행의 주요 의무

① 신용장발행·취소·조건변경을 위한 의뢰인의 지시내용 준수의무
② 발행한 신용장의 신속한 통지의무
③ 매입(negotiation)대금 등의 상환(reimbursement)의무
④ 신용장대금의 지급의무
⑤ 신용장조건과 일치하는 운송서류제공의무

### 3) 수익자의 주요 권리 및 의무

(1) 수익자의 주요 권리

① 신용장에 약정되어 있는 운송서류 제시권
② 신용장대금 청구권
③ 신용장의 취소 및 조건변경 동의권

### (2) 수익자의 주요 의무

① 신의성실의 원칙에 의한 신용장조건 준수의무

② 서류제시 시 신용장조건과 일치하는 서류제공의무

③ 서류하자로 지급거절 시 매입대금 상환(recourse)의무

## 4) 통지은행의 주요 권리 및 의무

### (1) 통지은행의 주요 권리

① 통지여부의 자의적 결정권

② 통지수수료 청구권

### (2) 통지은행의 의무

① 통지요청거절 시 거절의사를 발행은행에 통보의무

② 상당한 주의를 기우려 통지하는 신용장의 진위성 여부확인 후 통지

③ 진위성(眞僞性) 여부확인 불능 시 조회 후 통지 또는 그러한 사실통보

## 5) 확인은행의 주요 권리 및 의무

### (1) 확인은행의 주요 권리

① 신용장확인 여부의 자의적 결정권

② 제시된 서류의 심사권

③ 하자서류에 대한 지급거절권

④ 확인신용장의 취소 또는 조건변경 요청에 대한 동의여부 결정권

⑤ 신용장확인 수수료 등의 비용청구권

⑥ 발행은행에 상환(reimbursement) 청구권

### (2) 확인은행의 주요 의무

① 발행은행과 동일한 지급의무 부담

② 확인요청거절 시 발행은행에 그러한 의사 즉시 통보

③ 확인요청수락 시 신속한 확인・통지의무

④ 서류심사의무

### 6) 매입은행의 주요 권리 및 의무

#### (1) 매입은행의 주요 권리

① 매입여부 결정권

② 발행은행에 대한 매입금 상환(reimbursement)청구권

③ 발행은행의 지급거절 시 수익자에 대한 매입금 반환(recourse)[61] 청구권

#### (2) 매입은행의 주요 의무

① 서류의 심사의무

② 발행(또는 확인)은행에 대한 조건일치의 서류제공의무

### 7) 인수은행의 주요 권리 및 의무

#### (1) 인수은행의 주요 권리

① 환어음 인수여부 결정권

② 하자서류에 대한 인수 거절권

③ 발행은행에 대한 인수대금 상환청구권

#### (2) 인수은행의 주요 의무

① 운송서류 심사의무

② 조건일치의 서류제공의무

### 8) 지급은행의 주요 권리 및 의무

지급수권은 발행은행과 지급은행간의 계약관계이다. 그러므로 지급은행은 발행은행에 대하여 지급수권계약상의 권리 및 의무를 부담할 뿐, 수익자에 대해서는 아무런 책임과 의무를 지지 않는다. 따라서 지급은행이 지급요청에 응

61) 특히 우리나라에서는 매입은행이 화환어음을 매입할 때 수익자와 외환거래약정서를 교환하는데, 거기에는 이유여하를 불문하고 매입은행이 발행 또는 확인은행으로부터 매입대금을 상환받지 못하게 될 경우 수익자는 이자를 포함해서 매입대금을 반환해야 된다고 약정되어 있다. 이에 근거하여 매입은행은 발행은행으로부터 지급을 거절당할 경우 수익자에 대하여 매입대금의 반환청구권(right of recourse)을 행사할 수 있다. 이러한 반환청구권을 소구권이라고도 한다.

하지 않아도 수익자는 지급은행에 대하여 항변할 수 없다. 그러나 지급요청에 응할 경우에는 다음과 같은 권리 및 의무를 부담하게 된다.

(1) 지급은행의 주요 권리

① 지급여부의 결정권

② 하자서류에 대한 지급거절권

③ 발행은행 측에 대한 지급대금 상환청구권

(2) 지급은행의 주요 위무

① 서류의 심사의무

② 조건일치의 서류제공의무

## 2. 은행의 면책사항[62)]

1) 서류송달 중의 사고에 대한 면책(UCP600 제35조)
2) 전문송달 중 사고에 대한 면책(UCP600 제35조)
3) 전문용어의 번역 및 해석상의 오류에 대한 면책(UCP600 제35조)
4) 서류자체의 형식, 충분성, 정확성에 대한 면책(UCP600 제35조)
5) 서류의 진정성, 위조 및 법적효력에 대한 면책(UCP600 제35조)
6) 서류발행자와 작성자의 능력 및 신용여하에 대한 면책(UCP600 제35조)
7) 서류문면상의 일반적 또는 특수조건에 대한 면책(UCP600 제35조)
8) 물품의 명세, 가치 및 실존여부에 대한 면책(UCP600 제35조)
9) 불가항력으로 인한 은행업무중단결과에 대한 면책(UCP600 제36조)
10) 9)의 사유로 인한 은행업무중단 중 유효기일이 경과한 신용장의 결제 또는 매입의무에 대한 면책(UCP600 제36조)
11) 지정은행의 지시불이행에 대한 지시은행의 면책(UCP600 제37조) 등

62) 은행의 면책에 관한 자세한 것은 부록에 있는 UCP600 제34 내지 제37조의 원문을 참조하면 된다.

# 제 8 장

# 신용장의 확인 · 조건변경 및 취소 · 양도

## Ⅰ. 신용장의 확인

### 1. 신용장확인의 법리

#### 1) 신용장확인의 의의와 필요성

##### (1) 신용장확인의 정의

신용장의 확인(confirmation)이란 일치하는 제시에 대하여 결제 또는 매입하겠다는 발행은행의 확약에 부가하여 확인은행이 하는 확약을 의미하고, 발행은행의 수권 또는 요청에 의하여 신용장에 확인을 부가한 은행을 확인은행이라 한다.[1]

앞에서 본 바와 같이 발행은행의 취소불능적 조건부결제약정서(irrevocable and conditional arrangement to honour)를 신용장이라 할 때 발행은행의 그러한 결제약정에 추가하여 발행은행을 제외한 제3은행이 행하는 취소불능적 조건부 재결제약정이 확인이다.[2]

---

1) UCP600 Article 2.

2) 여기에서 말하는 제3의 은행이란 한 은행의 본 · 지점간을 포함한 환거래은행을 의미하고, 조건부란 제시서류가 일치하는 제시일 것을 말하며, 그리고 결제(honour)란 일람지급, 연지급, 인수를 말한다.

### (2) 신용장확인의 필요성

신용장제도는 은행의 신용을 이용해서 수입상의 신용을 강화함으로써 수입상으로부터 야기될 수 있는 수출상 측의 신용위험을 최소화해주는 기능을 한다. 그 결과 신용장거래에서 중추적인 역할을 수행하는 자는 신용장을 발행한 은행이며, 발행은행이 채무자기 된다. 따라서 발행은행의 신용여하는 신용장거래에 중대한 영향을 미친다. 일반적으로 채무자의 신용이 의심스러운 경우 보증을 요구하는 것처럼, 신용장을 발행한 은행의 신용이 의심될 경우 수익자는 채권 재확보의 일환으로 신용장의 확인을 요구하게 된다.

예컨대 신용장을 발행한 은행의 신용상태가 좋지 않아 지급지연 또는 지급불능의 우려가 있거나, 신용장발행지국가의 전쟁이나 내란 등의 사유로 은행업무의 중단이 우려되거나, 발행지국가의 외환사정이 악화되어 외환지급정지나 제한의 위험이 있거나 있다고 판단되는 경우 등과 같이 신용장발행은행이나 그 소재지국가의 신용이 의심되는 경우에 신용장확인이 필요하다.

신용장의 확인은 수출상 소재지국가의 은행이 하거나 아니면 국제적으로 지명도가 높은 제3국의 은행이 하는 경우도 있지만, 일반적으로 수출상의 희망에 따라 수출상 소재지의 통지은행이 신용장을 확인하는 경우가 많다.[3)]

수출상 소재지의 통지은행이 신용장을 확인하는 경우, 수출상은 통지은행인 확인은행의 신용상태를 잘 알 수 있고 향후 동 은행의 신용악화를 감지하는 일도 보다 용이할 수 있다. 뿐만 아니라 수출상인 수익자는 자신의 소재지에 있는 확인은행에 서류를 제시하고 신용장조건에 따라 지급받을 수 있기 때문에 후일 발행은행이 지급을 거절해도 수익자는 확인은행으로부터 받은 지급금의 반환을 청구받지 않는 유리한 입장에 놓이게 된다. 또한 발행은행이 파산하여 지급불능에 처하거나, 수입국가 외환사정의 악화로 외환지급불능 등 불가항력 사태의 발생으로 인한 손해도 확인은행이 책임지게 된다. 신용장의 확인을 통하여 수익자는 이상과 같은 위험으로부터 보호받을 수 있다.

---

3) 통지은행이 신용장을 확인하는 경우에는 동일한 하나의 은행이 확인은행이며 동시에 통지은행의 역할을 한다. 그렇지만 수입지 또는 국제금융중심지에 소재하고 있는 유명은행을 확인은행으로 합의할 경우에는 확인은행과 통지은행은 완전 별개의 은행이 된다.

### 2) 확인채무의 성질 및 요건

#### (1) 확인채무의 독립성

신용장의 확인은 발행은행의 요청이나 수권으로 이루어지게 되는데, 그러한 요청을 받은 제3의 은행은 자의적 판단에 따라 확인여부를 결정한다. 그러한 요청의 거절은 곧 확인의 거절이 되고, 승낙하면 확인을 부가하게 된다. 확인은행이 부담하는 채무를 확인채무라고 할 때, 확인채무는 발행은행의 약정채무와는 독립적이다.

신용장의 확인이 발행은행의 지급약정에 추가하여 이루어지므로 확인을 마치 발행은행의 채무에 대한 일종의 보증으로 보고 확인은행이 마치 연대보증인의 역할을 하는 것으로 잘못 이해하는 경우도 없지 않은 듯한데, 실로 그것은 큰 착각이다. 왜냐하면 확인은행의 확약내용은 발행은행의 것과 동일하므로 두 은행은 동일한 채무를 부담하게 되지만, 그러나 두 은행의 채무는 독립적이므로 확인은행은 수익자에 대하여 1차적 채무를 지게 되기 때문이다. 이처럼 확인은행의 채무는 발행은행의 채무와는 별개의 독립된 1차적인 것이므로, 만약 발행은행이 지급불능에 처하더라도 그러한 사실여부와는 관계없이 확인은행은 자기책임하에 신용장대금을 지급하지 않으면 안 되며, 한편 수익자는 발행 또는 확인은행 중 어디에서나 신용장상의 채권을 행사할 수 있다.

이처럼 확인은행의 확인약정내용 및 의무는 발행은행의 것과 사실상 동일하다. 따라서 확인채무도 발행은행의 발행채무와 다를 바 없고, 확인은행의 지위도 발행은행의 지위와 다를 바 없기 때문에 발행은행과 마찬가지로 확인은행도 확인약정에 대해 독립적 채무를 부담하므로 매매계약위반을 이유로 확인채무의 이행을 거절할 수 없음은 물론이다.[4)]

#### (2) 확인의 성립요건

**① 취소불능신용장이어야 된다.**

취소가능신용장은 그것을 발행한 은행이 수익자에게 서전통지 없이 언제든

---

4) Hamz Malas & Sons v. British Imex Industries Ltd., (1958) 2Q.B. 127; (1958) 2W.L.R. 100.

지 취소나 조건을 변경할 수 있다. 그러므로 취소가능신용장은 발행은행이 취소나 조건변경권을 일방적으로 행사하더라도 수익자는 그에 따른 위험을 감수하겠다는 사실을 전제로 발행된 것이기 때문에, 다른 은행이 이를 확인하는 것은 아무런 의미가 없다. 따라서 신용장의 확인은 취소불능신용장인 경우에만 확인의 대상이 된다.

**② 발행은행이 아닌 타 은행(another bank)이 확인하여야 된다.**

신용장거래에서 확인은행의 확인채무는 발행은행과 동일한 지위에서 신용장대금의 지급을 책임지겠다는 확약이다. 따라서 수익자는 발행은행과 확인은행으로부터 신용장대금의 결제를 2중으로 보장받기 위하여 신용장확인을 요구하게 된다. 그런데 한 은행이 신용장을 발행하고 동시에 확인하는 것은 사실상 2중의 지급보장이 실현되지 않는다. 그래서 확인은행은 신용장을 발행한 은행과 다른 타 은행이 되어야 확인으로 인한 실익을 기대할 수 있기 때문이다.

**③ 발행은행의 요청 및 수권이 있어야 된다.**

은행이 신용장을 확인할 수 있는 권한은 발행은행의 수권으로 발생된다. 그러므로 신용장확인은 반드시 신용장을 발행한 발행은행의 요청이나 수권[5]에 따라 발행은행이 아닌 제3의 은행이 하여야 하되, 취소불능신용장에 대해 확인하여야 된다.

만약 발행은행이 확인요청은 하지 않고 신용장의 통지만을 요구해온 경우, 통지은행은 스스로 확인을 부가할 필요는 없다. 그럼에도 불구하고 실무에서는 통지은행이 자발적으로 신용장을 수익자에게 확인·통지해 주는 경우가 있는데, 이를 일부에서는 싸일런트 확인(silent confirmation)이라고 부른다. 이는 분명 신용장통일규칙상의 확인은 아니며, 그렇게 한 은행도 통일규칙상 인정되는 확인은행이 아니다. 왜냐하면 신용장을 확인할 수 있는 권한은 발행은행의 수권이나 요청으로부터 발생하는데, 그 같은 수권이나 요청이 없었음에도 통지은행이 일방적으로 행한 확인은 권한 없는 자의 일방적 행위로 보아야 하기 때

---

5) 실무에서 일반적으로 널리 사용되고 있는 발행은행의 확인요청문언은 “Please advise this credit to the beneficiary adding your confirmation.” 또는 “We authorize you to add your confirmation.” 또는 “We are requested to advise this credit to you adding our confirmation.”이다.

문이다.

그러나 신용장거래에서 확인이 의미하는 바를 너무나 잘 알고 있는 은행이 그렇게 하였다면, 그것은 수익자에 대하여 통일규칙상 확인은행으로서의 확인채무를 스스로 부담하겠다는 자발적 약속으로 볼 수도 있을 것이다. 그렇다면 일방적으로 그러한 확인을 부가한 은행에게는 통상적인 확인의 경우에서와 마찬가지로 선의의 수익자에 대하여 취소불능적 확인채무의 책임을 묻는 것이 옳지 않을까! 필자는 응당 그래야 된다고 보고 있다.

또한 자유매입신용장에 확인을 추가할 때 확인은행은 매입은행을 제한할 수 있는 것으로 해석된다. 그 이유는 확인은행도 발행은행과 마찬가지로 신용장상의 채무를 부담하는 당사자라는 점 때문이며, 그래서 이론적으로나 실무적으로 또는 판례상으로도 인정되고 있다. 따라서 확인은행은 신용장에 확인을 가한 후, 제한문언을 추가로 표시하여 통지할 수 있다.

④ **확인채무는 소구권이 인정되지 않는다.**

소구권(right of recourse)이란 어음이나 수표금액의 지급이 없거나 또는 지급이 현저히 불확실하게 되었을 때, 어음이나 수표의 소지인이 어음이나 수표의 발행 및 유통에 관여한 자에 대하여 동 금액 및 기타 비용의 변상을 청구하는 하는 것을 소구(遡求)라 하고, 그에 따른 권리를 소구권이라 한다.

수익자에 대한 확인은행의 확인채무는 발행은행으로부터의 상환(reimbursement)을 전제로 하는 것이 아니라, 발행은행의 발행채무처럼 1차적 · 독립적 채무이기 때문에 확인은행의 지급이나 인수 및 매입 등의 행위에는 소구권이 인정되지 않는다. 특히 매입신용장을 확인한 경우 확인은행의 확인은 환어음의 발행자나 선의의 소지인에게 소구권없이 매입하겠다는 확약이다. 어떤 이유로든 확인은행이 소구권을 보유하는 그런 조건의 매입신용장은 확인신용장으로서의 기능을 상실하게 되고, 확인은행의 매입행위도 단순히 지정은행의 매입행위와 다를 바가 없게 된다. 따라서 수익자가 일단 클린네고를 한 이상, 확인은행이 발행은행으로부터 매입대금을 상환받지 못하게 되는 경우에도 확인은행은 수익자에게 이미 지급해준 매입대금의 반환을 청구할 수 없다. 확인은행이 청구하는 경우에도 수익자 이를 당연히 거절할 수 있다.

#### (3) 확인채무이행의 전제조건

이는 취소불능신용장상의 약정채무이행 전제조건과 동일하다. 따라서 약정된 서류가 확인은행에 제시되고, 그것이 일치하는 제시로 판단되는 경우에만 확인은행은 확인채무이행의 의무를 지게 되며, 그렇지 않을 경우에는 발행은행과 마찬가지로 지급, 인수 및 매입 등을 거절할 수 있다.

### 3) 확인의 종류 및 비용

#### (1) 신용장확인의 종류

확인을 요구받은 은행이 확인을 이행하면 확인한 신용장에 대하여 독립적 채무를 지게 되므로 발행은행에 대해 여신을 제공하는 것과 동일한 결과가 된다. 그러므로 확인은행은 여신에 따른 여러 가지 사항을 검토한 후 확인 여부를 결정해야 한다. 이를테면 확인요청을 받은 은행은 발행은행의 신용상태가 의심되거나 또는 발행지국의 외환사정이 어렵다고 판단되는 경우 발행은행의 확인요청 및 수권을 거절할 수 있다. 좌우지간 확인을 요청받은 은행이 이를 수락하고 신용장에 확인문언[6]을 부가하거나 별도의 양식에 확인사실을 명시하면 그것으로 확인이 성립된다. 따라서 신용장확인의 종류는 신용장에 명기되어 있는 약정문언(engagement clause)에 따라 일람지급, 연지급, 인수 및 매입에 대한 확인으로 구분할 수 있다.

**① 일람지급의 확인**

확인한 신용장이 일람지급(sight payment)을 약정하고 있는 일람지급신용장(sight payment credit)인 경우에는 일람지급을 확약한 것이므로, 확인은행은 신용장조건에 따라 일람지급할 책임을 지게 된다. 따라서 확인은행은 발행은행으로부터 일람지급한 대금을 상환받지 못하게 되는 경우에도 확인은행은 수익자에게 동 지급금의 반환을 청구할 수 없다. 이때에는 신용장조건에 따라 환어음조건부일 수도 있고, 환어음이 없는 무어음조건부일 수도 있다.

---

6) “As requested by the Issuing Bank, we hereby add our confirmation to the credit in accordance with the stipulations under UCP600 Article 8”은 ICC가 권장하는 확인표준 부가문언이다.

실무에서 일반적으로 사용되는 지급확인약정문언의 예는 다음과 같다.

- As requested by the Issuing Bank, we hereby add our confirmation to the credit in accordance with the stipulations under UCP600.
- At the request of our correspondent, we confirm their credit and also engage with you that drafts drawn in confirmity with the terms of this credit will be duly honoured.
- We confirm this credit and also engage with you that all drafts drawn under and in compliance with the conditions of this credit will be duly honoured.

### ② 연지급의 확인

확인한 신용장이 연지급(deferred payment)을 약정하고 있는 연지급신용장(deferred payment credit)인 경우에는 연지급을 확약한 것이므로, 확인은행은 신용장조건에 따라 정해진 기일에 직접 지급하거나 지급이 이행되도록 조치할 책임을 진다. 발행은행으로부터 신용장대금을 상환받지 못하게 되는 경우에도 확인은행은 이를 이유로 확인채무의 이행을 거절할 수 없다. 이때에는 환어음이 발행되지 않고 그 대신에 연지급확약서가 발행된다.

실무에서 일반적으로 사용되는 연지급확인약정문언의 예는 다음과 같다.

- We confirm this credit and engage that payment will be duly undertaken against documents presented in confirmity with the terms of this credit and payment will be duly made at maturity.

### ③ 인수의 확인

확인한 신용장이 인수(acceptance)를 약정하고 있는 인수신용장(acceptance credit)인 경우에는 인수를 확약한 것이므로, 확인은행은 신용장조건에 따라 자신을 지급인으로 하여 발행된 환어음을 직접 인수하고 만기에 지급할 책임을 지게 된다. 따라서 일단 서류를 인수한 이상 확인은행은 발행은행으로부터 동 서류의 수리를 거절당하게 되거나 만기일에 지급받지 못하게 되는 경우에도 수익자에 대하여 이를 항변할 수 없음은 물론 어음지급만기에 대금을 지급하지 않으면 안 된다. 이때에는 반드시 환어음이 발행된다. 인수신용장은 어음조건부신용장이다.

실무에서 일반적으로 사용되는 인수확인약정문언의 예는 다음과 같다.

- This credit bears our confirmation and we engage that drafts drawn in confirmity with the terms of this credit will be duly accepted on presentation and duly honoured at maturity.

④ **매입의 확인**

확인한 신용장이 매입(negotiation)을 약정하고 있는 매입신용장(negotiation credit)인 경우에는 매입을 확약한 것이므로, 확인은행은 신용장조건에 따라 발행된 환어음을 소구권(right of recourse) 없이 매입할 책임을 지게 된다. 따라서 수익자가 일단 클린네고를 한 이상, 확인은행이 발행은행으로부터 매입대금을 상환 받지 못하게 되는 경우에도 확인은행은 수익자에게 이미 지급해준 매입대금의 반환을 청구할 수 없다. 이때에도 반드시 환어음이 발행된다.

실무에서 일반적으로 사용되는 매입확인약정문언의 예는 다음과 같다.

- We confirm this credit and engage that drafts drawn in confirmity with the terms of this credit will be duly negotiated by us without recourse to drawer and/or bona-fide holders.
- At the request of our correspondent, we confirm their credit and engage with you that drafts drawn under and in accordance with its terms will be negotiated by us without recourse to drawer and/or bona fide holders.
- We have been requested to add our confirmation to this credit and we, therefore, undertake that any drafts drawn by you in accordance with the terms of the credit will be duly negotiated by us without recourse.
- This credit bears our confirmation and we hereby engage to negotiate without recourse on presentation to us drafts drawn and

presented in confirmity with the terms of this credit.

· We confirm this credit and engage that drafts in confirmity with the terms of the credit will be duly negotiated by us without recourse to drawer and/or bona-fide holders.

(2) 확인수수료

확인수수료(confirming charge)란 신용장을 확인한 은행에게 지급되는 수수료를 말하며, 이는 원칙적으로 발행수수료와 같은 금액이다. 확인수수료가 이처럼 발행수수료와 같은 이유는 수익자에 대하여 확인은행 역시 독자적으로 발행은행과 동일한 채무를 부담하게 되기 때문이다. 확인수수료는 별도의 약정이 없는 한, 원칙적으로 확인을 요청하거나 수권하는 발행은행이 부담할 의무를 진다. 실무에서는 별도의 약정을 통해 수익자가 이를 부담하게 되거나[7] 아니면 발행수수료에 포함시켜 발행의뢰인에게 전가시키고 있다.

### 4) 확인신용장 거래당사자의 책임체계

(1) 확인은행의 권리와 의무

① **확인은행의 권리**

**가. 확인여부의 자의적 결정권** : 발행은행으로부터 확인을 요구 또는 수권받은 은행은 발행은행의 그러한 요청이나 수권행위에 구속되지 않는다. 발행은행의 확인수권은 지정은행이 이를 이행해야 할 절대적 의무사항이 아니라 선택적 의무사항이다. 확인을 이행할 경우에만 그에 따른 책임과 의무를 지게 된다. 그러므로 발행은행으로부터 확인을 수권받은 지정은행은 어떤 이유로든 스스로 원하지 않을 경우에는 확인을 거절할 수 있고, 그에 따른 이해당사자는 항변할 수 없다. 뿐만 아니라 확인은행은 자신이 확인한 신용장인 경우에도 조

---

7) "Unless otherwise expressly stated, all banking commissions and charges outside issuing country are for account of beneficiary." 또는 "All banking commissions and charges including reimbursement charges outside Korea are for account of beneficiary." 또는 "Any charges made in connection with this credit are for account of beneficiary."

건변경에 대한 확인부가를 거절할 수 있다.

**나. 확인 이외의 채무거절권** : 확인은행은 자신이 명시적으로 확인한 내용에 대해서만 확인채무를 질 뿐, 자신이 명시적으로 확인하지 아니한 내용에 대해서는 확인채무를 지지 않는다. 뿐만 아니라 확인신용장인 경우에도 확인은행이 확인을 부가하지 않은 조건변경부분에 대해서는 확인채무를 부담하지 않는다. 다시 말해서 수익자의 확인신용장 조건변경요청을 발행은행이 승낙한 경우에도 확인은행에 이에 서면동의를 하지 않은 한, 신용장조건위반을 이유로 확인은행은 수익자나 매입은행의 대금지급청구를 거절할 수 있다.

**다. 상환청구권** : 소정의 서류를 심사하고 일치하는 제시에 대하여 수익자나 매입은행에게 신용장대금을 결제한 후, 확인은행은 발행은행에게 동 대금의 상환(reimbursement)을 청구할 수 있으며, 발행은행은 확인은행의 그러한 상환청구를 거절할 수 없다.

**라. 발행의뢰인에 대한 구상권** : 수익자나 매입은행에게 신용장대금을 결제한 후, 확인은행은 발행은행에게 동 대금의 상환을 청구할 수 있다. 그러나 발행은행의 파산으로 그러한 청구권행사가 불가능하게 된 경우, 확인은행은 발행의뢰인에게 동 대금을 청구할 수 있다. 이때 발행의뢰인은 동 신용장대금을 발행은행에게 이미 결제한 경우에는 확인은행의 그러한 청구를 거절할 수 있지만, 그렇지 않은 경우에는 확인은행의 청구에 응해야 된다.

**마. 조건변경이나 취소 동의권** : 확인은행은 자신이 명시적으로 동의한 확인부분에 대하여 확인채무를 지게 되므로, 확인신용장의 기본관계당사자에 해당된다. 따라서 확인신용장의 취소나 조건변경 시에는 반드시 확인은행의 동의를 얻어야 된다. 확인은행은 자신이 동의하지 않은 조건변경내용에 구속되지 않는다. 확인은행이 조건변경을 거절한 경우 수익자는 변경된 조건에 대한 채권을 상실하지만, 그러나 수익자는 직접 발행은행에게 변경된 조건과 일치하는 서류를 제시하고 채권을 행사할 수 있다.

**바. 기타** : 이 외에도 확인은행은 서류심사권, 확인이행 시 확인수수료 등의 비용청구권, 그리고 하자있는 서류에 대하여 결제 또는 매입을 거절할 수

있다.

② **확인은행의 의무**

**가. 대금결제의무** : 확인은행의 확인채무는 발행채무와 독립적인 1차적 채무이며 동시에 조건부채무이다. 그러므로 수익자가 확인은행 앞으로 직접 소정의 서류를 제시하고 대금지급을 청구해올 경우, 확인은행은 서류에 하자가 없는 한 자신의 비용으로 결제 또는 매입하여야 된다. 그렇지만 채권자가 확인은행에게 직접 확인채권을 행사하지 않을 경우 확인은행의 확인채무는 신용장유효기일의 경과와 더불어 그대로 소멸될 수도 있다. 예컨대 발행은행이 파산한 경우에도 불구하고 수익자나 지정은행이 신용장유효기일 이전에 확인은행에게 직접 대금결재를 청구해오지 않는 한 확인은행의 확인채무는 발동하지 않으며, 그 결과에 대해서도 확인은행은 아무런 책임을 추궁 당하지 않는다.

**나. 서류심사의무** : 확인은행은 제시자에 대하여 서류를 심사할 수 있는 권한을 가지지만, 발행은행 측에 대해서는 조건일치의 무하자서류를 제공할 의무를 진다. 따라서 확인은행이 서류를 심사하는 것은 권한임과 동시에 의무사항에 해당한다.

**다. 기타** : 확인요청을 받은 은행이 확인요청을 거절할 경우에는 발행은행에 거절의사를 즉시 통보해야 할 의무를 진다. 확인요청을 수락할 경우에는 동 신용장을 수익자 앞으로 신속히 확인 · 통지해주어야 할 의무를 진다.

### (2) 거래당사자간의 법률관계

① **확인은행과 발행의뢰인과의 관계**

발행은행은 발행의뢰인의 요청과 지시에 따라 신용장을 발행하고, 확인은행은 발행은행의 요청과 지시에 따라 신용장을 확인하게 된다. 따라서 발행은행과 발행의뢰인간에는 신용장발행에 따른 법률관계가 성립되고, 발행은행과 확인은행간에는 신용장확인에 따른 법률관계가 성립된다. 그렇지만 발행의뢰인과 확인은행 사이에는 신용장확인에 따른 직접적인 법률관계는 성립되지 않는다. 사실 확인은행이 신용장의 확인요청을 승낙하는 것은 발행은행과의 관계를 고려한 탓이지 발행의뢰인과의 관계를 고려한 결과는 아니기 때문이다. 확인은행은 발행의뢰인의 요청과 지시에 따라 신용장을 확인하게 되고, 양 은행간에는 그에 따른 권리 및 의무가 수반되게 된다. 그러므로 실무에서 발행의뢰인이 직접 확인은행에게 신용장의 확인을 요청하거나 지시하는 것은 금지되어 있다.

이처럼 확인은행과 발행의뢰인간에는 아무런 법률관계가 성립되어 있지 않으므로, 서로가 서로에게 물어야 할 권리 및 의무도 없다고 할 수 있다. 그렇지만 단 발행은행의 파산으로 확인은행이 신용장대금을 지급한 경우, 그 때에는 동 대금에 대하여 확인은행은 발행의뢰인에게 구상할 수 있는데, 이 같은 구상권(right of reimbursement)은 신용장거래의 특성상 예외적으로 인정되고 있다. 그러나 이 같은 경우에도 발행의뢰인이 파산한 발행은행에게 신용장대금을 이미 지급하였다면 발행의뢰인은 확인은행의 그러한 청구를 당연히 거절할 수 있다.

② **확인은행과 수익자와의 관계**

신용장확인의 수혜자는 수익자이기 때문에 수익자의 요구로 발행의뢰인이 발행은행에게 확인신용장을 발행하도록 의뢰한다. 그러한 의뢰에 따라 발행은행이 확인은행을 지명하는 것이 일반적이다. 그렇지만 때에 따라서는 수익자가 확인신용장을 요구하지 않았음에도 발행은행이 매입 시 대금결제의 편의를 위하여 일방적으로 확인은행을 지정하여 확인신용장을 발행해오는 경우도 있다. 아무튼 확인은행은 수익자와 매입은행에 대하여 발행은행과 동일한 채무를 지게 된다. 따라서 수익자나 매입은행은 발행은행이나 확인은행 중 어느 한 곳을 선택하여 신용장대금을 청구할 수 있고, 그러한 청구를 받은 은행은 신용장조건이 충족되는 한 동 요구에 응해야 된다. 이때 특히 확인은행은 발행은행의 파산이나 지급불능 등을 이유로 지급을 거절할 수 없음은 물론이다.

한편 신용장확인은 발행은행의 요청으로 이루어지지만 확인은행은 제3자인 수익자에 대하여 확인채무를 지게 된다. 이처럼 신용장확인에 따른 수혜자는 수익자가 된다. 이러한 점에서 수익자에 대한 확인은행의 채무 역시 발행은행의 것처럼 우발채무의 일종으로 볼 수 있다. 그러므로 확인은행에게 서류를 제공하는 것은 수익자의 권리일 뿐 의무사항은 아니다. 따라서 수익자는 확인채권을 행사하고자 할 경우에만 조건일치의 서류제공의무를 지지만, 수익자가 확인채권을 행사하지 않더라도 확인은행은 수익자에게 클레임을 제기할 수 없다. 다시 말해서 서류를 제공하는 것은 수익자의 권리일 뿐 의무사항은 아니므로, 심지어 수익자가 서류를 제시하고 대금결제를 요구하지 않는 경우에도 확인은행은 실제로 발생한 손해가 없기 때문에 수익자에 대하여 클레임을 제기할 수 없지만, 그러나 확인은행으로부터 신용장대금을 결제받기 위해서는 수익자는 조건일치의 서류제공의무를 진다.

③ **확인은행과 발행은행과의 관계**

신용장확인은 발행은행의 요청으로 이루어지고, 확인여부의 결정은 확인요청을 받은 은행의 재량권에 속하는 사항이다. 그러므로 확인요청을 받은 은행은 자의적으로 확인여부를 결정할 수 있지만, 단 확인요청을 거절하기로 결정한 경우에는 그러한 사실을 발행은행에게 지체없이 통지해야 된다.

신용장을 확인한 확인은행은 자신이 명시적으로 동의한 사항에 대해서만 확인채무를 지게 된다. 그래서 발행은행이 서면으로 확인요청을 하면, 확인은행은 그러한 요청에 따라 서면으로 확인해서 통지한 조건에 대해서만 확인에 따른 의무를 부담한다. 이처럼 확인은행의 채무는 발행은행의 요청에서 기인되는 것이므로, 그러한 요청을 승낙하고 확인을 부가한 확인은행이 확인채무를 이행한 후에는 발행은행에게 그 구상권을 행사할 수 있다. 확인은행이 수익자 또는 매입은행에게 정당하게 대금을 지급하고 그 대금의 상환을 청구해올 경우 발행은행은 그러한 요구에 응해야 된다.

### 5) 확인신용장의 조건변경 및 취소

#### (1) 확인신용장의 조건변경

① **조건변경의 의의**

확인신용장의 조건변경(amendment)이란 이미 수익자에게 확인 · 통지된 신용장의 조건을 다른 조건으로 변경하는 것을 말한다. 그리고 확인신용장의 조건변경절차나 내용 및 방법도 일반 취소불능신용장의 것과 사실상 동일하다.

② **조건변경의 요건**

**가. 당사자 전원의 합의** : 일단 한번 발행·확인·통지된 취소불능확인신용장(irrevocable and confirmed credit)은 원칙적으로 조건변경되지 않는다. 그럼에도 불구하고, 당사자 전원의 합의가 있는 경우에는 조건변경될 수 있다. 여기에서 말하는 당사자 전원이란 조건변경 시에 반드시 동의를 구해야 되는 당사자로서, 신용장이 양도된 경우를 제외하고 발행은행, 수익자, 확인은행을 의미한다.[8] 특히 확인신용장이 양도된 경우에는 동 당사자에 양수인(transferee)인 제2수익자도 포함된다. 제2수익자가 거절하는 조건변경은 있을 수 없다.

**나. 조건변경의 시기 및 회수** : 확인신용장의 조건변경 역시 동 신용장의 유효기간 이내에 이루어져야 된다. 그러나 유효기간이 경과한 경우에도 당사자 전원이 합의하는 경우에는 확인신용장의 유효기간을 연장·변경할 수도 있다. 그리고 확인신용장의 경우에도 조건변경의 회수에는 제한이 없다. 따라서 당사자가 합의하는 한 수회의 조건변경도 가능하다.

③ **확인·통지은행의 경유통지**

발행은행이 확인신용장의 조건변경통신문을 수익자에게 보낼 때는 아무 은행을 통해서 통지할 수 있는 것이 아니고, 반드시 신용장을 수익자에게 확인·통지해준 그 은행을 통해서 통지해야 된다.[9] 확인은행과 통지은행이 동일 은행이 아닌 경우에는 이들 두 은행을 경유하여 수익자에게 통지되어야 된다.

④ **조건변경의 효력**

**가. 발행은행에 대한 효력** : 발행은행은 신용장의 조건변경통지서를 발행한 때부터 취소불능적으로 구속된다. 따라서 발행은행에 대한 신용장조건변경의 효력은 발행은행이 그러한 통지서를 발행한 때부터 발생된다. 이는 확약은행의 지급의무는 그 통지를 발송한 때부터 효력이 발생한다는 은행관행과도 일치한다. 그러나 실제로는 표의자(表意者)의 의사표시가 상대방에 도달된 때부터로 이해하는 것이 옳다. 왜냐하면 만약 발행은행이 그러한 통지서를 발행한 후 그

8) UCP600 Sub-Article 10(a).
9) UCP600 Sub-Article 9(d).

것이 타방에 도달되기 전에 어떤 방법을 동원하여 회수조치를 취할 수 있다면 (현행의 SWIFT 통신방식에서는 사실상 불가능한 일이지만), 이의 권리를 주장할 상대방이 없기 때문이다.

**나. 확인은행에 대한 효력** : 신용장을 확인했다는 사실만으로 확인은행은 자행이 확인한 신용장의 조건변경에도 반드시 확인을 부가해야 할 의무는 지지 않는다. 확인은행은 자행이 확인한 신용장인 경우에도, 조건변경요청을 승낙할 수도 거절할 수도 있다. 조건변경에 동의할 경우 확인은행은 조건변경서에 확인을 부가하여 수익자에게 통지해 주면 되고, 거절할 경우에는 발행은행과 수익자에게 거절한다는 사실을 지체 없이 통지해 주어야 한다.

다만 확인은행이 이에 동의하여 조건변경서에도 확인을 부가한 경우에는 조건변경서를 수익자에게 통지한 때부터 취소불능적으로 이에 구속된다. 따라서 확인은행에 대한 신용장 조건변경의 효력은 그러한 통지서를 통지한 때부터 발생한다.

**다. 수익자에 대한 효력** : 신용장조건변경의 경우에는 조건변경통지서를 접수한 수익자가 이를 통지해온 은행에게 승낙한다는 통보를 한때부터 조건변경의 효력이 발생된다. 따라서 동 통지서를 접수한 수익자는 이의 승낙여부를 통지은행에게 통보하여야 한다. 그런데 수익자가 승낙여부의 통보를 할 때까지 동 조건변경의 효력은 발생되지 않고 일시 정지상태로 있게 된다.

그렇다면 수익자는 언제까지 이 같은 승낙여부의 통지를 해야 되는가? 수익자에 의한 승낙여부의 최종 통지시한은 신용장유효기간의 범위 내에서 서류제시시점까지로 해석되고 있다.[10] 그래서 만약 수익자가 신용장의 변경에 대해 별도의 명시적 통보없이 침묵하고 있다가 지정은행이나 발행은행에 조건변경 내용과 일치하는 서류를 제시해 왔다면, 그것은 수익자가 서류제시와 동시에 그때 조건변경의 승낙을 통보해온 것으로 간주되며, 그때부터 비로소 조건변경의 효력은 발생된다.

---

10) UCP600 Sub-Article 10(c).

⑤ **조건변경의 승낙**

조건변경의 승낙요건으로 일괄승낙(whole acceptance)은 인정되지만, 일부승낙(partial acceptance)은 허용되지 않는다. 그러므로 수익자는 단일 조건변경통지서상의 조건변경내용 중 그 일부만을 선별적으로 승낙할 수는 없으며, 승낙하려면 전체내용의 모든 조건을 일괄 승낙하던가 아니면 거절하여야 한다.[11] 이 같은 일부승낙 금지요건은 절대적인 것이어서 비록 당사자 전원의 합의가 있더라도 조건변경의 일부승낙은 허용되지 않는 것으로 해석되고 있다. 따라서 만약 수익자가 제안된 여러 가지 조건변경내용 중 그 일부조건만을 수락하고자 할 경우에는 별도의 조건변경절차를 의뢰하여야 된다.

### (2) 확인신용장의 취소

확인신용장의 취소란 당사자 전원의 합으로 신용장거래를 무효화시키는 법률행위를 말한다. 확인신용장을 취소할 때도 발행의뢰인이 발행은행에 취소신청을 하여 확인은행과 수익자의 동의를 얻어야 된다. 확인신용장이 양도된 경우에는 양수인인 제2수익자의 동의도 구해야 됨은 물론이다. 이처럼 당사자 전원이 동의하면 그때부터 해당 확인신용장은 취소된다.

그런데 각 당사자에 대한 확인신용장 취소의 효력은 언제부터 발생되는가? 이를테면, 발행은행에 대한 취소의 효력발생시점은 발행은행이 그러한 통지문을 발행 또는 타전한 때부터이고, 확인은행에 대한 취소의 효력은 확인은행이 그러한 통지문을 통지 또는 타전한 때부터이며, 수익자 측에 대한 취소의 효력은 수익자가 이를 승낙한 때부터인데, 그때부터 각 당사자는 취소불능적으로 이에 구속된다. 다만 수익자가 취소의 통지를 받고도 지체없이 반대의 통지를 하지 않고 장기간 침묵하고 있으면, 그것은 묵시적 긍정(implied approval)으로 간주되어 신용장이 취소될 수 있다.

---

11) UCP600 Sub-Article 10(e).

## 2. 신용장확인 관련 사례

### 1) 신용장확인 지정은행은 확인을 거절할 수 있는가?

#### (1) 사건의 개요

1998년 초 우리나라의 수입상과 외국 수출상간에 체결된 매매계약에 따라 수입상은 자신의 거래은행에 취소불능확인신용장의 발행을 의뢰하였고, 신용장을 발행한 발행은행은 수출지국에 소재하고 있는 M은행에게 동 신용장을 수출상에게 확인 · 통지해줄 것을 의뢰하였다. 이에 M은행은 당시 신용장발행은행 소재지국인 우리나라의 외환사정이 악화되어 대외지급불능의 우려가 있음을 예감하고, 해당 신용장에 확인을 부가하지 않은 채 이를 수익자에게 통지해주었다. 그러자 발행은행으로부터 신용장확인을 수권받은 은행에게는 확인의무가 있다면서 수익자가 통지은행에 이의를 제기하면서 문제된 사례이다.

#### (2) 해설

앞에서 살펴본 바와 같이, 신용장의 확인은 발행은행이 지급이나 인수 또는 매입을 확약한 취소불능신용장에 대하여 발행은행의 요청에 따라 제3의 은행이 한번 더 지급 · 인수 · 매입을 확약하는 일종의 여신행위이므로, 확인은행은 자행이 확인한 신용장에 대하여 발행은행과 동일한 책임과 의무를 부담하게 된다. 그래서 수익자는 발행은행의 신용상태에 의심이 갈 경우 국제적으로 지명도가 높은 은행이나 또는 신용상태가 양호한 자국의 은행이 신용장을 확인하도록 함으로서 수출대금회수를 한번 더 보장받고 싶어한다. 그에 따라 확인은행은 발행은행의 자산 및 신용상태, 발행은행이 소재하고 있는 국가의 외환사정 및 무역여건 등을 종합적으로 고려해서 확인여부를 결정하게 된다.

그런데 본 건에서 문제의 핵심은 다음과 같은 질문으로 요약할 수 있다. 이를테면 발행은행으로부터 어떤 권한을 수권받은 지정은행은 발행은행의 그러한 수권행위에 구속되는가? 다시 말해서 발행은행으로부터 확인을 수권 받은 확인지정은행은 반드시 신용장에 확인을 부가해야 되는가, 아니면 거절할 수도 있는가?

발행은행으로부터 수권받은 지정은행은 발행은행의 그러한 수권행위에 구속되지 않는다. 발행은행의 확인수권은 확인지정은행 측이 이를 이행해야 할 절대적 의무사항이 아니라 선택적 의무사항이다. 확인을 이행할 경우에만 그에 따른 책임과 의무를 지게 된다. 그러므로 발행은행으로부터 확인을 수권 받은 지정은행도 어떤 이유로든 스스로 원하지 않을 경우에는 확인을 거절할 수 있고, 그에 따른 이해당사자는 항변할 수 없다.

결론적으로 본 건에서 확인을 거부한 M은행의 행위는 정당하며, 반대로 수익자의 항변은 이유 없다고 하겠다. 다만 확인을 요청받고도 확인을 추가할 의사가 없는 경우 지정은행은 그러한 사실을 지체 없이 발행은행에게 통지해야 할 의무를 질 뿐이다.

한편 이 경우 수익자는 신용장이 확인되지 않은 사실에 대해 지정은행에게 항변할 것이 아니라 수입상이나 발행은행에게 항변해야 옳다. 왜냐하면 수익자와 지정은행간에는 신용장의 확인과 관련된 아무런 법률관계가 존재하지 않지만, 그러나 수입상은 매매계약조건대로의 취소불능확인신용장을 제공하지 못한 셈이며, 발행은행은 발행의뢰인의 요청과 지시를 제대로 이행하지 못했다는 사실에 주목할 필요가 있기 때문이다.

### 2) 확인신용장의 채무자는 누구인가?

#### (1) 사건의 개요

예멘의 한 은행은 수입상 Y의 요청과 지시에 따라 독일의 한 은행을 확인 및 통지은행으로 하는 취소불능신용장을 발행하였고, 동 신용장은 수익자에게 통지되었다. 한편 수출상은 Y의 예금에 대하여 이를 신용장대금의 결제용으로 사용하기 위하여 신용장의 채무자를 Y로 한 저당권을 설정하였다. 수익자인 수출상은 약정물품을 선적한 후 확인은행에게 관련서류를 제시하고 동 예금으로 결제를 하려고 하였다. 이때 Y에 대한 제3의 채권자가 나타나 저당권설정행위 그 자체는 적법하였으나, 그러나 문제는 확인신용장의 채무자는 발행의뢰인이 아니라 확인은행이므로 발행의뢰인 Y를 신용장의 채무자로 하여 설정한 저당권은 무효이므로 동 예금은 본인에게 지급되어야 된다고 주장하자 문제된

사례이다.[12)]

### (2) 해설

신용장은 발행은행의 조건부 지급약정서이고, 신용장의 확인은 발행은행이외의 제3은행이 한번 더 지급을 확약한 재지급약정이다. 따라서 신용장 발행은행은 조건일치의 서류가 제시되면 신용장대금을 지급해야 되고, 신용장이 확인된 경우에는 확인은행도 대금을 지급해야 될 의무를 지게 된다. 그러므로 취소불능확인신용장의 수익자는 발행은행은 물론 확인은행으로부터도 신용장대금의 결제를 2중으로 보장받고 있는 셈이 된다.

그럼에도 불구하고 본 건의 경우에는 확인신용장의 수익자가 대금회수불능을 우려하여 또다시 담보를 취득하기 위해 저당권을 설정한 점과 그러한 채권보전조치를 발행은행이 아닌 수출상이 직접 취했다는 점에서 정상적인 신용장거래로는 볼 수 없다.

또한 신용장거래에서 확인은행의 채무는 발행은행의 채무와는 별도의 독립된 채무이며 1차적 채무이기 때문에 확인은행도 확인신용장의 주 채무자가 된다. 따라서 “확인신용장의 채무자는 발행의뢰인이 아니라 확인은행이므로 발행의뢰인 Y를 신용장의 채무자로 하여 설정한 저당권은 무효”라는 제3채권자의 주장은 일면 일리가 없지 않다고 할 수 있다. 한편 물품공급에 관한 매매계약을 중심으로 보면 수입상인 발행의뢰인이 법률적인 채무자에 해당되므로 채권자인 수출상은 수출채권을 확보하기 위해 채무자인 수입상의 예금에 대하여 저당권을 설정할 수는 있다.

좌우지간 이상과 같은 본 건 거래의 특수한 상황을 고려해 볼 때, 이에 대한 최종적인 판단은 현지법원의 결정에 따를 수밖에 없을 것이다. 그렇지만 필자의 사견으로는 신용장거래에서 매매계약과 신용장거래는 독립적이기 때문에 누구도 이를 부정할 수 없으며, 또한 신용장거래 당사자는 신용장거래와 관련하여 발생되는 여하한 부수적 계약도 이를 원용할 수 없고, 확인신용장의 주 채무자는 확인은행임에도 불구하고, 발행 또는 확인은행도 아닌 수출상이 수입상이자 신용장발행의뢰인인 Y의 예금을 확인신용장대금결제용으로 저당권을

12) ICC Document 470/TA.403, 24 March, 2000.

설정하고 그에 기하여 채권을 주장하고자 하는 수익자의 행위는 정당성을 결한 면이 없지 않다고 보여 진다. 다만 Y의 예금에 대해 저당권을 설정한 당사자가 수출상이 아니라 발행 또는 확인은행이었거나, 아니면 수출상인 경우에도 신용장대금의 결제용이 아니라 발행은행이나 확인은행이 지급불능에 처한 경우 수입대금의 결제용으로 저당권을 설정한 경우라면 제3의 채권자는 이에 항변할 수 없을 수 있다.

### 3) 확인신용장을 양도할 때 확인을 생략할 수 있는가?

#### (1) 사건의 개요

국내의 K은행은 발행은행의 요청에 따라 수익자에게 양도가능확인신용장을 통지하였다. 그 후 수익자는 K은행에 동 신용장의 양도를 요청하였고, 그러한 요청에 따라 K은행은 제2수익자에게 신용장을 양도해 주면서 확인문언을 생략하였다. 이에 제2수익자는 원신용장이 확인신용장이므로 본인에게 양도되는 신용장도 당연히 확인신용장이어야 된다고 주장하면서, 양도 시 일방적으로 확인을 생략한 양도은행인 K은행의 행위는 부당하다는 의의를 K은행에 제기하면서 문제된 사례이다.[13)]

#### (2) 해설

신용장의 확인이란 발행은행의 요청이나 수권에 따라 제3의 은행이 신용장에 대하여 발행은행과 동일한 지위에서 신용장대금의 지급을 추가적으로 확약하는 것을 말한다. 이 같은 확인채무는 발행은행의 약정채무와는 독립적이므로 확인은행은 발행은행이 파산이나 자금부족 등의 사유로 신용장대금을 지급하지 못하게 될 경우나 또는 수익자가 자행에게 조건일치의 서류를 제시하고 신용장대금의 지급을 직접 청구해 올 경우 발행은행의 지급능력여하에 관계없이 수익자에게 동 대금을 지급하지 않으면 안 된다. 그러므로 확인은 발행은행에 대한 확인은행의 신용공여의 일종이다.

그런데 본 사례의 경우처럼 수익자에게 양도가능확인신용장을 통지해준 소

---

13) ICC Document 470/TA. 399, 24 March, 2000.

위 확인·통지은행이 신용장을 제2수익자에게 양도할 때 확인을 생략할 경우, 동 은행에게는 어떤 실익이 있겠는가?

생각건대 가장 중요한 사실은 우선 지급확약대상이 바뀌는 데 따른 이해득실의 문제이다. 신용장이 양도되기 전에는 지급확약대상이 원수익자인데 반해 양도되면 제2수익자가 그 대상으로 바뀌게 되므로 그에 따른 신용위험의 문제가 추가적으로 수반될 수 있다. 또한 양도함으로써 확인은행이 지급을 보장하는 지급약정금액이 늘어나는 것은 아니지만, 그러나 신용장이 국제간에 양도되고, 제2수익자가 소재하고 있는 지역으로 지급 또는 매입지를 변경할 경우 우편일수 등을 고려하면 확인에 따른 지급약정기간이 늘어날 수도 있다. 그러한 사실에도 불구하고 제2수익자의 신용에 문제가 없는 한 신용장양도 시 확인생략여부가 양도지정은행에게 치명적인 이해득실의 요인은 되지 않는다고 볼 수 있다.

그럼에도 불구하고 이 사례에서 양도은행이며 동시에 확인은행인 K은행은 문제의 신용장을 양도하면서 일방적으로 확인을 생략하였다. 여기에서 문제의 핵심은 "양도은행에게는 양도 시 원신용장상의 확인문언을 일방적으로 삭제할 권리가 있는가?", "확인은행의 이러한 양도행위는 정당한 것인가?"라는 점이다.

UCP에 의하면, 양도은행은 자신이 직접 명시적으로 동의한 범위와 방법을 제외하고는 그러한 양도를 이행하여야 할 의무를 지지 아니하며, 또한 신용장은 일정한 예외[14]를 제외하고 원신용장에 명시되어 있는 조건대로만 양도될 수 있다는 것이다. 따라서 K은행이 문제의 양도가능확인신용장을 수익자에게 통지해준 이상 그것은 이미 확인양도를 명시적으로 동의한 것이며, K은행은 이처럼 자신이 동의한 바에 따라 신용장을 양도할 때에도 확인의무를 부담하지 않으면 안 된다. 그리고 신용장은 원신용장의 조건대로만 양도될 수 있기 때문에 원신용장이 확인신용장이라면 제2수익자에게 양도되는 신용장도 확인신용장이어야 된다. 그러므로 심지어 양도당시 제2수익자의 신용이 의심스러운 경우에도 양도은행은 확인신용장을 양도할 때 일방적으로 확인문언을 생략할 수 없다.

---

14) 신용장의 금액 및 단가의 감액, 유효기일의 단축, 서류제시유효기일의 단축, 선적기간의 단축, 부보비율의 증액, 그리고 발행의뢰인의 명의(name)대체.

결론적으로 K은행은 UCP 제48조에 규정되어 있는 신용장양도의 원칙을 위반하였으며, "원신용장이 확인신용장이므로 본인에게 양도되는 신용장도 당연히 확인신용장이어야 된다"는 제2수익자의 주장은 타당한 것이다.

### 4) Banker's Usance L/C에서 확인은행의 확인채무부담기간은 언제까지인가?

#### (1) 사건의 개요

외국의 K은행은 자유매입신용장(free-negotiable credit)을 발행하였는데, 그것은 C은행에 의해 확인된 후 수익자에게 통지되었다. 거기에는 P은행이 지급은행으로 지정되어 있었으며, 결제조건은 "60 days after sight"이였다. 동시에 동 신용장은 "어음기간에도 불구하고 환어음을 일람불로(at sight) 매입할 것이며, 인수수수료(commission and charges for acceptance)와 할인이자(interests for discount)는 수입상인 발행의뢰인이 부담한다"는 특약조항이 명기되어 있는 소위 "Banker's Usance L/C"이였다. 본 건은 이 같은 신용장을 수취한 수익자가 "Banker's Usance L/C"의 경우 확인은행의 확인채무부담기간은 언제까지인가?"를 ICC에 질의한 사례이다.[15)]

#### (2) 해설

신용장의 확인이란 발행은행의 대금지급약정에 대한 확인은행의 재지급약정이기 때문에 발행은행의 지급불능여부에 관계없이 신용장을 확인한 확인은행은 수익자에 대하여 신용장대금을 지급해야 할 채무를 진다. 그러므로 발행은행이 동 대금을 지급하지 못할 경우에도 확인은행은 신용장대금을 지급해야 된다.

그런데 문제는 "확인신용장에 대한 확인은행의 확인기간은 언제부터 언제까지인가?" 다시 말해서 "확인은행의 확인채무는 언제 개시되어 언제 소멸되는가?"라는 사실이다. 일반적으로 확인은행의 확인기간은 신용장을 확인한 시점부터 동 신용장의 유효기간까지이다. 다시 말해서 확인은행의 확인채무는 신용장을 확인한 때로부터 개시되어 유효기간의 만료와 동시에 소멸되지만, 유효기

---

15) ICC Document 470/TA.371, 24 March, 2000.

간 전이라도 수익자에게 결제되면 그와 동시에 확인은행의 확인채무는 사실상 소멸한다. 그리고 확인은행은 조건변경서에 자행의 확인을 부가할 수 있는데, 이때에는 조건변경서를 통지한 때부터 취소불능적으로 구속된다.

한편 기한부신용장(usance credit)은 지급을 일정기간 유예하는 소위 연지급기간 동안 수익자에 대한 신용공여의 주체가 누구냐에 따라 "Shipper's Usance L/C"와 "Banker's Usance L/C"로 구분된다. 수출자인 수익자가 신용공여를 하는 조건의 신용장을 "Shipper's Usance L/C"라고 하는데 이때에는 수익자가 만기까지 기다렸다가 대금을 수령하게 되며, 반대로 지급은행이 신용공여를 하는 조건의 신용장을 "Banker's Usance L/C"라고 하는데 이때에는 지급은행이 일람불로 수익자에게 대금을 미리 지급한 후 만기에 수입상인 발행의뢰인으로부터 동 대금을 받게 된다.

본 건에서 사용된 결제조건은 "90 days after sight"이지만 신용장은 "Banker's usance L/C"이기 때문에 수익자의 입장에서 보면 이는 일람불신용장과 크게 다를 바 없다. 다시 말해서 "일람 후 90일" 동안에 대한 신용공여의 주체는 지급은행이므로 수익자는 확인은행으로부터 일람불로 결제받을 수 있기 때문이다. 결론적으로 이 경우 확인은행의 수익자에 대한 확인채무부담기간은 신용장을 확인한 때부터 개시되어 수익자에게 일람불로 결제한 때에 소멸되고, 이어서 확인은행은 인수 및 할인을 위해 화환어음(documentary bill of exchange)을 지급은행 앞으로 송부하게 될 것이다. 만약 지급은행이 환어음의 인수 및 할인을 거절하는 경우에도 확인은행은 수익자에 대하여 소구권을 행사할 수 없다.

### 5) 확인은행은 서류하자를 이유로 확인을 취소할 수 있는가?

#### (1) 사건의 개요

수익자는 신용장의 조건에 따라 약정물품을 선적하고, 소정의 서류를 확인은행에게 제시하였다. 수익자가 제시한 서류를 접수한 확인은행은 동 서류를 심사한 결과 하자를 발견하였으며, 그 하자의 내용은 보완이 불가능한 것으로 판단하였다. 그래서 확인은행은 수익자에게 서류상에 치유불능의 하자가 있음을 확인함과 동시에 이를 이유로 본 건 신용장의 확인을 취소한다고 통보하였다. 이처럼 확인은행은 치유불능의 서류하자를 이유로 확인을 취소할 수 있는지의 여부가 문제된 사례이다.[16)]

### (2) 해설

신용장발행은행의 발행채무와 마찬가지로 확인은행의 확인채무 역시 조건부채무이기 때문에 신용장조건과 일치하는 소위 조건일치의 서류가 제시된 경우에만 유효하다. 조건일치의 서류 즉 하자 없는 서류(clean documents)가 제시된 이상 확인은행은 확인채무의 이행을 거절할 수 없다. 그러므로 이때에는 확인은행은 수익자에게 소구권(right of recourse)을 행사하지 않는 조건으로 수출환어음을 매입하는 등 신용장조건에 따라 확인채무를 이행해야 된다

그렇지만 보완이 불가능한 하자있는 조건불일치서류에 대한 확인은행의 확인채무는 발효되지 않으며, 이때 확인은행은 신용장확인에 따른 의무를 취소할 수도 있다. 이 경우 확인에 대한 별도의 취소권을 행사하지 않더라도 확인채무가 발효되지 않으므로 실무상 그 결과는 동일하게 된다. 이를테면 확인채무의 이행을 거절하는 이유가 치유불능의 하자라면 확인은행이 자신의 의사에 반하는 확인채무를 이행하는 경우는 없을 것이며, 그러다 보면 확인신용장의 유효기간이 종료하게 될 것이고, 유효기간이 종료되면 확인채무도 자연 소멸될 것이기 때문이다.

## 6) 확인은행은 하자서류를 어떻게 처리해야 하는가?

### (1) 사건의 개요

수익자는 매입조건부 신용장을 확인한 확인은행에게 소정의 서류를 제시하고 매입을 요청하였다. 서류를 접수한 확인은행은 상당한 주의를 기울여서 수익자가 제시한 서류를 심사하였다. 그 결과 하자를 발견하였고, 그 하자는 보완이나 치유가 불가능한 것이었다. 이에 확인은행은 수익자에게 서류상에 치유불능의 하자가 있음을 확인함과 동시에 이를 이유로 본 건 신용장의 확인을 취

16) ICC Document 470/TA.404, March 20, 2000.

소한다고 통보하였다. 이처럼 치유불능의 하자를 이유로 확인을 취소한 경우 확인은행은 동 하자서류를 어떻게 처리해야 되는가가 ICC에 질의된 사례이다.[17)]

### (2) 해설

수익자가 제시한 서류상의 하자가 보완이나 치유 불가능한 경우 확인은행은 확인채무를 취소할 수 있는 권리가 확인은행에 있다는 사실은 앞에서 고찰한 바 있다. 이처럼 보완이나 치유 불가능한 서류하자를 이유로 확인채무의 이행을 거절할 경우 우선 확인은행은 그러한 취지를 전신이나 만약 그것이 불가능하다면 기타 신속한 통신수단으로 서류를 수취한 다음날부터 계산하여 7은행영업일의 영업마감시간 이내에 지체 없이 서류제시자인 수익자에게 통지하여야 한다. 그러한 통지서상에는 서류의 수리를 거절하는 모든 불일치사항이 반드시 명기되어야 하며, 동시에 수익자의 임의처분상태로 서류를 보관 중인지 또는 반송 중인지의 여부도 함께 명기되지 않으면 안 된다. 그렇게 한 후 수익자의 지시에 따라 서류를 반송하던지 아니면 발행은행 앞으로 서류를 그냥 송부하면 된다. 그렇지 않을 경우 확인은행은 하자서류에 대한 확인채무의 이행을 거절할 수 있는 권리를 박탈당하게 된다.

그럼에도 불구하고 수익자의 요청에 따라 확인은행은 하자서류에 대한 자신의 책임을 면제받기 위하여 유보조건부(under reserve)나 보상장조건부(against an indemnity) 또는 단순 추심방식으로 문제의 서류를 발행은행 앞으로 송부하고 발행은행의 결정에 따라 서류를 처리하기도 한다. 좌우지간 이러한 경우 확인은행은 독자적인 판단과 책임하에 확인채무의 이행여부를 결정할 수 있지만, 오늘날 대부분 은행들의 업무처리실무관행은 발행은행에게 하자서류의 수리여부를 미리 조회하고, 발행은행의 답변이 있을 때까지 확인채무의 이행여부 즉 서류를 매입하고 대금을 지급할 것인지 아니면 부도처리할 것인지 여부의 결정을 유보한다. 확인채무를 이행하는 경우에도 신용장의 유효기일 전에 발행은행으로부터 서류하자를 추인한다는 취지의 통신문을 접수한 후에 대금을 결제하는 것이 은행의 보편적인 관행이다.

---

17) ICC Document 470/TA.404, March 20, 2000.

### 7) 확인은행이 심사한 서류에 대해 발행은행은 다시 심사할 의무를 지는가?

#### (1) 사건의 개요

콜롬비아은행은 수출상의 생산자금 대출 시 담보로 제공하기 위하여 마이애미은행을 확인은행으로 하며 동행 홍콩지점을 수익자로 하는 보증신용장(stand-by credit)[18]을 발행하였다. 그런데 지급기일이 도래했음에도 수출상이 대출금을 상환하지 않자 수익자인 홍콩지점은 신용장에서 요구하는 서류를 확인은행에 제시하고 대금을 청구하였다. 이에 확인은행은 발행은행의 계좌에서 인출하여 대금을 결제하고 제시된 서류는 발행은행 앞으로 송부하였다. 발행은행은 동 서류를 그대로 발행의뢰인에게 전달하고 대금결제를 요구하였다. 대금결제를 요구받은 발행의뢰인은 전달받은 서류가 신용장조건과 일치하지 않다는 사실을 지적하면서 발행은행의 결제요청을 거절하였다. 이에 발행은행은 확인은행에서 이미 서류를 심사하고 자신의 계좌에서 대금을 인출하였기 때문에, 이 경우 자신은 당해 서류를 다시 심사할 의무가 없다면서 결제해야 된다고 주장하였다. 이 경우 발행은행의 주장이 타당한가라는 점에서 문제된 사례이다.[19]

#### (2) 해설

본 건에서 문제된 경우와 같이 확인은행이나 다른 지정된 은행이 서류를 이

---

18) 보증신용장과 유사한 기능을 하는 금융수단으로 지급보증서(letter of guarantee)라는 것이 있는데, 고객이 기일 내에 주 채무를 이행하지 않으면 은행이 즉시 보증인의 신분으로 지급을 이행하게 된다는 점에서는 양자는 동일하지만 다음과 같은 점에서 보증신용장과 지급보증서는 구별된다. 우선 보증서는 주 채무와 운명을 같이하는 종속적 채무이나, 보증신용장은 주 채무와 별개의 독립된 채무이다. 또한 지급보증서의 경우에는 반드시 발급의뢰인의 의무불이행이 있을 경우에만 발급은행의 지급의무가 발생하지만, 보증신용장인 경우에는 발행의뢰인의 의무불이행이라는 전제가 없어도 약정된 지급만기일이 도래하면 자동적으로 발행은행의 지급의무가 발생된다.
오늘날 수입상이 수출상을 위하여 발행하는 지급보증서는 수출상의 은행대출 담보용으로 발행하는 것과 대금결제를 보증하기 위하여 발행하는 것이 있다. 특히 후자는 수출・입상 간에 지속적・반복적 거래 시 그때마다 신용장발행에 따른 비용과 시간을 절감하기 위해서 서류송부 및 대금결제는 당사자간에 직접 하되 단, 수입상이 결제를 못하게 될 경우에 은행이 대신 지급하는 것으로서 현재 미국에서 자주 이용되고 있으며, 앞으로는 그 이용이 점차 확산될 것으로 전망된다.

19) ICC Document 470/TA.386, April 5, 2000.

미 심사하였다고 해서 그러한 사실이 발행은행 측의 서류심사의무를 면제시켜 주는 것은 아니다. 심지어 확인은행이 송부해 온 서류에 "모든 서류는 신용장조건과 일치한다"고 명시적으로 밝힌 경우에도 발행은행은 동 서류를 독자적으로 심사하고 대금의 결제여부를 결정해야 된다. 발행은행과 확인은행간에 이와는 다른 별도의 약정이 없는 한, 발행은행은 서류가 신용장조건과 일치하지 않을 경우 확인은행에 대하여 대금을 지급할 의무가 없다. 또한 발행은행이 서류를 심사하기 전에 확인은행이 발행은행의 계좌에서 대금을 인출하여 매입은행에게 결제한 경우에도 서류가 신용장조건과 불일치하면 확인은행은 인출한 대금을 반환하여야 한다.

결론적으로 본 건 사례의 경우 발행은행의 주장은 타당하지 않으며, 발행의뢰인은 문제의 서류가 신용장조건을 충족시키지 않는 한 결제요청을 거절할 수 있다고 하겠다. 특히 이 경우 발행은행 측이 보유할 수 있는 서류심사허용최장기간이 경과하지 않았다면 발행은행은 확인은행에 대하여 서류하자를 이유로 결제를 거절하고 인출한 대금의 반환을 요구할 수 있지만, 그러나 서류심사허용최장기간이 이미 경과해버린 경우라면 발행은행은 서류심사의무를 해태한 것이므로 더 이상 발행의뢰인 측에게 대금결제를 강요하거나 확인은행 측에게 인출한 대금의 반환을 강제할 수 있는 정상적인 구제책은 없다고 하겠다.

### 8) 확인은행은 확인신용장의 조건변경을 일방적으로 거절할 수 있는가?

#### (1) 사건의 개요

국내의 H종합상사는 이라크의 Y은행이 발행하고 영국의 C은행이 확인한 취소불능확인신용장을 우리나라의 통지은행 K를 통하여 통지받았다. 당시 수익자인 H상사는 발행지국의 국내사정 및 발행은행의 신용에 다소 문제가 있음을 감지하고 있었지만, 신용장조건에 따라 1차선적분으로 약정물량의 절반을 선적하고 관련 서류를 K은행에 제시하고 클린네고(clean negotiation)하였고, K은행은 영국의 C은행으로부터 아무런 이상 없이 대금을 회수하였다.

그 후 H상사는 자신의 사정으로 약정기일 이내에 약정물량의 절반에 대한 선적이 불가능해지자 수입상에게 동의를 구한 후 동 신용장의 유효기일과 최종선적기일의 연장을 요청하였고, 그에 따라 Y은행은 유효기일과 최종선적기일을 연장하는 조건변경통지서를 C은행에게 보냈으며, 이는 다시 국내의 K은행을 경유하여 H상사에 통지되었다.

수익자인 H상사는 연장된 기일 이내에 나머지 약정물품을 선적하고 소정의 서류를 준비해서 K은행에 클린네고 하였다. 이어서 K은행은 동 서류를 확인은행인 영국의 C은행에게 송부하면서 지급을 요구하였다. 그런데 이번에는 C은행이 지급을 거절하면서 "추심을 위하여 귀 서류를 발행은행으로 송부하였으며, 발행은행으로부터 지급받게 되면 곧 송금해 주겠노라"고 통보해 왔다. 이와 때를 같이하여 Y은행과 수입상인 발행의뢰인은 함께 파산하였고, 문제의 서류는 K은행으로 반송되어 왔다. 이에 K은행이 H상사에게 매입대금의 반환을 요구하는 소구권(right of recourse)을 행사하면서 문제된 경우이다.

### (2) 당사자의 주장요지

① H종합상사의 주장

수익자인 국내의 H종합상사는 본 건 신용장은 취소불능확인신용장이므로 Y은행의 파산여부에 관계없이 C은행이 신용장대금을 결제해야 될 의무가 있으며, 또한 동일 신용장임에도 불구하고 1차선적분에 대해서는 확인채무를 이행하고 2차선적분에 대해서만 지급을 거절한 C은행의 처사는 이해할 수 없으며, 또한 확인은행인 C은행이 건재함에도 바로 자신에게 구상권을 행사하는 K은행의 요구에 응할 수 없다는 취지의 주장을 하였다.

② C은행의 주장

C은행은 원신용장의 통지서에는 "As requested by our correspondent, we hereby confirm the above mentioned credit"이라는 문언이 명시되어 있으나, 조건변경통지서에는 "This notification and the enclosed advice are sent to you without engagement on our part"라는 문언이 명시되어 있다는 사실을 환기시키면서, "원신용장에는 자신의 확인이 추가되었으므로 1차선적분에 대하여는 확인채무를 이행하는 것이 당연하다. 그러나 조건변경서에는 자신이 확인을 추가하지 않은 채 단순히 통지만 하였으므로 변경된 조건

에 의거 선적된 2차선적분에 대해서도 확인채무를 부담해야 될 하등의 이유가 없다"고 주장하였다.

③ K은행의 주장

본 은행은 통지 및 매입은행으로서의 도리를 다하였으나, 불행하게도 발행은행인 Y은행의 파산으로 매입대금의 상환이 불가능하게 된바, 수익자인 H상사에게 매입대금의 반환을 요구하는 것은 당행이 응당 취할 수 있는 소구권의 행사에 해당되는 것이다.

### (3) 해설

신용장의 확인이란 발행은행이 지급이나 인수를 확약한 취소불능신용장에 대하여 발행은행의 요청이나 수권에 의거 제3의 은행이 추가로 지급이나 인수를 확약하거나, 환어음 발행인에게 어음대금의 소구권을 행사하지 않는 조건으로 어음을 매입하겠다는 명시적 확약이다. 이처럼 확인은행은 자신이 명시적으로 확인을 추가한 신용장조건에 대해서만 확인채무를 진다.

원신용장에 확인을 부가한 경우에도 확인은행은 조건변경서에 확인을 부가하지 않고 수익자에게 통지해줄 수 있다 이처럼 확인은행이 조건변경서에 확인을 부가하지 않은 채 수익자에게 통지했다는 사실은 곧 조건변경내용을 거절한다는 의사표시이므로 조건변경된 내용과 일치하게 작성·제시된 서류에 대하여는 확인채무의 이행을 거절하겠다는 뜻이다. 따라서 확인은행은 확인당시의 신용장조건에 대해서 확인채무를 지게 되고, 그 후 조건변경사항에 대해 별도의 확인을 추가하지 않았다면 그러한 사항에 대해서는 어떠한 채무도 지지 않는다. 그러므로 신용장이 확인된 후 조건변경이 있는 경우, 수익자가 확인은행에 확인채무를 묻기 위해서는 매 조건변경통지서 마다 반드시 확인은행의 확인이 있어야만 유효하다

그러므로 본 건에서 확인신용장의 조건변경사항을 수익자인 H상사는 수락하고, 확인은행인 C은행은 거절한 셈이다. 따라서 이 경우 H상사는 C은행에 대한 지급청구권을 당연히 상실하게 된다. 그러므로 확인은행인 C은행은 원신용장의 조건과 일치하는 서류가 제시되면 지급, 인수 또는 소구권  없는 매입

의 의무를 지게 되지만, 조건변경된 사항과 일치하는 서류에 대하여는 지급, 인수 또는 매입을 거절할 수 있다. 한편 어떤 조건의 서류가 제시되던 간에 이를 불문하고 발행은행인 Y은행 측에게는 수익자와 지정은행에 대하여 지급 또는 상환(reimbursement)의 책임이 있다

한편 C은행의 의뢰로 조건변경통지서를 H상사에게 통지해준 통지은행이며 매입은행인 K은행은 "어음을 발행한 자는 지급을 담보한다"는 어음법과 섭외사법상의 규정[20]에 근거하여, 환어음매입 시 수익자로부터 어음거래약정서(general letter of hypothecation)를 징구하였는데, 그렇게 하는 것은 은행의 보편적인 관행으로 되어 있다. 그에 따르면 수익자인 H상사는 K은행에 대하여 소구권 불인정(without recourse)의 원칙을 고집할 수 없다. 그렇지 않은 경우에도 우리나라에서는 매입대금의 상환(reimbursement)이 불가능하게 되면 수익자에 대한 매입은행의 소구권 행사는 당연한 것으로 인정되고 있다. 그러므로 본 건의 경우 H상사에게 매입대금의 반환을 요구하는 K은행의 주장은 정당하다.

결론적으로 본 건의 경우, 수익자는 소구권이 없는 매입의무의 이행을 C은행에 주장할 수 없다. 그리고 조건변경통지서에는 확인을 추가한바 없으므로 그러한 조건변경통지서에 의거 선적된 2차선적분에 대해서 확인채무를 거절한 C은행의 행위는 정당하다. 또한 H상사에게 매입대금의 반환을 요구하는 소위 소구권 행사는 K은행에 부여되어 있는 당연한 권리이다. 결국 H상사는 국내 매입은행인 K은행의 소구권 행사에 따라 매입대금을 반환하였으며, 문제의 어음은 부도처리되었다.

20) 한국어음법 제9조와 섭외사법 제36조 제1항 참조.

# Ⅱ. 신용장의 조건변경 및 취소

## 1. 신용장의 조건변경

### 1) 조건변경(條件變更)의 의의

신용장의 조건변경(amendment)이란 이미 수익자(beneficiary)에게 발행 · 통지된 신용장의 조건을 다른 조건으로 바꾸는 것을 말한다.

신용장은 일단 한번 발행되고 나면 그대로 끝까지 사용되는 경우도 있지만, 실무에서는 오히려 이미 발행된 신용장의 조건을 변경하여 사용하는 경우도 허다하다. 예컨대 계약이행 중에 어떤 불기피한 사정 등으로 매매계약의 내용이 변경될 수도 있는데, 이처럼 원인계약의 조건이 변경되면 그에 따라 신용장의 조건도 변경시켜야 된다.

만약 취소불능신용장의 조건을 변경하고자 할 경우에는 ① 신용장발행의뢰인이 발행은행의 홈페이지에서 은행의 소정양식인 조건변경의뢰서(application for amendment)를 다운받아 이를 작성해서 발행은행에 보내면, ② 발행은행은 의뢰된 조건변경내용을 검토하고 이를 승낙할 경우, ③ 통지은행을 경유하여 이를 수익자에게 통지하게 되는데, ④ 수익자가 이에 동의하면 조건변경은 성립된다.

신용장의 조건변경은 그 회수에는 제한이 없으나, 그 통지는 원신용장(original credit)을 통지한 은행을 경유하여 통지해야 된다. 취소가능신용장의 조건을 변경할 경우에는 발행은행이 일방적으로 통지은행에 그 내용을 통지하는 것만으로도 충분하지만, 취소불능신용장의 경우에는 당사자 전원(발행은행, 수익자, 필요시 확인은행)의 합의 없이는 조건변경이 불가능하다. 또한 신용장의 조건변경은 원칙적으로 그 유효기간 이내에 이루어져야 되지만, 유효기간이 경과한 경우에는 그 유효기간 자체를 연장하는 조건변경을 다시 함으로서 실효를 거둘 수도 있다.

### 2) 조건변경의 내용 및 방법

실무에서 자주 발생하는 조건변경의 내용으로는 ① 선적기한의 연장 또는 단축, ② 신용장유효기간의 연장 또는 단축, ③ 신용장의 금액 및 단가의 증감, ④ 선적 및 도착지의 변경, ⑤ 물품수량의 증감, ⑥ 분할선적 및 환적(煥積) 허용여부의 변경, ⑦ 물품의 검사 및 포장방법의 변경, ⑧ 기타 각종 조건이나 지시사항의 변경 및 삭제 또는 삽입 등과 같은 사항들이다. 이 밖에도 신용장거래의 본질을 해치지 않는 한 모든 신용장조건에 관하여 조건변경이 가능하다.

신용장의 조건변경도 발행의 경우와 같이 발행의뢰인(applicant)이 발행은행의 홈페이지에 들어가서 신용장조건변경신청서(application for amendment to letter of credit)를 작성・제시함으로서 이루어진다. 필요여하에 따라 동 신청서 외에 무역계약서나 물품매도확약서, 수입승인사항변경서, 보험서류가 첨부될 수도 있다. 조건변경의 통지도 신용장발행 시의 통지방법에 준하여 이루어진다.

### 3) 조건변경의 요건

#### (1) 당사자 전원의 합의

일단 발행・통지된 취소불능확인신용장은 원칙적으로 취소나 조건변경 되지 않는다. 그러나 당사자 전원의 합의가 있는 경우에만 취소나 조건변경 될 수 있다.[21] 당사자 전원이란 취소나 조건변경 시에 반드시 동의를 구해야 되는 당사자로써, 취소불능신용장인 경우에는 발행은행과 수익자를, 확인신용장인 경우에는 발행은행, 수익자, 확인은행을, 신용장이 양도된 경우에는 발행은행, 확인은행(양도된 신용장이 확인신용장인 경우), 제1수익자와 제2수익자를 말한다.

그러므로 신용장의 종류에 따라 위에서 언급한 당사자 전원의 합의만 있으면 일단 발행・통지된 신용장도 취소나 조건변경될 수 있다. 한 가지 주목할 만한 사실은 어느 경우에도 취소나 조건변경 시 동의를 구해야 되는 당사자에

---

21) UCP600 Sub-Article 10(a): Except as otherwise provided by article 38, a credit can neither be amended nor cancelled without the agreement of the issuing bank, the confirming bank, if any, and the beneficiary.

발행의뢰인이 포함되지 않는다는 점이다. 그렇다고 하여 발행의뢰인의 의사와는 전혀 관계없이 신용장이 취소 또는 조건변경될 수 있다는 얘기는 아니다.

왜냐하면 신용장상의 채무자는 발행의뢰인이 아니라 발행은행이고, 발행은행과 발행의뢰인간에는 신용장거래협정이 맺어져 있으며, 그 협정에 의거하여 신용장은 실제로 발행의뢰인의 요청과 지시에 따라 발행되므로 발행은행이 일방적으로 취소나 조건변경의 여부를 결정할 수 없고, 필요한 경우 발행은행이 직접 발행의뢰인의 의사를 물어서 그 여부를 결정하기 때문이다.[22] 실무적으로도 수익자가 발행의뢰인에게 요청하면 발행의뢰인이 동의할 경우 이를 발행은행에 지시하고 그 지시에 따라 발행은행이 취소 또는 조건변경조치를 취하게 된다.

#### (2) 조건변경의 시기 및 회수

신용장의 조건변경은 신용장의 유효기간 이내에 이루어져야 된다. 그러나 실무에서는 유효기간이 경과한 경우에도 먼저 신용장의 유효기간을 연장변경하고 조건을 변경하는 경우가 있다. 그리고 조건변경의 회수에는 제한이 없다. 따라서 당사자가 합의하는 한 수회의 조건변경도 가능하다.

#### (3) 통지은행 경유통지

신용장발행은행이 조건변경통신문을 수익자에게 보낼 때는 아무 은행을 통해서 통지할 수 있는 것이 아니고, 반드시 신용장을 수익자에게 통지해준 통지은행(advising bank)을 통해서 통지해야 된다.[23]

### 4) 취소 또는 조건변경의 효력

#### (1) 발행은행 측에 대한 효력

발행은행은 신용장에 대한 취소 또는 조건변경에 대한 효력은 이를 취소 또는 변경한 경우 그 시점으로부터 취소 또는 변경내용에 대하여 취소불능적으

22) ICC Document Nos. 470/396.
23) UCP600 Sub-Article 9(d).

로 구속된다.[24)]

그런데 실제로는 표의자(表意者)의 의사표시가 상대방에 도달된 때부터로 이해하는 것이 옳다. 왜냐하면 만약 발행은행이 그러한 통지서를 발행한 후 그것이 타방에 도달되기 전에 어떤 방법을 동원하여 회수조치를 취할 수 있었다면 (현행의 통신방식을 고려해 볼 때 실제로 용이한 일은 아니지만), 이의 권리를 주장할 상대방이 없기 때문이다.

### (2) 확인은행에 대한 효력

신용장을 확인했다는 사실만으로 확인은행은 자행이 확인한 신용장의 조건변경에도 반드시 확인을 부가해야 할 의무는 지지 않는다. 확인은행은 자행이 확인한 신용장인 경우에도, 조건변경의뢰가 있을 경우 이를 승낙할 수도 있고 거절할 수도 있다. 조건변경에 동의할 경우 확인은행은 조건변경서에 확인을 부가하여 수익자에게 통지해 주면 되고, 거절할 경우에는 발행은행과 수익자에게 거절한다는 사실을 지체없이 통지해 주어야 한다.

다만 확인은행은 이에 동의하여 취소나 조건변경서에 확인을 부가하여 조건변경을 수익자에게 통지한 경우 그 시점으로부터 취소불능적으로 그 내용에 구속된다. 따라서 확인은행에 대한 신용장의 취소나 조견변경의 효력은 그러한 통지서를 통지한 때로부터 발생한다.

### (3) 수익자에 대한 효력

신용장취소의 경우에는 이를 승낙하는 때부터 수익자는 취소불능적으로 이에 구속된다. 만약 수익자가 신용장취소의 통지서를 받고도 지체없이 반대통지를 하지 않으면, 그것은 묵시적 긍정(implied approval)으로 간주되어 신용장은 취소될 수 있다.

신용장조건변경의 경우에는 조건변경서를 접수한 수익자가 이를 통지해온 은행에게 승낙한다는 통보를 한때부터 조건변경의 효력이 발생된다. 따라서 조건변경통지서를 접수한 수익자는 이의 승낙여부를 통지은행에게 통보하여야 한다.

---

24) UCP600 Sub-Article 10(b).

그런데 수익자가 승낙여부의 통보를 할 때까지 동 조건변경의 효력은 발생되지 않고 일시 정지상태로 있게 된다. 수익자가 신용장의 변경에 대해 별도의 명시적 통보 없이 침묵하고 있다가 지정은행이나 발행은행에 조건변경내용과 일치하는 서류를 제시해 왔다면, 그것은 수익자가 서류제시와 동시에 그제야 조건변경의 승낙을 통보해온 것으로 간주되며, 그때부터 비로소 조건변경의 효력은 발생된다.[25] 물론 조건변경이 있기 전의 신용장조건과 일치하는 제시를 해온다면 그때 비로소 조건변경을 거절하는 셈이 된다.

### 5) 조건변경의 승낙

조건변경의 승낙요건으로 일괄승낙(whole acceptance)은 인정되지만, 일부승낙(partial acceptance)은 허용되지 않는다.[26] 그러므로 수익자는 동일조건변경서상의 조건변경내용 중 그 일부만을 선별적으로 승낙할 수는 없으며, 승낙하려면 전체내용의 모든 조건을 일괄 승낙하던가 아니면 거절하여야 한다. UCP600에서 이 요건은 절대적인 것이어서 비록 당사자 전원의 합의가 있더라도 조건변경의 일부승낙은 허용되지 않는다. 따라서 만약 수익자가 제안된 여러 가지 조건변경내용 중 그 일부조건만을 수락하고자 할 경우에는 별도의 조건변경절차를 의뢰하여야 된다.

## 2. 신용장의 취소

신용장의 취소(cancel)란 당사자 전원의 합으로 신용장거래를 무효화시키는 법률행위를 말한다. 신용장을 취소할 때도 통지은행을 통하여 수익자의 동의를 구하게 된다. 취소불능신용장을 취소하고자 하는 경우에는 신용장발행의뢰인이 발행은행에 취소신청을 하여 관계당사자 전원의 동의를 얻으면 당해 신용장은 취소된다. 취소가능신용장인 경우에는 수익자에게 사전통지 없이 언제든지 발행은행이 일방적으로 취소할 수 있으며, 취소의 효력은 취소의 통지가

25) UCP600 Sub-Article 10(c).
26) UCP600 Sub-Article 10(e): Partial acceptance of an amendment is not allowed and will be deemed to be notification of rejection of the amendment.

통지은행에 도달된 때부터 발효된다.

그런데 신용장유효기일이 경과하고 상당한 기간이 지난 경우에는 은행이 직권으로 은행의 내규[27]에 따라 신용장을 취소할 수도 있다. 오늘날 일반적으로 널리 이용되고 있는 SWIFT 신용장을 취소할 때는 메시지 포맷 MT-707이 사용된다. 신용장의 취소도 조건변경의 일종으로 볼 수 있으므로 취소와 관련되는 여타의 사항은 앞의 신용장조건변경을 참조하면 된다.

## Ⅲ. 신용장의 양도

### 1. 신용장의 양도(讓渡)란?

양도(transfer)란 권리 및 의무의 일부 또는 전부를 제3자에게 넘겨주는 것을 의미한다. 신용장의 양도란 신용장의 수익자가 자신에게 구속되어 있는 신용장상의 권리 및 의무의 일부 또는 전부를 자신이 지정하는 제3자에게 양도하는 것을 말한다. UCP600 제38조 제b항의 규정에 의하면 양도가능신용장이란 신용장에 '양도가능'이라도 명기되어 있는 신용장을 의미한다.[28]

따라서 양도가능신용장이란 신용장의 수익자(제1수익자)가 지급, 연지급확약의 이행, 인수 또는 매입을 수권받은 은행에게나, 또는 자유매입신용장인 경우에는 신용장에 양도은행으로 특별히 지정되어 있는 은행에게 1인 또는 그 이상의 제3자(제2수익자)가 신용장의 전부 또는 일부를 사용할 수 있도록 요청할 수 있는 조건의 신용장이다.

---

27) 한국은행의 유효기일이 경과한 수입신용장 관련 회계처리 기준에 의하면 ① 신용장유효 기일이 30일 이상 경과하고 발행의뢰인이 취소신청을 한 경우, ② 발행의뢰인의 취소신청이 없는 경우에도 유효기일이 2개월 경과한 달의 최종 영업일에 은행은 신용장을 취소할 수 있다.

28) "Transferable credit means a credit that specifically states it is transferable".

## 2. 신용장양도의 필요성

다음과 같은 실무적 이유로 신용장의 양도가 이루어지고 있다.

1) 신용장의 원수익자가 사업자등록증이나 무역업고유번호(trade business code)가 없는 경우

2) 자가생산시설이 없는 수익자가 수출화물을 직접 집화하여 선적할 수 없거나 싫은 경우

3) 여러 명의 수출상으로부터 소량의 여러 가지 물품 수입 시 여러 개의 신용장을 발행하는 대신에 수출지에 소재하고 있는 지사나 대리점 앞으로 신용장을 일괄 발행하고, 지사나 대리점이 각 수출상에게 당해 신용장을 양도할 필요가 있는 경우

4) 엄격한 수출쿼터(export quota)가 적용되는 물품에 대하여 신용장의 수익자가 자기에게 할당된 쿼터가 없거나 부족한 경우

5) 양도차익의 취득을 전문으로 하는 자가 양도차익을 취득할 목적으로 자기가 수익자로 되어 있는 신용장을 양도하는 경우

6) 수출조합이나 동업자명의로 신용장을 일괄수취한 후 수출이행을 위해 각 조합원에게 이를 할당하고자 할 경우 등

## 3. 양도가능신용장의 요건

신용장이 양도될 수 있기 위해서는 반드시 그 신용장상에 양도가능(transferable)이라는 문언이 명시되어 있어야 된다. 그러한 문언이 명시되어 있는 신용장을 양도가능신용장이라 한다. 특히 SWIFT 신용장인 경우에는 신용장발행용 메시지 포맷(MT700/MT701)의 TAG 20A(form of documentary credit)에 "TRANSFERABLE"이란 기재가 있어야 확인신용장으로 인정되고, 그에 따른 구체적인 지시사항은 동 49(confirmation instructions)에 입력된다. 동 문언이 없는 신용장은 당연히 양도불능신용장으로 간주된다. 따라서 신용장을 양도가능하게 하는 문언은 오직 "Transferable" 뿐이므로 "Divisible",

"Fractionable", "Assignable", "Transmissible"과 같은 용어는 신용장을 양도가능하게 하지 못한다. 그러므로 "Transferable"이란 용어의 대용으로 이들 용어를 사용해서는 안 된다. 그럼에도 불구하고 이러한 용어가 사용되어 있는 경우 은행은 이를 무시한다. 따라서 이러한 경우에 신용장은 양도될 수 없다.

## 4. 신용장양도의 당사자

### 1) 양도의뢰인(讓渡依賴人)

양도의뢰인(applicant for the transfer)이란 원신용장(original credit)에 의거하여 신용장의 양도를 신청하는 자를 말한다. 양도의뢰인이 될 수 있는 자는 신용장의 원수익자(original beneficiary)이며, 원수익자는 제1수익자(1st beneficiary)라고도 불리어 진다. 또한 신용장상의 권리와 의무를 제3자에게 양도하는 자라는 측면에서 양도인(transferor)이라고도 한다.

### 2) 제2수익자(第2受益者)

제2수익자(2nd beneficiary)란 신용장을 양도받는 양수인(transferee)이다. 제2수익자는 양도받은 신용장에 대하여 대금을 청구할 수 있는 권리를 가지며, 동시에 약정된 물품을 선적하고 조건일치의 서류를 제시해야 하는 등의 의무를 진다. 그리고 신용장양도는 국제간에도 가능한 것으로 해석되기 때문에 제2수익자는 외국에 존재하는 자가 될 수도 있다.

### 3) 양도은행(讓渡銀行)

양도은행(transferring bank)이란 신용장을 양도하는 지정은행 또는 어떤 은행에서도 이용할 수 있는 신용장의 경우에는 발행은행으로부터 양도할 수 있는 권한을 특별히 수권받아 신용장을 양도하는 은행을 의미한다.[29]

양도은행은 양도의뢰인의 요청에 따라 신용장의 양도업무를 실제로 취급한

---

29) UCP600 Sub-Article 38(b): Transferring bank means a nominated bank that transfers the credit or, in a credit available with any bank, a bank that is specifically authorized by the issuing bank to transfer and that transfers the credit. An issuing bank may be a transferring bank.

다. 양도은행은 아무 은행이나 될 수 있는 것이 아니고, 신용장에서 지급, 연지급확약의 이행, 인수 또는 매입을 수권받은 지정은행이나 또는 발행은행이 될 수 있다. 이를 수권받지 아니한 은행은 신용장을 양도할 권한이 없다.[30] 그런데 특히 자유매입신용장인 경우에는 신용장에 별도로 양도은행을 지정하여야 하며, 그렇게 지정되어 있는 수권은행이 양도은행이 되지만, 그럼에도 불구하고 양도은행이 별도로 지정되어 있지 않다면 그때 수익자는 양도은행을 선택할 수 있는 것으로 볼 수 있으나, 이때 만약 양도은행으로 지정되지 않았음에도 수익자가 양도를 요청해오면 거절하던지 아니면 발행은행에 조회하여 발행은행으로부터 수권을 받고 양도를 실행하여야 할 것이다.

양도은행은 단순히 신용장에 자기가 양도은행으로 지정되어 있다거나 또는 양도의뢰인으로부터 양도요청을 받았다는 사실만으로 반드시 양도절차를 실행해야 할 의무를 지는 것은 아니다. 그러나 양도의 실행을 명백히 동의한 경우에는 양도은행은 그러한 요청이 있으면 양도를 실행하여야 할 의무를 진다. 이처럼 양도지정은행이 양도를 거절할 경우 발행은행이 양도를 할 수 있도록 하기 위하여 UCP600에서는 발향은행도 양도은행이 될 수 있도록 규정[31]하였다.

#### 4) 양도지시은행(讓渡指示銀行)

양도지시은행이란 신용장이 양도되도록 지시한 은행을 말하는 데, 양도를 지시한 은행이란 곧 양도가능신용장을 발행한 발행은행을 의미한다.

## 5. 신용장양도의 종류

#### 1) 전부양도(total transfer)

양도가능신용장은 수익자(제1수익자)의 요청에 의하여 일부 또는 전부를 다른 수익자(제2수익자)가 이용케 할 수 있다.[32] 따라서 신용장 총 금액의 전부가 1인

---

30) ICC Publication No. 489, Case No. 285.

31) UCP600 Sub-Article 38(b): An issuing bank may be a transferring bank.

32) UCP600 Sub-Article 38(b): A transferable credit may be made available in whole or in part to another beneficiary(second beneficiary) at the request of the beneficiary(firstbeneficiary).

의 제2수익자에게 양도되는 경우를 신용장의 전부 또는 전액양도라고 한다. 신용장이 전부 양도되는 경우,[33] 제2수익자는 1인만 존재하게 된다. 신용장에 분할선적이 금지되어 있는 경우에는 다른 양도방법은 허용되지 않고 오직 전부양도만이 가능하다. 신용장이 일단 전부양도되면 신용장에 의한 대금의 청구권은 물론 선적 및 서류제시 등의 의무도 신용장을 양도받은 제2수익자에게 이전된다.

### 2) 분할양도(partial transfer)[34]

#### (1) 분할전부양도(divided total transfer)

신용장 총 금액의 전부가 다수의 제2수익자에게 분할하여 양도되는 경우를 신용장의 분할전부양도라고 한다. 이 경우에는 여러 명의 제2수익자가 등장하게 된다. 그러기 위해서는 신용장에 분할선적금지문언이 없어야 된다. 분할선적금지문언이 있으면 분할전부양도는 불가능하다.

#### (2) 분할일부양도(divided partial transfer)

신용장 총 금액 중의 일부를 1인 또는 수인의 제2수익자에게 양도하되 나머지 부분에 대해서는 양도하지 않고 원수익자가 그에 따른 권리와 의무를 행사하는 경우를 말한다. 이 경우에 제2수익자는 1인 또는 수인이 등장할 수 있다. 그러므로 이 경우에도 신용장에 분할선적금지문언이 없어야 하며, 금지문언이 있는 경우에는 분할선적은 안 된다.

---

33) 원신용장의 이면에 “This credit is totally transferred to Woosung General Trading Co., Ltd. for US$155,000 on August 31, 2012 by Bank of America, Sanleandro Branch, CA.”와 같이 전부양도사실이 배서된다.

34) 원신용장의 이면에 “This credit is partially transferred to ABC Co., Ltd. for US$75,000 on September 15, 1999 by Bank of America, Sanleandro Branch, CA.”와 같이 분할양도사실이 배서된다.

## 6. 신용장양도의 원칙

### 1) 1회양도의 원칙

신용장에 별도의 약정이 없는 한, 양도가능신용장의 양도는 단 1회만 허용된다. 이는 양도된 신용장은 제2수익자의 요청에 의하여 그 다음 수익자에게 양도될 수 없다[35]는 말이다. 원수익자가 1인 또는 수인의 제2수익자에게 신용장을 분할하여 양도할 수는 있으나, 신용장을 양도받은 제2수익자는 이를 다시 제3자에게 양도할 수 없다. 그러므로 신용장거래에서 제2수익자는 여러 명이 등장할 수 있으나, 당사자합의에 의한 별도의 규정이 신용장에 없는 한, 제3수익자는 등장할 수 없다.

신용장이 전부 또는 전액 양도된 경우에 제2수익자는 1명뿐이다. 그러나 특히 여러 명의 제2수익자에게 신용장이 분할양도된 경우, 분할양도분의 총액이 원신용장금액을 초과해서는 안 되며, 그러한 분할분의 총액은 1회양도금액으로 간주된다. 그러나 신용장이 전부양도를 규정하고 있거나 분할선적이나 분할어음발행을 금지하고 있는 경우에도 신용장의 분할양도는 허용되지 아니한다.

신용장의 재양도(retransfer)란 제2수익자가 어떤 이유로 양도인인 제1수익자에게 양도받은 신용장을 되돌려 주는 소위 양도의 반환(transfer back)을 의미한다. 신용장양도의 반환 즉 재양도는 당사자 전원의 합의가 있어야 된다.

그런데 이러한 재양도는 신용장 1회양도의 원칙에 반하지 않는가? 앞에서 본바와 같이 UCP600의 규정에 의하면 양도된 신용장은 제2수익자의 요청에 의하여 그 다음의 수익자(subsequent beneficiary)에게 양도할 수 없는데, 제1수익자는 그 다음의 수익자로 간주되지 않는다[36]는 것이다. 그러므로 재양도는 신용장 1회양도의 원칙에 반하는 것으로 간주되지 않고 신용장양도의 철회로 간주된다. 만약 신용장이 재양도된 경우에는 제1수익자는 원한다면 이를 다른 제2수익자에게 다시 양도할 수 있다.[37]

---

35) UCP600 Sub-Article 38(d): A transferred credit cannot be transferred at the request of a second beneficiary to any subsequent beneficiary.

36) UCP600 Sub-Article 38(d): The first beneficiary is not considered to be a subsequent beneficiary.

37) ICC Publication No. 489, Case No. 288.

### 2) 양도조건일치의 원칙

양도조건일치의 원칙이란 신용장의 양도는 원신용장(original credit)에 규정되어 있는 조건과 일치하게 양도되어야 한다는 원칙을 말한다. "양도된 신용장은 신용장의 제 조건을 정확하게 반영하여야 한다"는 UCP600의 규정[38]은 이를테면 양도된 신용장조건은 원신용장조건과 일치하여야 된다는 말이다. 그러므로 양도되는 신용장의 가격, 수량, 품질, 보험, 선적, 운송 등의 조건들이 원신용장의 것과 일치하지 않으면 안 된다.

### 3) 양도조건일치의 원칙에 대한 예외

앞에서 지적한 바와 같이 신용장의 양도는 원신용장의 조건과 일치하게 양도되어야 한다. 그러나 양도차익의 추구를 목적으로 신용장이 양도되는 경우, 원수익자의 권리를 보호하기 위하여 다음의 조건에 대해서만은 예외가 인정된다.[39]

#### (1) 신용장의 금액과 단가의 감액

신용장의 제1수익자가 신용장을 양도할 때, 원신용장에 규정되어 있는 금액 및 단가(unit price)를 그대로 제2수익자에게 양도하게 되면, 제1수익자는 신용장에서 자기에게 귀속되는 양도차익을 확보할 수 없게 될 뿐만 아니라 가령 확보한다 하더라도 제2수익자에게는 물론 수입업자인 신용장발행의뢰인에게도 자신의 수출가격을 노출시키게 되어 원하지 않는 결과가 초래될 수 있다. 이 같은 불합리한 점을 예방하기 위한 차원에서 본 규칙은 제1수익자에게 원신용장에 규정되어 있는 금액이나 단가보다 적거나 낮은 조건으로 양도할 수 있는 권한을 부여하고 있다.

예컨대 원신용장의 금액이 미화100만 달러이고 단가가 미화1만 달러인 경우, 제1수익자는 이를 금액 미화90만 달러 그리고 단가 미화9천 달러로 각각 감액하여 양도할 수 있다. 즉 "세트 당 1만 달러 × 100세트 = 100만 달러"로 되어 있는 원신용장조건을 "세트 당 9천 달러 × 100세트 = 90만 달러"로 각각

38) UCP600 Sub-Article 38(g): The transferred credit must accurately reflect the terms and conditions of the credit.

39) UCP600 Sub-Article 38(g).

인하(단가) · 감액(금액)하여 양도할 수 있다는 말이다. 이때 단가는 세트 당 1천 달러씩 인하되었고, 신용장금액도 10만 달러가 감액양도 되었지만, 수량에는 아무런 변화가 없다. 그러므로 여기에서 원신용장금액과 양도된 신용장금액간의 차액인 미화 10만 달러가 제1수익자에게 귀속되는 양도차익에 해당된다.

### (2) 신용장의 유효기일 · 서류제시기일 · 최종선적일 또는 선적기간의 단축

제1수익자가 양도차익을 취득하기 위해서는 상업송장과 환어음을 대체하여야 하고, 그러기 위해서는 여분의 시간적 여유가 필요하게 된다. 이에 제1수익자는 양도되는 신용장의 유효기일과 서류제시기일 및 최종선적일 또는 선적기간을 원신용장의 것 보다 빠르게 단축시켜 이를 양도할 수 있다. 만약 이들 유효기일 및 기간을 단축해서 양도한 경우에는 며칠씩 늦어져도 큰 문제가 없지만, 원조건대로 양도한 경우에는 각종 기일을 단 하루라도 어기게 되면 그것은 바로 지급거절사유에 해당되어 원수익자의 양도차익실현이 불가능해질 수도 있기 때문이다.

### (3) 부보금액 또는 부보요율의 증액

신용장에 별도로 정한 바가 없는 경우, 일반적으로 보험서류에 명시되어야 되는 최저부보금액(附保金額)은 물품가액의 CIF 또는 CIP 가격에 10%를 가산한 금액이어야 한다.[40] 그런데 제1수익자가 양도차익을 취득할 목적으로 원신용장의 금액이 미화100만 달러인 것을 미화90만 달러로 감액하여 양도한 경우, 원신용장이 요구하는 최저부보금액은 미화110만 달러인데 반하여 제2수익자가 부보하게 될 최저부보금액은 미화99만 달러가 될 수밖에 없으며, 이는 신용장이 요구하는 금액보다 미화11만 달러나 부족되는 금액이 되므로 신용장 조건을 위반한 것이 된다.

이상과 같이 최저부보금액의 미달로 인한 신용장 조건위반의 문제를 예방하기 위하여 본 조는 원신용장의 부보금액(amount of insurance cover) 또는

40) UCP600, Sub-Article 28(f)(ii): If there is no indication in the credit of the insurance coverage required, the amount of insurance coverage must be at least 110% of the CIF or CIP value of the goods.

부보요율(percentage for insurance cover) 보다 증액된 조건으로 신용장을 양도할 수 있도록 허용하고 있다. 따라서 이 경우 화물에 대한 보험의 최저부보금액을 미화110만 달러로 증액하여 양도하던가, 아니면 미화90만 달러의 110%가 아닌 약 122.3%로 부보요율을 인상하여 양도하면 신용장조건과의 불일치문제는 해결된다.

### 4) 발행의뢰인의 명의대체(名義代替) 양도

신용장의 양도는 원신용장의 조건대로 양도되어야 한다. 이러한 원칙에 대한 또 다른 하나의 예외로써 신용장을 양도할 때, 신용장에 특별히 다른 요구가 없는 한, 원신용장에 기재되어 있는 발행의뢰인의 명의(name) 대신에 신용장을 양도하는 제1수익자의 명의로 바꾸어 양도할 수 있는 예외가 인정되고 있는 데[41] 이를 명의대체양도라 한다. 다시 말하면 신용장 양도통지서상의 발행의뢰인이 기재되는 난에는 원칙적으로 원신용장 발행의뢰인의 명의가 기재되어야 되지만, 그렇게 되면 외국 수입상의 상호나 주소가 노출되고 그로 말미암아 수입상과 제2수익자간에 향후 직접거래의 가능성이 없지 않으므로, 그렇게 되는 것을 방지하기 위하여 해당 난에 수입상인 발행의뢰인의 명의를 직접 기재하지 않고 그 대신에 양도인인 제1수익자의 명의를 기재하여 양도하는 것을 말한다.

신용장에 별도의 규정이 없는 한, 신용장 양도 시에 제1수익자가 그러한 명의의 대체를 요구해 오면 양도은행은 동 요구를 존중하여야 한다. 그러나 상업송장을 제외한 다른 모든 서류에 발행의뢰인의 명의가 기재되도록 원신용장이 특별히 요구하고 있는 경우에는, 그러한 요건은 양도된 신용장에 반영되어야 된다.[42]

---

41) UCP600 Sub-Article 38(g): The name of the first beneficiary may be substituted for that of the applicant in the credit.

42) UC600 Sub-Article 38(g): If the name of the applicant is specifically required by the credit to appear in any document other than the invoice, such requirement must be reflected in the transferred credit.

## 7. 양도인인 제1수익자의 권리 또는 의무

### 1) 제1수익자의 권리

#### (1) 양도여부의 결정권

신용장에 "양도가능(transferable)"이라는 표시가 없는 것은 양도불능신용장(non-transferable credit), 그러한 표시가 있는 것이 양도가능신용장(transferable credit)으로 간주된다. 신용장은 양도불능의 경우 양도될 수 없고, 양도가능의 경우에만 양도될 수 있다. 그런데 신용장이 양도가능이라고 하여 반드시 양도되어야 되는 것은 아니다. 원수익자가 양도의 여부를 스스로 결정할 수 있다. 따라서 양도가능신용장인 경우에도 원수익자가 양도하지 않기로 결정하면 신용장은 양도되지 않는다.

#### (2) 발행의뢰인의 명의 대체권(代替權)

위 제6의 4)항에서 본바와 같이 양도차익의 취득을 목적으로 하는 제1수익자는 수입상의 상호나 주소가 노출되는 것을 방지하기 위하여 양도통지서에 수입상인 발행의뢰인의 명의를 자신의 명의로 대체하여 양도할 수 있는 데, 이를 발행의뢰인의 명의대체양도라고 하였다. 이와 같이 발행의뢰인의 명의를 대체하여 양도하는 것은 제1수익자의 권리사항일 뿐 의무사항은 아니다. 따라서 제1수익자는 신용장양도 시에 명의대체여부를 스스로 결정할 수 있으며, 대체하기로 결정하고 양도은행에 이를 요청하면 양도은행은 동 요청을 존중하여야 한다.

#### (3) 송장 및 환어음의 대체권

제1수익자에게는 제2수익자가 양도된 신용장에 의거하여 작성 · 제시한 상업송장 및 환어음(환어음조건부 신용장의 경우)을 자신이 작성한 것으로 대체할 수 있는 권리가 부여되어 있는 데[43] 이를 송장 및 환어음의 대체권(right for substitution of invoice and draft)이라고 한다. 제1수익자의 이 같은 권리

43) UCP600 Sub-Article 38(h).

는 양도차익이 있든 없든 간에 인정된다. 이때 대체용으로 제1수익자가 작성・제시한 송장 및 환어음의 금액이나 단가는 원신용장의 것과 같거나 이를 초과하지 않아야 한다.

송장 및 환어음을 대체할 경우, 제1수익자는 양도은행의 최초의 요구가 있으면 이를 즉시 이행하여야 한다. 그렇지 아니할 경우 양도은행은 제2수익자의 송장 및 환어음 등을 그대로 발행은행에게 송부할 수 있는 권리를 가진다. 다시 말하면 신용장이 양도된 경우, 양도은행이 지정은행이 되므로 제2수익자의 송장 및 환어음을 포함한 서류는 양도은행에 제시되어야 한다.[44] 제2수익자로부터 서류를 제시받은 양도은행은 이들 서류를 심사한 결과 일치하는 제시로 판단되면 신용장대금을 지급한다. 그리고 송장 및 환어음을 대체하기로 약정되어 있는 경우, 제1수익자에게 이를 대체하도록 요구한다. 은행의 그 같은 첫 대체요구 시에 즉시 제1수익자는 송장 및 환어음을 대체하여야 한다.

그러나 원수익자는 제2수익자가 작성한 송장 및 환어음 대신에 자기가 작성한 송장 및 환어음과 대체하여야 함에도 불구하고 은행으로부터 이를 대체하도록 요구받고도 그러한 최초의 요구에 즉시 응하지 아니할 경우, 지급이나 인수 또는 매입을 위하여 서류를 제시받은 양도은행은 제2수익자의 송장 및 환어음을 포함하여 양도된 신용장(transferred credit)에 의거하여 제시받은 서류를 발행은행에게 그대로 제시할 권리를 가진다.[45] 그 결과 원수익자에게 어떤 불이익이 발생하더라도 원수익자에 대하여 양도은행은 어떠한 책임도 지지 아니한다. 이처럼 제1수익자가 송장 및 환어음을 대체할 수 있는 권리를 해태하는 경우, 발행은행에게 제2수익자의 서류를 그대로 제시할 수 있는 권리와 그 결과에 대한 면책권을 동시에 부여한 것은 송장 및 환어음의 신속한 대체를 도모함으로써 서류의 지연송부를 예방하기 위한 배려다.

#### (4) 차액 청구권(差額請求權)

원신용장의 금액이나 단가보다 양도된 신용장의 금액이나 단가가 적은 경우, 이 양자의 금액간에는 차이가 발생하게 되는 데, 이 차액이 바로 양도차익

---

44) UCP600 Sub-Article 38(k).
45) UCP600 Sub-Article 38(i).

이다. 제1수익자에게는 동 양도차익을 청구할 수 있는 권한이 부여되어 있다.[46] 그러기 위해서 원수익자인 제1수익자는 양도차액이 포함되어 있지 아니한 제2수익자의 송장 및 환어음 대신에 양도차액이 포함된 자신의 송장 및 환어음으로 대체하거나 또는 송장은 대체하지 않고 환어음만을 대체하거나[47] 아니면 그 차액에 대해서만 별도로 환어음을 발행하여 양도차액을 지급받게 된다.

예컨대 원신용장금액이 미화100만 달러인 것을 미화90만 달러로 감액하여 양도한 경우, 제1수익자는 미화90만 달러로 작성·제시된 제2수익자의 송장 및 환어음을 미화100만 달러로 된 자신의 송장 및 환어음으로 대체하고 양도차액을 청구하던지, 아니면 미화10만 달러에 대한 환어음만을 별도로 발행하여 양도차액을 청구할 수 있다는 말이다.

특히 여기에서 문제가 되는 점은 송장 및 환어음을 대체하지 않고 양도차액에 대한 환어음만을 추가로 발행하게 되는 경우에는, 제1수익자가 발행한 송장이 그대로 발행은행에게 인도되므로 송장금액과 원신용장금액이 서로 불일치하게 된다는 사실이다. 그런데 이러한 불일치도 신용장의 조건위반으로 간주되는가? 이때에는 발행은행은 신용장금액과 송장금액간의 불일치를 이유로 지급을 거절할 수 없는 것으로 해석하아야 할 것이다. 왜냐하면 발행은행은 신용장의 양도를 허용할 때 이미 그러한 점을 묵시적으로 승인한 것으로 간주할 수 있기 때문이다.

### (5) 지급 또는 매입 장소의 변경 지시권(指示權)

신용장에 별도의 반대규정이 없는 한, 신용장의 양도는 국내는 물론 국제간에도 가능하다. 어느 경우이든 신용장이 양도된다고 하여 지급이나 매입장소도 자동적으로 양도되는 것은 아니다.

특히 국제간에 신용장의 양도가 이루어진 경우, 제2수익자는 외국에 소재한다. 그러므로 지급 또는 매입장소가 타국인 제1수익자 소재지국가로 제한되어 있으면, 제2수익자는 지급 또는 매입을 위하여 제1수익자가 소재하고 있는 외국의 양도은행에게 서류를 제시해야 되므로 우편일수 등을 감안하여 원신용장

46) UCP600 Sub-Article 38(h).
47) ICC Publication No. 459, Case No. 157.

유효기간의 종료일 보다 훨씬 전에 서류를 발송하여야 할뿐만 아니라, 신용장 대금을 수령하는 데 따르는 애로 등의 불편한 점이 없지 않다.

이를테면 원신용장의 유효기간이 단축되어 양도된 경우에는 단축된 유효기간 이내에 서류가 제시되어야 하며, 원신용장의 유효기간을 단축하지 않고 그대로 양도한 경우에도 지급 또는 매입지가 제1수익자 소재지국의 은행으로 제한되어 있으면 신용장이 양도되어진 장소의 은행에서 신용장을 사용할 수 없으므로, 제2수익자는 신용장의 유효기간 이내에 외국의 지정은행에 서류를 제시하여야 한다. 따라서 서류를 제시할 수 있는 기간이 그만큼 단축되므로 제2수익자는 원신용장에 규정되어 있는 유효기간의 이익을 그대로 향유할 수 없게 된다. 그 결과 제2수익자는 유효기간 이내에 서류를 제시하지 못하게 되는 경우도 있을 수 있으며, 제1수익자도 송장 및 환어음을 대체하고 양도차액을 청구할 수 있는 기회를 상실하게 될 수도 있다.

이상과 같은 점을 고려하여 신용장에 반대의 규정이 없는 한, 제1수익자는 제2수익자가 소재하고 있는(신용장이 양도되어진) 장소의 은행에서 원신용장유효기간 이내에 지급 또는 매입이 이루어지도록 양도은행에 지시할 수 있다. 제1수익자의 그러한 지시에 동의할 경우, 양도은행은 그러한 취지의 문언[48]을 양도장에 명기하여 제2수익자에게 전달하게 된다.

신용장을 양도할 때, 제1수익자가 이러한 지시권을 행사한 경우에도 제1수익자는 추후 제2수익자의 송장 및 환어음 대신에 자신의 송장 및 환어음으로 대체하고, 그리고 자신에게 귀속되는 일체의 차액을 청구할 수 있다. 따라서 제1수익자가 그러한 지시권을 행사한 경우에는 원신용장의 유효기간은 제2수익자의 소재지 은행에서 만료될 수 있으므로, 제1수익자는 신용장유효기간이 경과한 이후에도 송장 및 환어음을 대체하고 양도차액을 청구할 수 있으며 양도은행은 이를 거절할 수 없다. 그러므로 신용장이 양도된 경우 제1수익자의 송장 및 환어음의 발행일자가 원신용장의 유효기일 보다 늦을 수 있으며, 발행은행이나 발행의뢰인도 원신용장의 유효기간이 종료된 후에 제1수익자의 송장 및 환어음이 발행·대체되었다는 이유로 이들 서류의 수리를 거절할 수 없다.

---

48) "Please forward us (transferring bank) all draft and documents in two consecutive airmail."

#### (6) 조건변경 통지방법의 선택권

제1수익자는 양도된 신용장(transferred credit)의 조건변경을 제2수익자에게 통지할 때, 그 통지방법을 스스로 결정하여 이를 양도의뢰 시에 양도은행에게 지시할 수 있다. 이에 관한 보다 자세한 것은 다음 항목 8의 1)에 설명되어 있다.

### 2) 제1수익자의 의무

#### (1) 양도비용 부담의무

양도 시에 다른 합의가 있는 경우를 제외하고, 양도와 관련하여 발행하는 모든 비용은 제1수익자가 지급하여야 하는데,[49] 그것도 양도의뢰 시에 선불로 지급하여야 한다.

말하자면 양도와 관련된 커미션, 수수료, 요금 또는 경비 등을 포함한 제비용은 원칙적으로 제1수익자의 부담이나 양도 시 이와 다른 합의가 있으면 그에 따른다. 양도비용의 지급은 양도실현의 전제조건이므로 비록 양도은행이 신용장양도에 동의한 경우에도 제1수익자가 동 비용을 지불하지 않으면 양도은행은 양도를 실행할 의무를 지지 아니한다. 그렇다고 하여 제1수익자이외의 자에게 양도비용을 부담시키는 것이 금지되어 있는 것은 아니기 때문에, 이에 관한 별도의 합의가 있는 경우에는 발행의뢰인 또는 제2수익자에게 동 비용을 전가시킬 수 있는데, 그때에는 그러한 취지[50]가 신용장에 명기되어 있어야 한다.

#### (2) 조건변경 통지방법의 지시의무

제1수익자는 신용장의 조건변경사항을 제2수익자에게 통지할 때, 그 통지방법을 결정하여 이를 양도은행에게 지시할 수 있다. 이 같은 결정 및 지시는 권리임과 동시에 의무사항이기 때문에 제1수익자는 동 지시권을 포기할 수는 있

---

49) UCP600 Sub-Article 38(c): Unless otherwise agreed at the time of transfer, all charges (such as commissions, fees, costs or expenses) incurred in respect of a transfer must be paid by the first beneficiary.

50) 예컨대 SWIFT 신용장인 경우 "ALL CHARGES OTHER THAN ISSUING BANK ARE FOR ACCOUNT OF SECOND BENEFICIARY"와 같은 취지의 문언이 신용장 발행용 메시지 포맷(MT700/MT701) ATG 번호 71B에 기재된다.

으나, 그러나 그 지시권을 행사할 경우에는 반드시 신용장의 양도의뢰 시나 양도실행 전에 취소불능적으로 지시하여야 한다. 별도의 합의가 없는 한, 그 이후에는 지시권이 인정되지 않으므로 이는 권리사항임과 동시에 의무사항으로 볼 수 있다.

#### (3) 최초요구 시 송장 및 환어음의 즉시대체의무

앞에서 지적한 바와 같이 신용장의 원수익자에게는 송장 및 환어음의 대체권이 부여되어 있다. 이 같은 대체권을 유효하게 행사하기 위하여 원수익자에게는 즉시 대체라는 의무가 부여되어 있다. 즉 양도은행으로부터 송장 및 환어음을 대체하라는 첫 요구가 있으면 그 즉시 송장 및 환어음을 대체하여야 한다. 만약 즉시대체의무를 해태한 경우 원수익자는 송장 및 환어음의 대체권을 상실하게 된다.

## 8. 양도된 신용장의 조건변경통지방법과 효력

### 1) 양도된 신용장의 조건변경통지방법 선택권

모든 양도요청서(any request for transfer)에는 제2수익자에게 조건변경을 통지해야 되는지의 여부와 그리고 어떤 조건에 따라 조건변경을 통지해야 되는지의 여부가 명기되어야 된다. 양도된 신용장은 그러한 조건들을 분명하게 명기하여야 한다.[51)]

일반적으로 양도된 신용장(transferred credit)의 조건변경을 제2수익자에게 통지하는 데는 2가지 방법이 있는 데, 직접통지방법과 경유통지방법이 그것이다. 직접통지방법이란 양도은행이 제2수익자에게 직접 조건변경사항을 통지하는 것이고, 경유통지방법이란 양도은행이 조건변경사항을 제1수익자에게 통지하면 제1수익자가 다시 이를 제2수익자에게 통지하는 방법이다.

제1수익자는 자신의 판단에 따라 이 두 방법 중 어느 한 방법을 선택할 수 있으며, 그렇게 선택한 조건변경통지방법을 양도의뢰 시에 양도은행에게 지시

---

51) UCP600 Sub-Article 38(e): Any request for transfer must indicate if and under what conditions amendments may be advised to the second beneficiary. The transferred credit must clearly indicate those conditions.

하면 양도은행은 그 지시에 따라 조건변경을 통지하여야 한다. 제1수익자의 이 같은 지시는 취소불능적이므로 임의로 취소할 수 없다. 또한 양도은행은 신용장을 양도할 때 이러한 사실을 제2수익자에게 알려주어야 한다.

한편 제1수익자의 입장에서 보면, 원신용장에 관련된 기밀유지를 위해서, 또는 제2수익자를 자신의 통제하에 두기 위해서는 직접통지방법 보다가는 경유통지방법이 유리할 수 있다. 그러나 제2수익자의 입장에서 보면, 조건변경사항이 자신에게 직접 통지되는 것이 유리할 수 있다. 그럴 경우 제2수익자는 양도합의 시에 직접통지방법을 요구해 볼 수도 있다.

#### 2) 양도된 신용장의 조건변경 효력

신용장이 두 명 이상의 제2수익자에게 양도되는 경우, 1명 또는 2명 이상의 제2수익자가 조건변경을 거절하더라도 그것은 다른 제2수익자의 승낙을 무효로 만들지 못하며, 양도된 신용장은 그에 따라 변경된다. 조건변경을 거절한 제2수익자에 대해서는 양도된 신용장의 조건은 변경되지 않는다.[52)]

이를 재론하면 하나의 원신용장(original credit)이 각기 다른 다수의 제2수익자에게 분할 양도된 신용장은 각기 다른 별개의 신용장으로 간주된다. 각기 다른 신용장은 당연히 제각기 다른 독립적 효력을 지닌다. 그러므로 제2수익자는 각기 자신이 양도받은 신용장의 조건변경에 대하여 이를 승낙할 수도 거절할 수도 있다. 따라서 어느 한 제2수익자가 조건변경을 승낙하거나 거절한다고 하여 그것은 다른 제2수익자에게 아무런 영향을 미치지 못하게 된다.

만약 3명의 제2수익자에게 하나의 원신용장이 분할양도된 경우, 2명의 제2수익자는 조건변경을 승낙하고 다른 1명의 제2수익자가 이를 거절하였다면 승낙한 2명의 제2수익자에 대하여는 신용장의 조건변경이 이루어지게 되고, 이를 거절한 다른 1명의 제2수익자에 대한 조건변경은 실현되지 않고 무효로 된

---

52) UCP600 Sub-Article 38(f): If a credit is transferred to more than one second beneficiary, rejection of an amendment by one or more second beneficiary does not invalidate the acceptance by any other second beneficiary, with respect to which the transferred credit will be amended accordingly. For any second beneficiary that rejected the amendment, the transferred credit will remain unamended.

다. 이때 조건변경을 거절한 1명의 제2수익자는 조건변경통지서의 내용을 무시하고 양도된 원신용장의 조건대로 권리와 의무를 이행하면 된다.

## 9. 신용장양도 관련 사례

### 1) 양도된 신용장의 조건변경에 대한 승낙거절기간이 문제된 사례

#### (1) 사건의 개요

Y은행은 자국에 소재하고 있는 수익자의 요청을 받고 양도가능신용장을 제3국에 있는 제2수익자에게 양도하였다. 그 후 발행은행은 양도된 신용장의 조건을 변경하여 이를 제2수익자에게 통지하였다.

조건변경통지를 받은 제2수익자는 한동안 침묵하고 있다가 그로부터 4주가 지난 후에 양도은행인 Y은행에게 동 조건변경내용을 승낙할 수 없다는 통지를 하였고, 양도은행은 이 같은 사실을 발행은행에 통지하였다.

그런데 이에 대해 발행은행이 승낙거절기간을 문제삼자 다툼이 야기된 경우[53)]이다.

#### (2) 당사자의 주장요지

① **발행은행의 주장요지** : 제2수익자의 조건변경 거절통지는 합리적인 기간 이내에 이루어지지 않았으므로 이를 받아들일 수 없다는 입장이었다.

② **양도은행 및 제2수익자의 주장요지** : 우선 관계당사자의 동의 없이도 신용장의 조건변경은 가능하다는 말인가! 또한 조건변경의 승낙여부에 대한 침묵은 묵시적 승낙(implied approval)으로 간주될 수 있다는 말인가! 그리고 신용장의 조건변경에 대한 승낙여부의 최종 통지시한은 언제 까지 인가?

#### (3) 해설

취소불능신용장은 관계당사자 전원의 합의 없이는 취소나 조건변경될 수 없다. 따라서 양도된 신용장의 조건변경은 제2수익자의 승낙 없이는 불가능하다.

---

53) ICC Publication No. 489, Case No. 283.

이때 승낙은 명시적이어야 하므로, 신용장 조건변경의 승낙여부에 관한 제2수익자 측의 단순한 침묵(mere silence)은 동 조건변경내용을 묵시적으로 승낙한 것으로 간주될 수 없다.[54]

또한 조건변경에 대한 승낙여부의 최종 통지시한과 관련하여 현행 UCP의 규정에 따르면 "원신용장(original credit)의 조건변경통지를 받은 수익자는 이의 승낙여부를 통지하여야 하지만, 그러나 수익자가 이에 대하여 승낙여부를 통지할 때까지 발행은행의 조건변경통지는 계속 유효하므로 수익자가 승낙여부를 별도로 통지하지 않은 채 통지된 조건변경내용과 일치하는 서류를 지정은행이나 발행은행에 제시해올 경우, 그것은 바로 조건변경을 비로소 승낙하는 행위로 간주되며, 그 순간부터 신용장은 조건변경된다"는 것이다. 따라서 이 규정을 원용하면 양도된 신용장(transferred credit)의 조건변경에 대한 승낙여부의 최종시한도 원신용장의 경우와 같이 제2수익자가 관련서류를 은행(지정은행이나 발행은행)에 제시할 때까지로 해석할 수 있을 것이다.

결론적으로 본 사건에서 양도된 신용장의 조건변경에 대한 제2수익자의 거절통지가 합리적인 기간 이내에 이행되지 않았다는 발행은행의 항변은 부당한 것이다.[55] 따라서 발행은행은 조건변경되지 아니한 원신용장조건 대로의 서류를 수리하고 약정된 방법에 따라 신용장대금을 지급하여야 한다.

### 2) 양도은행이 양도인의 양도확인서를 발행은행에 송부하지 않아서 문제된 사례

#### (1) 사건의 개요

A은행이 발행한 양도가능신용장에는 다음과 같은 내용이 명시되어 있었다. 즉 "양도은행은 신용장을 양도한 당일 부로 발행은행에게 양도사실을 통지함과 동시에 이를 증명하는 양도인의 양도확인서(transferor's certificate)를 항공우편으로 송부할 것."

이에 양도은행은 당해 신용장을 양도하고, 그 당일 부로 동 신용장의 양도사실을 통지함과 동시에 동 양도통지서의 사본을 발행은행에게 항공우편으로 송

54) ICC Publication No.434, R. 71.
55) ICC Publication No. 489, Case No. 283.

부하였다.

그 후 양도은행은 제2수익자의 관련서류 및 환어음을 발행은행에 제시하면서 상환을 요구하였다. 그런데 이를 접수한 발행은행은 신용장조건위반을 이유로 이의 수리를 거절하였다. 그러자 문제가 야기된 경우[56]이다.

### (2) 당사자의 주장요지

① **발행은행의 주장요지** : 신용장에 명기되어 있는 양도인의 양도확인서를 송부하지 않은 것은 양도은행이 명백하게 신용장조건을 위반한 것임.

② **양도은행의 주장요지** : 신용장거래에서 발행은행이 양도인의 양도확인서를 별도로 제공하도록 양도은행에게 요구하는 것은 극히 이례적인 일이며, 종래의 관례에 따라 신용장을 양도하고 그 즉시 양도사실을 통지함과 동시에 동 양도통지서의 사본을 발행은행 앞으로 항공우편으로 송부해 주었기 때문에 신용장조건위반을 이유로 서류의 수리를 거절한다는 발행은행의 처사는 부당한 것임.

### (3) 해설

신용장이 양도되는 이유 중의 하나는 양도차익의 취득을 전문으로 하는 자가 양도차익을 취득할 목적으로 자신이 수익자로 되어 있는 신용장을 양도하게 되는 경우이다. 이때 원수익자는 거래의 기밀이 노출되면 지속적으로 양도차익을 취득할 수 있는 기회를 상실하게 될 수도 있다. 그래서 UCP는 원수익자에게 거래의 기밀을 유지할 수 있는 여러 가지 방안을 최대한 보장해 주고 있다. 따라서 신용장에 별도의 약정이 없는 한, 양도은행이 발행은행에게 신용장양도에 관한 모든 사실을 통보하는 것은 은행의 보편적 관행이라고 말할 수는 없다.[57]

그러나 신용장거래에 있어서 신용장상의 특약사항은 UCP의 관련규정은 물론 보편적인 은행의 관행에도 우선되기 때문에 신용장에 명시적으로 규정되어 있는 특약사항은 그것이 아무리 이례적인 것일지라도 반드시 준수되지 않으면

---

56) ICC Publication No. 459, Case Nos. 153 and 154.

57) ICC Publication No. 459, Case No. 154.

안 된다. 뿐만 아니라 발행은행이 본 신용장에서 양도인의 양도확인서를 특별히 요구한 것은 어떤 특별한 이유에서 동 확인서를 양도승인의 전제조건으로 삼고자 한 것으로 볼 수도 있다. 그럴 경우 양도확인서의 제공은 양도승인의 전제조건이며, 양도승인의 전제조건인 양도인의 양도확인서가 제공되지 않았으니 발행은행의 입장에서 보면 신용장의 양도를 승인한 사실이 없는 셈이 된다.

결론적으로 본 건에서 신용장이 요구한 것은 양도은행의 양도통지서가 아니라 양도인의 양도확인서이였기 때문에, 양도은행이 신용장상의 특약규정을 이행하지 않은 것은 명백한 사실이다. 따라서 신용장조건위반을 이유로 서류의 수리를 거절한 발행은행의 행위는 정당하다.[58]

### 3) 양도은행이 신용장을 양도하면서 추가한 별도의 단서조항이 문제된 사례

#### (1) 사건의 개요

발행은행으로부터 수권받은 양도은행이 신용장을 양도하면서 원신용장조건에는 없는 다음과 같은 별도의 단서조항을 추가하여 제2수익자에게 신용장을 양도해 주었다. 즉 “Payment will be effected by the transferring bank only when documents are received in full compliance with the terms and conditions of the credit and cover has been received under the original transferable credit.”

양도은행이 일방적으로 추가한 이상의 단서조항에 대하여 제2수익자가 그 부당함을 강변하면서 이견을 제기하자 문제된 경우[59]이다.

#### (2) 당사자의 주장요지

① **제2수익자의 주장요지** : 신용장을 양도할 때 간과해서는 안 될 주요 원칙 중의 하나는 원신용장에 명기되어 있는 조건대로만 양도될 수 있다는 사실이다. 다만 이 원칙에 대한 예외가 인정되는 경우는 신용장의 금액 및 단가, 신용장의 유효기일, 서류제시 유효기일, 선적기간, 부보비율뿐이므로, 신용장을 양도할 때 양도은행은 이들 조건의 일부 또는 전부만을 감액하거나 단축 또는

58) ICC Publication No. 459, Case No. 153.

59) ICC Publication No. 489, Case No. 286.

증액하여 양도할 수는 있다. 그런데 양도은행이 일방적으로 부가한 이상의 단서조항은 앞에서 열거한 예외인정조건의 어디에도 해당되지 않는다.

② **양도은행의 주장요지** : 이 신용장에서 본 은행은 지정된 양도은행일 뿐, 문제의 신용장을 확인한 바도 없다. 따라서 우리는 지정은행으로서 당연히 보장받고 있는 권리를 행사하고 있을 뿐이다.

#### (3) 해설

지정은행이 확인은행이 아닌 이상, 발행은행으로부터 지정되었다는 사실만으로 지정은행이 지급, 연지급 확약, 환어음의 인수, 또는 매입할 의무를 지는 것은 아니다. 지정은행이 명시적으로 동의하고 그리고 그 사실을 수익자에게 통지한 경우에만 그러한 의무를 부담하게 된다. 또한 양도은행은 자신이 직접 명시적으로 동의한 범위와 방법을 제외하고는 양도를 이행해야 할 의무가 없다. 이는 지정은행인 경우에도 자행이 스스로 원치 않는 발행은행의 수권은 거절할 수 있으며, 특히 신용장을 양도할 경우에는 스스로 필요하다고 판단되는 별도의 단서조항을 부가하여 통지할 수도 있다는 말이다.

그러나 신용장양도를 지정받은 은행이 확인은행인 경우에는 양도은행은 신용장의 제 조건과 일치하는 서류에 대하여 이를 지급, 인수 또는 매입하여야 한다.[60]

결론적으로 이상과 같은 내용을 종합해볼 때, 문제의 신용장을 확인한 바 없는 양도은행은 제2수익자에게 신용장을 양도할 때 양도가능 원신용장에 따른 담보를 조건으로 매입하겠다는 단서조항을 부가할 수 있으며, 이는 신용장의 양도는 원신용장의 조건대로만 양도되어야 한다는 원칙에 반하는 것으로 볼 수 없다.

### 4) 수권받지 않은 은행이 수익자의 양도요청을 거절하자 문제된 사례

#### (1) 사건의 개요

홍콩의 H은행은 자행으로 매입이 제한되어 있는 그런 내용의 취소불능 양도가능신용장을 수익자에게 확인・통지하였다. 이를 접수한 수익자는 지정은행

60) ICC Publication No.489, Case No. 286.

인 H은행에게 이의 양도를 요청하지 않고, 여러 가지 업무상의 편의를 고려하여 자신의 거래은행인 Y은행에게 본 신용장의 양도를 요청하였다.

그러나 Y은행이 이를 거절하자 수익자가 ICC에게 이에 대한 명확한 유권해석을 의뢰해온 경우[61]이다.

### (2) 당사자의 주장요지

① **Y은행의 주장요지** : 본 신용장에 따르면 당 은행은 지정은행이 아니며, 양도은행으로 지정된 은행은 H은행이므로 수익자는 H은행에게 동 신용장의 양도를 요청하여야 할 것임.

② **수익자의 주장요지** : Y은행의 주장은 정당한 것인가? 만약 그렇다면 그 정당성의 근거는 무엇인가?

### (3) 해설

"양도가능신용장이란 수익자(제1수익자)가 지급, 연지급확약의 이행, 인수 또는 매입을 수권받은 은행에게나, 또는 자유매입신용장(freely negotiable credit)인 경우에는 신용장에서 양도은행으로 특별히 수권된 은행에게 1인의 또는 그 이상의 수익자(제2수익자)가 신용장의 전부 또는 일부를 사용할 수 있도록 요청할 수 있는 신용장이다"는 것이다. 이는 수익자는 아무 은행에게나 신용장의 양도를 요청할 수 있는 것이 아니라, 신용장에서 양도은행으로 특별히 수권되어 있는 지정은행에게 신용장의 양도를 요청할 권한이 있다는 말이다.

그러므로 가령 본 건에서 수익자의 요청을 받아들여 발행은행으로부터 수권받지 않은 Y은행이 이 신용장을 양도해 주었다고 하더라도 그것은 권한 없는 자의 행위에 해당되므로 이를 양도해준 Y은행은 물론 제2수익자도 발행은행에 대하여 그에 따른 권리를 행사할 수 없다.

결론적으로 본 건에서 Y은행의 주장은 지극히 당연한 것이며, 이 정당성의 근거는 UCP 제48조 제(a)항에서 발견할 수 있을 것이다. 따라서 이 신용장하에서는 신용장의 조건변경이 행해지지 않는 한, 수익자는 매입이 수권되어 있는 H은행을 통해서만 제2수익자에게 신용장의 양도를 실현할 수 있을 것이다.

---

61) ICC Publication No. 459, Case No. 152.

### 5) 신용장 확인은행이며 양도지정은행이 수익자의 양도요청을 거절하자 문제된 사례

#### (1) 사건의 개요

신용장 발행은행은 "신용장의 제 조건과 일치하는 서류제시 시에 수출금액에 해당하는 송장금액의 90%를 지급하고, 그 나머지 송장금액의 10%는 추후 신용장 발행의뢰인의 별도 지시에 따라 발행은행이 지급한다"는 조건의 양도가능 취소불능 신용장을 발행하면서 수익자의 국가에 소재하고 있는 P은행에게 동 신용장의 확인 · 통지를 지시하였다. 신용장 발행은행의 요청에 따라 지정은행인 P은행은 이를 수익자에게 확인 · 통지해 주었다.

동 양도가능 취소불능 확인 신용장(transferable and irrevocable confirmed credit)을 접수한 수익자는 제2수익자에게 이를 양도하고자 P은행에게 신용장의 양도를 요청하였다.

그런데 당해 신용장에 확인(confirmation)까지 부가한 지정은행인 P은행이 수익자의 양도요청을 거절하자 문제가 야기된 경우[62]이다.

#### (2) 당사자의 주장요지

① **수익자의 주장요지** : 양도가능신용장이란 수익자가 양도은행으로 특별히 수권된 지정은행에게 신용장의 양도를 요청할 수 있는 신용장이기 때문에 지정은행인 P은행은 신용장의 양도요청에 응해야 할 의무가 있다. 뿐만 아니라 P은행은 당해 신용장에 확인까지 부가한 확인은행(confirming bank)이 아닌가!

② **P은행의 주장요지** : 수익자의 주장처럼 당 은행이 지정은행임과 동시에 확인은행임은 사실이다. 지정은행이거나 확인은행이거나를 불문하고 수익자의 양도요청에 응해야 할 의무가 없다. 뿐만 아니라 당 은행 측으로서는 양도거절 이유에 대하여 수익자를 설득시켜야 할 의무도 없다.

#### (3) 해설

양도가능 신용장애 대하여 수익자로부터 양도요청을 받은 지정은행은 당해 신용장을 확인했느냐 아니냐의 여부를 불문하고 자신이 직접 명시적으로 동의

62) ICC Publication No. 489, Case No. 284.

한 범위와 방법을 제외하고는 그러한 요청에 따라 양도를 이행하여야 할 의무를 지지 아니한다. 따라서 지정은행인 P은행에게는 문제의 신용장을 직접 확인하였음에도 불구하고 수익자의 양도요청에 응해야 할 하등의 의무가 없다.

한편 양도요청을 거절하는 것은 오히려 은행의 권리이기 때문에 은행은 수익자에게 그가 납득할 수 있는 정당한 거절이유를 제시해야 할 의무도지지 않는다. 그러므로 여기에서 P은행은 수익자의 양도요청을 거절하게 된 이유를 분명히 밝히고 있지 않다. 다만 추측컨대 P은행이 수익자의 양도요청을 거절한 이유는 제2수익자와의 신용장거래를 어떤 이유에서 기피하기 위한 방안의 일환이였거나, 아니면 만약 신용장 발행의뢰인의 별도지시가 없을 경우 송장금액의 나머지 10%에 대한 대금회수가 불가능해 질 수도 있다는 사실을 우려한 나머지 그에 따른 우려의 결과가 아닌가 판단된다.

그런데 특히 후자의 이유로 송장금액의 나머지 10%에 대한 대금회수가 불가능하게 되는 경우에도 P은행이 그에 따른 직접적인 피해당사자가 되는 것은 아니다. 왜냐하면 그 내용상 P은행이 부가한 신용장의 확인금액은 송장금액의 90%이기 때문이다. 그럼에도 불구하고 후자의 이유로 P은행이 수익자의 양도요청을 거절하였다면 그것은 분쟁이 발생할 수 있는 여지가 많은 신용장의 양도에 양도은행으로써 개입하는 것이 싫어서였을 지도 모를 일이다.

### 6) 인도조건을 변경하여 양도하려는 원수익자의 요청을 양도은행이 거절하자 문제된 사례

#### (1) 사건의 개요

어느 한 무역거래에서 CFR조건의 취소불능 양도가능 신용장(irrevocable and transferable credit)이 발행되었다. 그런데 원수익자(original beneficiary)는 신용장의 조건 중 인도조건(terms of delivery) CFR를 FOB로 변경하여 제3국에 소재하고 있는 제2수익자에게 양도해 줄 것을 양도지정은행에 요청하였다. 이에 양도지정은행은 수익자의 요청과 주장대로 신용장을 양도할 수 있는 지의 여부를 ICC에 질의해온 경우[63]이다.

63) ICC Publication No. 489, Case No. 290.

(2) 당사자의 주장요지

① **수익자의 주장요지** : FOB조건으로 양도되어도 도착지국(country of destination)에 있는 당사의 대리인이 운임(freight)을 지급할 것이므로 아무런 문제가 안 된다.

② **양도지정은행의 질의요지** : 신용장은 인도조건을 변경하여 양도될 수 있는가? 만약 있다면 이 같은 변경양도를 담보하기 위하여 어떠한 내용의 단서조항이 양도된 신용장(transferred credit)에 규정되어야 되는가?

(3) 해설

위의 질의에 대해 ICC는 다음과 같은 답변을 한 바 있다. 즉 "어떤 조건과 원칙에 따라 신용장이 양도될 수 있는가 하는 점은 UCP에 명백히 규정되어 있다. 따라서 양도은행은 CFR조건으로 발행된 양도가능신용장을 FOB조건으로 변경하여 양도할 수 없다"[64]는 것이다.

앞의 신용장양도의 원칙에서 이미 고찰한 바와 같이 신용장을 양도할 때 신용장의 금액 및 단가를 감액하거나, 신용장의 유효기일·서류제시 기일 ·선적기간을 단축하거나, 부보금액 또는 부보요율을 증액하거나, 발행의뢰인의 명의를 대체하여 양도할 수는 있지만, 이상과 같은 양도조건일치의 원칙에 대한 예외를 제외하고는 신용장의 양도는 원신용장에 규정되어 있는 조건과 일치하게 양도되어야만 된다.

특히 여기에서 지적하고자 하는 것은 수익자가 중대한 착각을 하고 있다는 사실이다. 가령 FOB조건으로 신용장이 양도될 경우, 수익자의 주장처럼 도착지국에 있는 수익자의 대리인이 운임을 지급한다고 치더라도 제2수익자가 제시한 서류는 은행으로부터 수리거절 될 가능성이 높다. 왜냐하면 원신용장상의 인도조건은 CFR이고 CFR은 운임선불조건(freight prepaid)임에 반하여, FOB는 운임후불조건이기 때문에 결과적으로 FOB조건으로 신용장을 양도받은 제2수익자는 운송회사로부터 운임도착불(freight payable at destination)이

64) ICC Publication No. 489, Case No. 290 ; The conditions on which a transferable credit may be transferred are laid down in Article 48 (h). They do not allowed a transferring bank to effect a transfer on FOB conditions when the transferable credit has been issued on C&F terms.

라고 기재된 선하증권을 발행받게 될 것이고, 그것을 그대로 은행에 제시할 수 밖에 없기 때문이다.

### 7) 지급장소를 제2수익자의 거래은행으로 변경·양도해달라는 수익자의 요청을 양도은행이 거절하자 문제된 사례

#### (1) 사건의 개요

발행은행의 요청에 따라 통지은행은 "본 신용장은 귀 은행의 창구에서 일정한 날자까지 유효하다(This credit is valid until ~ at your counters.)"는 문언이 명기되어 있는 양도가능 신용장을 수익자에게 통지해 주었다. 그런데 수익자는 지정은행인 통지은행에게 본 신용장의 양도를 신청하면서 양도지정은행인 통지은행의 창구로 되어 있는 지급장소를 제2수익자의 거래은행으로 전환해줄 것을 요구하였다. 이에 통지은행이 그 가능성 여부를 ICC에 질의해 온 경우[65]이다.

#### (2) 통지은행의 주장요지

당 은행이 신용장을 양도할 때 수익자의 요구가 있을 경우 지급지를 제2수익자의 거래은행으로 변경하여 양도할 수 있는가? 그리고 신용장상의 "귀 은행의 창구에서(at your counters)"란 문언은 지급지의 변경을 금지하는 이른바 반대규정(stipulation to the contrary)으로 해석될 여지는 없는가?

#### (3) 해설

이에 관하여 ICC도 "양도가능 신용장에 별도의 약정이 없는 한, 지급지가 자신의 창구로 지정되어 있는 신용장을 양도하는 은행은 원수익자의 요청에 따라 지급장소를 제2수익자의 국가로 변경하여 양도할 수 있으며, 일반적으로 "귀 은행의 창구에서(at your counters)"란 문언은 제2수익자의 거래은행으로 지급지를 변경하여 양도하는 것을 금지하는 반대규정으로 해석될 여지는 없다"는 견해를 밝힌 바 있다.[66]

---

65) ICC Publication No. 459, Case Nos. 158 and 159.

UCP도 "양도은행은 자신이 직접 명시적으로 동의한 범위와 방법을 제외하고는 그러한 양도를 이행하여야 할 의무를 지지 아니하며" 또한 "신용장에 이의 변경을 금지한다는 명시적 반대규정이 없는 한, 제1수익자는 신용장의 만기일을 포함한 그 날까지 신용장이 양도되어진 장소 즉 제2수익자가 소재하고 있는 피양도지에서 지급 또는 매입이 이행되도록 요구할 수 있다"고 규정하고 있다.

결론적으로 본 건에서 통지은행은 신용장상의 "귀 은행의 창구에서(at your counters)"란 문언에 구애될 필요 없이 자의적 판단에 따라 지급장소를 제2수익자의 거래은행으로 변경하여 양도할 수 있으나,[67] 이를 거절할 수도 있다.[68]

그러나 만약 지급장소가 오직 발행은행으로만 제한되어 있는 양도가능 신용장의 경우라면 오직 발행은행만이 양도은행이 될 수 있기 때문에 양도된 신용장(transferred credit)은 원신용장의 각종 유효기일 이내에 양도가 이루어진 발행은행에서만 그 사용이 가능하다.[69]

## 8) 각종 유효기일을 원신용장의 것과 동일하게 양도해 달라는 수익자의 청을 양도은행이 거절하자 문제된 사례

### (1) 사건의 개요

취소불능 양도가능 신용장(irrevocable and transferable credit)의 수익자는 지정된 양도은행에게 동 신용장의 양도를 신청하면서, 제3국에 소재하고 있는 특정의 수출상을 제2수익자로 하되 양도조건 중 특히 선적기한과 서류제시 유효기일은 원신용장의 것과 동일하게 양도하여 줄 것을 요구하였다. 이에 양도지정은행이 다음과 같은 이유 때문에 그러한 조건으로는 양도할 수 없다면서 이를 거절하자 문제된 사례[70]이다.

---

66) ICC Publication No. 434, p. 65.
67) ICC Publication No.459, Case No. 159.
68) ICC Publication No. 459, Case No. 158.
69) ICC Publication No. 459, Case No. 160.
70) ICC Publication No. 489, Case No. 287.

### (2) 당사자의 주장요지

① **원수익자의 주장요지** : UCP의 규정에 따르면 신용장을 양도할 때, 원수익자는 원신용장의 만기일을 포함하여 그 날까지 신용장 피양도지의 은행에서 제2수익자에 대한 지급이나 매입이 이행되도록 요구할 수 있으며, 추후 제2수익자의 송장 및 환어음을 자신의 송장 및 환어음으로 대체하고 자신에게 귀속되는 차액을 청구할 수 있지 아니한가!

② **양도은행의 주장요지** : 만약 양도된 신용장의 만기일에 제2수익자가 자신이 소재하고 있는 지역의 은행에 서류를 제시하고 매입할 경우, 당해 서류는 원신용장의 유효기일이 훨씬 경과한 후에 양도은행에 도달하게 될 것이고, 비록 이때 양도은행이 송장을 대체하지 않고 동 서류를 발행은행에게 직송한다 하더라도 당해 서류는 유효기일이 경과하게 되어 발행은행은 원신용장의 유효기일 이내에 서류제시 및 매입이 이행되지 않았다는 이유로 동 서류의 수리를 분명 거절할 것이기 때문이다.

### (3) 해설

신용장거래에서 양도란 명시적으로 양도한 내용만 양도될 뿐, 양도하지 아니한 내용은 양도되지 아니한다. 이는 신용장이 제2수익자에게 양도되었다고 하여 양도되었다는 그러한 사실만으로 별도로 양도하지 아니한 지급이나 매입 장소도 자동적으로 양도되는 것은 아니라[71]는 말이다.

한편 신용장거래에서 신용장을 양도받은 제2수익자는 양도된 신용장(transferred credit)의 조건에 따라 그대로 행동하면 된다. 그 이외의 어떠한 선택권(option)도 제2수익자에게는 없다. 만약 제2수익자가 양도된 신용장의 조건과 다르게 행동할 경우, 제2수익자의 그러한 행위는 정당성을 상실하게 되므로 그에 따른 신용장상의 권리를 주장할 수 없게 된다. 따라서 만약 신용장이 양도될 때 그때 지급이나 매입 장소가 함께 변경되어 양도되지 않았다면 제2수익자는 양도된 신용장의 유효기일 이내에 원신용장(original credit)에

---

71) ICC Publication No. 489, Case No. 287; When a credit is transferred to a second beneficiary, there is no automatic transfer of the place of payment or negotiation.

지정되어 있는 바에 따라 지급 또는 매입 지정은행인 양도은행에게 서류를 제시하지 않으면 안 된다.

또한 만약 원수익자의 요청을 받아들여 제3국의 제2수익자에게 선적기한과 서류제시 유효기일을 원신용장의 것과 동일하게 양도하고, 그리고 제2수익자가 유효기일의 최종일에(on the last day of the validity) 서류를 양도은행에게 제시해왔다면, 이 경우에도 송장 및 환어음을 대체하고 그 차액을 청구할 수 있는 원수익자의 권리에는 아무런 영향을 미치지 못한다.

결론적으로 본 건에서 원수익자의 주장은 타당하다. 그러나 양도은행의 주장은 타당하지 않다.[72] 왜냐하면 지급 또는 매입 장소가 변경되어 양도되지 않은 이상, 양도은행의 주장처럼 제2수익자는 유효기일의 최종일에 자신이 소재하고 있는 지역의 거래은행에 서류를 제시하는 일은 없을 것이고,[73] 동 유효기일의 만기일 이전에 지정은행인 양도은행에 당해 서류가 제시되도록 조처하였을 것이기 때문이다. 심지어 양도된 신용장에 규정되어 있는 유효기일의 만기일에 서류가 지정은행인 양도은행에 제시된 경우, 이때에도 양도은행은 송장 및 환어음을 대체할 수 있는 기회를 원수익자에게 부여하여야 하므로 당해 서류는 당연히 유효기일이 훨씬 경과한 후에 발행은행에 도착될 수밖에 없게 되어있다. 따라서 양도된 신용장 유효기일의 만기일에 서류가 지정은행인 양도은행에 제시된 이상, 동 유효기일이 경과된 후에 당해 서류가 발행은행에 제시되었다는 이유로 발행은행은 이의 수리를 거절할 수 없기 때문이다.

다만 주목해야 할 점은 여기에서 필자는 양도요청을 받은 은행의 양도거절 이유가 타당하지 않다는 견해를 피력한 것일 뿐, 그렇다고 하여 양도은행이 원수익자의 요청을 받아들여 반드시 양도를 실행하여야 한다는 말은 결코 아니다. 왜냐하면 가령 양도은행의 주장이 타당하지 않다고 하더라도 그 타당성 여부와는 관계없이 양도은행은 자신이 직접 명시적으로 동의한 범위와 방법을 제외하고는 그러한 양도를 이행하여야 할 의무를 지지 아니하기 때문이다.

---

72) ICC Publication No. 489, Case No. 287.

73) 만약 그럴 경우 당해 서류는 지정은행인 양도은행이나 발행은행으로부터 유효기일의 경과를 이유로 당연히 수리거절 될 수 있을 것이다.

### 9) 양도은행이 양도된 신용장을 제1수익자에게 재 양도한 후, 이를 다시 다른 제2수익자에게 양도할 수 있는 지의 여부가 문제된 사례

#### (1) 사건의 개요

어떤 한 무역거래에서 양도가능 신용장이 발행되었고, 그것은 제2수익자에게 양도되었다. 그런데 제2수익자는 신용장거래를 도저히 이행할 수 없게 되자, 양도받은 신용장을 제1수익자에게 재양도(retransfer)하기를 요청하였으며, 이에 제1수익자도 동 신용장을 다른 제2수익자(another 2nd beneficiary)에게 양도하기를 희망하였다. 이어서 제1수익자는 양도은행에게 다른 제2수익자에게 다시 신용장을 양도해 줄 것을 요구하였다.

이 같은 요구를 받은 양도은행은 제1수익자와의 우호적인 관계를 고려하여 본 신용장을 제1수익자에게 재 양도한 후, 이를 다시 다른 제2수익자에게 양도해주었다. 그리고 나서 양도은행은 자신이 행한 일련의 행위가 정당한 것인지의 여부를 ICC에 질의한 사례[74]이다.

#### (2) 통지은행의 질의요지

① 양도가능 신용장은 제2수익자에게 양도된 후, 제2수익자와 제1수익자의 요구가 있을 경우, 이는 재양도(retransfer : transfer back : restore)될 수 있는가?

② 양도은행은 신용장을 제1수익자에게 재양도한 후, 제1수익자의 요구로 이를 다시 다른 제2수익자에게 양도할 수 있는가?

③ 위의 ①과 ②가 긍정될 경우, 그렇다면 이는 "신용장 1회 양도의 원칙"에 반하는 것은 아닌가?

#### (3) 해설

UCP에 따르면 양도된 신용장을 "제1수익자에게 재양도(retransfer)하는 것은 금지되지 않는다"는 것이다. 따라서 제1수익자의 반대가 없는 한, 양도은행은 제2수익자의 요구가 있으면 양도된 신용장을 제1수익자에게 재양도할 수

74) ICC Publication No. 489, Case No. 288.

있으며, 재양도된 경우 신용장은 양도되지 않은 것으로 간주된다. 따라서 이 경우 양도은행은 제1수익자의 요구로 이를 다시 다른 제2수익자에게 양도할 수 있으며, 이러한 양도는 유효한 첫 양도(effective first transfer)로 인정된다.[75]

예컨대, 양도가능 신용장의 수익자 A가 제2수익자 B에게 신용장을 양도하였으나, B가 신용장거래를 이행할 수 없게 되면, B의 요구로 신용장은 A에게 재양도될 수 있으며, 수익자 A는 C를 제2수익자로 하여 양도은행에게 양도를 요청할 수 있다. 물론 신용장의 재양도에 관한 제2수익자의 요구가 없거나 또는 요구가 있더라고 제1수익자가 이에 동의하지 않을 경우 신용장의 재양도는 불가능한 것으로 이해하면 된다.

또한 "양도가능 신용장은 단 1회만 양도될 수 있다"는 말은 신용장에 반대의 명시가 없는 한, 위 ① 과 ② 의 금지규정이 아니라 신용장을 양도받은 제2수익자가 이를 제3수익자에게 양도되도록 요청할 수 없다는 의미이며, 동시에 발행은행은 신용장이 제3수익자에게까지 양도될 수 있는 여지를 사전에 규제하라는 의미로 해석하야야 할 것이다.[76] 그러므로 신용장의 재양도는 물론 재양도된 신용장을 다른 제2수익자에게 양도하는 것은 "신용장 1회 양도의 원칙"에 반하지 않음은 물론 신용장의 금지된 양도에 해당되지 않는다는 말이다.

### 10) 양도가능 신용장의 발행의뢰인이 자신의 명의로 상업송장이 작성되지 않았다는 이유로 서류의 인수를 거절하자 문제된 사례

#### (1) 사건의 개요

신용장통일규칙의 준거문언[77]이 삽입되어 있는 양도가능 신용장의 제1수익자는 양도은행을 통하여 제2수익자에게 신용장을 양도하였다. 그 후 제2수익자로부터 서류를 제시받은 양도은행은 제1수익자에게 송장 및 환어음을 대체하도록 요구하였다. 그럼에도 불구하고 제1수익자가 자신의 송장 및 환어음을 대체하지 아니하고 계속 침묵하자, 양도은행은 제2수익자의 송장 및 환어음을

75) ICC Publication No. 489, Case No. 288.

76) ICC Publication No. 371, R. 56.

77) "This letter of credit is subject to the Uniform Customs and Practice for Documentary Credits, 1993 Revision, ICC Publication No. 500."

포함한 관계서류를 그대로 발행은행에게 송부하였다.

양도은행으로부터 동 서류를 접수한 발행은행도 서류가 신용장의 조건과 일치하는 것으로 판단하고 이를 수리한 후 신용장 발행의뢰인(credit applicant)에게 제시하였다. 그런데 발행의뢰인은 서류가 신용장의 제 조건과 일치하지 않는다는 이유로 서류의 인수를 거절하였다. 이에 발행은행이 ICC에 이의 유권해석을 의뢰해온 사례이다.[78)]

### (2) 당사자의 주장요지

① **신용장 발행의뢰인의 주장요지** : 발행의뢰인은 "신용장에 별도의 규정이 없는 한, 상업송장은 신용장 발행의뢰인 앞으로 작성되어야 한다"는 UCP 제37조 제a항의 규정을 인용하면서, 발행은행이 발행의뢰인 명의로 작성되지 않고 제1수익자 명의로 작성되어 있는 상업송장을 수리한 것은 발행은행 측의 명백한 실수라고 주장하였다.

② **발행은행의 주장요지** : 양도가능 신용장에 적용되는 UCP 제48조 제i항의 규정은 그것이 바로 동 규칙 제37조 제a항에 명시되어 있는 "신용장에 별도의 규정이 없는 한(Unless otherwise stipulated in the credit)"이라는 문언에 해당하는 것이라고 주장하였다.

### (3) 해설

무역실무에서 신용장이 양도되는 이유 중의 하나는 양도차익의 취득을 전문으로 하는 자가 양도차익을 취득하기 위해서이다.

그런데 원신용장의 조건대로 제2수익자에게 신용장이 양도되면 자신의 거래기밀이 노출되어 제1수익자(original beneficiary)는 지속적인 양도차익의 취득기회를 상실하게 될 수도 있다. 따라서 UCP는 이에 대한 여러 가지 구제방안을 규정하고 있다.

그 중에서 특히 UCP 제48조 제h항이 규정하고 있는 바의 취지에 의하면, 신용장을 양도할 때 제1수익자는 신용장 발행의뢰인의 명의(name of the

---

78) ICC Publication No. 489, Case No. 291; see also ICC Publication No. 459, Case No. 157.

credit applicant) 대신에 자신의 명의를 대용할 수 있으며, 이 같은 명의 대체권은 절대적인 것이어서 제1수익자의 동의가 없는 한, 이를 부정하는 신용장상의 어떤 문언도 인정되지 않는다는 것이다. 뿐만 아니라 UCP 제48조 제i항에 따르면, 제2수익자의 송장 및 환어음 대신에 자신의 송장 및 환어음으로 대체할 수 있는 제1수익자의 권한에도 불구하고, 이를 대체하라는 최초의 요구 시에 제1수익자가 동 요구에 즉시 응하지 않을 경우, 양도은행은 제2수익자가 제시한 서류를 그대로 발행은행에게 송부할 수 있으며, 그 결과 제1수익자에게 어떠한 불이익이 오더라도 양도은행은 하등의 책임은 부담하지 않는다는 것이다.

명의대체권과 송장 및 환어음 대체권은 제1수익자의 임의적 권한사항일 뿐, 의무사항은 아니기 때문에 제1수익자는 이들 대체권의 행사를 포기할 수도 있다. 따라서 본 건의 경우에서와 같이 제1수익자는 송장 및 환어음을 대체하지 아니하였기 때문에 자신에게 귀속되는 두 송장간의 차액이 있는 경우에도 이에 대한 차액청구권을 포기한 것으로 간주된다.[79]

이상의 내용들을 종합해볼 때, 발행의뢰인의 주장처럼 일반적으로 신용장거래에서는 "신용장에 별도의 규정이 없는 한, 상업송장은 발행의뢰인의 명의로 작성되어야 한다"는 UCP 제37조 제a항의 규정이 적용된다. 그러나 발행은행의 주장처럼 신용장이 양도되는 경우에는 UCP 제37조 제a항의 규정에 우선하여 본 규칙 제48조 제h항과 제i항의 규정이 적용된다. 따라서 본 신용장에는 UCP 준거문언이 삽입되어 있고, 그래서 본 신용장은 당연히 UCP의 적용을 받게 되므로, 문제의 신용장에 별도의 규정이 없는 것이 아니라 UCP 제37조 제a항의 규정에 우선하여 UCP 제48조 제h항과 제i항의 규정을 적용하겠다는 별도의 규정이 신용장에 명시되어 있는 것으로 해석하여야 된다. 그러므로 "UCP 제48조 제i항의 규정은 그것이 바로 동 규칙 제37조 제a항에 명시되어 있는 '신용장에 별도의 규정이 없는 한'이라는 문언에 해당하는 것"이라는 발행은행의 주장은 정당하다 할 수 있다.

결론적으로 본 건에서 신용장 발행의뢰인은 문제의 상업송장이 자신의 명의로 작성되지 않았다는 이유만으로 서류의 인수를 거절할 수 없다.

---

79) ICC Publication No. 459, Case No. 157.

# 제3부

# 무역신용장의 실무

# 제 9 장
# 우편신용장의 표준양식과 내용

신용장의 양식은 국제상업회의소(ICC)에서 1986년에 표준양식을 제정하여 각국에 그 채택을 권고해오고 있다. 그러나 오늘에 이르기까지 아직도 그 양식이 국제적으로 완전 통일되어 있지 못하고 국가마다 그 양식에는 약간씩의 차이가 없지 않다. 그렇지만 대다수 국가의 은행들이 신용장통일규칙을 채택하고 있고, 신용장거래에서 SWIFT 시스템의 이용이 보편화되면서 오늘날은 신용장의 양식도 국내적으로는 물론 국제적으로도 거의 표준화되어 있다고 볼 수 있다.

무역결제에 이용되는 화환신용장은 어떠한 양식을 사용하든 간에 일반적으로 기재되는 공통적인 항목을 신용장 자체에 관한 사항, 환어음에 관한 사항, 선적에 관한 사항, 서류에 관한 사항, 물품에 관한 사항, 기타 기재사항 등으로 구분할 수 있다. 이들에 대하여 우편 신용장의 표준양식을 중심으로 살펴보면 다음과 같다. 이 우편신용장의 내용을 이해하면 SWIFT 신용장의 내용도 쉽게 이해할 수 있다. 왜냐하면 이들 신용장의 내용은 사실상 동일하기 때문이다.

이하에서는 우편신용장과 SWIFT 신용장에 관하여 구체적으로 살펴보고자 한다.

# Ⅰ. 우편신용장(mail credit)

## 1. 우편신용장의 표준양식

<table>
<tr><td colspan="2" rowspan="3">KOREA EXCHANGE BANK ①<br>Seoul, Korea<br>Cable Adress : KOEXBANK<br>Telex Number : 1234<br>Place and date of Issue : Seoul, July 30, xxxx②</td><td>DOCUMENTARY CREDIT⑤</td></tr>
<tr><td>Credit Number ⑥<br>M06014033NS67689</td></tr>
<tr><td>Date and place of expiry ⑦<br>September 20, xxxx in Seattle</td></tr>
<tr><td colspan="2">Applicant<br>Hansol E & I Consulting Co., Ltd.<br>P.O. Box 1321, Seoul 100-101, Korea ③</td><td>Beneficiary<br>America International ⑧<br>576 Industry Drive, Seattle, WA 98188, U.S.A</td></tr>
<tr><td colspan="2">Advising Bank<br>Seattle-First National Bank ④<br>Seattle, Wasington, U.S.A</td><td>Amount<br>U.S. Dollars one million only ⑨<br>(US $ 1,000,000)</td></tr>
<tr><td>Partial shipments ⑱<br>allowed ☐not allowed</td><td>Transhipment ⑲<br>☐allowed not allowed</td><td rowspan="2">Credit available with any bank<br>by ☐ sight payment<br>☐ deferred payment<br>⑩☐ acceptance<br>☐ negotiation<br>against presentation of the documents listed below, marked "X" in ☐ and of beneficiary's draft(s) ⑪ in duplicate at sight ⑫ drawn on<br>Bank of California, San Francisco ⑬</td></tr>
<tr><td colspan="2">Loading on board/ dispatch/ taking in charge from/ at Seattle ⑮<br>not later than September 10, xxxx ⑰<br>for transportation to Busan ⑯</td></tr>
<tr><td colspan="3">⑳☒ Signed commercial invoice in quintuplicate<br>☒ Full set of clean on board ocean bills of lading made out to the order of KOREA EXCHANGE BANK marked Freight "Prepaid" and Notify accountee "Applicant"<br>☐ Airway bill consigned to KOREA ××× marked Freight "Prepaid" and Notify accountee<br>☒ Insurance policy or certificate in duplicate, endorsed in blank for 110% of the invoice value, expressly stipulating that claims are payable in Korea and it must include the Institute Cargo Clause(A)<br>☒ Packing list in triplicate<br>Covering 1,000 cases of cashmere wool yarn U.S.A. origin @ US $1,000 CIF Busan<br>Special conditions and other required documents(if any)</td></tr>
<tr><td colspan="3">Unless otherwise expressly stated all banking commissions and charges outside issuing country are for account of beneficiary</td></tr>
<tr><td colspan="3">Documents to be presented within 10 days from the date of shipment but within the validity of the credit.</td></tr>
<tr><td colspan="3">All documents must be forwarded to issuing bank in two lot(s) by registered airmail</td></tr>
<tr><td colspan="3">We hereby issue this Documentary Credit in your favor. It is subject to the Uniform Customs and Practice for Documentary Credits(1993 Revision, International Chamber of Commerce. Paris, France, Publication No. 500).<br>⑭ The number and the date of the credit and the name of our bank must be quoted on all drafts required. If the credit is available by negotiation, each presentation must be noted on the reverse of this advice by the bank where the credit is available</td></tr>
<tr><td colspan="2" rowspan="3">REIMBURSEMENT The negotiating bank is authorized to reimburse itself by sending beneficiary's drafts to the above drawee bank,<br>Authorized signature</td><td>Advising bank's notification</td></tr>
<tr><td>Advice No. and date ④</td></tr>
<tr><td>Authorized signature</td></tr>
</table>

## 2. 우편신용장의 기재내용 및 방법

### 1) 신용장 자체에 관한 사항

① **발행은행 명** : "Korea Exchange Bank"가 이 신용장을 발행한 발행은행이다.

② **신용장 발행일 및 장소** : "Seoul, July 30, xxxx"가 발행일과 발행장소이며 이 날로부터 지급약정의 효력이 발생된다.

③ **발행의뢰인** : 이 신용장의 발행의뢰인은 "Hansol E & I Consulting Co., Ltd."이며, 이는 수입상을 의미한다.

④ **통지은행명과 통지번호 및 서명** : "Seattle First National Bank"가 통지은행이며, 우측 맨 아래의 둘째 칸에 통지번호와 통지일자를 기재한 후 그 밑에 서명한다.

⑤ **신용장의 종류** : "Documentary Credit"이 바로 신용장의 종류인데, 취소불능여부에 대한 아무런 표시가 없으므로 이 신용장은 취소불능 화환신용장임을 의미한다.

⑥ **신용장번호** : 신용장의 종류를 기재하는 아래 칸의 "M0601403NS67689"이 본 신용장의 고유번호이며, 한국은행이 제정한 '수입승인서 및 신용장 등의 번호기재요령'에 따라 번호를 부여한다.

⑦ **유효기일 및 장소** : 여기에서는 "September 20, xxxx"이 유효기일이며 "Seattle"이 유효기간이 만료되는 장소이다. 따라서 이 날까지 Seattle의 은행에 서류와 환어음이 제시되어야 된다. 유효기한을 표시하는 문언으로는 다음과 같은 것이 주로 이용되고 있다.

* Draft must be negotiated not later than October 20, xxxx.

* All drafts against this credit are to be drawn and presented in Seoul not later than May 25.

* This credit expires in Korea on September 30, for negotiation.

* Your drafts must be presented on or before November 10.

* Drafts must be presented at this office not later than October 15.

⑧ **신용장의 수익자** : "America International"이 바로 이 신용장의 수익자

이다. 여기에는 수익자의 상호와 주소 등이 기재된다.

⑨ **신용장금액** : 본 신용장의 금액은 U.S.$ 1,000,000이다. 이는 이 신용장에서 은행이 지급을 확약하는 최고한도 금액이며 환어음 발행한도 금액이 된다.

⑩ **신용장의 사용방법** : 신용장의 사용방법은 신용장상에 약정되어 있는 바에 따라 결정된다. 그러므로 모든 신용장에는 그것이 일람지급, 연지급, 인수 또는 매입 중 어느 것으로 사용할 수 있는 지를 분명하게 표시되어야 된다(신용장통일규칙 제10조 참조). 이 신용장의 경우는 "by" 다음의 네모 칸 중 "negotiation"에 X표시가 되어 있으므로 매입조건의 신용장이다.

### 2) 환어음에 관한 사항

⑪ **환어음의 발행인** : 우측 위에서 6번째 칸 중의 beneficiary's draft의 beneficiary가 어음발행인(drawer)인데, 이 신용장에서 수익자는 "America International"이다.

⑫ **환어음의 지급기한(tenor of the draft)** : beneficiary's drafts 다음에 "at sight"로 되어 있다. 그러므로 이 신용장은 일람출급신용장이다.

⑬ **환어음의 지급인** : drawn on 다음에는 어음지급인이 기재되는데, "Bank of California"로 되어 있다. 이 은행은 발행은행으로부터 수권받은 지급은행(paying bank)이다.

⑭ **환어음에의 기재사항** : 좌측 아래에서 둘째 칸의 신용장통일규칙 준거문언이 기재되어 있고, 다음에 The number and the date of ... 로서 모든 어음에 신용장번호와 신용장 발행일 및 발행은행을 기재하도록 요구하고 있다. 이 같은 요구가 지켜지지 않으면 하자서류로 취급되어 지급이 거절될 수 있다.

### 3) 선적에 관한 사항

⑮ **선적 항** : "Loading on board" 다음의 "Seattle"이 선적항이다.

⑯ **도착 항** : 도착항은 "Busan"이다.

⑰ **선적기일** : September 10, xxxx 이전으로 표시되어 있다. 선적 가능한 최종 일자가 9월 10일이므로 늦어도 이날까지는 선적되어야 된다. 그렇지 않으면 신용장상의 선적기한을 위반한 것이 되므로 하자서류로 취급되어 지급거

절될 수 있다.

⑱ **분할선적** : 분할선적 허용여부를 X표로 표시하도록 되어 있는데, 여기서는 허용되어 있다. 별도의 명시가 없는 경우에도 분할선적은 허용되는 것으로 해석한다. 이처럼 분할선적이 허용되는 경우에 분할선적을 하지 않는 것은 문제되지 않는다. 그러나 금지되어 있는 경우에는 분할선적이 되면 신용장조건 위반이 된다.

⑲ **환적** : 환적허용여부도 X로 표시하도록 되어 있는 데, 이는 본 신용장 하에서 환적은 허용되지 않는다는 말이다.

#### 4) 서류에 관한 사항

⑳ **제출해야 할 서류의 종류와 부수** : 제출해야 할 서류도 X로 표시되어 있다. 그러므로 이 신용장은 선하증권, 보험증권 또는 보험증명서, 상업송장 및 포장명세서를 요구하고 있다. 각 서류의 제출부수는 우선 선하증권은 발행된 복본 전통(full set)으로 되어 있으며, 보험증권은 2부이고, 상업송장과 포장명세서는 각각 5부, 3부씩으로 되어 있다. 각 서류의 작성 시 유의점은 다음과 같다. 아래와 같은 조건을 하나라도 어기면 이는 신용장조건위반에 해당되므로 유의해야 한다.

첫째, 선하증권은 무고장(clean) 본선적재(on board) 해양(ocean) 지시식(order) 선하증권 형식으로 작성해야 하며, 한국외환은행의 지시식으로 하고, 운임란에는 지급필(prepaid)이라고 기재되어 있어야 되고, 화물도착통지란에는 "Applicant"라고 기재되어야 한다.

둘째, 보험증권 또는 보험증명서는 무기명배서(blank endorsed)되어야 하고, 부보금액이 상업송장 금액에 10%를 가산한 금액이어야 하며, 보험청구는 환어음상의 것과 동일한 화폐로 한국에서 청구할 수 있도록 되어야 하고 담보위험과 부보조건은 ICC(A) 조건이어야 한다.

셋째, 상업송장은 수출업자가 반드시 서명하여야 한다. 신용장에서 특별히 서명된 상업송장(signed commercial invoice)을 요구하지 않은 때에는 서명하지 않아도 된다.

넷째, 포장명세서는 정상적인 발행절차에 따라 발행된 것이어야 한다.

**서류제시기간** : 서류는 선적 일로부터 10일 이내에 제시되면 되지만, 단 어떤 경우에도 신용장의 유효기일 이내에 제출되어야 된다. 유효기일 및 제시기간이 경과된 서류를 “Stale Document”라고 부르는데, 이는 지급거절서류에 해당된다.

### 5) 물품에 관한 사항

**물품의 명세** : “covering” 다음에 선적해야 할 물품의 명세가 기재되어 있다. 즉 물품명 ‘Cashmere Wool Yarn’과 수량 ‘1,000 cases,’ 단가 ‘@US $1,000 CIF Busan’으로 되어 있다. 앞에서 이미 살펴본 바 있지만 상업송장상에 기재되는 물품의 명세(description of the goods)는 신용장상의 것과 엄밀일치(strict compliance) 해야 된다.

### 6) 기타 기재사항

- **특수조건(special condition)** : 만약 있다면 본 난의 맨 아래에 기입하면 된다. 특수조건뿐만 아니라 신용장에 규정되어 있는 모든 내용은 일반법의 강행규정이나 공서(public order)에 위배되지 않는 한 반드시 준수되어야 된다. 이를 위반하는 것도 신용장조건 위반사유에 해당된다.
- **은행비용의 부담에 관한 사항** : 발행국가 이외에서 발생된 비용은 수익자 또는 발행의뢰인부담으로 할 수도 있으나 이 신용장에서는 수익자가 부담하는 조건으로 되어 있다.
- **서류의 처리방법** : 서류는 두 세트로 나누어 등기항공우편을 이용하여 발행은행 앞으로 송부하여야 한다.
- **발행은행의 지급약정문언 등** : 여기에는 발행은행의 신용장 발행사실과 신용장통일규칙 준거문언 등이 사전에 인쇄되어 있다.
- **매입은행 등에 대한 지시사**항 : 매입 시 신용장 이면에 매입사실을 명기하라는 취지의 매입은행에 대한 지시사항이 기재되어 있다.
- **대금상환방법** : 좌측 맨 아래에 매입은행은 수익자가 발행한 환어음을 지급은행에 제시하여 대금을 상환받도록 하고 있다.
- **서명** : 좌측 맨 아래에 발행은행이 서명한다.

# 제 10 장
# SWIFT 신용장의 표준양식과 내용

## Ⅰ. SWIFT 신용장

### 1. 『SWIFT 시스템』의 개요

#### 1) 『SWIFT 시스템』이란?

『SWIFT』는 "The Society for Worldwide Interbank Financial Telecommunication"의 약어이다. 이를 우리말로는 "범세계 은행간 금융 통신망(협)공동체"라고 역칭되고 있다. 『SWIFT』는 1973년 5월 세계의 239개 은행들이 벨기에의 브뤼셀에 모여 설립한 비영리단체이며, 3년간의 시험을 거쳐 1977년부터 22개국의 518개 은행을 대상으로 메시지 교환에 들어갔으며, 우리나라는 1992년 3월부터 정식으로 이용하기 시작하였는데 2012년 현재 212개국 10,000개 사용자 금융기관이 가맹하여 연평균 총 20억건의 메시지를 교환하고 있으며 매년 10%정도의 메시지 교환량 성장을 보이고 있다.[1)]

우리나라는 1991년 3월에 이에 가입하였다. 이 공동체가 국제 통신망에 컴퓨터의 기능을 도입하여 "국제 은행간 컴퓨터 정보 통신망"을 개발하였는데, 이러한 통신망제도를 『SWIFT 시스템』이라고 한다.

1970년대부터 국제간 무역량이 증가하면서 그에 따른 국제은행간 금융업무도 양적으로 크게 증가하였다. 그러한 양적 증가와 통신수단의 발달에 힘입어 국제은행간 금융업무도 많은 질적 변화를 초래하게 된다. 그래서 범세계 은행

---

1) http://www.swift.com/about_swift/index.page?

간 국제금융업무의 처리도 종래의 우편(mail)이나 텔렉스(telex) 또는 팩스(fax) 등에 의한 통신방식에서 탈피하여 보다 신속・정확・안전・저렴한 새로운 통신방식이 필요하게 되었다. 그러한 배경하에서 개발된 것이 『SWIFT 시스템』 이다. 따라서 『SWIFT 시스템』이란 국제 통신망에 컴퓨터의 기능을 연결해서 국제금융거래에 수반되는 국제 은행간 자금결제 및 금융관련 메시지의 전송을 신속・정확・안전・저렴하게 처리할 수 있는 국제 은행간 컴퓨터 정보통신망을 의미한다.

### 2) 『SWIFT 시스템』 이용대상업무

① 은행간 자금이체(bank transfer)
② 대 고객송금((customer transfer)
③ 추심(collection)
④ 화환신용장(documentary credit)
⑤ 은행간 문서전송((inter-bank file transfer)
⑥ 국제대출 및 예금거래(international loans and deposit)
⑦ 화환어음(documentary bill of exchange)
⑧ 여행자수표(travellers cheques) 등의 관련업무

### 3) 『SWIFT 시스템』의 장점

『SWIFT 시스템』을 이용할 경우 은행의 입장에서 보면 여러 가지의 장점이 있다. 그러한 장점 중 주요한 몇 가지를 지적하면 다음과 같다.

#### (1) 외국환업무의 전산화 촉진

『SWIFT 시스템』과 회원은행간의 통신망 시스템이 결합되어 송신메시지의 자동작성과 수신메시지의 자동처리가 가능하게 되므로 은행외국환업무의 전산화가 촉진된다.

#### (2) 업무처리의 신속화

『SWIFT 시스템』은 범세계적인 통신망으로 구성・연결되어 있다. 그래서

세계 주요 금융기관과의 교신이 용이할 뿐만 아니라, 여타의 통신수단에 비해 메시지 송・수신처리시간이 단축된다. 그래서 업무가 신속하게 처리될 수 있다.

#### (3) 안전・정확한 메시지의 교신가능

『SWIFT 시스템』에 의해 송・수신되는 모든 메시지는 암호(code)화되어 있고, 보조시스템별 안전관리가 철저히 유지되고 있으며, 전송되는 메시지는 정형화된 포맷(formet)에 의거 표준화된 컴퓨터언어로 전송되므로 송신 시에 발생될 수 있는 각종 장애와 해석상 오해의 요인이 없다. 그 결과 안전하고 정확한 메시지의 교신이 가능해 진다.

#### (4) 통신비용절감

우편이나 텔렉스 등과 같은 통신수단에 비해 『SWIFT 시스템』을 이용하면 메시지 송・수신업무가 자동처리되므로 통신시간이 단축될 뿐만 아니라, 정형화된 포맷에 의거 표준화된 컴퓨터언어로 메시지를 전송하게 되므로 메시지 건당 처리비용이 보다 적게 든다. 따라서 『SWIFT 시스템』은 통신비용을 절감할 수 있는 매우 경제적인 통신 시스템이라 할 수 있다.

## 2. SWIFT MESSAGE 구조

### 1) 메시지의 종류

메시지는 Application Protocol Data Unit(APDU)라는 기본 단위로 나눠어 지며 기본단위에는 APDU01부터 APDU43까지 21개 단위가 있다.

- System Messages(MT category 0) : 사용자와 SWIFT간에 사용되는 메시지
- User to User Messages(MT category 1-9) : 사용자간에 사용되는 메시지
- Service messages : 시스템 관련사항(예 Login, Ack 등) 메시지

〈표 10-1〉 SWIFT 메시지 종류

| | 메시지 범주 | 메시지 종류 | 메시지 형태(MT) |
|---|---|---|---|
| APDU01 | Category 0 | 시스템 메세지 | MT009-MT094 |
| | Category1-9 | 은행간 메시지 | MT100-MT999 |
| APDU02-03 | | 서비스 메시지 | MTA02-MTA43 |

### 2) 메시지의 형태

SWIFT로 송신되는 모든 Message는 SWIFT User Handbook의 Standards Volumes에 기술된 메시지 타입에서 정한 규칙에 따라 처리되어야 한다. 메시지 타입은 3자리수로 구성되어 있는데 그 내용은 다음과 같다.

[그림 10-1] SWIFT 메시지의 형태

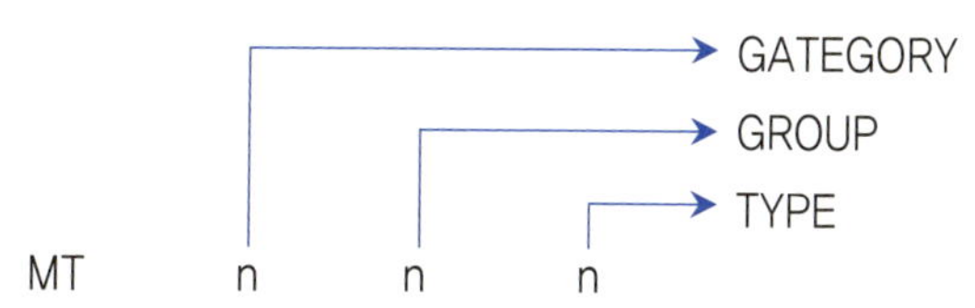


#### (1) Category

Category는 메시지 타입의 첫 자리의 수를 말하는 것으로 일반적으로 메시지의 가장 기본적인 거래기능을 나타내고 있다. 수신은행의 메시지처리 Routing 등에 활용되며, SWIFT에서 정하고 있는 Category는 다음과 같다.

〈표 10-2〉 SWIFT에서 정하고 있는 Category

| No | DESCRIPTION | VOLUME |
|---|---|---|
| 1 | SYSTEM MESSAGES | OPERATIONS |
| 1 | CUSTOMER TRANSFER<br>CHEQUES | PAYMENT,<br>CASH MANAGEMENT<br>AND CUSTOMER STSTUS |
| 2 | FINANCIAL INSTITION | PAYMENT,<br>CASH MANAGEMENT<br>AND CUSTOMER STATUS |
| 3 | FOREIGN EXCHANGE<br>FOREIGN CURRENCY OPTIONS<br>LONES/DEPOSITS<br>FORWARD RATE AGREEMENTS<br>SINGLE AND CROSS CURRENCY<br>INTEREST RATE SWAPS | FINANCIAL TRADING |
| 4 | COLLECTIONS<br>CASH LETTERS | TRADE FINACES |
| 5 | SECURITIES FINANCIAL TRADING | |
| 6 | PRECIOUS METALS AND<br>SYNDICATIONS | FINANCIAL TRADING |
| 7 | DOCUMENTARY CREDITS<br>GUARANTEES | TRADE FINANCE |
| 8 | TRAVELLERS CHEQUES | TRAVELLERS CHEQUES |
| 9 | BALANCE REPORTING<br>RATE CHANGES<br>NOSTRO STATEMENTS<br>BILATERAL KEY EXCHANGES<br>NETTINS<br>STATUS ENQUIRY | PAYMENTS,<br>CASH MANAGEMENT<br>AND CUSTOMER STATUS |
| n | COMMON GROUP | GENERAL INFORMATION |

### (2) MESSAGE GROUPS

MESSAGE GROUP은 메시지 타입의 두 번째 자리 수를 말하는 것으로 각 CATEGORY 내에서 같은 기능을 가진 MESSAGE별로 모은 것이다. 또 COMMON GROUP(MT n9n)이 있는데 이는 모든 CATEGORY의 9 GROUP에 해당되는 것으로 그 기능은 MESSAGE의 어떤 CATEGORY에서든지 같다. 예를 들자면, n95는 조회 기능을 하는 GROUP인데,

195이면 CATEGORY 1인 고객송금의 조회
795이면 CATEGORY 7인 L/C 거래에 대한 조회임
COMMON MESSAGE GROUP의 내용은 아래와 같다.

〈표 10-3〉 COMMON MESSAGE GROUP의 내용

| MT | COMMON GROUP NAME |
|---|---|
| n90 | 예치환은행이 계좌주에게 계좌관련 수수료, 이자, 기타 조정항목을 통지 |
| n91 | 수신은행에게 수수료, 이자, 기타비용 등의 지급을 요청함 |
| n92 | 취소요청 |
| n95 | 이전 메시지에 대한 조회 |
| n96 | 조회의 응답 |
| n98 | 사용자간에 사전에 사용키로 약정하여 사용하는 전용 메시지 |
| n99 | 달리 정형화되지 않은 메시지를 보낼 때 사용하는 자유형식의 메시지 |

〈표 10-4〉 COMMON MESSAGE GROUP이외의 MESSAGE GROUP 내용

| NO. | Group | DESCIPTION |
| --- | --- | --- |
| 1 | 0 | CUSTOMER TRANSFERS |
| | 1 | CHEQUE TRANSACTIONS |
| 2 | 0 | FINANCIAL INSTITUTION TRANSACTION |
| | 1 | NOTICE TO RECEIVE |
| 3 | 0 | FOREIGN EXCHANGE AND FOREIGN CURRENCY OPTION TRANSACTION |
| | 2 | FIXED LOAN/DEPOSIT TRANSACTIONS |
| | 3 | CALL/NOTICE LOAN/DEPOSIT TRANSACTIONS |
| | 4 | |
| | 5 | FORWARD RATE AGREEMENTS |
| | 6 | LOAN DEPOSIT INTEREST PAYMENT ADVICE |
| | | SINGLE AND CROSS CURRENCY INTEREST RATE SWAPS |
| 4 | 0 | ADVICE OF PAYMENT |
| | 1 | ACKNOWLEDGEMENS |
| | 2 | TRACERS |
| | 3 | AMENDMENS |
| | 5 | CASH LETTERS |
| 5 | 0 | ORDERS |
| | 1 | ADVICES/CONFIRMATIONS OF AND TRADES |
| | 2 | RECEIPT/DELIVERY INSTRUCTIONS AND SECURITIES |
| | | LENDING MESSAGE |
| | 3 | RECEIPT/DELIVERY CONFIRMATIONS |
| | 5 | CORPORATION ACTIONS, ADVICES AND CLAIMS |
| | 6 | CORPORATE EVENTS |
| | 7 | STATEMENTS AND PORTFOLIO MANAGEMENT |
| | 8 | SPECIAL INSRUCTIONS |
| 6 | 0 | PRECIOUS METALS |
| | 4 | SYNDICATIONS |
| 7 | 0 | |
| | 1 | ISSUE AND AMENDMENTS |
| | 2 | |
| | 3 | ADVICES |
| | 4 | REIMBURSEMENT |
| | 5 | ADVICE AND AUTHORISATION |
| | 6 | GRARANTEE |
| 8 | 0 | SALES AND SETTLEMENS |
| | 1 | REFUND CLAIMS |
| | 2 | INVENTORY ADMINISTRATION |
| 9 | 0 | CONFIRMAITION OF DEBIT |
| | 1 | CONGIRMATION OF CREDIT |
| | 3 | RATE CHANGE ADVICE |
| | 4 | BALANCE REPORTING |
| | 5 | NOSTRO STATEMENTS |
| | 6 | BILATERAL KEY EXCHANGE |
| | 7 | NETTING |
| | 8 | STATUS ENQUIRIES |

#### (3) MESSAGE TYPE(MT)

특정거래 기능의 세부적인 사항을 말하고 있는 것으로 예를 들면 MT707은 AMENDMENT TO A DOCUMENTARY CTEDIT를 말한다. SWIFT를 통해 수발신되는 모든 메시지는 이 MESSAGE TYPE까지 분류되어 있으며 MESSAGE TYPE마다 고유의 전문 표준양식(MESSAGE FORMENT)을 SWIFT가 지정해 놓고 있어 사용자는 이 표준양식에 따라 사용해야 한다.

## 3. 화환신용장 관련 주요 SWIFT 통신문의 포맷

여기에서는 화환신용장 관련 SWIFT통신문의 종류에 관하여 고찰해 보고자 한다. SWIFT 시스템은 메시지를 대상업무별로 구분한 후, 화환신용장과 관련되는 메시지를 업무중심별로 유형화하고 유형화된 메시지 타입별로 다시 메시지 포맷을 코드화해 놓고 있기 때문에 실무이용 시 매우 편리하다. 따라서 그룹별 메시지 타입과 메시지 타입별 메시지 포맷을 이해하면 실제로 실무에서 이용되는 메시지의 내용을 쉽게 이해할 수 있게 된다.

### 1) 『SWIFT 시스템』에 의한 메시지 그룹

『SWIFT 시스템』에 의한 통신문의 메시지는 그 대상업무에 따라 크게 총 10개 그룹으로 분류되는데, 이의 구체적인 내용은 다음의 〈표 10-5〉와 같다. 보는 바와 같이 다음의 〈표 10-5〉는 메시지 그룹의 명칭과 그 명칭별 코드번호 및 메시지의 내용으로 구성되어 있다. 그런데 지금 우리는 화환신용장에 관하여 연구하고 있으므로, 여기서는 총 10개의 메시지 그룹 중 화환신용장(documentary credit)거래와 관련되는 메시지 총괄그룹에 해당되는 코드번호는 700~756에 해당하는 것이다.

〈표 10-5〉 SWIFT 시스템에 의한 메시지 그룹

| Message Group | Code Number | 메시지 내용 |
|---|---|---|
| Common Group[2)] | n90~n99 | 공통적으로 적용되는 일반 메시지 |
| Customer Transfer[3)] | 100~112 | 고객간 송금거래 관련 메시지 |
| Bank Transfer[4)] | 200~210 | 은행간 자금이체 관련 메시지 |
| Foreign Exchange | 300 | 은행간 외환거래 확인 관련 메시지 |
| Loan/Deposits | 320~350 | 국제간 대출·예금거래 관련 메시지 |
| Collections | 400~430 | 은행간 추심거래 관련 메시지 |
| Securities | 500~580 | 유가증권 매매 및 보관 관련 메시지 |
| Documentary Credit | 700~756 | 신용장거래와 관련된 메시지 총괄 |
| Special Payment Mechanism | 880~882 | T/C 또는 크레디트카드 관련 메시지 |
| Special Message[5)] | 900~973 | 기본거래에 부수되는 메시지 발송시 |

### 2) SWIFT 시스템에 의한 화환신용장 관련 메시지 타입

앞에서 살펴본 바와 같이 『SWIFT 시스템』에 의한 총 10개의 메시지 그룹(message groups) 중 화환신용장(documentary credit)거래와 관련되는 메시지의 총괄내용은 다음의 〈표 10-6〉과 같으며, 이의 코드번호(code number)는 700~756 이다. 〈표 10-6〉은 메시지 타입(message-type)의 명칭과 그 명칭별 코드번호 및 메시지의 내용으로 구성되어 있다. 이처럼 화환신용장 관련 메시지 타입은 신용장발행에서 그 대금결제에 이르기까지 업무단계별로 코드화되어 있다.

---

2) 이는 업무분야별로 공통적으로 적용할 수 있는 일반적인 메시지로서 이자, 수수료 등의 통지 및 청구, 취소통보, 일반적인 조회 및 그에 대한 회신 등의 내용으로 구성된다.

3) 고객간 송금거래 관련 메시지로서 지급지시, 수표발행통지, 지급정지 등의 내용이 포함된다.

4) 은행간 자금이체 메시지로서, 상대 예치환거래은행 앞 직접 또는 제3의 결제은행을 통한 자금이체거래를 지시할 때 이용된다.

5) 대차기 확인, 잔액통보, 거래명세서 통보 등 기본거래에 부수되어 발생하는 메시지 발송시 사용된다.

〈표 10-6〉 화환신용장 관련 메시지 타입

| MT code | 메시지 타입의 명칭 | 메시지 내용 |
|---|---|---|
| 700/701 | Issue of Documentary Credit | 화환신용장의 발행 메시지 |
| 705 | Pre-advice of a Documentary Credit | 화환신용장의 사전통지 |
| 707 | Amendment to a Documentary Credit | 화환신용장의 조건변경 메세지 |
| 710/711 | Advice of a Third Bank's Documentary Credit | 제3은행 앞 화환신용장 통지메시지 |
| 720 | Transfer of a Documentary Credit | 화환신용장의 양도 |
| 730 | Acknowledgement | 화환신용장의 수령확인 |
| 732 | Advice of Discharge | 채무이행통지 |
| 734 | Advice of Refusal | 대금지급거절 통지 |
| 740 | Authorisation to Reimburse | 상환수권서 |
| 742 | Reimbursement Claim | 대금상환청구 |
| 747 | Amendment to an Authorisation to Reimburse | 상환수권서의 조건변경 |
| 750 | Advise of Discrepancy | 신용장조건 불일치 통보 |
| 752 | Authorisation to Pay, Acceptance or Negotiation | 하자신용장의 지급, 인수, 매입의 수권 |
| 754 | Advise of Payment, Acceptance, Negotiation | 지급, 인수, 매입의 통지 |
| 756 | Advice of Reimbursement or Payment | 대금상환 또는 지급의 통지 |

### 3) 화환신용장 관련 주요 메시지 포맷

앞의 〈표 10-2〉에서 본 바와 같이 『SWIFT 시스템』에 의한 통신문의 메시지 그룹은 총 10개 그룹으로 분류되어 있고, 이들 10개 그룹 중 화환신용장(documentary credit)거래와 관련되는 메시지 총괄그룹은 코드번호 700~756에 해당하는 것이다. 그리고 〈표 10-6〉에서는 화환신용장 관련 메시지 타입(message type)을 살펴보았다.

그에 따라 여기에서는 〈표 10-6〉에서 살펴본 메시지 타입 중 화환신용장 관련 주요 메시지 포맷(message format)을 탐구해 보기로 한다. 이하에 소개되는 메시지 포맷은 실무에서 활용빈도가 높은 것들이다.

### 4) 화환신용장 관련 주요 메시지 포맷

〈표 10-7〉 화환신용장 발행용 메시지 포맷(MT700/MT701)[6]

| M/O | TAG | Field-Name | 메시지 내용 |
|---|---|---|---|
| M | 27 | Sequence of Total | 화환신용장발행 일련번호 |
| M | 40A | Form of Documentary Credit | 화환신용장의 종류 |
| M | 20 | Documentary Credit Number | 화환신용장의 번호 |
| O | 23 | Reference to Preadvice | 화환신용장의 사전통지 번호 |
| O | 31C | Date of Issue | 화환신용장의 발행일자 |
| M | 31D | Date and Place of Expiry | 화환신용장 유효기일 및 장소 |
| O | 51A | Applicant Bank | 화환신용장 발행의뢰은행 |
| M | 50 | Applicant | 화환신용장 발행 신청인 |
| M | 59 | Beneficiary | 화환신용장의 수익자 |
| M | 32B | Currency Code, Amount | 통화 코드 및 신용장금액 |
| O | 39A | Percentage Credit Amount Tolerance | 과부족(More or Less)조건 |
| O | 39B | Maximum Credit Amount | 화환신용장의 최대 금액 |
| O | 39C | Additional Amounts Covered | 수익자 이용가능 추가금액 |
| M | 41A | Valuable with~by~ | 지급방식·매입은행지정여부 |
| O | 42C | Drafts at~ | 화환어음의 조건 |
| O | 42A | Drawee | 환어음지급인 |
| O | 42M | Mixed Payment Details | 혼합지급조건의 세부내용 |
| O | 42P | Deferred Payment Details | 연지급조건의 세부내용 |
| O | 43P | Partial Shipments | 분할선적 허용여부 |
| O | 43T | Transshipment | 환적 허용여부 |
| O | 44A | Loading on Board/Dispatch/ Taking in Charge at/from~ | 선적항 |
| O | 44B | For Transportation to~ | 도착항 |
| O | 44C | Latest Date of Shipment | 최종 선적일자 |
| O | 44D | Shipment Period | 화물 선적기간 |
| O | 45A | Description of Goods and/or Services | 물품 및/또는 용역의 명세 |
| O | 46A | Documents Required | 요구되는 서류 |
| O | 47A | Additional Conditions | 기타 특별 지시사항 |
| O | 71B | Charges | 제 수수료 부담자 |
| O | 48 | Period for Presentation | 운송서류 제시유효기일 |
| M | 49 | Confirmation Instructions | 신용장확인 지시문언 |
| O | 53A | Reimbursement Bank | 상환(결제)은행 |
| O | 78 | Instructions to the Paying/Accepting/ Negotiating Bank | 지급, 인수, 매입은행 앞 지시사항 |
| O | 57A | Advise Through Bank | 경유(최종)통지은행 |
| O | 72 | Sender to Receiver Information | 통지은행 앞 지시사항 |

6) "M"은 Mandatory의 약어로서 필수기재항목을 의미하며, "O"는 Optional의 약어로서 임의기재항목을 의미한다. 그러므로 "M"항목은 반드시 기재해야 되는데 반하여, "O"항

〈표 10-8〉 화환신용장 사전통지용 메시지 포맷(MT705)

| M/O | TAG | Field-Name | 메시지 내용 |
|---|---|---|---|
| M | 40A | Form of Documentary Credit | 화환신용장의 종류 |
| M | 20 | Documentary Credit Number | 화환신용장의 번호 |
| M | 31D | Documentary Credit Number | 화환신용장의 번호 |
| M | 50 | Applicant | 신용장 발행 신청인 |
| M | 59 | Beneficiary | 신용장의 수익자 |
| M | 32B | Currency Code and Amount | 통화 코드 및 금액 |
| O | 39A | Percentage Credit Amount Tolerance | 신용장금액 과부족 조건 |
| O | 39B | Maximum Credit Amount | 신용장의 최대 금액 |
| O | 39C | Additional Amounts Covered | 신용장금액에 대한 추가정보 |
| M | 41A | Available with~by~ | 지급방식 · 매입은행지정여부 |
| O | 44A | Loading on Board/Dispatch/ Taking in Charge/from~ | 선적항 |
| O | 44B | For Transportation to~ | 도착항 |
| O | 44C | Latest Date of Shipment | 최종 선적일자 |
| O | 44D | Shipment Period | 화물 선적기간 |
| O | 45A | Description of Goods and/ or Services | 상품 및/또는 용역의 명세 |
| O | 57A | Advise Through Bank | 최종 통지은행 |
| O | 79 | Narrative | 기타 지시사항 |
| O | 72 | Sender to Receiver Information | 은행 앞 지시사항 |

목은 반드시 기재하지 않아도 되므로 필요에 따라 기재 또는 공란으로 두어도 무방하다. SWIFT 통신문에 사용된 M/O는 항상 이와 동일한 의미로 사용된다.

〈표 10-9〉 화환신용장 조건변경용 메시지 포맷(MT707)

| M/O | TAG | Field-Name | 메시지 내용 |
|---|---|---|---|
| M | 20 | Sender's Reference | 전문 발신은행 번호 |
| M | 21 | Receiver's Reference | 전문 수신은행 번호 |
| O | 23 | Issuing Bank's Reference | 신용장발행은행 번호 |
| O | 52A | Issuing Bank | 신용장발행은행 |
| O | 31C | Date of Issue/Transfer of the Credit | 신용장의 발행/양도일 |
| O | 30 | Date of Amendment | 조건변경일 |
| O | 26E | Number of Amendment | 조건변경 횟수 |
| M | 59 | Beneficiary(Before This Amendment) | 조건변경 전 (원)수익자 |
| O | 31E | New Date of Expiry | 변경된 신용장 유효기일 |
| O | 32B | Increase of Documentary Credit Amount | 증액된 화환신용장의 금액 |
| O | 33B | Decrease of Documentary Credit Amount | 감액된 화환신용장의 금액 |
| O | 34B | New Documentary Credit Amount after Amendment | 조건변경 후 증액/감액된 금액 |
| O | 39A | Percentage Credit Amount Tolerance | 신용장금액 과부족 조건 |
| O | 39B | Maximum Credit Amount | 신용장의 최대 금액 |
| O | 39C | Additional Amounts Covered | 신용장금액에 대한 추가정보 |
| O | 44A | Loading on Board/Dispatch/Taking in Charge/from~ | 선적항 |
| O | 44B | For Transportation to~ | 도착항 |
| O | 44C | Latest Date of Shipment | 최종 선적가능 일자 |
| O | 44D | Shipment Period | 화물 선적기간 |
| O | 79 | Narrative | 기타 지시사항 |
| O | 72 | Sender to Receiver Information | 은행 앞 지시사항 |

〈표 10-10〉 화환신용장 양도용 메시지 포맷(MT720/MT721)

| M/O | TAG | Field-Name | 메시지 내용 |
|---|---|---|---|
| M | 27 | Sequence of Total | 화환신용장발행 일련번호 |
| M | 40A | Form of Documentary Credit | 화환신용장의 종류 |
| M | 20 | Transferring Bank's Reference | 신용장양도은행 참조번호 |
| M | 21 | Documentary Credit Number | 화환신용장의 번호 |
| O | 31C | Date of Issue of the Credit | 신용장의 발행일자 |
| M | 31D | Date and Place of Expiry | 신용장의 유효기일 및 장소 |
| O | 52A | Issuing Bank of the Original Credit | 원 신용장의 발행은행 |
| O | 51A | Applicant Bank | 화환신용장 발행의뢰 은행 |
| – | 49-50 | Applicant ~ Confirmation Instructions | MT700과 동일하므로 생략함 |
| O | 78 | Instructions to the Paying/Accepting/ Negotiating Bank | 지급, 인수, 매입은행 앞 지시사항 |
| – | 57A | Advise ~ Information | MT700과 동일하므로 생략함 |

〈표 10-11〉 지급거절통지용 메시지 포맷(MT734)

| M/O | TAG | Field-Name | 메시지 내용 |
|---|---|---|---|
| M | 20 | Sender's Trans. No. | 신용장번호 또는 발신은행거래번호 |
| M | 21 | Presenting Bank's Reference | 제시은행(통지은행)의 거래번호 |
| M | 32A | Date and Amount of Utilization | 환어음 발행일자 및 금액 |
| O | 73 | Charges Claimed | 청구 수수료 금액 |
| O | 33A | Total Amount Claimed | 총 청구금액 |
| O | 57A | Account with Bank | 청구 금액을 입금시킬 은행의 계좌 |
| O | 72 | Sender to Receiver Information | 은행 앞 지시사항 |
| M | 77A | Discrepancies | 지급거절사유의 구체적 명세 |
| M | 77B | Disposal of Documents | 하자서류의 처분상태 명기 |

## 4. 화환신용장 관련 SWIFT 통신문의 예

오늘날 『SWIFT 시스템』은 국제무역거래에서 은행간 통신문 교환수단으로 널리 이용되고 있다. 앞에서는 이처럼 국제 은행간 통신문 송·수신 시 널리 이용되고 있는 『SWIFT 시스템』에 의한 메시지 그룹(message group)과 신용장 관련 메시지 작성요령에 해당되는 메시지 타입(message type) 및 주요 메시지 포맷(message format)에 관하여 살펴보았다.

그러한 사실에 근거하여 여기서는 SWIFT 시스템에 의해 발행된 화환신용장의 예와 신용장조건변경 및 지급거절통신문 등의 예를 탐구한다.

### 1) SWIFT 시스템에 의해 발행된 신용장(SWIFT MT-700)의 예-1

:: 700 ISSUE OF DOCUMENTARY CREDIT
:27 SEQUENCE OF TOTAL : 1/1
:40A FORM OF DOCUMENTARY CREDIT : IRREVOCABLE
:20 DOCUMENTARY CREDIT NUMBER : M0601403NS67689
:31C DATE OF ISSUE : JUNE 15, 2020
:31D DATE AND PLACE OF EXPIRY : OCTOBER 15, 2020 IN SEATTLE
:50 APPLICANT : AMERICAN TRADING CO INC
1212 INDUSTRY DRIVE, SEATTLE, WA 98188, USA
:59 BENEFICIARY : DONG-JIN TEXTILE CO LTD,
IPO BOX 1515 SEOUL, KOREA
:32B CURRENCY CODE AND AMOUNT : USD150,000 ONLY
:39A PERCENTAGE CREDIT AMOUNT TOLERANCE : NONE
:41A AVAILABLE WITH : ANY BANK BY NEGOTIATION
:42C DRAFTS AT : SIGHT
:42A DRAWEE : BANK OF CALIFORNIA, SAN FRANCISCO
:43P PARTIAL SHIPMENTS : ALLOWED
:43T TRANSSHIPMENT : NOT PERMITTED
:44A LOADING/DISPATCHED/TAKING CHARGE AT/FROM : BUSAN
:44B FOR TRANSPORTATION TO : SEATTLE
:44C LATEST DATE OF SHIPMENT : SEPTEMBER 30, 2020
:45A DESCRIPTION OF GOODS AND/OR SERVICES

: 100 CASES OF CASHMERE WOOL YARN KOREA ORIGIN AT US$1,500 CFR SEATTLE

:46A DOCUMENT REQUIRED :

+SIGNED COMMERCIAL INVOICE IN TRIPLICATE

+FULL SET OF CLEAN ON BOARD OCEAN BILLS OF LADING MADE OUT TO THE ORDER OF KOREA EXCHANGE BANK MARKED FREIGHT PREPAID N NOTIFY ACCOUNTEE APPLICANT

+PACKING LIST IN TRIPLICATE

+CERTIFICATE OF ORIGIN IN TRIPLICATE

:47A ADDITIONAL CONDITIONS : DOCUMENTS TO BE PRESENTED WITHIN 10 DAYS AFTER THE DATE OF ISSUANCE OF THE TRANSPORT DOCUMENTS BUT WITHIN THE VALIDITY OF THE CREDIT

:71B CHARGES : ANY CHARGES MADE IN CONNECTION WITH THIS CREDIT ARE FOR ACCOUNT OF THE BENEFICIARY

:49 CONFIRMATION INSTRUCTIONS : WITHOUT

:53A REIMBURSEMENT BANK : BANK OF CALIFORNIA, SAN FRANCISCO

:78 INSTRUCT TO THE PAY/ACCEPT/NEGOTIATE BANK :

+ALL DOCUMENTS MUST BE FORWARDED TO ISSUING BANK IN TWO LOTS BY REGISTERED AIRMAIL

+IF THE CREDIT IS AVAILABLE BY NEGOTIATION, EACH PRESENTATION MUST BE NOTED ON THE REVERSE OF THIS ADVISE BY THE BANK WHERE THE CREDIT IS AVAILABLE

:72 SENDER TO RECEIVER INFORMATION : THIS CREDIT IS SUBJECT TO UCP(2007 REVISION, ICC PUBLICATION NO 600).

### 2) SWIFT 시스템에 의해 발행된 신용장(SWIFT MT-700)의 예-2

:27 –Sequence of total : 1/1

:40A –Form of documentary credit : IRREVOCABLE N CONFIRMED

:20 –Documentary credit number : M1212606NS00018

:31C –Date of issue : JULY 25, 2020

:31D –Date and place of expiry :

SEPTEMBER 20, 2020 AT NEGOTIATION BANK'S COUNTER

:50 –Applicant : INSUN TOYS CO., LTD.
150 CHEONGDAM–DONG, GANGNAM–GU, SEOUL, KOREA

:59 –Beneficiary : CHINA PLAZA CO., LTD.
RM 123 CHINA PLAZA BLDG.
25 WING CHINA RD., CHAIWAN, HONG KONG

:32B –Currency code amount : USD119,000 ONLY

:41D –Available with : ANY BANK BY NEGOTIATION

:42C –Draft at : 60 DAYS AFTER SIGHT

:42A –Drawee : HONG KONG FIRST BANK LTD., H.K.
217 JARDINE HOUSE 1, CONNAUGHT PLACE, CENTRAL, H.K.

:43P –Partial shipments : ALLOWED

:43T –Transshipment : NOT ALLOWED

:44A –On board/dispatch/taking in charge : SHIDAO, CHINA

:44B –For transportation to : BUSAN, KOREA

:44C –Latest date of shipment : SEPTEMBER 10, 2020

:45A –Description of goods and/or services :
700 PAIRS OF CHINESE GIANT BEAR TOY, SIZE: MIN 1.5 METERS AT USD170 FOB SHIDAO, CHINA

:46A –Documents required :
+SIGNED COMMERCIAL INVOICE IN QUINTUPLICATE
+FULL SET OF CLEAN ON BOARD OCEAN BILL OF LADING MADE OUT TO THE ORDER OF KOREA EXCHANGE BANK MARKED FREIGHT COLLECT AND NOTIFY ACCOUNTEE
+PACKING LIST IN TRIPLICATE
+CERTIFICATE OF ORIGIN

:47A –Additional conditions :
· ALL DOCUMENTS MUST BE BEAR OUR CREDIT NUMBER M1212606NS00018
· T/T REIMBURSEMENT NOT ALLOWED
· QUANTITY 10 PCT MORE OR LESS ALLOWED

:71B – Charges : ALL BANKING COMMISSIONS AND CHARGES INCLUDING REIMBURSEMENT CHARGES OUTSIDE KOREA ARE FOR ACCOUNT OF BENEFICIARY

:49 – Confirmation instructions: ALL TRANSFERRING CHARGES ARE

FOR ACCOUNT OF SECOND BENEFICIARY
:53A –Reimbursement bank: HONG KONG FIRST BANK LTD., HONG
:78 –Instructions to pay/accept/negotiate bank :
DRAFTS MUST BE SENT TO DRAWEE BANK FOR YOUR REIMBURSEMENT AND ALL DOCUMENTS TO US BY COURIER SERVICE IN ONE LOT
:72 –Sender to receiver information : THIS CREDIT IS SUBJECT TO UCP(2007 REVISION), ICC PUBLICATION NO 600

### 3) SWIFT 시스템에 의해 발행된 신용장(SWIFT MT-700)의 예-3

:27 : 1/1
:40A : IRREVOCABLE N CONFIRMED
:20 : M1212606NS00018
:31C : JULY 25, 2020
:31D : SEPTEMBER 20, 2020 AT NEGOTIATION BANK'S COUNTER
:50 : JONG-MIN TOYS CO., LTD.
150 CHEONGDAM-DONG, GANGNAM-GU, SEOUL, KOREA
:59 : CHINA PLAZA CO., LTD.
RM 123 CHINA PLAZA BLDG.
25 WING CHINA RD., CHAIWAN, HONG KONG
:32B : USD119,000 ONLY
:41D : ANY BANK BY NEGOTIATION
:42C : 60 DAYS AFTER SIGHT
:42A : HONG KONG FIRST BANK LTD., H.K.
217 JARDINE HOUSE 1, CONNAUGHT PLACE, CENTRAL, H.K.
:43P : ALLOWED
:43T : NOT ALLOWED
:44A : SHIDAO, CHINA
:44B : BUSAN, KOREA
:44C : SEPTEMBER 10, 2020
:45A : 700 PAIRS OF CHINESE GIANT BEAR TOY, SIZE: MIN 1.5 METERS AT USD170 FOB SHIDAO, CHINA
:46A : +SIGNED COMMERCIAL INVOICE IN QUINTUPLICATE

+FULL SET OF CLEAN ON BOARD OCEAN BILL OF LADING MADE OUT TO THE ORDER OF KOREA EXCHANGE BANK MARKED FREIGHT COLLECT AND NOTIFY ACCOUNTEE
+PACKING LIST IN TRIPLICATE
+CERTIFICATE OF ORIGIN

:47A : · ALL DOCUMENTS MUST BE BEAR OUR CREDIT NUMBER M1212606NS00018
· T/T REIMBURSEMENT NOT ALLOWED
· QUANTITY 10 PCT MORE OR LESS ALLOWED

:71B : ALL BANKING COMMISSIONS AND CHARGES INCLUDING REIMBURSEMENT CHARGES OUTSIDE KOREA ARE FOR ACCOUNT OF BENEFICIARY

:49 : ALL TRANSFERRING CHARGES ARE FOR ACCOUNT OF SECOND BENEFICIARY

:53A : HONG KONG FIRST BANK LTD., HONG KONG

:78 : DRAFTS MUST BE SENT TO DRAWEE BANK FOR YOUR REIMBURSEMENT AND ALL DOCUMENTS TO US BY COURIER SERVICE IN ONE LOT

:72 : THIS CREDIT IS SUBJECT TO UCP(2007 REVISION), ICC PUBLICATION NO600

### 4) 신용장 사전통지 메시지(MT-705)의 예-4

: : MT 705 DOCUMENTARY CREDIT
PRE-ADVICE

: 40A : IRREVOCABLE

: 20 : 12-23456789-001

: 31D : 040910IN COUNTRY OF NEGO BANK

: 50 : MIN-WOO CORPORATION, OSAKA
2-18, NAKAMA 3-CHOME, KITA-KU,
OSAKA, JAPAN

: 59 : JONG-HEON TRADING CO., LTD.
S.H BLDG. 1234-12 SEOCHO-DONG,
SEOCHO-KU R KOREA

: 32B : USD1230870, 50 (USD 1,230,870.50)
: 39A : 05/05
: 41D : ANY BANK BY NEGOTIATION
: 44A : KOREA/CHINA
: 44B : JAPAN
: 44C : 040831
: 57A : YOUR NAN-GOK BRANCH
123-13 SINDOLIM 12 DONG KWANAK-KU, SEOUL R KOREA
: 79 : DATE OF ISSUE 2020/05/10
DRAFT AT SIGHT
DRAWN ON UFJ BANK LTD.
OSAKA

### 5) 신용장 조건변경 메시지(MT-707)의 예-5

* MESSAGE NUMBER : KOEX-04-001001
* ISSUING BRANCH : MASAN BR.
FM: KOREA EXCHANGE BANK
TO: SAN-LEANDRO BRANCH, BANK OF AMERICA, USA
DATE: 070915(SEPTEMBER 15, 2007)
:707 AMENDMENT TO A DOCUMENTARY CREDIT
: 20 SENDER'S REFERENCE: 1234567890
: 21 RECEIVER'S REFERENCE: 0987654321
: 31C DATE OF ISSUE: 070830(AUGUST 30, 2007)
: 30 DATE OF AMENDMENT: 070915(SEPTEMBER 15, 2007)
: 59 BENEFICIARY(BEFORE THIS AMENDMENT):
USA OFFICEMAX CO., LTD.
: 79 NARRATIVE:
\+ BENEFICIARY'S NAME SHOULD BE READ TO "OFFICEMAX CO., INC., USA" INSTEAD OF PREVIOUS

### 6) 신용장 조건변경 메시지(MT-707)의 예-6

: : MT 707 DOCUMENTARY CREDIT AMENDMENT
:20 : 41-3346719-150
:21 : NONREF
:31C : 040311
:30 : 040520
:59 : HYE-JIN COMMERCIAL CO., LTD. 9F,
SEOUL BLDG., 122-32,
GUNJA-DONG KWANGJIN-KU, SEOUL, KOREA
:31E : 040630
:32B : USD33879.00 (USD 33,879.00)
:34B : USD73877.00 (USD 73,877.00)
:44C : 040615
:79 : COVERING ADDITIONAL SHIPMENT OF :
IMPORT PURCHASE CONTRACT NO. 211-KN-38255
:72 : PLS ADVISE THIS AMENDMENT THROUGH YOUR JUNG-DONG BRANCH

### 7) 지급거절통지 메시지(MT734) 예-7

FM : KOREA EXCHANGE BANK, SEOUL
TO : THE CHASE MANHATTAN BANK, NEW YORK
DATE: ×××××
: 734 ADVISE OF REFUSAL
: 20 SENDER'S TRANS. NO: ×××××
: 21 PRESENTING BANK'S REFERENCE: ×××××
: 32A DATE, CURRENCY, AMOUNT OF UTILIZATION: ××××
USD×××× ONLY
: 72 SENDER TO RECEIVER INFORMATION: WE ARE CONTACTING WITH THE APPLICANT FOR RELEASING THE RESERVES
: 77A DISCREPANCIES: LATE SHIPMENT AND LATE PRESENTATION
: 77B DISPOSAL OF DOCUMENTS: HOLDING

### 8) 지급거절통지 메시지(MT734) 예-8

: : MT 734 ADVICE OF REFUSAL
: 20 : 6474149046/73401
: 21 : 07UZEUP40096
: 32A : 040525USD63984. 38
(2004-05-25 USD 63,984.38)
: 72 : DOCUMENTS REFUSED,
WE'LL DEDUCT USD30.00
TELEX COST FROM PROCEEDS.
L/C NO. 5474125042
OUR REF. 6474125042
HANG LUEN (INTERNATIONAL) INDUSTRY
: 77A : 1. OVERSHIPMENT EFFECTED
2. INSURANCE CERT - NOT SHOWING ALL RISK
: 77B : DOCUMENTS HELD AT YOUR RISK AND DISPOSAL

# 부 록

1. 화환신용장통일규칙(UCP600)

## The Uniform Customs and Practice for Documentary Credit (2007 Revision, ICC Publication No. 600)

**Article 1 Application of UCP**

The Uniform Customs and Practice for Documentary Credits, 2007 Revision, ICC Publication no. 600 ("UCP") are rules that apply to any documentary credit ("credit") (including, to the extent to which they may be applicable, any standby letter of credit) when the text of the credit expressly indicates that it is subject to these rules. They are binding on all parties thereto unless expressly modified or excluded by the credit.

**[제1조] UCP의 적용**

신용장통일규칙, 2007년 개정, 국제상업회의소 간행물 제600호(이하 UCP라 한다)는 신용장의 문면에 본 규칙에 따른다는 명시적 기재가 있는 모든 화환신용장(이하 신용장이라 한다) (본 규칙이 적용될 수 있는 범위내에서 모든 스탠바이신용장을 포함)에 적용되는 규칙이다. 본 규칙은 신용장에서 명시적으로 변경 또는 배제된 경우를 제외하고 신용장거래의 모든 관계당사자를 구속한다.

**Article 2 Definitions**

For the purpose of these rules:

Advising bank means the bank that advises the credit at the request of the issuing bank.

Applicant means the party on whose request the credit is issued.

Banking day means a day on which a bank is regularly open at the place at which an act subject to these rules is to be performed.

Beneficiary means the party in whose favour a credit is issued.

Complying presentation means a presentation that is in accordance with the terms and conditions of the credit, the applicable provisions of these rules and international standard banking practice.

Confirmation means a definite undertaking of the confirming bank, in addition to that of the issuing bank, to honour or negotiate a complying presentation.

Confirming bank means the bank that adds its confirmation to a credit upon the issuing bank's authorization or request.

Credit means any arrangement, however named or described, that is irrevocable and thereby constitutes a definite undertaking of the issuing bank to honour a complying presentation.

Honour means:

a. to pay at sight if the credit is available by sight payment.

b. to incur a deferred payment undertaking and pay at maturity if the credit is available by deferred payment.

c. to accept a bill of exchange ("draft") drawn by the beneficiary and pay at maturity if the credit is available by acceptance.

Issuing bank means the bank that issues a credit at the request of an applicant or on its own behalf.

Negotiation means the purchase by the nominated bank of drafts (drawn on a bank other than the nominated bank) and/or documents under a complying presentation, by advancing or agreeing to advance funds to the beneficiary on or before the banking day on which reimbursement is due to the nominated bank.

Nominated bank means the bank with which the credit is available or any bank in the case of a credit available with any bank.

Presentation means either the delivery of documents under a credit to the issuing bank or nominated bank or the documents so delivered.

Presenter means a beneficiary, bank or other party that makes a presentation.

**[제2조] 정의**

본 통일규칙의 목적상:

통지은행이란 발행은행의 요청으로 신용장을 통지하는 은행을 의미한다.

발행의뢰인이란 신용장의 발행을 요청하는 당사자를 의미한다.

은행일이란 본 규칙에 따른 어떤 행위가 이행되는 장소에서 은행이 통상적으로 개점하는 날을 의미한다.

수익자란 발행되는 신용장의 수혜자를 의미한다.

일치제시란 신용장의 제 조건, 본 규칙의 적용가능한 규정 및 국제표준은행관행에 따른 제시를 의미한다.

확인이란 발행은행의 확약에 추가해서, 일치하는 제시에 대해 결제 또는 매입하겠다는 확인은행의 확약을 의미한다.

확인은행이란 발행은행의 수권 또는 요청에 의하여 신용장에 확인을 추가하는 은행을 의미한다.

신용장이란 그 명칭이나 표현에 관계없이, 일치하는 제시에 대해 결제하겠다는 발행은행의 취소불능적 확약을 구성하는 일체의 약정을 의미한다.

결제란 다음을 의미한다:

a) 신용장이 일람지급이 가능한 경우 일람지급한다.

b) 신용장이 연지급이 가능한 경우 연지급을 확약하고 만기에 지급한다.

c) 신용장이 인수가 가능한 경우 수익자가 발행한 환어음을 인수하고 만기에 지급한다.

발행은행이란 발행의뢰인의 요청에 따라 또는 그 자신을 위하여 신용장을 발행하는 은행을 의미한다.

매입이란 지정은행이 상환만기은행일 이전에 수익자에게 대금의 선지급을 행하거나 약속하고 일치하게 제시된 어음(지정은행외의 다른 은행을 지급인으로 하여 발행된) 및/또는 서류를 구매하는 것을 의미한다.

지정은행이란 신용장이 이용될 수 있는 은행 또는 어떠한 은행에서도 이용될 수 있는 신용장의 경우에는 모든 은행을 의미한다.

제시란 발행은행 또는 지정은행에게 신용장부서류를 인도하거나 또는 그렇게 인도된 서류를 의미한다.

제시자란 제시를 행하는 수익자, 은행 또는 기타의 당사자를 의미한다.

---

**Article 3 Interpretations**

For the purpose of these rules:

Where applicable, words in the singular include the plural and in the plural include the singular.

A credit is irrevocable even if there is no indication to that effect.

A document may be signed by handwriting, facsimile signature, perforated signature, stamp, symbol or any other mechanical or electronic method of authentication.

A requirement for a document to be legalized, visaed, certified or similar will be satisfied by any signature, mark, stamp or label on the document which appears to satisfy that requirement.

Branches of a bank in different countries are considered to be separate banks.

Terms such as “first class”, “well known”, “qualified”, “independent”, “official”, “competent” or “local” used to describe the issuer of a document allow any issuer except the beneficiary to issue that document.

Unless required to be used in a document, words such as “prompt”, “immediately” or “as soon as possible” will be disregarded.

The expression "on or about" or similar will be interpreted as a stipulation that an event is to occur during a period of five calendar days before until five calendar days after the specified date, both start and end dates included.

The words "to", "until", "till", "from" and "between" when used to determine a period of shipment include the date or dates mentioned, and the words "before" and "after" exclude the date mentioned.

The words "from" and "after" when used to determine a maturity date exclude the date mentioned.

The terms "first half" and "second half" of a month shall be construed respectively as the 1st to the 15th and the 16th to the last day of the month, all dates inclusive.

The terms "beginning", "middle" and "end" of a month shall be construed respectively as the 1st to the 10th, the 11th to the 20th and the 21st to the last day of the month, all dates inclusive.

**[제3조] 해석**

본 통일규칙의 목적상:

적용가능한 경우, 단어의 단수는 단어의 복수를 포함하며 단어의 복수는 단어의 단수를 포함한다.

신용장은 취소불능이란 취지의 표시가 없어도 취소불능이다.

서류는 자필, 팩스서명, 천공서명, 스탬프, 심벌 또는 기타 어떤 기계적 또는 전자적 인증방식으로 서명될 수 있다.

서류가 공증, 사증, 증명 또는 기타 유사한 방식으로 인증될 것을 요하는 요건은 그 요건을 충족하는 것으로 보이는 서류상의 어떠한 서명, 표시, 스탬프 또는 라벨에 의하여 충족된다.

다른 국가에 소재한 은행의 지점은 독립된 은행으로 간주된다.

서류의 발행자를 기술하기 위하여 사용된 "일류의", "유명한", "자격이 있는", "독립적인", "공적인", "유능한" 또는 "현지의"와 같은 용어는 수익자를 제외한 서류발행자는 누구나 그 서류를 발행할 수 있도록 허용한다.

서류에 기재하도록 요구된 경우를 제외하고, "신속히", "즉시" 또는 "가능한 한 빨리"와 같은 용어는 무시된다.

"on or about" 또는 이와 유사한 표현은 어떤 행위가 지정된 일자의 전·후 각 5월력일의 기간중에 이행되어야 함을 규정한 것으로 해석되며, 이때 始·終의 양 일자는 공히 포함된다.

선적기간을 정하기 위하여 사용된 "to", "until", "till", "from" 및 "between"이라는 용어는 언급된 일자나 일자들을 포함하며, "before"와 "after"라는 용어는 언급된 일자를 제외한다.

환어음의 만기를 정하기 위하여 사용된 "from"과 "after"라는 용어는 언급된 일자를 제외한다.

어떤 月의 "first half" 및 "second half"이라는 용어는 각기 당해 月"의 1일부터 15일까지 그리고 16일부터 말일까지의 모든 일자를 포함하는 것으로 해석한다."

어떤 月의 "beginning", "middle" 또는 "end"라는 용어는 각기 그 月의 1일부터 10일까지, 11일부터 20일까지 그리고 21일부터 말일까지의 모든 일자가 포함되는 것으로 해석한다.

---

**Article 4 Credits v. Contracts**

a. A credit by its nature is a separate transaction from the sale or other contract on which it may be based. Banks are in no way concerned with or bound by such contract, even if any reference whatsoever to it is included in the credit. Consequently, the undertaking of a bank to honour, to negotiate or to fulfil any other obligation under the credit is not subject to claims or defences by the applicant resulting from its relationships with the issuing bank or the beneficiary.

A beneficiary can in no case avail itself of the contractual relationships existing between banks or between the applicant and the issuing bank.

b. An issuing bank should discourage any attempt by the applicant to include, as an integral part of the credit, copies of the underlying contract, proforma invoice and the like.

**[제4조] 신용장과 계약**

a. 신용장은 본질상 그 근거가 되는 매매계약이나 또는 기타의 계약과는 별개의 거래이다. 은행은 심지어 그러한 계약에 관한 어떠한 참조문언이 신용장에 포함되어 있을지라도 결코 그러한 계약과는 무관하며 또한 그러한 계약에 구속되지 아니한다. 결과적으로 신용장에 의거하여 결제, 매입하거나 또는 어떤 다른 의무를 이행하겠다는 은행의 확약은 발행은행 또는 수익자와 발행의뢰인간의 관계에서 기인하는 발행의뢰인의 주장이나 항변에 영향을 받지 아니한다.

수익자는 어떠한 경우에도 은행상호간 또는 발행의뢰인과 발행은행간에 현존하는 계약관계를 원용할 수 없다.

b. 발행은행은 근거계약이나 견적송장 및 이와 유사한 것의 사본을 신용장의 한 필수요소로 포함시키려는 발행의뢰인의 어떠한 시도도 규제하여야 한다.

---

**Article 5 Documents v. Goods, Services or Performance**

Banks deal with documents and not with goods, services or performance to which the documents may relate.

**[제5조] 서류와 물품, 서비스 또는 이행**

은행은 서류를 거래하는 것이지, 그 서류에 관련될 수 있는 물품이나 서비스 또는 채무이행을 거래하는 것이 아니다.

---

**Article 6 Availability, Expiry Date and Place for Presentation**

a. A credit must state the bank with which it is available or whether it is available with any bank. A credit available with a nominated bank is also available with the issuing bank.

b. A credit must state whether it is available by sight payment, deferred payment, acceptance or negotiation.

c. A credit must not be issued available by a draft drawn on the applicant.

d. i. A credit must state an expiry date for presentation. An expiry date stated for honour or negotiation will be deemed to be an expiry date for presentation.

ii. The place of the bank with which the credit is available is the place for presentation. The place for presentation under a credit available with any bank is that of any bank. A place for presentation other than that of the issuing bank is in addition to the place of the issuing bank.

e. Except as provided in sub-article 29 (a), a presentation by or on behalf of the beneficiary must be made on or before the expiry date.

**[제6조] 신용장이용유형, 유효기일 및 제시장소**

a. 신용장은 그것이 이용가능한 은행 또는 그것이 아무 은행에서나 이용할 수 있는지의 여부를 명시하여야 한다. 지정은행에서 이용할 수 있는 신용장은 발행은행에서도 이용할 수 있다.

b. 신용장은 그것이 일람지급, 연지급, 인수 또는 매입 중 어느 것으로 이용할 수 있는지의 여부를 명시하여야 한다.

c. 신용장은 발행의뢰인을 지급인으로 하여 발행된 환어음에 의하여 이용가능하게 발행되어서는 안 된다.

d. i. 신용장은 제시를 위한 유효기일을 명시하여야 한다. 결제 또는 매입을 위하여 명시된 유효기일은 제시를 위한 유효기일로 간주된다.

ⅱ. 신용장이 사용가능한 은행의 장소가 제시장소이다. 아무 은행에서도 사용가능한 신용장인 경우 제시장소는 모든 은행의 장소이다. 발행은행의 장소와 다른 제시장소는 발행은행의 장소에 추가된 장소이다.

e. 제29조 제(a)항에 규정된 경우를 제외하고, 수익자 또는 그 대리인에 의한 제시는 유효기일이전에 이루어져야 한다.

---

**Article 7 Issuing Bank Undertaking**

a. Provided that the stipulated documents are presented to the no minated bank or to the issuing bank and that they constitute a complying presentation, the issuing bank must honour if the credit is available by:

i. sight payment, deferred payment or acceptance with the issuing bank;

ii. sight payment with a nominated bank and that nominated bank does not pay;

iii. deferred payment with a nominated bank and that nominated bank does not incur its deferred payment undertaking or, having incurred its deferred payment undertaking, does not pay at maturity;

iv. acceptance with a nominated bank and that nominated bank does not accept a draft drawn on it or, having accepted a draft drawn on it, does not pay at maturity;

v. negotiation with a nominated bank and that nominated bank does not negotiate.

b. An issuing bank is irrevocably bound to honour as of the time it issues the credit.

c. An issuing bank undertakes to reimburse a nominated bank that has honoured or negotiated a complying presentation and forwarded the documents to the issuing bank. Reimbursement for the amount of a complying presentation under a credit available by acceptance or deferred payment is due at maturity, whether or not the nominated bank prepaid or purchased before maturity. An issuing bank's undertaking to reimburse a nominated bank is independent of the issuing bank's undertaking to the beneficiary.

**[제7조] 발행은행의 약정**

a. 규정된 서류가 지정은행 또는 발행은행에 제시되고 그 서류가 일치하는 제시 에 해당되면 다음의 경우 발행은행은 결제하여야 한다:

i. 발행은행에서 일람지급, 연지급 또는 인수로 신용장이용이 가능한 경우;

ii. 지정은행에서 일람지급으로 신용장이용이 가능하지만 그 지정은행이 지급하지 않는 경우;

iii. 지정은행에서 연지급으로 신용장이용이 가능하지만 그 지정은행이 연지급을 확약하지 않거나 연지급확약을 하고도 만기에 지급하지 않는 경우;

iv. 지정은행에서 인수로 신용장이용이 가능하지만 그 지정은행이 자기앞으로 발행된 환어음을 인수하지 않거나, 환어음을 인수하고도 만기에 지급하지 않는 경우;

v. 지정은행에서 매입으로 신용장이용이 가능하지만 그 지정은행이 매입하지 않는 경우.

b. 발행은행은 신용장을 발행하는 때로부터 결제할 취소불능적 의무를 진다.

c. 발행은행은 일치하는 제시에 대하여 결제 또는 매입하고 그 서류를 발행은행으로 송부한 지정은행에게 상환할 책임을 진다. 인수 또는 연지급으로 이용가능한 신용장의 경우 일치하는 제시의 금액에 대한 상환은, 지정은행이 만기전에 선지급 또는 구매하였는지의 여부와 관계없이 만기에 행해져야 된다. 지정은행에 대한 발행은행의 상환의무는 수익자에 대한 발행은행의 의무와는 독립적이다.

---

**Article 8 Confirming Bank Undertaking**

a. Provided that the stipulated documents are presented to the confirming bank or to any other nominated bank and that they constitute a complying presentation, the confirming bank must:

i. honour, if the credit is available by

a) sight payment, deferred payment or acceptance with the confirming bank;

b) sight payment with another nominated bank and that nominated bank does not pay;

c) deferred payment with another nominated bank and that nominated bank does not incur its deferred payment undertaking or, having incurred its deferred payment undertaking, does not pay at maturity;

d) acceptance with another nominated bank and that nominated bank does not accept a draft drawn on it or, having accepted a draft drawn on it, does not pay at maturity;

e) negotiation with another nominated bank and that nominated bank does not negotiate.

ii. negotiate, without recourse, if the credit is available by negotiation with the confirming bank.

b. A confirming bank is irrevocably bound to honour or negotiate as of the time it adds its confirmation to the credit.

c. A confirming bank undertakes to reimburse another nominated bank that has honoured or negotiated a complying presentation and forwarded the documents to the confirming bank. Reimbursement for the amount of a complying presentation under a credit available by acceptance or deferred payment is due at maturity, whether or not another nominated bank prepaid or purchased before maturity. A confirming bank's undertaking to reimburse another nominated bank is independent of the confirming bank's undertaking to the beneficiary.

d. If a bank is authorized or requested by the issuing bank to confirm a credit but is not prepared to do so, it must inform the issuing bank without delay and may advise the credit without confirmation.

**[제8조] 확인은행의 확약**

a. 규정된 서류가 확인은행 또는 다른 지정은행에 제시되고 동 서류가 일치하는 제시에 해당하는 경우, 확인은행은 다음과 같이 하여야 한다.

i. 신용장을 다음과 같이 이용할 수 있는 경우, 결제하여야 한다.

a) 확인은행에서 일람지급, 연지급 또는 인수가 규정된 경우;

b) 다른 지정은행에서 일람출급이 약정되어 있음에도 동 지급은행이 지급하지 아니하는 경우;

c) 다른 지정은행에서 연지급이 약정되어 있음에도 동 지정은행이 연지급을 확약하지 않거나, 연지금을 확약하고도 만기에 지급하지 아니하는 경우;

d) 다른 지정은행에서 인수가 약정되어 있음에도 동 지정은행이 자신을 지급인으로 하여 발행된 환어음을 인수하지 않거나, 환어음을 인수하였다가 만기에 지급하지 아니하는 경우;

e) 다른 지정은행에서 매입이 약정되어 있음에도 동 지정은행이 매입하지 아니하는 경우.

ii. 신용장이 확인은행에서 매입이 약정되어 있는 경우, 소구권없이 매입하여야 한다.

b. 확인은행은 신용장에 확인을 부가하는 시점부터 결제 또는 매입할 취소불능적 의무를 진다.

c. 확인은행은 일치하는 제시에 대하여 결제 또는 매입하고 서류를 확인은행으로 송부한 다른 지정은행에게 상환하기로 약정한다. 인수 또는 연지급조건부 신용장에서 일치하는 제시의 금액에 대한 상환은 다른 지정은행이 만기전에 선지급 또는 구매했는지의 여부와 상관없이 만기에 지급되어야 한다. 다른 지정은행에게 상환하기로 하는 확인은행의 약정은 수익자에 대한 확인은행의 약정과 독립적이다.

d. 발행은행으로부터 신용장을 확인하도록 수권이나 요청받은 은행이 확인할 준비가 되어 있지 아니한 경우, 동 은행은 그 사실을 발행은행에 지체없이 통지하고 확인을 부

가하지 않은 채 신용장을 통지할 수 있다.

---

**Article 9 Advising of Credits and Amendments**

a. A credit and any amendment may be advised to a beneficiary through an advising bank. An advising bank that is not a confirming bank advises the credit and any amendment without any undertaking to honour or negotiate.

b. By advising the credit or amendment, the advising bank signifies that it has satisfied itself as to the apparent authenticity of the credit or amendment and that the advice accurately reflects the terms and conditions of the credit or amendment received.

c. An advising bank may utilize the services of another bank ("second advising bank") to advise the credit and any amendment to the beneficiary. By advising the credit or amendment, the second advising bank signifies that it has satisfied itself as to the apparent authenticity of the advice it has received and that the advice accurately reflects the terms and conditions of the credit or amendment received.

d. A bank utilizing the services of an advising bank or second advising bank to advise a credit must use the same bank to advise any amendment thereto.

e. If a bank is requested to advise a credit or amendment but elects not to do so, it must so inform, without delay, the bank from which the credit, amendment or advice has been received.

f. If a bank is requested to advise a credit or amendment but cannot satisfy itself as to the apparent authenticity of the credit, the amendment or the advice, it must so inform, without delay, the bank from which the instructions appear to have been received. If the advising bank or second advising bank elects nonetheless to advise the credit or amendment, it must inform the beneficiary or second advising bank that it has not been able to satisfy itself as to the apparent authenticity of the credit, the amendment or the advice.

**[제9조] 신용장 및 조건변경의 통지**

a. 신용장과 모든 조건변경은 통지은행을 통하여 수익자에게 통지될 수 있다. 확인은행이 아닌 통지은행은 결제 또는 매입을 확약하지 않고 신용장 및 모든 조건변경을 통지한다.

b. 통지은행이 신용장이나 조건변경을 통지하는 것은 자신이 통지한 신용장 또는 조건변경의 외관상 진본성에 대하여 스스로 만족하며 그리고 접수된 신용장이나 조건변경의 제 조건이 동 통지에 정확하게 반영되어 있음을 표명하는 것이다.

c. 통지은행은 신용장 및 조건변경을 수익자에게 통지하기 위하여 다른 은행(제2통지은행)의 서비스를 활용할 수 있다. 신용장 또는 조건변경을 통지함으로써, 통지은행은 동 신용장 또는 조건변경의 외관상 진본성에 대하여 스스로 만족하며, 그리고 접수된 신용장이나 조건변경의 제 조건이 동 통지에 정확하게 반영되어 있음을 표명하는 것이다.

d. 신용장을 통지하기 위하여 통지은행 또는 제2통지은행의 서비스를 활용하는 은행은 동 신용장의 조건변경을 통지할 때 동일한 은행을 이용하여야 한다.

e. 신용장 또는 조건변경을 통지하도록 요구받은 은행이 이를 통지하지 않기로 한 경우, 동 은행은 신용장, 조건변경 또는 통지를 의뢰해온 은행에게 지체없이 이를 통보하여야 한다.

f. 은행이 신용장 또는 조건변경의 통지를 요구받고도 동 신용장, 조건변경 또는 통지의 외관상 신뢰성에 스스로 만족할 수 없는 경우, 은행은 지시를 의뢰해온 은행에게 지체없이 그러한 사실을 통보하여야 한다. 그럼에도 불구하고 통지은행 또는 제2통지은행이 신용장 또는 조건변경을 통지하기로 선택한 경우, 은행은 동 신용장, 조건변경 또는 통지의 외관상 신뢰성이 충족되지 못한다는 사실을 수익자 또는 제2통지은행에게 통지하여야 한다.

---

**Article 10 Amendments**

a. Except as otherwise provided by article 38, a credit can neither be amended nor cancelled without the agreement of the issuing bank, the confirming bank, if any, and the beneficiary.

b. An issuing bank is irrevocably bound by an amendment as of the time it issues the amendment. A confirming bank may extend its confirmation to an amendment and will be irrevocably bound as of the time it advises the amendment. A confirming bank may, however, choose to advise an amendment without extending its confirmation and, if so, it must inform the issuing bank without delay and inform the beneficiary in its advice.

c. The terms and conditions of the original credit (or a credit incorporating previously accepted amendments) will remain in force for the beneficiary until the beneficiary communicates its acceptance of the amendment to the bank that advised such amendment. The beneficiary should give notification of acceptance or rejection of an amendment. If the beneficiary fails to give such notification, a presentation that complies with the credit and to any not yet accepted amendment will be deemed to be notification of acceptance by the beneficiary of such amendment. As of that moment the credit will be amended.

d. A bank that advises an amendment should inform the bank from which it received the amendment of any notification of acceptance or rejection.

e. Partial acceptance of an amendment is not allowed and will be deemed to be notification of rejection of the amendment.

f. A provision in an amendment to the effect that the amendment shall enter into force unless rejected by the beneficiary within a certain time shall be disregarded.

**[제10조] 조건변경**

a. 제38조에 규정된 경우를 제외하고, 신용장은 발행은행, 있는 경우 확인은행, 그리고 수익자의 동의없이 조건변경이나 취소될 수 없다.

b. 발행은행은 조건변경을 발행하는 때로부터 자신이 발행한 조건변경에 취소불능적으로 구속된다. 확인은행은 조건변경에 자신의 확인을 연장할 수 있으며 동 조건변경을 통지하는 시점부터 취소불능적으로 구속된다. 그러나 확인은행은 자신의 확인을 연장하지 않고 조건변경의 통지를 선택할 수 있는데, 만약 그럴 경우 확인은행은 동 사실을 지체없이 발행은행에 통지하여야하고 수익자에게도 자신의 통지서를 통해 이를 통지하여야 한다.

c. 원신용장 (또는 이미 승낙된 조건변경내용이 포함되어 있는 신용장)의 조건은 수익자가 그러한 조건변경을 통지해온 은행에게 조건변경의 승낙여부를 통지할 때까지 수익자에 대하여 계속 유효하다. 수익자는 조건변경의 승낙 또는 거절의 통지를 하여야 한다. 만약 수익자가 그러한 통지를 하지 않은 채, 신용장 및 아직 승낙되지 않은 조건변경에 일치하는 제시는 수익자에 의한 조건변경의 승낙통지로 간주된다. 그 순간부터 신용장은 조건변경 된다.

d. 조건변경을 통지하는 은행은 동 조건변경을 송부해온 은행에게 승낙 또는 거절의 통지를 하여야 한다.

e. 조건변경의 일부승낙은 허용되지 않으며 조건변경의 거절통지로 간주된다.

f. 소정의 기간이내에 수익자의 거절이 없으면 동 조건변경은 발효한다는 취지의 조건변경서상의 문언은 무시된다.

---

**Article 11 Teletransmitted and Pre-Advised Credits and Amendments**

a. An authenticated teletransmission of a credit or amendment will be deemed to be the operative credit or amendment, and any subsequent mail confirmation shall be disregarded.

If a teletransmission states "full details to follow" (or words of similar effect), or states that the mail confirmation is to be the operative credit or amendment, then the teletransmission will not be deemed to be the operative credit or amendment. The issuing bank must then issue the operative credit or amendment without delay in terms not inconsistent with the teletransmission.

b. A preliminary advice of the issuance of a credit or amendment ("pre-advice") shall only be sent if the issuing bank is prepared to issue the operative credit or amendment. An issuing bank that sends a pre-advice is irrevocably committed to issue the operative credit or amendment, without delay, in terms not inconsistent with the pre-advice.

**[제11조] 전신 및 사전 통지된 신용장과 조건변경**

a. 신용장 또는 조건변경의 인증된 전신은 유효한신용장 또는 조건변경으로 간주되며, 모든 후속우편확인서는 무시된다. 만일 전신에 "세부사항 추후 통지함(또는 유사한 취지의 문언)"이라 기재되어 있거나 또는 우편확인서를 유효한신용장 또는 조건변경으로 삼는다고 기재되어 있는 경우, 당해 전신은 유효한신용장 또는 조건변경으로 간주되지 아니한다. 이때 발행은행은 전신과 모순되지 않는 조건의 유효한신용장 또는 조건변경을 지체없이 발행하여야 한다.

b. 신용장의 발행 또는 조건변경의 예고(사전통지)는 발행은행이 유효한신용장 또는 조건변경을 발행할 준비가 되어 있는 경우에만 송부될 수 있다. 발행은행이 하는 예고는 예고한 내용과 모순되지 않는 조건으로 유효한신용장 또는 조건변경을 지체없이 발행하겠다는 취소불능적 약속이다.

---

**Article 12 Nomination**

a. Unless a nominated bank is the confirming bank, an authorization to honour or negotiate does not impose any obligation on that nominated bank to honour or negotiate, except when expressly agreed to by that nominated bank and so communicated to the beneficiary.

b. By nominating a bank to accept a draft or incur a deferred payment undertaking, an issuing bank authorizes that nominated bank to prepay or purchase a draft accepted or a deferred payment undertaking incurred by that nominated bank.

c. Receipt or examination and forwarding of documents by a nominated bank that is not a confirming bank does not make that nominated bank liable to honour or negotiate, nor does it constitute honour or negotiation.

**[제12조] 지정**

a. 지정은행이 확인은행이 아닌 경우, 지정은행이 명시적으로 동의하고 그 사실을 수익자에게 통지한 경우를 제외하고, 결제 또는 매입의 수권이 지정은행에게 결제 또는 매입하도록 어떠한 의무도 부과하지 아니한다.

b. 환어음을 인수할 은행 또는 연지급확약을 이행할 은행을 지정함으로써, 발행은행은 그 지정은행에 의해 인수된 환어음 또는 그 지정은행이 행한 연지급확약에 대하여선 지급 또는 구매하도록 그 지정은행에게 수권하게 된다.

c. 확인은행이 아닌 지정은행이 서류의 접수 또는 심사 및 발송하는 것은 동 지정은행에게 결제 또는 매입하도록 책임을 부여하는 것도 아니며, 또한 그 자체가 결제 또는 매입을 구성하는 것도 아니다.

---

**Article 13 Bank-to-Bank Reimbursement Arrangements**

a. If a credit states that reimbursement is to be obtained by a nominated bank ("claiming bank") claiming on another party ("reimbursing bank"), the credit must state if the reimbursement is subject to the ICC rules for bank-to-bank reimbursements in effect on the date of issuance of the credit.

b. If a credit does not state that reimbursement is subject to the ICC rules for bank-to-bank reimbursements, the following apply:

i. An issuing bank must provide a reimbursing bank with a reimbursement authorization that conforms with the availability stated in the credit. The reimbursement authorization should not be subject to an expiry date.

ii. A claiming bank shall not be required to supply a reimbursing bank with a certificate of compliance with the terms and condition of the credit.

iii. An issuing bank will be responsible for any loss of interest, together with any expenses incurred, if reimbursement is not provided on first demand by a reimbursing bank in accordance with the terms and conditions of the credit.

iv. A reimbursing bank's charges are for the account of the issuing bank. However, if the charges are for the account of the beneficiary, it is the responsibility of an issuing bank to so indicate in the credit and in the reimbursement authorization. If a reimbursing bank's charges are for the account of the beneficiary, they shall be deducted from the amount due to a claiming bank when reimbursement is made. If no reimbursement is made, the reimbursing bank's charges remain the obligation of the issuing bank.

c. An issuing bank is not relieved of any of its obligations to provide reimbursement if reimbursement is not made by a reimbursing bank on first demand.

**[제13조] 은행간 상환협정**

a. 지정은행(청구은행)이 다른 당사자(상환은행)에게 청구함으로써 상환되도록 신용장에 규정되어 있는 경우, 신용장에는 신용장발행일현재 발효중인 은행간 상환에 관한 ICC 규칙이 적용되는지 여부를 기재하여야 한다.

b. 만약 신용장에 상환은 은행간 상환에 관한 ICC 규칙이 적용된다는 사실의 기재가 없는 경우, 다음의 내용이 적용된다:

ⅰ. 발행은행은 상환은행에게 신용장의 기재와 일치하는 상환수권을 하여야 한다. 상환수권은 유효기일을 조건부로 해서는 안 된다.

ⅱ. 신용장의 모든 조건과 일치한다는 증명서를 상환은행에 제공하도록 청구은행에게 요구해서는 안 된다.

ⅲ. 신용장의 조건과 일치하게 첫 상환요구 시 상환이 이행되지 않을 경우, 발행은행은 발생한 모든 수수료는 물론 이자손실에 대하여 책임을 부담한다.

ⅳ. 상환은행의 수수료는 발행은행이 부담한다. 그러나 동 수수료를 수익자가 부담하는 경우, 그러한 사실을 신용장이나 상환수권서에 표시하는 것은 발행은행의 책임이다. 상환은행의 수수료를 수익자가 부담하는 경우, 동 수수료는 상환 시 청구은행에게 지급할 금액에서 공제된다. 상환이 이행되지 않을 경우, 상환은행의 수수료는 발행은행의 의무가 된다.

c. 첫 요구 시 상환은행에 의한 상환이 이행되지 않을 경우 발행은행은 자신의 상환 제공의무로부터 면제되지 아니한다.

---

**Article 14 Standard for Examination of Documents**

a. A nominated bank acting on its nomination, a confirming bank, if any, and the issuing bank must examine a presentation to determine, on the basis of the documents alone, whether or not the documents appear on their face to constitute a complying presentation.

b. A nominated bank acting on its nomination, a confirming bank, if any, and the issuing bank shall each have a maximum of five banking days following the day of presentation to determine if a presentation is complying. This period is not curtailed or otherwise affected by the occurrence on or after the date of presentation of any expiry date or last day for presentation.

c. A presentation including one or more original transport documents subject to articles 19, 20, 21, 22, 23, 24 or 25 must be made by or on behalf of the beneficiary not later than 21 calendar days after the date of shipment as described in these rules, but in any event not later than the expiry date of the credit.

d. Data in a document, when read in context with the credit, the document itself and international standard banking practice, need not be identical to, but must not conflict with, data in that document, any other stipulated document or the credit.

e. In documents other than the commercial invoice, the description of the goods, services or performance, if stated, may be in general terms not conflicting with their description in the credit.

f. If a credit requires presentation of a document other than a transport document, insurance document or commercial invoice, without stipulating by whom the document is to be issued or its data content, banks will accept the document as presented if its content appears to fulfil the function of the required document and otherwise complies with sub-article 14 (d).

g. A document presented but not required by the credit will be disregarded and may be returned to the presenter.

h. If a credit contains a condition without stipulating the document to indicate compliance with the condition, banks will deem such condition as not stated and will disregard it.

i. A document may be dated prior to the issuance date of the credit, but must not be dated later than its date of presentation.

j. When the addresses of the beneficiary and the applicant appear in any stipulated document, they need not be the same as those stated in the credit or in any other stipulated document, but must be within the same country as the respective addresses mentioned in the credit. Contact details (telefax, telephone, email and the like) stated as part of the beneficiary's and the applicant's address will be disregarded. However, when the address and contact details of the applicant appear as part of the consignee or notify party details on a transport document subject to articles 19, 20, 21, 22, 23, 24 or 25, they must be as stated in the credit.

k. The shipper or consignor of the goods indicated on any document need not be the beneficiary of the credit.

l. A transport document may be issued by any party other than a carrier, owner, master or charterer provided that the transport document meets the requirements of articles 19, 20, 21, 22, 23 or 24 of these rules.

**[제14조] 서류심사의 표준**

a. 지정에 의거하여 행동하는 지정은행, 만일 있다면 확인은행, 그리고 발행은행은 서류만을 근거로, 서류가 동 문면상 일치하는 제시인지의 여부를 결정하기 위하여 제시를 심사하여야 한다.

b. 지정에 의거하여 행동하는 지정은행, 만일 있다면 확인은행, 그리고 발행은행은 제시가 일치한지를 결정하기 위하여 제시일후 최장 5은행일을 각각 보유한다. 이 기간은 유효기간최종일자 또는 제시를 위한 최종일자이후에(당일이나 그 후에) 발생(제시)되었다는 이유로 단축되거나 달리 영향을 받지 아니한다.

c. 본 규칙 제19조 내지 제25조에 적용되는 1부이상의 원본운송서류가 포함된 제시는 수익자 또는 그 대리인에 의하여 본 규칙에 명시된 선적일후 21월력일 이내에 이루어져야 되지만, 그러나 어떤 경우에도 신용장의 유효기간최종일자보다 늦지 않게 제시되어야 한다.

d. 신용장, 서류 그 자체 그리고 국제표준은행관행의 문맥으로 미루어 판단할 때, 서류상의 데이터는 그 서류, 모든 다른 서류 또는 신용장의 데이터와 동일해야 될 필요는 없지만, 모순되어서는 안 된다.

e. 상업송장을 제외한 다른 서류상의 물품, 서비스 또는 이행의 명세는, 만약 기재되어 있는 경우, 신용장의 명세와 모순되지 않는 일반적인 용어로 기술될 수 있다.

f. 만약 신용장이 운송서류, 보험서류 또는 상업송장외의 다른 서류의 제시를 요구하면서, 그 서류가 누구에 의하여 발행되어야 되는지 또는 그 데이터내용을 명시하고 있지 않은 경우, 은행은 서류의 내용이 요구된 서류의 기능을 충족시키는 것으로 보이고 그리고 제14조 (d)항과 일치하면 그 서류를 제시된 대로 수리한다.

g. 제시는 되었으나 신용장에서 요구되지 아니한 서류는 무시되며 그리고 제시자에게 반송될 수 있다.

h. 신용장에 어떤 조건은 포함되어 있으나 그 조건과 일치를 적시할 서류를 명시하고 있지 아니한 경우, 은행은 그러한 조건이 기재되지 아니한 것으로 간주하고 동 조건을 무시한다.

i. 서류는 신용장발행일자보다 빠른 일부로 될 수 있으나, 제시일자보다 늦은 일부로 되어서는 안 된다.

j. 수익자 및 발행의뢰인의 주소가 어떤 규정된 서류에 기재되어 있는 경우, 그것은 신용장 또는 어떤 다른 규정된 서류상에 기재된 것과 동일할 필요는 없지만, 신용장에 기재된 각각의 주소지와 동일국내에 소재해야 한다. 수익자와 발행의뢰인의 주소의 일부로 기재된 세부적인 연락처(텔렉스, 전화, 이메일 및 이와 유사한 것)는 무시된다. 그러나 발행의뢰인의 주소와 세부적인 연락처가 제19조 내지 제25조가 적용되는 운송서류상에 수화인 또는 통지처의 일부로 표기되는 때에는 신용장의 기재와 같아야 한다.

k. 모든 서류상에 표시된 물품의 선적인 또는 송화인은 신용장의 수익자와 달라도 된다.

l. 운송서류가 본 규칙 제19조 내지 제24조의 요건을 충족하는 한, 운송서류는 운송인, 선주, 선장 또는 용선인외의 어떤 다른 당사자에 의해서도 발행될 수 있다.

**Article 15 Complying Presentation**

a. When an issuing bank determines that a presentation is complying, it must honour.

b. When a confirming bank determines that a presentation is complying, it must honour or negotiate and forward the documents to the issuing bank.

c. When a nominated bank determines that a presentation is complying and honours or negotiates, it must forward the documents to the confirming bank or issuing bank.

**[제15조] 일치제시**

a. 발행은행은 제시가 일치한다고 결정하는 경우, 결제하여야 한다.

b. 확인은행은 제시가 일치한다고 결정하는 경우, 결제 또는 매입하고 그 서류를 발행은행으로 송부하여야 한다.

c. 지정은행은 제시가 일치한다고 결정하고 결제 또는 매입하는 경우 그 서류를 확인은행 또는 발행은행으로 송부하여야 한다.

---

**Article 16 Discrepant Documents, Waiver and Notice**

a. When a nominated bank acting on its nomination, a confirming bank, if any, or the issuing bank determines that a presentation does not comply, it may refuse to honour or negotiate.

b. When an issuing bank determines that a presentation does not comply, it may in its sole judgement approach the applicant for a waiver of the discrepancies. This does not, however, extend the period mentioned in sub-article 14 (b).

c. When a nominated bank acting on its nomination, a confirming bank, if any, or the issuing bank decides to refuse to honour or negotiate, it must give a single notice to that effect to the presenter.

The notice must state:

i. that the bank is refusing to honour or negotiate; and

ii. each discrepancy in respect of which the bank refuses to honour or negotiate; and

iii. a) that the bank is holding the documents pending further instructions from the presenter; or

b) that the issuing bank is holding the documents until it receives a waiver from the applicant and agrees to accept it, or receives further instructions from the presenter prior to agreeing to accept a waiver; or

c) that the bank is returning the documents; or

d) that the bank is acting in accordance with instructions previously received from the presenter.

d. The notice required in sub-article 16 (c) must be given by telecommunication or, if that is not possible, by other expeditious means no later than the close of the fifth banking day following the day of presentation.

e. A nominated bank acting on its nomination, a confirming bank, if any, or the issuing bank may, after providing notice required by sub-article 16 (c) (iii) (a) or (b), return the documents to the presenter at any time.

f. If an issuing bank or a confirming bank fails to act in accordance with the provisions of this article, it shall be precluded from claiming that the documents do not constitute a complying presentation.

g. When an issuing bank refuses to honour or a confirming bank refuses to honour or negotiate and has given notice to that effect in accordance with this article, it shall then be entitled to claim a refund, with interest, of any reimbursement made.

**[제16조] 불일치서류, 추인 및 통지**

a. 지정에 의거하여 행동하는 지정은행, 만일 있다면 확인은행 또는 발행은행은 제시가 일치하지 않다고 결정하는 경우 결제 또는 매입을 거절할 수 있다.

b. 발행은행은 제시가 일치하지 않다고 결정하는 경우 독자적 판단으로 불일치의 추인을 위하여 발행의뢰인과 교섭할 수 있다. 그러나 이러한 교섭은 제14조 제(b)항에 규정된 기간을 연장시키지 못한다.

c. 지정에 의거하여 행동하는 지정은행, 만일 있다면 확인은행 또는 발행은행은 결제 또는 매입을 거절하기로 결정하는 경우, 제시자에게 그러한 취지를 單發通知하여야 한다.

동 통지에는 다음의 사항이 반드시 기술되어야 한다:

ⅰ. 은행이 결제 또는 매입을 거절한다는 사실; 그리고

ⅱ. 은행이 결제 또는 매입을 거절하는 관련 모든 불일치; 그리고

ⅲ. a) 은행은 제시자의 추가지시가 있을 때까지 서류를 보관하고 있다는 사실; 또는

b) 발행은행은 발행의뢰인으로부터 추인을 받고 이를 수락하기로 동의할 때까지, 또는 추인을 수락하기로 동의하기전 제시자로부터 추가지시를 받을 때까지 서류를 보관하고 있다는 사실; 또는

c) 은행은 서류를 반송하고 있다는 사실; 또는

d) 은행은 사전에 제시자로부터 받은 지시에 따라 행동하고 있다는 사실.

d. 제16조 제(c)항에서 요구되는 통지는 제시일후 5은행일의 마감이전까지 전신으

로, 전신의 이용이 불가한 경우에는 다른 신속한 수단으로 행해져야 한다.

e. 지정에 의거하여 행동하는 지정은행, 만일 있다면 확인은행 또는 발행은행은 제16조 제(c)항 (iii)호의 a) 또는 b)에서 요구되는 통지를 한 후 언제든지 제시자에게 서류를 반송할 수 있다.

f. 만약 발행은행 또는 확인은행이 본조의 규정에 따라 행동하지 못하면, 동 은행은 서류가 일치하는 제시에 해당하지 않는다고 주장할 수 있는 권리를 상실하게 된다.

g. 발행은행이 결제를 거절하거나 또는 확인은행이 결제 또는 매입을 거절하고 본조에 따른 취지의 통지를 하였다면 동 은행은 기 지급한 모든 상환금에 이자를 포함하여 이의 반환을 청구할 권리가 있다.

---

**Article 17 Original Documents and Copies**

a. At least one original of each document stipulated in the credit must be presented.

b. A bank shall treat as an original any document bearing an apparently original signature, mark, stamp, or label of the issuer of the document, unless the document itself indicates that it is not an original.

c. Unless a document indicates otherwise, a bank will also accept a document as original if it:

i. appears to be written, typed, perforated or stamped by the document issuer's hand; or

ii. appears to be on the document issuer's original stationery; or

iii. states that it is original, unless the statement appears not to apply to the document presented.

d. If a credit requires presentation of copies of documents, presentation of either originals or copies is permitted.

e. If a credit requires presentation of multiple documents by using terms such as "in duplicate", "in two fold" or "in two copies", this will be satisfied by the presentation of at least one original and the remaining number in copies, except when the document itself indicates otherwise.

**[제17조] 원본서류와 사본**

a. 신용장에 규정되어 있는 각 서류는 최소한 원본1부씩이 제시되어야 한다.

b. 서류자체에 이 서류는 원본이 아니다는 표시가 없는 한, 은행은 서류발행자의 외형상 자필서명, 마크, 스탬프, 또는 라벨이 있는 모든 서류를 원본으로 취급한다.

c. 서류에 다른 표시가 없는 한, 은행은 다음의 서류를 원본으로 인정한다.

i. 서류발행자의 손으로 작성된, 타이핑된, 천공된 또는 스탬프된 것으로 보이는

서류, 또는

ⅱ. 서류발행자의 원본서한용지에 적성된 것으로 보이는 서류, 또는

ⅲ. 원본이라는 표시가 제시된 서류에 적용될 수 없는 것으로 보이지 않는 한, 이는 원본이다고 표시하고 있는 서류.

d. 신용장이 서류의 사본제시를 요구하는 경우, 원본 또는 사본의 제시가 모두 허용된다.

e. 신용장이 "in duplicate", "in two fold" 또는 "in two copies"와 같은 용어를 사용하여 여러 통의 서류를 제시하도록 요구하는 경우, 그 서류자체에 다른 표시가 있는 경우를 제외하고, 최소한 1부의 원본과 잔여부수의 사본이 제시되면 된다.

---

**Article 18 Commercial Invoice**

a. A commercial invoice:

i. must appear to have been issued by the beneficiary (except as provided in article 38);

ii. must be made out in the name of the applicant (except as provided in sub-article 38 (g));

iii. must be made out in the same currency as the credit; and

iv. need not be signed.

b. A nominated bank acting on its nomination, a confirming bank, if any, or the issuing bank may accept a commercial invoice issued for an amount in excess of the amount permitted by the credit, and its decision will be binding upon all parties, provided the bank in question has not honoured or negotiated for an amount in excess of that permitted by the credit.

c. The description of the goods, services or performance in a commercial invoice must correspond with that appearing in the credit.

**[제18조] 상업송장**

a. 상업송장은:

ⅰ. (제38조에 규정된 경우를 제외하고) 수익자가 발행한 것으로 보여야 하며,

ⅱ. (제38조 제(g)항에 규정된 경우를 제외하고) 발행의뢰인의 명의로 작성되어야 하며,

ⅲ. 신용장의 것과 동일한 통화로 작성되어야 하며, 그리고

ⅳ. 서명될 필요가 없다.

b. 지정에 따라 행동하는 지정은행, 있는 경우, 확인은행 또는 발행은행은 신용장에서 허용된 금액을 초과하는 금액으로 발행된 상업송장을 수리할 수 있으며, 그리고 그 은행의 결정은 모든 당사자를 구속한다. 다만 이때 해당은행이 신용장에서 허용된 금

액의 초과금액분에 대하여 결제 또는 매입하지 않을 것을 전제로 한다.

c. 상업송장상의 물품, 서비스 또는 계약이행의 명세는 신용장에 나타나 있는 것과 일치하여야 한다.

---

**Article 19 Transport Document Covering at Least Two Different Modes of Transport**

a. A transport document covering at least two different modes of transport (multimodal or combined transport document), however named, must appear to:

i. indicate the name of the carrier and be signed by:

- the carrier or a named agent for or on behalf of the carrier, or
- the master or a named agent for or on behalf of the master.

Any signature by the carrier, master or agent must be identified as that of the carrier, master or agent.

Any signature by an agent must indicate whether the agent has signed for or on behalf of the carrier or for or on behalf of the master.

ii. indicate that the goods have been dispatched, taken in charge or shipped on board at the place stated in the credit, by:

- pre-printed wording, or
- a stamp or notation indicating the date on which the goods have been dispatched, taken in charge or shipped on board.

The date of issuance of the transport document will be deemed to be the date of dispatch, taking in charge or shipped on board, and the date of shipment. However, if the transport document indicates, by stamp or notation, a date of dispatch, taking in charge or shipped on board, this date will be deemed to be the date of shipment.

iii. indicate the place of dispatch, taking in charge or shipment and the place of final destination stated in the credit, even if:

- the transport document states, in addition, a different place of dispatch, taking in charge or shipment or place of final destination, or
- the transport document contains the indication "intended" or similar qualification in relation to the vessel, port of loading or port of discharge.

iv. be the sole original transport document or, if issued in more than one original, be the full set as indicated on the transport document.

v. contain terms and conditions of carriage or make reference to another source containing the terms and conditions of carriage (short form or blank back transport document). Contents of terms and conditions of carriage will not be examined.

vi. contain no indication that it is subject to a charter party.

b. For the purpose of this article, transhipment means unloading from one means of conveyance and reloading to another means of conveyance (whether or not in different modes of transport) during the carriage from the place of dispatch, taking in charge or shipment to the place of final destination stated in the credit.

c. i. A transport document may indicate that the goods will or may be transhipped provided that the entire carriage is covered by one and the same transport document.

ii. A transport document indicating that transhipment will or may take place is acceptable, even if the credit prohibits transhipment.

**[제19조] 적어도 2가지이상의 다른 운송방식을 커버하는 운송서류**

a. 적어도 2가지이상의 다른 운송방식을 커버하는 운송서류(복합운송서류)는, 명칭과 상관없이, 다음과 같이 보여야 한다.

i. 운송인의 명의가 표시되고 다음의 자에 의하여 서명된 것으로 보일 것.

- 운송인 또는 운송인을 대리하거나 대표하는 기명대리인, 또는
- 선장 또는 선장을 대리하가나 대표하는 기명대리인.

운송인, 선장 또는 대리인의 모든 서명은 운송인, 선장 또는 대리인의 것으로 인정되어야 한다. 대리인의 모든 서명은 대리인이 운송인을 대리하거나 대표하여 서명했는지 아니면 선장을 대리하거나 대표하여 서명했는지의 여부를 표시하여야 한다.

ii. 신용장에 기재된 장소에서 물품이 발송, 수탁 또는 선적되었음을 다음과 같이 표시된 것으로 보일 것.

- 사전 인쇄된 문언, 또는
- 물품이 발송, 수탁 또는 본선적재 되었음을 표시하는 스탬프 또는 부기.

운송서류의 발행일자는 발송, 수탁 또는 본선적재일자 및 선적일자로 간주된 다. 그러나 운송서류에 발송, 수탁 또는 본선적재일자가 스탬프나 부기로 표시되어 있다면, 이 일자는 선적일자로 간주된다.

iii. 비록 다음과 같은 경우에도, 신용장에 기재된 발송, 수탁 또는 선적지 및 최종목적지를 표시한 것으로 보일 것.

- 운송서류가 다른 발송, 수탁 또는 선적지 또는 최종목적지를 부가하여 기재하고 있는 경우, 또는
- 운송서류가 선박, 선적항 또는 양륙항과 관련하여 "예정된" 또는 이와 유사한 단서조건을 포함하고 있는 경우.

iv. 운송서류의 단일원본 또는 복본의 원본이 발행된 경우 운송서류에 표시된 전통

일 것.

v. 모든 운송조건을 포함하거나 또는 모든 운송조건을 포함하는 다른 근거(약식 또는 이면 백지식 운송서류)를 참조한 것으로 보일 것. 모든 운송조건의 내용은 심사하지 아니한다.

vi. 용선계약조건부란 표시가 포함되지 않은 것으로 보일 것.

b. 본조의 목적상, 환적이란 신용장에 기재된 발송, 수탁 또는 선적지로부터 최종목적지까지의 운송도중 하나의 운송수단에서 양륙하여 다른 운송수단(운송방식의 상이여부와는 상관없이)에 재적재하는 것을 의미한다.

c. i. 운송서류에는 물품이 환적될 것임 또는 환적될 수도 있음이라고 표시될 수 있다. 다만 이때에는 전 운송구간이 하나의 동일한 운송서류에 의하여 커버될 것을 조건으로 한다.

ii. 신용장이 환적을 금지하고 있어도, 환적될 것임 또는 될 수도 있음이라고 표시되어 있는 운송서류는 수리가능하다.

---

**Article 20 Bill of Lading**

a. A bill of lading, however named, must appear to:

i. indicate the name of the carrier and be signed by:

- the carrier or a named agent for or on behalf of the carrier, or
- the master or a named agent for or on behalf of the master.

Any signature by the carrier, master or agent must be identified as that of the carrier, master or agent.

Any signature by an agent must indicate whether the agent has signed for or on behalf of the carrier or for or on behalf of the master.

ii. indicate that the goods have been shipped on board a named vessel at the port of loading stated in the credit by:

- pre-printed wording, or
- an on board notation indicating the date on which the goods have been shipped on board.

The date of issuance of the bill of lading will be deemed to be the date of shipment unless the bill of lading contains an on board notation indicating the date of shipment, in which case the date stated in the on board notation will be deemed to be the date of shipment.

If the bill of lading contains the indication "intended vessel" or similar qualification in relation to the name of the vessel, an on board notation indicating the date of shipment and the name of the actual vessel is required.

iii. indicate shipment from the port of loading to the port of discharge stated in the credit.

If the bill of lading does not indicate the port of loading stated in the credit as the port of loading, or if it contains the indication "intended" or similar qualification in relation to the port of loading, an on board notation indicating the port of loading as stated in the credit, the date of shipment and the name of the vessel is required. This provision applies even when loading on board or shipment on a named vessel is indicated by pre-printed wording on the bill of lading.

iv. be the sole original bill of lading or, if issued in more than one original, be the full set as indicated on the bill of lading.

v. contain terms and conditions of carriage or make reference to another source containing the terms and conditions of carriage (short form or blank back bill of lading). Contents of terms and conditions of carriage will not be examined.

vi. contain no indication that it is subject to a charter party.

b. For the purpose of this article, transhipment means unloading from one vessel and reloading to another vessel during the carriage from the port of loading to the port of discharge stated in the credit.

c. i. A bill of lading may indicate that the goods will or may be transhipped provided that the entire carriage is covered by one and the same bill of lading.

ii. A bill of lading indicating that transhipment will or may take place is acceptable, even if the credit prohibits transhipment, if the goods have been shipped in a container, trailer or LASH barge as evidenced by the bill of lading.

d. Clauses in a bill of lading stating that the carrier reserves the right to tranship will be disregarded.

**[제20조] 선화증권**

a. 선화증권은, 명칭과 상관없이, 다음과 같이 보여야 한다.

i. 운송인의 명의가 표시되고 다음의 자에 의하여 서명된 것으로 보일 것.

- 운송인 또는 운송인을 대리하거나 대표하는 기명대리인, 또는
- 선장 또는 선장을 대리하가나 대표하는 기명대리인.

운송인, 선장 또는 대리인의 모든 서명은 운송인, 선장 또는 대리인의 것으로 인정되어야 한다. 대리인의 모든 서명은 대리인이 운송인을 대리하거나 대표하여 서명했는지 아니면 선장을 대리하거나 대표하여 서명했는지의 여부를 표시하여야 한다.

ii. 물품이 신용장에 명시된 선적항에서 기명된 선박의 본선상에 선적되었음을 다음과 같이 표시된 것으로 보일 것.

- 사전에 인쇄된 문언, 또는
- 물품이 본선상에 선적된 일자가 표시된 본선적재부기.

선화증권에 선적일자를 표시하는 본선적재부기가 포함되어 있지 아니한 경우 선화증권의 발행일자는 선적일자로 간주되고, 선화증권에 본선적재부기가 포함되어 있는 경우에는 본선적재부기에 기재된 일자가 선적일자로 간주된다.

선화증권에 선박명과 관련하여 "예정된 선박" 또는 이와 유사한 단서조건이 포함되어 있는 경우, 본선적재부기에는 선적일자와 실제 선박명이 표시되어야 한다.

iii. 신용장에 명시된 선적항에서 양륙항까지의 선적을 표시한 것으로 보일 것.

선화증권이 신용장에 명시된 선적항을 선적항으로 표시하고 있지 않거나, 또는 선적항과 관련하여 "예정된" 또는 이와 유사한 단서조건을 포함하고 있는 경우에는 신용장에 명시된 선적항, 선적일자 및 선박명을 표시하는 본선적재부기를 하여야 한다. 이 규정은 기명된 선박에 본선적재 또는 선적이 선화증권상에 사전 인쇄되어 있는 문언으로 표시된 경우에도 적용된다.

iv. 선화증권의 단일원본 또는 복본의 원본이 발행된 경우 선화증권에 표시된 전통일 것.

v. 모든 운송조건을 포함하거나 또는 모든 운송조건을 포함하는 다른 근거(약식 또는 이면 백지식 선화증권)를 참조한 것으로 보일 것. 모든 운송조건의 내용은 심사하지 아니한다.

vi. 용선계약조건부란 표시가 포함되지 않은 것으로 보일 것.

b. 본조의 목적상, 환적이란 신용장에 기재된 선적항에서 양륙항까지의 운송도중 하나의 선박에서 양륙하여 다른 선박에 재적재하는 것을 의미한다.

c. i. 선화증권에는 물품이 환작될 것임 또는 환적될 수도 있음이라고 표시될 수 있다. 다만 이때에는 전 운송구간이 하나의 동일한 선화증권에 의하여 커버될 것을 조건으로 한다.

ii. 물품이 컨테이너, 트레일러 또는 LASH 바지에 선적된 사실이 선화증권에 의하여 입증되는 경우, 신용장이 환적을 금지하고 있어도, 환적될 것임 또는 환적될 수도 있음이라고 표시되어 있는 선화증권은 수리가능하다.

d. 운송인이 환적할 권리를 유보한다고 기재되어 있는 선화증권상의 단서문구는 무시된다.

---

**Article 21 Non-Negotiable Sea Waybill**

a. A non-negotiable sea waybill, however named, must appear to:

i. indicate the name of the carrier and be signed by:

- the carrier or a named agent for or on behalf of the carrier, or

• the master or a named agent for or on behalf of the master.

Any signature by the carrier, master or agent must be identified as that of the carrier, master or agent.

Any signature by an agent must indicate whether the agent has signed for or on behalf of the carrier or for or on behalf of the master.

ii. indicate that the goods have been shipped on board a named vessel at the port of loading stated in the credit by:

• pre-printed wording, or

• an on board notation indicating the date on which the goods have been shipped on board.

The date of issuance of the non-negotiable sea waybill will be deemed to be the date of shipment unless the non-negotiable sea waybill contains an on board notation indicating the date of shipment, in which case the date stated in the on board notation will be deemed to be the date of shipment.

If the non-negotiable sea waybill contains the indication "intended vessel" or similar qualification in relation to the name of the vessel, an on board notation indicating the date of shipment and the name of the actual vessel is required.

iii. indicate shipment from the port of loading to the port of discharge stated in the credit.

If the non-negotiable sea waybill does not indicate the port of loading stated in the credit as the port of loading, or if it contains the indication "intended" or similar qualification in relation to the port of loading, an on board notation indicating the port of loading as stated in the credit, the date of shipment and the name of the vessel is required. This provision applies even when loading on board or shipment on a named vessel is indicated by pre-printed wording on the non-negotiable sea waybill.

iv. be the sole original non-negotiable sea waybill or, if issued in more than one original, be the full set as indicated on the non-negotiable sea waybill.

v. contain terms and conditions of carriage or make reference to another source containing the terms and conditions of carriage (short form or blank back non-negotiable sea waybill). Contents of terms and conditions of carriage will not be examined.

vi. contain no indication that it is subject to a charter party.

b. For the purpose of this article, transhipment means unloading from one vessel and reloading to another vessel during the carriage from the port of loading to the port of discharge stated in the credit.

c. i. A non-negotiable sea waybill may indicate that the goods will or may be transhipped provided that the entire carriage is covered by one and the same non-negotiable sea waybill.

ii. A non-negotiable sea waybill indicating that transhipment will or may take place is acceptable, even if the credit prohibits transhipment, if the goods have been shipped in a container, trailer or LASH barge as evidenced by the non-negotiable sea waybill.

d. Clauses in a non-negotiable sea waybill stating that the carrier reserves the right to tranship will be disregarded.

**[제21조] 유통불능해상화물운송장**

a. 유통불능해상화물운송장은, 명칭과 상관없이, 다음과 같이 보여야 한다:

i. 운송인의 명의가 표시되고 다음의 자에 의하여 서명된 것으로 보일 것.

- 운송인 또는 운송인을 대리하거나 대표하는 기명대리인, 또는
- 선장 또는 선장을 대리하거나 대표하는 기명대리인.

운송인, 선장 또는 대리인의 모든 서명은 운송인, 선장 또는 대리인의 것으로 인정되어야 한다. 대리인의 서명은 대리인이 운송인을 대리하거나 대표하여 서명했는지 아니면 선장을 대리하거나 대표하여 서명했는지의 여부를 표시하여야 한다.

ii. 신용장에 기재된 선적항에서 물품이 기명된 선박의 본선상에 선적되었음을 다음과 같이 표시한 것으로 보일 것.

- 사전 인쇄된 문언, 또는
- 물품이 본선상에 선적된 일자가 표시된 본선적재부기.

유통불능해상화물운송장에 선적일자를 표시하는 본선적재부기가 포함되어 있지 아니한 경우 유통불능해상화물운송장의 발행일자는 선적일자로 간주되고, 유통불능해상화물운송장에 본선적재부기가 포함되어 있는 경우에는 본선적재부기에 기재된 일자가 선적일자로 간주된다.

유통불능해상화물운송장에 선박명과 관련하여 "예정된 선박" 또는 이와 유사한 단서조건이 포함되어 있는 경우, 본선적재부기에는 선적일자와 실제 선박명이 표시되어야 한다.

iii. 신용장에 기재된 선적항에서 양륙항까지의 선적을 표시한 것으로 보일 것.

유통불능해상화물운송장이 신용장에 기재된 선적항을 선적항으로 표시하고 있지 않거나, 또는 선적항과 관련하여 "예정된" 또는 이와 유사한 단서조건의 명시를 포함하고 있는 경우, 본선적재부기에는 신용장에 기재된 선적항, 선적일자 및 선박명을 표시하여야 한다. 이 규정은 기명된 선박에 본선적재 또는 선적이 유통불능해상화물운송장에 사전 인쇄된 문언으로 표시된 경우에도 적용된다.

iv. 유통불능해상화물운송장의 단일원본 또는 복본의 원본이 발행된 경우 유통불능

해상화물운송장에 표시된 전통일 것.

v. 모든 운송조건을 포함하거나 또는 모든 운송조건을 포함하는 다른 근거(약식 또는 이면 백지식 유통불능해상화물운송장)를 참조한 것으로 보일 것. 모든 운송조건의 내용은 심사하지 아니한다.

vi. 용선계약조건부란 표시가 포함되지 않은 것으로 보일 것.

b. 본조의 목적상, 환적이란 신용장에 기재된 선적항에서 양륙항까지의 운송도중 하나의 선박에서 양륙하여 다른 선박에 재적재하는 것을 의미한다.

c. i. 유통불능해상화물운송장에는 물품이 환적될 것임 또는 환적될 수도 있음이라고 표시될 수 있다. 다만 이때에는 전 운송구간이 하나의 동일한 유통불능해상화물운송장에 의하여 커버될 것을 조건으로 한다.

ii. 물품이 컨테이너, 트레일러 또는 LASH 바지에 선적된 사실이 유통불능해상화물운송장에 의하여 입증되는 경우, 신용장이 환적을 금지하고 있어도, 환적될 것임 또는 환적될 수도 있음이라고 표시되어 있는 유통불능해상화물운송장은 수리가능하다.

d. 운송인이 환적할 권리를 유보한다고 기재되어 있는 유통불능해상화물운송장상의 단서문구는 무시된다.

---

**Article 22 Charter Party Bill of Lading**

a. A bill of lading, however named, containing an indication that it is subject to a charter party (charter party bill of lading), must appear to:

i. be signed by:

- the master or a named agent for or on behalf of the master, or
- the owner or a named agent for or on behalf of the owner, or
- the charterer or a named agent for or on behalf of the charterer.

Any signature by the master, owner, charterer or agent must be identified as that of the master, owner, charterer or agent.

Any signature by an agent must indicate whether the agent has signed for or on behalf of the master, owner or charterer.

An agent signing for or on behalf of the owner or charterer must indicate the name of the owner or charterer.

ii. indicate that the goods have been shipped on board a named vessel at the port of loading stated in the credit by:

- pre-printed wording, or
- an on board notation indicating the date on which the goods have been shipped on board.

The date of issuance of the charter party bill of lading will be deemed to be the date of shipment unless the charter party bill of lading contains an on board notation indicating the date of shipment, in which case the date stated in the on board notation will be deemed to be the date of shipment.

iii. indicate shipment from the port of loading to the port of discharge stated in the credit. The port of discharge may also be shown as a range of ports or a geographical area, as stated in the credit.

iv. be the sole original charter party bill of lading or, if issued in more than one original, be the full set as indicated on the charter party bill of lading.

b. A bank will not examine charter party contracts, even if they are required to be presented by the terms of the credit.

**[제22조] 용선계약선화증권**

a. 용선계약조건부라는 표시가 포함되어 있는 선화증권(용선계약선화증권)은, 명칭과 상관없이, 다음과 같이 보여야 한다:

i. 다음의 자에 의하여 서명된 것으로 보일 것.

- 선장 또는 선장을 대리하거나 대표하는 기명대리인, 또는
- 선주 또는 선주를 대리하거나 대표하는 기명대리인, 또는
- 용선인 또는 용선인을 대리하거나 대표하는 기명대리인.

선장, 선주, 용선인 또는 대리인의 모든 서명은 선장, 선주, 용선인 또는 대리인의 것으로 인정되어야 한다. 대리인의 모든 서명은 대리인이 선장, 선주 또는 용선인을 대리하거나 대표하여 서명했음을 표시하여야 한다. 선주 또는 용선인을 대리하거나 대표하여 서명하는 대리인은 선주 또는 용선인의 명의를 표시하여야 한다.

ii. 신용장에 기재된 선적항에서 물품이 기명된 선박의 본선상에 선적되었음을 다음과 같이 표시한 것으로 보일 것.

- 사전 인쇄된 문언, 또는
- 물품이 본선상에 선적된 일자가 표시된 본선적재부기.

용선계약선화증권에 선적일자를 표시하는 본선적재부기가 포함되어 있지 아니한 경우 용선계약선화증권의 발행일자는 선적일자로 간주되고, 용선계약선화증권에 본선적재부기가 포함되어 있는 경우에는 본선적재부기에 기재된 일자가 선적일자로 간주된다.

iii. 신용장에 기재된 선적항에서 양륙항까지의 선적을 표시한 것으로 보일 것. 양륙항은 신용장에 기재되어 있는 항구의 권역이나 지역으로 표시될 수도 있다.

iv. 용선계약선화증권의 단일원본 또는 복본의 원본이 발행된 경우 용선계약선화증권에 표시된 전통으로 보일 것.

b. 신용장이 용선계약서를 제시하도록 요구하고 있는 경우에도, 은행은 용선계약서를 심사하지 아니한다.

**Article 23 Air Transport Document**

a. An air transport document, however named, must appear to:

i. indicate the name of the carrier and be signed by:

- the carrier, or
- a named agent for or on behalf of the carrier.

Any signature by the carrier or agent must be identified as that of the carrier or agent.

Any signature by an agent must indicate that the agent has signed for or on behalf of the carrier.

ii. indicate that the goods have been accepted for carriage.

iii. indicate the date of issuance. This date will be deemed to be the date of shipment unless the air transport document contains a specific notation of the actual date of shipment, in which case the date stated in the notation will be deemed to be the date of shipment.

Any other information appearing on the air transport document relative to the flight number and date will not be considered in determining the date of shipment.

iv. indicate the airport of departure and the airport of destination stated in the credit.

v. be the original for consignor or shipper, even if the credit stipulates a full set of originals.

vi. contain terms and conditions of carriage or make reference to another source containing the terms and conditions of carriage. Contents of terms and conditions of carriage will not be examined.

b. For the purpose of this article, transhipment means unloading from one aircraft and reloading to another aircraft during the carriage from the airport of departure to the airport of destination stated in the credit.

c. i. An air transport document may indicate that the goods will or may be transhipped, provided that the entire carriage is covered by one and the same air transport document.

ii. An air transport document indicating that transhipment will or may take place is acceptable, even if the credit prohibits transhipment.

**[제23조] 항공운송서류**

a. 항공운송서류는 그 명칭에 관계없이 다음과 같이 보어야 한다:

i. 운송인의 명의를 표시하고 다음의 자들이 서명한 것

- 운송인, 또는

• 운송인을 대리하거나 대표하는 기명대리인

운송인 또는 대리인의 모든 서명은 운송인 또는 대리인의 서명으로 인정되어야 한다. 대리인의 모든 서명은 대리인이 운송인을 대리하거나 대표하여 서명했음을 표시하여야 한다.

ii. 물품이 운송을 위하여 인수되었음을 표시한 것으로 보일 것.

iii. 발행일자를 표시한 것으로 보일 것. 항공운송서류에 실제 선적일자에 관한 분명한 부기가 포함되어 있지 않은 경우 발행일이 선적일로 간주되고, 부기가 포함되어 있는 경우에는 부기에 기재된 일자가 선적일로 간주된다. 항공운송서류상에 나타나는 비행번호 및 일부와 관련된 기타 모든 정보는 선적일자를 결정할 때 고려되지 아니한다.

iv. 신용장에 기재된 출발공항과 도착공항을 표시한 것으로 보일 것.

v. 비록 신용장이 원본의 전통을 규정하고 있어도, 원본은 송화인용 또는 선적인용으로 보일 것.

vi. 모든 운송조건을 포함하거나 또는 모든 운송조건을 포함하는 다른 근거를 참조한 것으로 보일 것. 모든 운송조건의 내용은 심사하지 아니한다.

b. 본조의 목적상, 환적이란 신용장에 기재되어 있는 출발공항에서 도착공항까지 운송도중 하나의 항공기에서 양륙하여 다른 항공기에 재적재하는 것을 의미한다.

c. i. 항공운송서류에는 물품이 환적될 것임 또는 화적될 수도 있음이라고 표시될 수 있다. 다만 이때에는 전 운송구간이 하나의 동일한 항공운송서류에 의하여 커버될 것을 조건으로 한다.

ii. 신용장이 환적을 금지하고 있어도, 환적이 될 것임 또는 될 수도 있음이라고 표시되어 있는 항공운송서류는 수리가능하다.

---

**Article 24 Road, Rail or Inland Waterway Transport Documents**

a. A road, rail or inland waterway transport document, however named, must appear to:

i. indicate the name of the carrier and:

• be signed by the carrier or a named agent for or on behalf of the carrier, or

• indicate receipt of the goods by signature, stamp or notation by the carrier or a named agent for or on behalf of the carrier.

Any signature, stamp or notation of receipt of the goods by the carrier or agent must be identified as that of the carrier or agent.

Any signature, stamp or notation of receipt of the goods by the agent must indicate that the agent has signed or acted for or on behalf of the carrier.

If a rail transport document does not identify the carrier, any signature or stamp of the railway company will be accepted as evidence of the document being signed by the carrier.

ii. indicate the date of shipment or the date the goods have been received for shipment, dispatch or carriage at the place stated in the credit. Unless the transport document contains a dated reception stamp, an indication of the date of receipt or a date of shipment, the date of issuance of the transport document will be deemed to be the date of shipment.

iii. indicate the place of shipment and the place of destination stated in the credit.

b. i. A road transport document must appear to be the original for consignor or shipper or bear no marking indicating for whom the document has been prepared.

ii. A rail transport document marked "duplicate" will be accepted as an original.

iii. A rail or inland waterway transport document will be accepted as an original whether marked as an original or not.

c. In the absence of an indication on the transport document as to the number of originals issued, the number presented will be deemed to constitute a full set.

d. For the purpose of this article, transhipment means unloading from one means of conveyance and reloading to another means of conveyance, within the same mode of transport, during the carriage from the place of shipment, dispatch or carriage to the place of destination stated in the credit.

e. i. A road, rail or inland waterway transport document may indicate that the goods will or may be transhipped provided that the entire carriage is covered by one and the same transport document.

ii. A road, rail or inland waterway transport document indicating that transhipment will or may take place is acceptable, even if the credit prohibits transhipment.

**[제24조] 도로, 철도 또는 내수로 운송서류**

a. 도로, 철도 또는 내수로 운송서류는, 그 명칭에 관계없이, 다음과 같이 보여야 한다:

ⅰ. 운송인의 명의를 표시하되;

• 운송인 또는 그를 대리 또는 대표하는 기명대리인이 서명하거나, 또는

• 운송인 또는 그를 대리 또는 대표하는 기명대리인의 서명, 스탬프 또는 부기에 의하여 물품의 수취를 표시한 것으로 보일 것.

운송인 또는 대리인에 의한 물품수취의 모든 서명, 스탬프 또는 부기는 그 운송인 또는 대리인의 것으로 인정되어야 한다. 대리인에 의한 물품수취의 모든 서명, 스탬프 또는 부기는 대리인이 운송인을 대리하여 서명 또는 행동하고 있다는 사실을 표시하여야 한다.

철도운송서류에서 운송인이 확인되지 않을 경우, 철도회사의 모든 서명 또는 스탬프는 동 서류가 운송인에 의하여 서명되었다는 증거로 인정된다.

ii. 신용장에 명시된 장소에서의 선적일 또는 선적, 발송 또는 운송을 위하여 물품이 수령된 일자를 표시한 것으로 보일 것. 만약 운송서류에 수령스탬프의 일부, 수령일자의 표시 또는 선적일자가 포함되어 있지 않은 한, 운송서류의 발행일자는 선적일로 간주된다.

iii. 신용장에 표시된 선적지 및 목적지를 표시한 것으로 보일 것.

b. i. 도로운송서류는 송화인이나 선적인용 원본으로 보이든지 아니면 그 서류가 누구를 위한 용도로 작성된 것인지의 표시가 없어야 한다.

ii. "duplicate"라고 표시된 철도운송서류는 원본으로 인정된다.

iii. 철도 또는 내수로 운송서류는 원본이라는 표시여부에 관계없이 원본으로 인정된다.

c. 운송서류에 발행된 원본의 부수에 관한 표시가 없는 경우, 제시된 부수가 전통을 구성하는 것으로 간주된다.

d. 본조의 목적상, 환적이란 신용장에 명시되어 있는 선적, 발송 또는 운송 장소에서 목적지까지의 운송도중, 동일한 운송방식 내에서, 하나의 운송수단에서 양륙하여 다른 운송수단에 재적재하는 것을 의미한다.

e. i. 도로, 철도 또는 내수로 운송서류는 물품이 환적될 것임 또는 환적될 수도 있음이라고 표시될 수 있다. 다만 이때에는 전 운송구간이 하나의 동일한 운송서류에 의하여 커버될 것을 조건으로 한다.

ii. 신용장이 환적을 금지하고 있어도, 환적이 될 것임 또는 될 수도 있음이라고 표시되어 있는 도로, 철도 또는 내수로 운송서류는 수리가능하다.

---

**Article 25 Courier Receipt, Post Receipt or Certificate of Posting**

a. A courier receipt, however named, evidencing receipt of goods for transport, must appear to:

i. indicate the name of the courier service and be stamped or signed by the named courier service at the place from which the credit states the goods are to be shipped; and

ii. indicate a date of pick-up or of receipt or wording to this effect. This date will be deemed to be the date of shipment.

b. A requirement that courier charges are to be paid or prepaid may be satisfied by a transport document issued by a courier service evidencing that courier charges are for the account of a party other than the consignee.

c. A post receipt or certificate of posting, however named, evidencing receipt of goods for transport, must appear to be stamped or signed and dated at the place from which the credit states the goods are to be shipped. This date will be deemed to be the date of shipment.

### [제25조] 특송배달수취증, 우편수취증 또는 우편증명서

a. 운송을 위한 물품의 수취를 증명하는 특송배달수취증은 그 명칭에 관계없이 다음과 같이 보여야 한다:

ⅰ. 특송배달업자의 명의가 표시되고 신용장에 물품이 선적되도록 명시된 장소에서 지정된 특송배달업자에 의하여 스탬프 또는 서명된 것으로 보일 것. 그리고

ⅱ. 집화일 또는 수취일 또는 이와 유사한 취지의 문언을 표시한 것으로 보일 것. 이 일자는 선적일로 간주된다.

b. 특송배달료가 지급조건부 또는 선불조건부라는 요건은 수화인외의 다른 자가 특송배달료를 부담한다는 사실을 증명하는 특송배달업자가 발행한 운송서류에 의하여 충족될 수 있다.

c. 운송을 위해 물품의 수취를 증명하는 우편수취증 또는 우편증명서는, 그 명칭에 관계없이, 신용장에 물품이 선적되도록 명시된 장소에서 스탬프 또는 서명되고 일부된 것으로 보여야 한다. 이 일자는 선적일로 간주된다.

---

### Article 26 "On Deck", "Shipper's Load and Count", "Said by Shipper to Contain" and Charges Additional to Freight

a. A transport document must not indicate that the goods are or will be loaded on deck. A clause on a transport document stating that the goods may be loaded on deck is acceptable.

b. A transport document bearing a clause such as "shipper's load and count" and "said by shipper to contain" is acceptable.

c. A transport document may bear a reference, by stamp or otherwise, to charges additional to the freight.

### [제26조] 갑판작재, 화주의 적재 및 계산, 화주의 내용물신고 및 운임에 추가되는 비용

a. 운송서류는 물품이 갑판에 적재되어 있다거나 적재될 것이라고 표시되지 않아야 한다. 물품이 갑판에 적재될 수도 있다는 운송서류상의 문언은 수리가능하다.

b. "shipper's load and count" 및 "said by shipper to contain"과 같은 문언이 기재되어 있는 운송서류는 수리가능하다.

c. 운송서류는, 스탬프 또는 다른 방법으로, 운임에 추가되는 비용에 대한 참조문언이 기재될 수 있다.

---

**Article 27 Clean Transport Document**

A bank will only accept a clean transport document. A clean transport document is one bearing no clause or notation expressly declaring a defective condition of the goods or their packaging. The word "clean" need not appear on a transport document, even if a credit has a requirement for that transport document to be "clean on board".

**[제27조] 무고장운송서류**

은행은 무고장운송서류만을 수리한다. 무고장운송서류란 물품이나 포장의 결함상태를 명시적으로 선언하는 문언이나 부기가 표시되어 있지 않은 운송서류이다. 만일 신용장에서 운송서류는 "clean on board"일 것을 요구하는 경우에도, "clean"이라는 단어를 운송서류에 표시할 필요가 없다.

---

**Article 28 Insurance Document and Coverage**

a. An insurance document, such as an insurance policy, an insurance certificate or a declaration under an open cover, must appear to be issued and signed by an insurance company, an underwriter or their agents or their proxies.

Any signature by an agent or proxy must indicate whether the agent or proxy has signed for or on behalf of the insurance company or underwriter.

b. When the insurance document indicates that it has been issued in more than one original, all originals must be presented.

c. Cover notes will not be accepted.

d. An insurance policy is acceptable in lieu of an insurance certificate or a declaration under an open cover.

e. The date of the insurance document must be no later than the date of shipment, unless it appears from the insurance document that the cover is effective from a date not later than the date of shipment.

f. i. The insurance document must indicate the amount of insurance coverage and be in the same currency as the credit.

ii. A requirement in the credit for insurance coverage to be for a percentage
of the value of the goods, of the invoice value or similar is deemed to be the minimum amount of coverage required.

If there is no indication in the credit of the insurance coverage required, the amount of insurance coverage must be at least 110% of the CIF or CIP value of the goods.
When the CIF or CIP value cannot be determined from the documents, the amount of insurance coverage must be calculated on the basis of the amount for which honour or negotiation is requested or the gross value of the goods as shown on the invoice, whichever is greater.

iii. The insurance document must indicate that risks are covered at least between the place of taking in charge or shipment and the place of discharge or final destination as stated in the credit.

g. A credit should state the type of insurance required and, if any, the additional risks to be covered. An insurance document will be accepted without regard to any risks that are not covered if the credit uses imprecise terms such as "usual risks" or "customary risks".

h. When a credit requires insurance against "all risks" and an insurance document is presented containing any "all risks" notation or clause, whether or not bearing the heading "all risks", the insurance document will be accepted without regard to any risks stated to be excluded.

i. An insurance document may contain reference to any exclusion clause.

j. An insurance document may indicate that the cover is subject to a franchise or excess (deductible).

**[제28조] 보험서류와 부보범위**

a. 보험증권, 포괄예정보험에 의한 보험증명서 또는 보험신고서와 같은 보험서류는 보험회사, 보험인수업자 또는 그들 대리인이나 수탁인들에 의하여 발행 및 서명된 것으로 보여야 한다. 대리인이나 수탁인에 의한 모든 서명은 동 대리인이나 수탁인이 보험회사 또는 언더라이터를 대리하여 서명했는지의 여부를 밝혀야 한다.

b. 보험서류에 2부이상의 원본이 발행된 것으로 표시되어 있는 경우에는 모든 원본이 제시되어야 된다.

c. 부보각서는 수리되지 아니한다.

d. 포괄예정보험에 의거한 보험증명서 또는 보험신고서 대신에 보험증권은 수리가능하다.

e. 부보는 늦어도 선적된 일자보다 늦지 않은 날부터 유효하다는 사실이 보험서류상에 나타나있지 않은 이상, 보험서류의 일부는 선적일보다 늦지 않아야 한다.

f. i. 보험서류는 부보된 금액을 표시하여야 하고 신용장과 동일한 통화로 표시되어야 한다.

ii. 부보금액이 물품가격, 송장가격 또는 유사한 가격의 백분율로 되어야 된다는 신용장요건은 요구된 최저부보금액으로 간주된다. 요구된 부보금액의 기재가 신용장에 없는 경우, 부보금액은 적어도 물품의 CIF 또는 CIP 가격의 110%가 되어야 한다. 서류상으로 CIF 또는 CIP 가격을 결정할 수 없는 경우, 부보금액은 결제 또는 매입 요청금액이나 송장에 표시된 총 물품가격 중에서 더 큰 금액을 기준으로 산정하여야 한다.

iii. 보험서류에는 최소한 인수지 또는 선적지와 양륙지 또는 최종 목적지간의 위험은 담보된다는 사실이 표시되어야 한다.

g. 신용장은 필요한 보험의 종류와, 필요하다면 부보되어야 할 추가위험을 기술하여야 한다. 신용장에 "usual risks" 또는 "customary risks"와 같은 애매한 용어가 사용되어 있는 경우, 보험서류는 어떤 위험의 부담보여부와 상관없이 수리된다.

h. 신용장이 "all risks"에 대한 보험을 요구하고 "all risks"라는 표시나 문언이 포함된 보험서류가 제시된 경우, "all risks"라는 표제의 기재여부와는 상관없이, 보험서류는 어떤 위험은 제외된다는 기재가 있어도 수리된다.

i. 보험서류는 어떤 면책약관에 관한 참조문언을 포함할 수 있다.

j. 부보는 소손해면책비율 또는 초과(공제)면책비율을 조건부로 한다고 보험서류에 표시할 수 있다.

---

**Article 29 Extension of Expiry Date or Last Day for Presentation**

a. If the expiry date of a credit or the last day for presentation falls on a day when the bank to which presentation is to be made is closed for reasons other than those referred to in article 36, the expiry date or the last day for presentation, as the case may be, will be extended to the first following banking day.

b. If presentation is made on the first following banking day, a nominated bank must provide the issuing bank or confirming bank with a statement on its covering schedule that the presentation was made within the time limits extended in accordance with sub-article 29 (a).

c. The latest date for shipment will not be extended as a result of sub-article 29 (a).

**[제29조] 유효기일 또는 최종제시일의 연장**

a. 신용장의 유효기일 또는 제시를 위한 최종일이 제36조에 언급된 것과 다른 사유

로 제시되어야 될 은행의 휴업일에 해당할 경우, 경우에 따라 유효기일 또는 제시를 위한 최종일은 다음의 첫 영업일까지 연장된다.

b. 다음의 첫 은행일에 제시가 이루어지진 경우, 지정은행은 제29조 제(a)항에 따라 연장된 기한이내에 제시되었다는 사실이 진술된 커버링 스케줄을 발행은행 또는 확인은행에게 제공하여야 한다.

c. 최종선적일은 제29조 제(a)항의 결과로 연장되지 아니한다.

---

**Article 30 Tolerance in Credit Amount, Quantity and Unit Prices**

a. The words "about" or "approximately" used in connection with the amount of the credit or the quantity or the unit price stated in the credit are to be construed as allowing a tolerance not to exceed 10% more or 10% less than the amount, the quantity or the unit price to which they refer.

b. A tolerance not to exceed 5% more or 5% less than the quantity of the goods is allowed, provided the credit does not state the quantity in terms of a stipulated number of packing units or individual items and the total amount of the drawings does not exceed the amount of the credit.

c. Even when partial shipments are not allowed, a tolerance not to exceed 5% less than the amount of the credit is allowed, provided that the quantity of the goods, if stated in the credit, is shipped in full and a unit price, if stated in the credit, is not reduced or that sub-article 30 (b) is not applicable. This tolerance does not apply when the credit stipulates a specific tolerance or uses the expressions referred to in sub-article 30 (a).

**[제30조] 신용장금액, 수량 및 단가의 오차**

a. 신용장에 명시된 신용장의 금액이나 수량 또는 단가와 관련하여 사용된 "about" 또는 "approximately"라는 용어는 이들 용어가 언급하고 있는 금액이나 수량 또는 단가의 10% 과부족을 초과하지 아니하는 오차를 허용하는 것으로 해석된다.

b. 신용장이 수량을 포장단위 또는 개별품목의 정해진 숫자로 기재하지 않고 그리고 어음발행총액이 신용장금액을 초과하지 아니하는 한, 물품수량의 5% 과부족을 초과하지 아니하는 오차가 허용된다.

c. 신용장에 명시된 물품의 수량이 전량 선적되고 신용장에 명시된 단가가 감액되지 않고 제30조 제(b)항이 적용되지 않는 한, 분할선적이 금지된 경우에도, 신용장금액의 5%에 미달되지 아니하는 오차는 허용된다. 이러한 오차는 신용장에 특정의 오차가 명시되어 있거나 또는 제30조 제(a)항에 언급된 표현이 사용된 경우에는 적용되지 아니한다.

---

**Article 31 Partial Drawings or Shipments**

a. Partial drawings or shipments are allowed.

b. A presentation consisting of more than one set of transport documents evidencing shipment commencing on the same means of conveyance and for the same journey, provided they indicate the same destination, will not be regarded as covering a partial shipment, even if they indicate different dates of shipment or different ports of loading, places of taking in charge or dispatch. If the presentation consists of more than one set of transport documents, the latest date of shipment as evidenced on any of the sets of transport documents will be regarded as the date of shipment.

A presentation consisting of one or more sets of transport documents evidencing shipment on more than one means of conveyance within the same mode of transport will be regarded as covering a partial shipment, even if the means of conveyance leave on the same day for the same destination.

c. A presentation consisting of more than one courier receipt, post receipt or certificate of posting will not be regarded as a partial shipment if the courier receipts, post receipts or certificates of posting appear to have been stamped or signed by the same courier or postal service at the same place and date and for the same destination.

**[제31조] 분할어음발행 또는 분할선적**

a. 분할어음발행 또는 분할선적은 허용된다.

b. 동일운송수단 및 동일항차로 시작하는 선적임을 증명하는 2세트(조)이상의 운송서류로 이루어진 제시는, 그들 운송서류에 표시되어 있는 목적지가 동일한 이상, 비록 거기에 상이한 선적일 또는 상이한 선적항, 인수지 또는 발송지가 표시되어 있어도, 분할선적으로 간주되지 아니한다. 2세트이상의 운송서류가 제시되는 경우, 여러 세트의 운송서류상의 기재 중 가장 늦은 선적일을 선적일로 간주한다. 동일한 운송방식 내에서 둘이상의 운송수단에 선적을 증명하는 2세트이상의 운송서류로 이루어진 제시는, 비록 그 운송수단이 동일한 일자에 동일한 목적지로 출발한 경우에도 분할선적으로 간주된다.

c. 둘이상의 특송배달수취증, 우편수취증 또는 우편확인서로 이루어진 제시는, 만일 이들 서류에 동일한 특송배달업체나 우편서비스업채가 동일한 지역에서 동일한 일자에 스탬프 또는 서명하고 그리고 목적지가 동일한 것으로 보이면, 분할선적으로 간주되지 아니한다.

**Article 32 Instalment Drawings or Shipments**

If a drawing or shipment by instalments within given periods is stipulated in the credit and any instalment is not drawn or shipped within the period allowed for that instalment, the credit ceases to be available for that and any subsequent instalment.

**[제32조] 할부어음발행 또는 할부선적**

주어진 기간이내에 할부에 의한 어음발행 또는 선적이 신용장에 명시되어 있고 어느 한 할부분이 해당 할부분을 위하여 허용된 기간이내에 어음이 발행되지 않거나 선적되지 않으면 그 할부분은 물론 모든 후속 할부분에 대한 신용장의 사용이 중지된다.

---

**Article 33 Hours of Presentation**

A bank has no obligation to accept a presentation outside of its banking hours.

**[제33조] 제시시간**

은행은 은행시간이 지나서 제시된 서류를 수리하지 않을 수 있다.

---

**Article 34 Disclaimer on Effectiveness of Documents**

A bank assumes no liability or responsibility for the form, sufficiency, accuracy, genuineness, falsification or legal effect of any document, or for the general or particular conditions stipulated in a document or superimposed thereon; nor does it assume any liability or responsibility for the description, quantity, weight, quality, condition, packing, delivery, value or existence of the goods, services or other performance represented by any document, or for the good faith or acts or omissions, solvency, performance or standing of the consignor, the carrier, the forwarder, the consignee or the insurer of the goods or any other person.

**[제34조] 서류의 유효성에 대한 면책**

은행은 모든 서류의 형식, 충분성, 정확성, 진정성, 위조성 또는 법적효력에 대하여, 또는 서류상에 명시되어 있거나 부기되어 있는 일반 또는 특수조건에 대하여 하등의 의무나 책임을 지지 아니한다; 뿐만 아니라 서류상에 표시되어 있는 물품이나 서비스 또는 기타 이행의 명세, 수량, 중량, 품질, 포장, 인도, 가격, 실존여부에 대하여, 또는 물품의 송화인, 운송인, 운송주선인, 수화인, 보험자 또는 기타 모든 관련자의 성실성,

작위 또는 부작위, 지급능력, 이행 또는 신용상태에 대하여 하등의 의무나 책임을 지지 아니한다.

---

**Article 35 Disclaimer on Transmission and Translation**

A bank assumes no liability or responsibility for the consequences arising out of delay, loss in transit, mutilation or other errors arising in the transmission of any messages or delivery of letters or documents, when such messages, letters or documents are transmitted or sent according to the requirements stated in the credit, or when the bank may have taken the initiative in the choice of the delivery service in the absence of such instructions in the credit.

If a nominated bank determines that a presentation is complying and forwards the documents to the issuing bank or confirming bank, whether or not the nominated bank has honoured or negotiated, an issuing bank or confirming bank must honour or negotiate, or reimburse that nominated bank, even when the documents have been lost in transit between the nominated bank and the issuing bank or confirming bank, or between the confirming bank and the issuing bank.

A bank assumes no liability or responsibility for errors in translation or interpretation of technical terms and may transmit credit terms without translating them.

**[제35조] 송달 및 번역에 대한 면책**

모든 메시지, 서신 또는 서류가 신용장에 명시된 요구에 따라 전송 또는 송부되는 경우나, 또는 신용장에 그러한 지시가 없어 은행이 주도적으로 배송서비스를 직접 선정한 경우에도, 은행은 그러한 메시지의 전송 중 또는 서신이나 서류의 송달 중 지연, 분실, 훼손 또는 기타의 오류에 대하여 어떠한 의무나 책임을 지지 아니한다.

제시가 일치하다고 판단하여 서류를 발행은행이나 확인은행으로 송부한 경우, 동 지정은행이 결제 또는 매입하였는지 여부에 관계없이, 그 서류가 지정은행과 발행은행이나 확인은행간 또는 확인은행과 발행은행간 송달 중 분실된 때에도, 발행은행과 확인은행은 결제 또는 매입하거나 그 지정은행에게 상환하여야 한다.

은행은 전문용어의 번역이나 해석상의 오류에 대하여 아무런 의무나 책임을 지지 않으며 신용장조건을 번역하지 않고 전달할 수 있다.

---

**Article 36 Force Majeure**

A bank assumes no liability or responsibility for the consequences arising out of the interruption of its business by Acts of God, riots, civil commotions, insurrections, wars, acts of terrorism, or by any strikes or lockouts or any other causes beyond its control.

A bank will not, upon resumption of its business, honour or negotiate under a credit that expired during such interruption of its business.

**[제36조] 불가항력**

은행은 천재지변, 폭동, 소요, 반란, 전쟁, 테러행위, 또는 동맹파업이나 직장폐쇄 또는 은행이 통제할 수 없는 기타의 원인에 의한 은행업무의 중단으로 야기되는 결과에 대하여 아무런 의무나 책임을 지지 아니한다. 은행은, 업무가 재개되어도, 그러한 업무중단 중에 유효기간이 종료된 신용장의 결제 또는 매입을 하지 아니한다.

---

**Article 37 Disclaimer for Acts of an Instructed Party**

a. A bank utilizing the services of another bank for the purpose of giving effect to the instructions of the applicant does so for the account and at the risk of the applicant.

b. An issuing bank or advising bank assumes no liability or responsibility should the instructions it transmits to another bank not be carried out, even if it has taken the initiative in the choice of that other bank.

c. A bank instructing another bank to perform services is liable for any commissions, fees, costs or expenses ("charges") incurred by that bank in connection with its instructions.

If a credit states that charges are for the account of the beneficiary and charges cannot be collected or deducted from proceeds, the issuing bank remains liable for payment of charges.

A credit or amendment should not stipulate that the advising to a beneficiary is conditional upon the receipt by the advising bank or second advising bank of its charges.

d. The applicant shall be bound by and liable to indemnify a bank against all obligations and responsibilities imposed by foreign laws and usages.

**[제37조] 피지시당사자의 행위에 대한 면책**

a. 발행의뢰인의 지시를 이행할 목적으로 다른 은행의 서비스를 이용하는 은행은 발행의뢰인의 비용과 위험부담으로 그렇게 할 수 있다.

b. 발행은행 또는 통지은행은 비록 자신이 다른 은행을 선정하는데 주도권을 행사한 경우에도 다른 은행에 전달한 지시가 이행되지 않아도 아무런 의무나 책임을 지지 아니한다.

c. 다른 은행에게 서비스를 이행하도록 지시하는 은행은 자신의 지시와 관련하여 그 은행에서 발생한 모든 수수료, 요금, 비용 또는 경비(이하 수수료라 칭한다)에 대한 의무를 진다. 만일 신용장에 수수료는 수익자의 부담이라고 명시되어 있음에도 수수료가 징수되지 않거나 대금에서 차감할 수 없는 경우, 발행은행은 수수료의 지급의무를 진다. 수익자에 대한 통지를 통지은행 또는 제2통지은행이 수수료를 수령하는 조건부로 한다고 신용장 또는 조건변경에 명시해서는 안 된다.

d. 발행의뢰인은 외국의 법률 및 관행에 의하여 부과되는 모든 의무와 책임에 대하여 구속되며 동시에 은행에 이를 보상할 의무를 진다.

---

**Article 38 Transferable Credits**

a. A bank is under no obligation to transfer a credit except to the extent and in the manner expressly consented to by that bank.

b. For the purpose of this article:

Transferable credit means a credit that specifically states it is "transferable". A transferable credit may be made available in whole or in part to another beneficiary ("second beneficiary") at the request of the beneficiary ("first beneficiary").

Transferring bank means a nominated bank that transfers the credit or, in a credit available with any bank, a bank that is specifically authorized by the issuing bank to transfer and that transfers the credit. An issuing bank may be a transferring bank.

Transferred credit means a credit that has been made available by the transferring bank to a second beneficiary.

c. Unless otherwise agreed at the time of transfer, all charges (such as commissions, fees, costs or expenses) incurred in respect of a transfer must be paid by the first beneficiary.

d. A credit may be transferred in part to more than one second beneficiary provided partial drawings or shipments are allowed.

A transferred credit cannot be transferred at the request of a second beneficiary to any subsequent beneficiary. The first beneficiary is not considered to be a subsequent beneficiary.

e. Any request for transfer must indicate if and under what conditions amendments may be advised to the second beneficiary. The transferred credit must clearly indicate those conditions.

f. If a credit is transferred to more than one second beneficiary, rejection of an amendment by one or more second beneficiary does not invalidate the acceptance by any other second beneficiary, with respect to which the transferred credit will be amended accordingly. For any second beneficiary that rejected the amendment, the transferred credit will remain unamended.

g. The transferred credit must accurately reflect the terms and conditions of the credit, including confirmation, if any, with the exception of:

- the amount of the credit,
- any unit price stated therein,
- the expiry date,
- the period for presentation, or
- the latest shipment date or given period for shipment,

any or all of which may be reduced or curtailed.

The percentage for which insurance cover must be effected may be increased to provide the amount of cover stipulated in the credit or these articles.

The name of the first beneficiary may be substituted for that of the applicant in the credit.

If the name of the applicant is specifically required by the credit to appear in any document other than the invoice, such requirement must be reflected in the transferred credit.

h. The first beneficiary has the right to substitute its own invoice and draft, if any, for those of a second beneficiary for an amount not in excess of that stipulated in the credit, and upon such substitution the first beneficiary can draw under the credit for the difference, if any, between its invoice and the invoice of a second beneficiary.

i. If the first beneficiary is to present its own invoice and draft, if any, but fails to do so on first demand, or if the invoices presented by the first beneficiary create discrepancies that did not exist in the presentation made by the second beneficiary and the first beneficiary fails to correct them on first demand, the transferring bank has the right to present the documents as received from the second beneficiary to the issuing bank, without further responsibility to the first beneficiary.

j. The first beneficiary may, in its request for transfer, indicate that honour or negotiation is to be effected to a second beneficiary at the place to which the credit has been transferred, up to and including the expiry date of the credit. This is without prejudice to the right of the first beneficiary in accordance with sub-article 38 (h).

k. Presentation of documents by or on behalf of a second beneficiary must be made to the transferring bank.

**[제38조] 양도가능신용장**

a. 은행은 자신이 명시적으로 동의한 범위와 방법을 제외하고 신용장을 양도할 의무를 지지 아니한다.

b. 본조의 목적을 위하여:

양도가능신용장이란 "transferable"이라고 분명하게 명시되어 있는 신용장을 의미한다. 양도가능신용장은 수익자(제1수익자)의 요청으로 다른 수익자(제2수익자)에게 일부 또는 전부를 사용할 수 있도록 할 수 있다. 양도은행이란 신용장을 양도하는 지정은행 또는, 모든 은행에서 이용가능한 신용장의 경우, 발행은행으로부터 양도를 특별히 수권받고 신용장을 양도하는 은행을 의미한다. 발행은행도 양도은행이 될 수 있다. 양도된 신용장이란 양도은행에 의하여 제2수익자가 사용할 수 있도록 된 신용장을 의미한다.

c. 양도시에 다른 합의가 없는 한, 양도와 관련하여 발생하는 모든 비용(수수료, 보수, 요금 또는 경비와 같은)은 제1수익자가 지급하여야 한다.

d. 분할어음발행 또는 분할선적이 허용되는 경우 복수의 제2수익자에게 분할하여 양도할 수 있다. 양도된 신용장은 제2수익자의 요청에 의하여 후발수익자에게 양도될 수 없다. 제1수익자는 후발수익자로 간주되지 않는다.

e. 모든 양도신청서에는 조건변경 시 제2수익자에게 통지될 수 있는 조건이 있는지 그리고 있다면 그 내용이 표기되어야 된다. 양도된 신용장에는 그러한 조건이 분명하게 표기되어야 된다.

f. 신용장이 복수의 제2수익자에게 양도된 경우, 단일 또는 복수의 제2수익자가 조건변경을 거부하더라도 그것은 다른 모든 제2수익자에 의한 조건변경의 수락을 무효화 시키지는 못하며 양도된 신용장은 그에 따라 조건변경이 된다. 조건변경을 거절한 제2수익자에 대하여 양도된 신용장은 조건변경이 되지 않는다.

g. 양도된 신용장은, 다음을 제외하고, 확인된 경우 확인을 포함하여 신용장의 제 조건을 정확하게 반영하여야 한다.

- 신용장의 금액
- 신용장에 명시된 단가
- 유효기일
- 제시기간 또는
- 최종선적일자 또는 주어진 선적기간

이들의 일부 또는 전부는 감액 또는 단축될 수 있다.

부보되어야 할 부보요율은 신용장 또는 본 규칙에 규정된 부보금액에 충당되도록 증액될 수 있다. 신용장상 발행의뢰인의 명의는 제1수익자의 명의로 대체될 수 있다. 만일 송장을 제외한 다른 서류상에 발행의뢰인의 명의가 기재되도록 신용장에서 특별히 요구된 경우, 그러한 요건은 양도된 신용장에도 반영되어야 한다.

h. 제1수익자는 제2수익자의 송장 및 환어음(있는 경우) 대신에 신용장에 명시되어 있는 금액을 초과하지 않는 금액으로 된 자신의 송장 및 환어음으로 대체할 수 있는 권리를 가지며, 그리고 그렇게 대체할 경우 즉시 제1수익자는 자신의 송장과 제2수익자의 송장사이에 차액이 있다면 그 차액에 대하여 신용장부환어음을 발행할 수 있다.

i. 제1수익자는 자신의 송장 및 환어음(있는 경우)을 제시하도록 되어 있으나 첫 요구 시에 그렇게 하지 못한 경우, 또는 제2수익자의 제시에는 없던 하자가 제1수익자가 제시한 송장에서 하자가 발견되고 첫 요구 시 제1수익자가 하자를 정정하지 못할 경우, 양도은행은 제1수익자에 대하여 더 이상의 책임없이 제2수익자로부터 받은 서류를 발행은행에 제시할 수 있는 권리를 가진다.

j. 제1수익자는, 양도요청 시에, 결제 또는 매입이 신용장의 유효기일까지 신용장이 양도된 장소에서 이행되도록 제2수익자에게 지시할 수 있다. 이는 제38조 제(h)항에 따른 제1수익자의 권리를 침해하지 아니한다.

k. 제2수익자에 의한 또는 그를 대리한 서류의 제시는 양도은행에 제시되어야 한다

---

**Article 39 Assignment of Proceeds**

The fact that a credit is not stated to be transferable shall not affect the right of the beneficiary to assign any proceeds to which it may be or may become entitled under the credit, in accordance with the provisions of applicable law. This article relates only to the assignment of proceeds and not to the assignment of the right to perform under the credit.

**[제39조] 대금의 양도**

신용장에 양도가능이라는 기재가 없다는 사실은, 적용가능한 법률의 규정에 따라, 신용장상 권한이 있거나 권한을 갖게 될 신용장대금을 양도할 수 있는 수익자의 권리에는 영향을 미치지 아니한다. 이 조는 대금의 양도에만 적용될 뿐 신용장에 의거 이행되어야 할 권리의 양도와는 관련이 없다.

---

# 한글색인

ㅍ



ㅎ

# 영문색인

## □ 저자 소개 □

### 김 종 석


- 한국외국어대학교 일반대학원(법학 박사)
- 영국 Aberdeen Uni. Pre-sessional course in English for Academic purposes 수료
- 영국 Southampton Uni. Pre-sessional course in English for Academic purposes 수료
- 한국외국어대학교, 동아대학교, 신라대학교, 동의대학교, 경남대학교, 창원대학교 강사
- (사)한국국제상학회 이사
- 현 : 부산외국어대학교 국제무역·마케팅학부 교수
  (사)해양비즈니스학회 이사



저자와의 협의하에 인지생략

# 국제무역결제의 이해

2018년 2월 20일 제1판 1쇄 인쇄
2018년 3월 2일 제1판 1쇄 발행

저 자 김 종 석
발행인 김 광 식
조 판 아 람 기 획

07285
발행처 서울특별시 영등포구 선유로3길 10, 617호
도서출판 탑 북 스
등 록 2009.12.21 제 2016-000101 호
전 화 02)365-2223 팩스 02)365-2224





정가 24,000원

ISBN 979-11-87343-64-6-93320